대만과 전통문화

TAIWAN

대만과 전통문화

천자오잉(陳昭瑛) 지음 | 한인희·김중섭·박성림 옮김

HU:iNE

신판 서문

松菊猶存, 有酒盈樽[1)]

1999년 여름 미국 메사추세츠 캠브리지에서 돌아와『대만과 전통문화』를 출판하였다. 작년 중산문고에서 더 이상 출판을 하지 않아 자동적으로 판권이 돌아왔다. 따라서 2000년 봄에『대만유학: 기원, 발전과 전화』를 출판한 후 집필한 대만 전통문화와 관련된 4편의 논문을 더 모아 이 책을 재판하게 되었다. 이 4편의 논문은「도동지전(道東之傳) - 청대 대만 서원학규 중의 주자학」,「연횡(連横)의『대만통사(臺灣通史)』와 청대의 공양(公羊)사상」,「『대만통사』속의 '민족' 개념 : 전통 사상과 새로운 접근」,「살아 있는 동포의 혼을 누가 불러 모으는가: 엽영종(葉榮鐘)『조년문집(早年文集)』의 지업(志業)과 사상」이다.

최근 몇 년 나의 연구는 이미 선진(先秦) 유학으로 회귀하였다. 20년 전에 나는 일찍이 비교미학의 시각으로 유학을 연구하겠다는 뜻을 품은 적이 있다. 그 동안 손을 놓고 있었지만 한 번도 마음이 떠

1) 이 서문의 제목은 도연명의「귀거래사」의 '뜰 안의 세 갈래 작은 길에는 잡초가 무성하지만 소나무와 국화는 아직도 꿋꿋하구나. 어린 녀석 손잡고 방에 들어오니, 언제 빚었는지 항아리엔 향기로운 술이 가득하구나.(三徑就荒 松菊猶存 携幼入室 有酒盈樽)'에서 따왔다.

난 적이 없었다. 또 현재는 십 몇 년 동안 노력해 온 대만 문학과 대만 유학에 대해서도 비록 아쉬운 이별을 선택해야 하지만 결코 손을 놓지 않을 것이다. 그러므로 이 책의 증보 재판은 내 개인에게도 기념이라고 생각할 만하다.

1999년 초에 쓴 구판의 머리말을 다시 읽어보니 당시 겨울 온 가족이 캠브리지에서 첫눈을 기다리는 심정을 다시 경험하는 것 같았다. 당시의 기쁨은 아직도 마음속에 따스함이 남아 있는데, 그때 같이 있었던 가족 가운데 한사람이 떠나가 버렸다. 가족을 잃은 고통은 사람으로 하여금 패인이 되게 할 수도 있다는 것을 나는 이제서야 느끼게 되었다.

양유빈(楊儒賓) 선배님께서 다시 한 번 그의 대작 「이교(李喬) 선생의 중국문화론을 읽고」를 이 책에 수록할 수 있도록 동의해 준 점에 감사드린다. 2년 동안 그와 많은 은사 및 친구들의 지지가 있었기에 나는 일어서서 유학 연구의 대열에 돌아 올 수 있었다. 이 점에 대해서 깊이 감사드리는 바이다. 유학 연구로 돌아 온 기분은 정말 좋다! 그것은 바로 도연명의 「귀거래사」 중의 '松菊猶存(소나무와 국화는 아직도 꿋꿋하구나)', '有酒盈樽(언제 빚었는지 항아리엔 향기로운 술이 가득하구나)'의 느낌일 것이다. 이 책의 증보 재판은 나를 다시 출발시키는 기점이고, 내가 다시 출발하도록 해주신 은사들과 친구들에게 드리는 감사의 선물이기도 하다.

2005년 8월 8일 타이베이 서재에서

진소영

구판 서문

이 책은 대만과 중국 전통문화의 관계를 중점으로 논의한 것이고, 시간적으로는 일본 식민시대에 집중되어있다. 그 이유는 이 시기에 중국 전통문화는 두 가지 측면의 도전에 직면하게 되었는데, 그 첫 번째는 일본당국의 문교정책이고, 두 번째는 대만 지식인이 추진하는 신문화운동이다. 일본의 동화정책과 황민화 운동에 대해서 중국 전통문화는 완강하게 저항하였지만, 신문화운동의 충격을 직면했을 때 전통문화는 자기반성과 창조적 전환의 단계에 접어들게 되었다. 이 시기의 영향력 있는 지식인은 왕왕 두 가지 특성을 보여준다. 그 하나는 신, 구학문을 두루 섭렵하여 양자의 융합을 시도하였고, 다른 하나는 지식에 대한 탐구와 사회현실에 대한 관심을 결합하여 이론과 실천을 겸비한 지식인의 전형을 수립하였다. 이러한 지식인의 노력으로 전통문화는 한편으로는 세계의 사조와 서로 부딪치며 창의의 불꽃을 발산하고, 다른 한편으로는 대만의 현실 환경에 적응하며 토착성이 강화되었다. 따라서 대만역사의 각 단계 중에서 일본 식민시기는 대만적 특성과 중국전통문화 간의 상호작용이 가장 깊이 있고 가장 현대적 의미를 지닌 시기라고 할 수 있다.

이 책의 각 장은 여러 장소에서 발표한 적이 있고, 다소나마 반응을 일으켰으며, 여러 선생과 학우들의 비평과 격려를 받았다. 「명정(明鄭)시대 대만의 중국 전통문화」는 1998년 4월 서안(西安)에서 개최한 '황제(黃帝)와 중국전통문화' 학술회의에서 발표하였다. 「일본 식민시기 대만 유학의 식민지 경험」은 1997년 6월 싱가포르 국립대학에서 개최한 '유학과 세계문명' 국제회의에서 발표하였다. 「일본 식민시기 전통 시사(詩社) '역사(櫟社)'의 역사적 전환: 전통 유민문학에서 근대 민족운동까지」는 1995년 12월 국립대만대학 중문학과 학술강연에서 발표했었다. 「금비녀(金花): 뢰화의 단편소설 「저울(一根稱仔)」 중의 전통문화」는 대만대학 외국문학과 장정이(張靜二)교수의 요청으로 『중국현대문학이론계간(中國現代文學理論季刊)』 1998년 봄호에 기고한 글이다. 「계몽, 해방 및 전통: 1920년대 대만 지식인들의 문화성찰」은 비교적 긴 글인데, 두 파트로 나누어 발표하였다. 1절부터 5절까지는 1998년 10월 23일 대만대학 개교 70주년 기념 '세기를 초월한 대만 문화의 발전' 국제세미나에서 발표하였고, 당시 시숙(施淑) 교수의 깊이 있는 논평을 받았다. 6절은 왕민천(王敏川)을 집중 분석한 부분인데 1998년 10월 19일 두웨이밍 교수가 주관하는 '하버드 유학 심포지엄'에서 발표했었다.

각 편의 글을 쓰는 당시의 상황을 회상하면 여러모로 심경이 복잡하다. 이 가운데 미국 캠브리지에서 쓴 「계몽, 해방 및 전통: 1920년대 대만 지식인들의 문화성찰」이 가장 생생하다. 작년 8월부터 1년 동안 미국 매사추세츠 하버드 대학교의 연경학사(燕京學社)에 방문학자로 오게 되었다. 진희원(陳熙遠) 학형의 도움으로 생활상의 안정을 찾았고, 9월20일 송가복(宋家復) 학형은 내가 가장 필요한 책상을 구해주었을 뿐만 아니라 땀을 뻘뻘 흘리면서 조립까지 해주었다. 친구들의 호의에 보답하기 위해 나는 내 서재 책상 위에서 열심히 작업을 하기 시작했다. 창밖에 단풍잎이 붉게 물들어 있고 하늘이 한 없이 푸르지만 나의 마음속에서 가시지 않는 것은 옥중에서도 시를 지었던 대만 유학자 왕민천의 파란만장한 일생이다. 뉴잉글랜드의 캠브리지와 일제시대의 대만이 어찌 그리 멀면서도 가까울까. 처음으로 해외에서 한학을 하는 심정을 알게 되었다. 10월 19일 '하버드 유학 심포지엄'에서 미국 및 중국대륙에서 온 학자들과 함께 왕민천을 재발견한 기쁨을 나누었다. 마흔이 넘어서야 처음 외국에 나가본 대만 '촌놈'에게 캠브리지의 경험은 더할 나위 없이 새롭고 짜릿하며 수확이 많았다. 지금 창밖은 추운 겨울이고 눈도 30cm나 쌓였다. 멀리 바라본 챨스강은 이미 설원 같은 은빛 세상이다. 책은 곧 출판될 것이고, 몇 개월 후면 나는 무덥고 습한 고향 대만으로 돌아 갈 것이다. 그렇다면 이 책은 또한 캠브리지 방문과 머무르는 동안 받은 우정에 대한 기념이 아니겠는가?

마지막으로 이 책을 쓰는 것을 추진한 오굉일(吳宏一)선생님과 매가령(梅家玲)선배님에게 감사드린다. 자신의 대작 「이교(李喬) 선생의 중국문화론을 읽고」를 이 책의 부록으로 실을 수 있도록 허락해 주신 양유빈(楊儒賓) 선배님에게도 감사드린다. 그의 글에는 이런 말이 있다. "중국문화는 이교선생처럼 강한 의지력을 갖춘 반대자를 모실 수 있게 되었으니 참 행복하기도 하다." 나는 이 말에 이렇게 덧붙이고 싶다. "중국문화는 양유빈 선생처럼 강인하고 지혜로운 지지자를 얻게 되어 참 행복하기도 하다." 우리 세대의 대만인이 포기하지 않고 노력한다면, 대만은 여전히 중국문화가 성장할 수 있는 비옥한 토양이다. 그리고 중국문화도 지속적으로 대만인의 풍부한 정신적 양식이 될 것이다.

1999년 정월, 미국 매사추세츠 캠브리지에서

진소영

이 글은 원래 '중산문고'에서 출판한 『대만과 전통문화』에 수록됨.

TAIWAN

대만과 전통문화

목차

제1장

명정(明鄭)[1] 시대 대만의 중국 전통문화

1. 머리말

정성공(鄭成功)은 1661년 대만에 들어 왔는데, 그 전에 대만에는 이미 약 수만 명의 한족 이민이 살고 있었다.[2] 따라서 일상생활의 윤리관념, 의식주 등의 예절과 습관, 민간의 세시풍속이나 종교 신앙 등 중국 서민계층의 문화는 한족 이민과 함께 대만에 전파되었을 것이다. 하지만 중국 문화 중 사대부 엘리트 계층에 속하고 제도화

---

1) [역주] 명나라가 멸망한 후 일부 잔여 세력이 왕족 몇 명을 옹립하여 중국 남부에서 계속 청(淸)에 저항하였는데 이것을 남명(南明)정권이라고 부른다. 그 중 정성공(鄭成功)은 계왕(桂王) 영력(永曆)황제를 모시고 중국 동남 연해지방과 대만을 근거지로 하였다. 정성공과 영력황제가 잇따라 사망한 후 정성공의 아들과 손자는 청나라에 정복될 때까지 계속 대만을 통치하였다. 비록 정씨가 실권을 장악하고 있었지만 여전히 명나라 황제의 연호를 사용했기 때문에 대만 역사에서 이 시기를 명정(明鄭)시대라고 하기도 한다.

2) 네덜란드 점령시기 대만의 한족 인구수에 대해 아직 정설은 없다. 네덜란드의 문헌에 따르면 당시 대남 일대에 약 2만5천명의 한족 장정이 있었다. 일부 학자는 장정 1명당 식구3명의 방식으로 계산하여 당시 약 10만명의 한족이 있다고 추정하였다. 하지만 또 어떤 학자는 당시 이민은 가정을 이룬 경우가 매우 드물어 10만명이란 숫자는 과장된 것이라고 본다. 楊彦杰, 『荷據時代臺灣史』(江西人民出版社, 1992), 163쪽 참조.

된 부분은 명정시대에 비로소 정식으로 대만에 이식되었다. 또 명정시대 되서야 비로소 한문으로 기록된 대만 관련 역사자료가 대량으로 나타나게 되었다. 따라서 이 글은 명정시대를 전통 중국문화가 대만에 진입한 시작으로 보고, '정치와 교육', '민생과 종교', '문예와 건축' 등 측면에서 이 시기에 대만에 나타난 중국문화를 살펴보고자 한다.

2. 정치와 교육

1661년 정성공은 네덜란드인을 축출하고 그들이 점령했던 지역에서 중국의 제도를 실시하였다. 열란차성(熱蘭遮城, Zeelandia)을 안평진(安平鎭)으로 개편하여 왕성(王城)으로 하였고, 적감성(赤崁城)은 승천부(承天府)로 개편하고 명경동도(明京東都)로 칭하였다. 승천부에는 일부이현(一府二縣)의 편제였는데, 즉 승천부 아래 천흥현(天興縣)과 만년현(萬年縣)을 두는 구조였다. 부에는 부윤(府尹)을 두고, 현에는 지현(知縣)을 두었으며, 팽호(澎湖)에는 안무사(按撫使)를 설치하여 군대를 주둔하였다. '동도'는 명나라 경성의 편제를 모방하였기 때문에 일부사람은 이것을 근거로 정성공은 제왕의 야욕이 있다고 지적하지만 그것은 오해였다. 정성공의 집무장소는 안평진이었는데 그곳을 '왕성'으로 불린 이유는 정성공이 연평군왕(延平郡王)으로 봉해졌기 때문이다. 그렇다면 '동도'를 '명경(明京, 명나라 수도)'으로 부르는 이유는 무엇일까? 사계좌(査繼佐)의 『노춘추(魯春秋)』에서 "연평왕 정성공이 대만을 동도로 부르고 명경이라고도 불렀는데 계왕(桂王)의 행차를 기다리라는 것이다."라고 했다.[3] 즉, '동도'는 정성공이 계왕을 위해 세운 수도이고 명정(明鄭)정권도 계속 영력(永曆)황제(즉 계왕)의 연호를 사용하였다. 그뿐만 아니라, 정성공은 반청(反淸) 항쟁을 시작한 이후 복건 혹은 대만에서 항상 '제좌(帝座)', 즉 영력황제의 자리를 마련하였다. 대만에 있는 명나라 왕실 중 가장 서열이 높은 녕정왕(寧靖王) 주술계(朱術桂)를 왼쪽에 시립(侍立)하게 하여 모든 국가 대사를 결정할 때 늘 조복(朝服)을 입고 북쪽을 향해 절을 한다. 또 황제의 생신, 동지와 하지, 정월 초하루에 대신을 인솔하여 예의에 따라 하례를 하였다.[4] 이런 사실에서 알 수 있듯이 정성공이 대만을 통치한 시기에는 명나라의 제도를 기본으로 하였고, 반청 항쟁과 대만 개발 등 목적으로 필요한 조정을 했던 것이다. 연횡(連橫)의 정리에 따르면 정씨 정권의 중앙 관직에는 이(吏), 호(戶), 예(禮), 병(兵), 형(刑), 공(工) 등 육관이 있고, 대만 지방 관직에는 승천부윤(承天府尹), 천흥지현(天興知縣), 만년지현(萬年知縣), 팽호안무사(澎湖按撫使), 북로안무사(北路按撫使)[5] 등이 있었다. 그중 '북로안무사'는 대만의 특수상황을 감안하여 설치한 관직인데 주로 대만 북쪽지역을 개발하고 원주민과의 마찰을 무마하는 임무를 담당하였다. 청나라에 대한 항전을 위해 도입한 제도는 둔전(屯田)제도였다. 정성공의 「고제장둔간서(告諸將屯墾書)」에는 군사의 기초가 농사에 있다는 그의 생각을 알 수 있다. 그는 다음과 같이 말했다. "집안과 나라를 다스리는 데에는 식량이 우선이다. 집안에 식량이 없다면 부자와 부부 같은 친한 관계도 화목할 수 없다. 나라에 식량이 없다면 충신과 애국지사가 있어도 나라를 다스

3) 査繼佐, 『魯春秋』 (臺北: 臺灣銀行經濟硏究室臺灣文獻叢刊, 第118種, 1961), 74쪽.

4) 정성공이 '제좌'를 설치한 부분은 黃典權, 「鄭延平臺灣事業」, 黃富三·曹永和編, 『臺灣史論叢』第1輯 (臺北: 衆文書局, 1980), 117쪽 참조.

5) 連橫, 『臺灣通史·職官志』 (臺北, 國立編譯館中華叢書, 1985), 136-137쪽.

릴 수 없다."[6] 이것은 "백성은 음식을 하늘로 여긴다."라는 옛 훈시를 상기시키는 것이다. 정성공은 또 선진(先秦)의 제도를 본받으려고 하기도 했다. 그는 다음과 같이 말을 했다.

> 옛날에는 사람 수에 따라 논밭을 주고 그 땅에 따라 조세를 거두었다. 상(商)나라 때에 와서 정전(井田)제로 바뀌었지만 군인과 평민의 구분은 없었다. 진(秦)나라에 와서 정전제가 폐지되니 비로소 군인과 평민의 구분이 생겨 평민은 운송을 담당하고, 군인은 전투를 담당했다. 그 후 한(漢), 당(唐), 송(宋), 원(元) 등 왕조가 계속 전쟁을 하여 군인은 많아지고 군량을 공급하는 자는 대책이 없다. 따라서 유능한 장군은 모두 둔전(屯田), 즉 평상시 농사를 짓게 하여 군대를 풍요롭게 한다. 예로 제갈량(諸葛亮)은 사곡(斜谷)에서, 사마의(司馬懿)는 회남(淮南)에서, 강유(姜維)는 한중(漢中)에서, 두예(杜預)는 양양(襄陽)에서 둔전을 하였다. 이들은 모두 적군과 대치하는 상황에서 운수조달이 어려우면 군인이 배고플까봐 농사를 겸하게 하여 적에 대비하는 것이다.[7]

여기서 알 수 있듯이 정성공의 둔전제도는 반청복명(反淸復明) 항쟁을 위한 것이었다.

정치제도의 정비가 대체로 완성된 다음, 문화교육 건설이 노력의 중점이 되었다. 정성공은 원래 문교정책에 관심이 많았지만 대만에 들어온 후 얼마 안지나 곧 별세하였다. 하림(夏琳)의 『민해기요(閩海紀

---

6) 江日昇, 『臺灣外紀』 (臺北: 世界書局, 1979), 206쪽.

7) 江日昇, 『臺灣外紀』 (臺北: 世界書局, 1979), 206쪽.

要)』에는 "동녕(東寧, 즉 대만)을 처음 개발할 때, 남북 두 로(路)의 사람은 여전히 오랑캐의 풍습에 젖어 있어 예의와 질서를 모른다. 정성공은 관리를 파견하여 교화하려고 하였지만 중병을 앓아 이루지 못했다."라고 기록되어 있다.[8] 정성공이 완성하지 못한 일은 그의 아들 정경(鄭經)이 통치하는 동안 진영화(陳永華)에 의해서 추진되었다. 앞의 '오랑캐의 풍습에 젖어 있다'는 표현에서 알 수 있듯이 정성공 문교정책의 중요한 목적은 원주민을 교화하는 것이었다. 진영화가 문교정책을 주관한 후에도 원주민 교육은 필수불가결한 항목이다. 1665년 진영화는 '성묘(聖廟)를 짓고 학교를 세우는 것'을[9] 정경에게 청하였고, 왕업(王業)의 기초는 교화에 있다는 이치를 다음과 같이 설명하였다. "옛날에 성탕(成湯)은 백리의 땅으로 왕이 되었고, 문왕(文王)은 칠십리의 땅으로 왕이 되었다. 땅의 크기와 무슨 상관이 있는가? 주군이 현명한 자를 좋아하고 인재를 구하여서 보좌하였기 때문이다. 대만은 비옥한 땅이 수 천리 있고, 멀리 해외에 있어 풍습이 순수하다. 주군이 현명한 자를 골라 보좌하게 하여, 십년동안 성장하고 십년동안 교육하고 십년동안 힘을 키우면, 삼십년이면 중원과 힘을 겨룰 수 있을 것이다."[10] 따라서 진영화는 승천부 근처에 묘학(廟學, 공자묘와 학교의 합일체) 짓기 시작하여 그 다음해에 완공하였고 그 옆에 명륜당을 세웠다. 또한 각 사(社, 원주민 부락)에 학교를 설치하고 선생을 초빙하여 자제에게 독서를 시키도록 명하였다.[11] 따라서 원주민에 대한 교육은 1666년에 시작했다는 것을 알 수 있다. 학교를 설립하는 것 외에도 고시를 실시하여 인재를 뽑는 수단으로 활

8) 夏琳,『閩海紀要』(文叢本 第11種, 1958), 32쪽.

9) 江日昇,『臺灣外紀』, 235쪽.

10) 江日昇,『臺灣外紀』, 236쪽.

11) 江日昇,『臺灣外紀』, 235쪽.

용하였는데, 17년 동안(1666년부터 명정정권이 멸망하는 1683년까지) 많은 인재를 배출하였다. 청대 초기의 문헌을 보면 그 상황을 알 수 있다. 강희(康熙) 때 고공간(高拱乾) 주원문(周元文)이 편찬한 『대만부지(臺灣府志)』에 수록된 "진사연표(進士年表)", "거인연표(擧人年表)", "공생연표(貢生年表)" 등 명단을 보면 명정시기 교화의 성과를 알아 볼 수 있다. 또 제1대 대하도(臺廈道, 행정장관) 주창(周昌)은 1686년 부임한 후 대만에 인재가 많아 과거응시에 충분하다며 대만지역에 과거고시를 개방하는 것을 제청하였다. 그는 이렇게 말했다. "본인이 부임한 이후 살펴보니, 정씨 정권의 생원들은 여전히 밤에 불을 밝히며 공부하고, 신진 자제들도 역시 독서를 즐겨한다."[12] 원주민의 교육도 상당한 성과가 있는 것으로 보인다. 1700년 유황을 채굴하러 대만에 온 욱영하(郁永河)는 그의 여행기인 『비해기유(裨海紀遊)』에서 다음과 같은 기록이 있다. 친구 고(顧)군이 그를 대리고 신항(新港), 마두(麻豆) 등 부락을 지나가는데, 보니 "나무가 울창하고 가옥은 정결하며 내륙지방의 마을과 다른바 없다." 고군의 그에게 설명하였다. "신항, 가류만(嘉溜灣), 구왕(毆王), 마두는 정씨 정권 시기 4대 부락이었는데, 자제가 향교에 가서 공부하면 부역을 면하게 하는 식으로 교육을 장려하였다. …… 또 군읍과 가까워 도시 주민의 예의를 익혀 보았기 때문에 그 풍습은 다른 부락보다 뛰어나다."[13] 따라서 명정 시기 원주민에 대한 교화도 어느 정도 성과를 거두었다는 것을 알 수 있다.

명정 정권의 정치 목표와 그 당시의 사상 조류도 교육 업무에 일정한 영향을 주었다. 정권의 목표는 반청복명이었기 때문에, 초급의

12) 高拱乾, 『臺灣府志』(文叢本第65種, 1960), 235쪽.
13) 郁永河, 『裨海紀遊』(文叢本第44種, 1959), 17-18쪽.

글읽기 교육 이외의 유학 교화는 남명실학(南明實學)의 경세(經世) 사상을 기본으로 하였다. 따라서 교육은 이학(성리학) 교육보다 경학 교육을 훨씬 더 중시하였다. 당시 묘학(廟學)의 국자감조교(國子監助教)는 섭형(葉亨)이었는데[14] 그는 하문(廈門) 저현관(儲賢館, 정성공이 복건성 하문에 세운 학교)의 생원이고, 일찍이 기사(幾社)의 지도자 서부원(徐孚遠) 아래서 배워 자연히 명나라 말기 문인의 결사인 부사(復社), 기사(幾社)의 실학정신의 영향을 받게 되었고, 또 『오경강의(五經講義)』같은 책을 저술하기도 하였다.[15] 섭형의 지도하에 묘학의 학생들도 경학에 정통하였다. 예를 들면 진영화의 아들 진몽구(陳夢球)는 강희33년(1694) 『역경』으로 진사가 되었고, 명정 대신 왕충효(王忠孝)의 조카 왕장(王璋)은 강희32년(1693)에 역시 『역경』을 학습하여 과거에 합격하였다.[16] 그 외의 과거에 합격한 자들은 『역경』 외에 『시경』, 『춘추』 등을 학습한 자도 있었다.[17] 이것으로 보아 명정의 경학 교육은 『역경』의 성과가 가장 좋았지만, 명정시기의 시대정신은 사실 『춘추』에 있었다. 정성공은 어렸을 때부터 『춘추』를 좋아 했고,[18] 그의 아버지가 청나라에 항복한 이후 그는 반청복명의 기치를 들고 일어났을 때 더욱 『춘추』의 대의로 스스로를 격려했다. 1653년, 그의 아버지가 북경에서 항복을 권유하는 편지를 보내 왔는데 정성공은 "소자는 글을 읽을 수 있을 때부터 춘추의 의리에 탐복하였다", "자고로 대의멸친(大義滅親)이라고 하니 아버지의 난명(亂命)은 따를 수 없다", "우리 장

14) 江日昇, 『臺灣外紀』, 236쪽.

15) 섭형의 경력은 盛成, 「復社與幾社對臺灣文化的影響」(『臺灣文獻』 第13卷 第3期, 1962년 9월) 참조.

16) 高拱乾, 『臺灣府志』, 207-208쪽.

17) 周元文, 『重修臺灣府志』(文叢本第66種, 1960), 206쪽.

18) 江日昇, 『臺灣外紀』, 39쪽.

병들은 망국의 수치를 통감하고 모두 극도의 분노에 차여있다. 춘추의 대의를 실천할 것이다."[19]라고 대답하여 자신의 의지를 보였다.

정경이 권력을 승계한 후에도 이런 춘추학의 전통을 이어 갔다. 1677년 삼번(三藩) 연합군과 청에 대항할 때, 정경은 다음과 같이 청의 항복 권유에 회답하였다. "춘추는 기강과 윤상(倫常)을 바로 잡고 화이(華夷)의 구분을 분명히 하는 것이다. 이것이 충신의사가 아침저녁으로 마음에 두고 한 순간도 잊어서는 안 되는 것이다."[20] 정성공의 「복대(復臺)」시에서도 대만개발의 어려움과 춘추대의에 대한 견지를 알아 볼 수 있다.

> 네덜란드 오랑캐를 축출하여 만황을 개간하였고, 십년에 비로소 선조의 터를 회복했다.
> 전횡*한테는 아직도 따르는 자가 삼천명 있으니 고생을 견디더라도 차마 떠날 수 없다.
>
> (開闢荊榛逐荷夷, 十年始克復先基; 田横尙有三千客, 茹苦間關不忍離.)[21]

* 전횡(田橫)은 전국시대 제(齊)나라의 귀족. 진한(秦漢) 교체시기에 제(齊)나라를 재건하려고 했는데, 한고조 유방이 천하를 평정한 후 그를 부르자 수치로 여겨 자살하였다. 그의 식객 500명도 따라서 자살하였다.

---

19) 이 편지는 楊英, 『從征實錄』 (文叢本第32種, 1958), 42-43쪽에서 인용함.

20) 連橫, 『臺灣通史 · 建国記』, 43쪽.

21) 「延平二王遺集」, 『鄭成功傳』 (文叢本第67種, 1960), 128쪽에서 인용함.

3. 민생과 종교

명정 시기 실시한 둔전제는 군대를 대상으로 한 것이었고, 일반 백성 중의 원주민에 대해서는 우선 농업생산기술의 개량을 추진하였다. 정성공이 처음 대만에 왔을 때 원주민은 성대한 환영을 보여 주었다. 『종정실록(從征實錄)』에는 다음과 같이 기술하였다. “가까운 원주민 부락의 두목들이 모두 와서 영접하였다. …… 그들을 후하게 대접하였고, 또 토관(土官)에게 관복과 모자를 하사하였다.”라고 하였다. 정성공은 또 직접 각 부락을 방문하였는데 “행차가 지나갈 때 토착민 남녀 모두 음식을 들고 길을 메워 환영하였다.”[22] 수행한 호관(戶官) 양영(楊英)은 농사일을 장려해야 한다는 상소에서 이렇게 지적했다. “원주민은 적절한 경작 방법을 잘 모르고 수확할 때도 도구를 사용할 줄 모른다. 8월에 명을 받아 남사(南社)로 갔는데 때마침 추수 때였다. 경작지에 벼가 두루 있는데 토착민은 이삭마다 손으로 따고 낫의 편리함을 모르고 있다.”[23] 따라서 양영은 각 부락에 소와 쟁기, 괭이 등 기구를 공급하고 농사를 가르치는 것을 주장하였다. 그는 또 이것은 “백성이 이롭게 여기는 것에 따라 이롭게 해준다(因民之所利而利之)”라는 공자의 가르침과 부합하다고 주장하였다.[24] 따라서 명정정권은 원주민의 농업생산을 매우 중시하였고, 유가 민본사상의 입장에 서서 원주민을 같은 ‘백성(民)’으로 보았다는 것을 알 수 있다.

---

22) 楊英, 『從征實錄』, 188쪽.

23) 위와 같음. 193쪽.

24) 같은 책, 194쪽. 명정정권과 원주민의 관계에 대해서는 陳昭瑛, 「文學的原住民與原住民的文學: 從‘異己’到‘主體’」, 陳昭瑛, 『臺灣文學與本土化運動』 (臺北: 正中書局, 1998)을 참조하라.

정경과 진영화도 정성공처럼 원주민과 한족 이민의 민생문제를 중시했다. 『대만외기』의 기록에 따르면, 진영화는 직접 남, 북로의 각 부락을 방문하여 개간, 즉 정성공이 추진하는 둔전제를 권했다. 그뿐만 아니라 그는 당업(糖業), 염업(鹽業), 무역 및 건축 등도 발전시켰다. 구체적인 예로 "사탕수수를 재배하고 설탕을 제조하여 널리 판매하였다. 장인을 시켜 흙으로 기와를 만들고 산에 가서 나무를 베어와 집을 지어 휴식처를 마련하게 한다. 또 전염(煎鹽)의 맛이 너무 쓰기 때문에 해안지대에 뚝이나 담을 쌓고 해수를 부어 소금밭을 만든 후 햇빛으로 소금을 만들었다."[25] 진영화의 업적을 보면 일반 유생과 전혀 다르다는 것을 알 수 있다. 진영화는 하문의 저현관에서 공부할 때 동림당(東林黨, 명나라 말엽의 정치당파)의 증앵(曾櫻)과 기사(幾社)의 서부원(徐孚遠)으로부터 배운 적이 있어 남명 실학의 영향을 많이 받았다. 따라서 정성공이 진영화를 처음 만났을 때 "오늘의 와룡(臥龍, 제갈량)이다."라고 그를 높이 평가하였다.[26]

종교도 서민생활의 중요한 부분이다. 당시 대만의 종교 중에 원주민의 정령(精靈)신앙과 서양인이 도입한 천주교를 제외하면 모두 중국대륙에서 건너 온 것이다. 중국의 입장에서 볼 때 도교는 불교보다 더 본토적인 종교이고, 서민백성과의 관계도 더 밀접하다. 또 계층으로 볼 때 도교는 서민계층과 더 가깝고 불교는 주로 사대부계층이 신봉하였다.

불교와 도교는 명정시대 때 이미 대만에 도입되었다. 연횡이 정리한 「정씨 징수 잡세표」를 보면 마지막 항목에 "승려와 도사의 도첩:

25) 江日昇, 『臺灣外紀』, 235쪽.

26) 連橫, 『臺灣通史·陳永華列傳』, 722쪽.

승려 일인당 2냥, 도사 5냥, 일년 이백냥 징수"라는 기록이 있다.[27] 도사의 세금이 승려보다 많은 것으로 보아 수입이 더 많은 것으로 판단된다. 이것은 또 도사가 일반 서민의 민생과 더 밀접한 관계가 있다는 것을 반영한다. 예를 들면 대만인은 장례식 때 일반적으로 도사를 불러 의식을 진행한다.

도교에 대한 명정 정부의 태도는 애매하다. 교육적 측면에서 볼 때, 정성공과 명나라의 대신들, 그리고 정경과 진영화에 이르기까지 기본적으로 유학을 공부한 사람들이다. 하지만 정성공은 종교의식을 적절하게 이용하였다. 그가 거사한 후 두 번의 큰 전투를 감행하였는데 하나는 1659년의 북벌이고, 다른 하나는 대만의 네덜란드인 축출이었다. 두 번 모두 출정하기 전에 종교의식을 거행하였는데 북벌 때는 유교적 의식이고, 대만정벌 때는 민간도교의 색채가 강한 의식을 거행하였다.

불벌 전쟁 때 그는 천(하늘), 지(땅), 선조에 대한 제사를 거행하였는데, 강희4년(1671년) 계육기(計六奇)가 쓴 『명계남략(明季南略)』에서 정성공이 북벌할 때 성대한 제사 장면을 다음과 같이 기록하였다.

> 정성공의 십만대군은 6월13일 하늘에 제사를 지냈다. 모든 배가 운집하였는데 깃발, 복장 모두 붉은 색으로 하여 멀리서 보면 불(火)과 같았다. 14일에는 땅(地)과 산하강해(山河江海) 제신에게 제사를 하였는데, 모든 것을 검은 색으로 하여 멀리서 보니 먹(墨)과 같다. 15일에는, 먼저 길복(吉服)을 입고 태조에게 제사를 지낸 다음, 소복(흰 상복)을 입고 선제(先帝)에게 제사를 지냈다. 모든 것을 흰 색으로 하여 멀리서 보니 눈(雪)과 같았다. 제사가

27) 連橫, 『臺灣通史 · 關征志』, 469쪽.

끝난 후 태조 고황(高皇)을 삼창하니 장병과 대신들이 모두 눈물 흘렸다.[28]

강일승의 『대만외기』에 따르면, 이 대형 제사 이후 고무된 사기 때문에 "강남이 한때 진동했다."라고 한다.[29] 정성공도 이 때 그의 유명한 칠언절구 「출사토만이자과주지금릉(出師討滿夷自瓜州至金陵)」를 지었다.

縞素臨江誓滅胡, 雄師十萬氣吞吳,
試看天塹投鞭度, 不信中原不姓朱.
소복을 입고 강가에 서서 오랑캐를 소멸할 것을 맹세하며
십만 대군의 기세는 오(중국 동남지방)를 삼길 것 같다.
양자강 같은 천연 요새도 넘을 것이니
중원이 다시 주씨(명나라 황제의 성)의 땅이 될 것을 확신한다.[30]

이 시의 앞 구절은 제사의 상황과 제사의 목적을 보여 줬고, 뒤 구절은 제사를 통해 응집한 사기를 묘사하였다. 정성공은 분명히 종교 행사의 파급효과를 잘 알고 있을 것이다. 따라서 대만을 정벌할 때도 제사를 지냈는데, 여기서 삼국지 중 공명(제갈량)이 동풍을 빌리는 장면과 버금가는 일화를 연출하였다. 우선 파병하기 전에 그는 하늘에 제를 올려 길흉을 물었고, 군대가 팽호(澎湖)에 도착했을 때 그는 '마조궁(媽祖宮)'에 가서 참배를 하였다. '마조'는 복건, 대만 지역

---

28) 計六奇, 『明季南略』(文叢本第148種, 1963), 329-330쪽.
29) 江日昇, 『臺灣外紀』, 177쪽.
30) 「延平二王遺集」, 『鄭成功傳』, 128쪽에서 인용함.

의 주민이 모시는 해상 보호신이다. 따라서 마조를 참배하는 것은 장병의 심리를 안정시키는 역할을 한 것이다. 배가 녹이문(鹿耳門) 앞바다에 도착했을 때 정성공은 상을 차려 옷을 갖춰 입고 제사를 올렸다. (민간전설에는 정성공이 마조에게 기원했다고 전해지지만) 문헌에는 그가 어떤 신에게 제사를 했는지 기록은 없고, 축문을 보면 마조에 대한 언급은 없었다. 축문을 보면 다음과 같다. "만약 우리의 명맥이 이어갈 수 있다면 황천(皇天)께서 자비를 베풀고 조상께서 보우하여 도와주시옵소서. 밀물을 보내주시면 배는 막힘없이 진입할 수 있고 군대는 상륙할 수 있습니다."[31] 제를 올리자 정말로 조수가 몇 장(丈) 올라 정성공의 군대는 순조롭게 상륙하였다. 축문을 보면 '황천', '조상'이 당시 기원하는 대상이니 유교의 제사임을 알 수 있다. 하지만 팽호의 마조궁을 참배하였다는 것은 도교의 측면도 배제할 수 없었다는 것을 시사한다. 대체로 명정정권은 민간의 도교에 대해 그다지 우호적이지는 않았다. 『민해기요』의 기록에 의하면 정경이 대만을 순시할 때 "가는 곳마다 음사(淫祠)를 부수고 정도(正道, 유교)를 숭상하였다."라고 한다.[32]

정경은 천주교에 대해서도 억제정책을 펼쳤다. 대만 공자묘가 완공되는 1666년에 려송국왕(필리핀 루손섬의 스페인 총독으로 추측됨)이 선교사를 대만으로 파견하였는데 정경은 예의를 갖춰 대접하였다. 선교사는 대만에서 '사원'을 만들어 '교'를 가르치는 것을 요구하자 진영화는 "이들은 사람을 변화시키려고 음모와 사기로 입국한 것이니 절대로 허락하면 안된다."라고 강력하게 반대하였다. 정경은 웃으며

31) 江日昇, 『臺灣外紀』, 32쪽.

32) 夏琳, 『閩海紀要』, 32쪽.

"그들이 사람을 변화시킨다면 나는 그들을 변화시키겠다."[33]라고 말하고 선교사에게 관복을 주면서 명령하였다. "원래 입던 옷을 갈아입고 인사를 올려라. 어기면 참수 할 것이다." 선교사는 옷을 갈아입고 신하의 예를 갖췄다. 정경은 또 선교사에게 알리기를, "상선이 그쪽 땅에 가서 교역을 할 때 괴롭히면 안되고 매년 배 한 척을 진공하도록 하여라. 이를 어기면 곧바로 군대를 보내 그 죄를 묻겠다."라고 하였다. 선교사는 계속 절을 하면서 대답하고 더 이상 선교문제를 언급하지 않았다.[34] 이상의 묘사를 보면 정경은 매우 박력이 있고, 동시에 종교문제를 정치문제로 전환하여 대응하였다는 것을 알 수 있다.

명정정권은 천주교와 민간종교를 배척하였지만 불교에 대해서는 매우 우호적이었다. 정성공 본인부터 불교와 친분이 두터웠다. 그는 안평(安平)의 보은사(報恩寺)에다 막사를 설치하여 평화협상을 하러 온 청나라 사신의 숙소로 제공하려 했다.[35] 그의 친구인 은원선사(隱元禪師)는 당시 동남 불교계의 고승인데 나중에 일본으로 건너가 일본의 불교에도 많은 영향을 주었다. 명나라가 멸망한 후 은원스님은 전쟁의 참혹함을 목격하고 매우 슬퍼하였다. 그는 진동(鎭東), 해구(海口) 두 성에서 청군에 의해 살해된 수천명의 희생자를 위해 「야회사수(夜懷四首)」를 지었는데 그 중 한 구절은 다음과 같다. "마음이 현혹되어 하늘의 도리를 어지럽히더니 수많은 가옥을 단번에 무너뜨린다. 고국의 영웅과 성현은 어디로 갔는지? 외로운 달만 텅 빈 성

33) 江日昇, 『臺灣外紀』, 237쪽.

34) 江日昇, 『臺灣外紀』, 237-238쪽.

35) 하지만 청의 사신은 입주하지 않았다. 이 사건은 楊英, 『從征實錄』, 59-66쪽 참조.

을 비춘다.(誰迷方寸混天經, 百萬華居一斬平. 故國英賢何處去, 惟餘孤月照空城).” 또 일설에 의하면 그가 일본으로 건너갈 때 바로 정성공의 배를 타고 갔다고 한다. 그의 문집에 수록된 「증정국공시(贈鄭國公詩)」가 바로 정성공에게 바치는 것이었다. 시는 다음과 같다. “남국의 충신이여, 그의 이름은 고금을 울린다. 삼대로 천자를 보좌하고 그 한마음은 변함이 없다. 세상이 변해도 그 공훈은 여전하고, 도가 남아 있으니 그의 뜻을 기릴 수 있다. 비록 바다가 가로 막고 있어도 만리 밖에 마음을 아는 이가 있다.(南國忠貞士, 威名徹古今. 三朝天子佑, 一片故人心. 世變勳猶在, 道存志可欽. 雖然滄海隔, 萬里有知音)”[36]

『대만외기』에는 은원선사가 참위(讖緯)설로 정성공의 흥망을 해석하는 대목이 있다. 그 내용은 다음과 같다. “정성공이 금문(金門)과 하문(廈門)을 점령하니 그 위세는 연해 지방을 진동했다. 혹자가 황벽사(黃蘗寺)의 은원선사에게 물었다. ‘정성공은 어느 별(星)이 내려온 것인가?’ 은원은 ‘동해장경(東海長鯨)이다.’라고 하였다. 또 묻기를, ‘언제 멸망하는가?’라고 하니, 은원은 ‘동쪽으로 돌아가면 사라진다’라고 대답했다.”[37] 여기서 언급한 “황벽사”는 중국 복건성 복청(福淸)에 있는 황벽산에 있는 절을 지칭한 것이다. 당나라 덕종(德宗) 때 선종 승려가 여기 와서 절을 세웠고 그 도량은 한때 매우 흥성했다. 원나라 때 폐기되었다가 명대에 와서 다시 부흥하였다. 명나라 신종(神宗) 때 은원선사가 이 산에 들어와 도를 중흥시켰다. 은원선사가 일본으로 건너간 후 쿄토(京都)에 황벽산 만복사(萬福寺)를 세워 일본 황벽종(黃檗宗)의 시조가 되었다. 황벽종은 일본 선종 삼대 종파 중의 하나

36) 정성공과 은원선사의 교유는 毛一波의 다음 두 글 참조하라. 「南明武臣鄭彩的事蹟」, 「幾件南明史實的硏究」, 『南明史談』(臺北: 商務印書館 , 1990)에 수록됨. 은원선사의 시는 97-98쪽에 수록됨.

37) 江日昇, 『臺灣外紀』, 405쪽.

다.[38] 은원선사가 주지를 하는 동안에 황벽사의 승려는 민족정신의 영향을 많이 받아 정성공의 반청 활동에도 많은 도움을 주었다. 정성공이 청나라와 대항하기 위해 일본에게 지원군을 요청한 적이 있는데 그가 막부(幕府)에 보낸 서한을 보면 "불교가 보좌하고 유교가 중심이 되어 원공(元公)을 다시보고 황벽을 참배하게 되었다.(釋輔儒宗, 再見元公參黃蘗)"라고 하는 대목이 있다.[39] 여기서 '원공'은 바로 은원선사를 지칭하며, '불교 보좌, 유교 중심(釋輔儒宗)'이라는 대목을 보아 당시 중국 복건의 황벽사도 정성공의 유교적 사업을 도와주고 있다는 것을 알 수 있다.

정성공과 은원스님의 이런 인연을 알면『대만통사』에 나오는 승려가 항청운동에 참여한 사연 대해 더 잘 이해할 수 있고, 또 명정시대의 통치계층이 불교를 더 선호하는 현상에 대해서도 이해가 갈 것이다. 불교의 대만 도입과 불교와 반청복명의 관계에 대해『대만통사·종교지』의「불교」에서 자세히 설명하였다. "불교의 전래는 이미 수백년이 되었고, 그 종파는 대개 복건에서 왔으며 실제로 황벽의 법맥이 많다. 재당(齋堂)은 주로 선종을 근본으로 한다."[40] 명정시기 지식인 계층도 불교를 많이 신봉하였다. 예를 들면 용계(龍溪)의 거인(擧人) 이무춘(李茂春)은 전쟁을 피해 대만으로 왔는데 초가집을 지어 '몽접(夢蝶)'이라고 이름 붙여 "아침저녁으로 불경을 송독하여 사람들이 '이보살'이라고 불렀다." 또 대만의 시인 심광문(沈光文)은 정경의 정책을 비판하는 글을 썼다가 화를 피하기 위해 사찰로 도피하여 스님이 되었다. 정경은 동안방(東安坊)에 미타사(彌陀寺)를 지어 스님을 모

38) 이상 "황벽"에 대한 소개는『辭源』의 "황벽종" 항목을 참조함.

39)『臺灣通史·外交志』, 382쪽.

40)『臺灣通史·宗教志』, 551쪽.

셨고, 진영화도 용호암(龍湖巖)을 지었다. 당시 불교의 유행을 알 수 있었다.[41] 연횡(連橫)의 불교에 관한 기록 중 가장 주목할 만한 것은 승려계층이 명정이 멸망한 이후에도 계속 반청운동을 했다는 것이다. "그 당시, 정씨의 부하 장군 중 고국을 애탄하고 차마 오랑캐를 섬길 수 없어 승복을 갈아입고 산골짜기로 숨은 자는 수십명에 달했다. 이 자들은 역사책에 기록이 없어 그 충의(忠義)를 표창할 수 없었다. 슬프도다." 따라서 연횡은 특별히 어느 '황벽사의 승인'이 명정 멸망 후 반란을 꾀하다가 실패하고 참수당한 사건을 기록하였다.[42] 연횡의 기록에 따르면, 주일귀(朱一貴)반란사건 때 승려도 참여하였다고 한다.[43] 주일귀 사건 외에도 도광(道光) 때의 장병(張丙) 반란사건 때도 승려가 참여하였다. 당시 봉산(鳳山)의 생원 황문의(黃文儀)가 지은 「가사적(袈裟賊)」이란 시에서 승려가 참가한 상황을 묘사하였다. "대머리중이 감히 도적이 되어 산위 법당에다 깃발을 세웠다. 가사 입은 사병들은 하나 같이 나한의 얼굴이다. 금빛 관음을 등에 없고 부처가 돕고 있다고 헛소리한다.(禿奴敢作賊, 樹幟岡上殿, 一陣袈裟兵, 箇箇羅漢面, 背負金觀音, 漫云佛助戰)."[44] 이 시는 청국 정부의 입장에서 쓴 것이지만 산 위의 법당 대웅전에 저항의 깃발이 꽂혀 부처의 힘에 의지하고 있는 승려의 모습을 생동감 있게 묘사하였다.

명정의 유신과 장수들이 불교를 선호하는 것에 대해 연횡은 다음과 같이 해석한다. "동란의 시기에 국토가 어지럽고 기강이 땅에 떨

41) 위의 책, 551-552쪽.

42) 위의 책, 552-553쪽.

43) 『臺灣通史·宗教志』, 553쪽.; 『臺灣通史·朱一貴列傳』, 740쪽 참조.

44) 이 사건에 관해서는 楊惠南, 「兩首有關臺灣僧人抗淸的詩作」, 『國文天地』, 第13卷第6期(1997년 11월) 참조.

어져 있다. 충의(忠義)를 마음에 품은 자는 미래를 기탁하며 피신한 것이다. 공문(空門, 출가)을 낙토라고 생각해서 그런 것이 아니다."[45] 이것은 유교의 입장에서 명정 지도층의 행동을 설명한 것이다. 즉, 불교에 귀의한 것은 하나의 방편이라는 것이다. 하지만 만약 정성공의 '불교 보좌, 유교 중심(釋輔儒宗)'인 입장에서 본다면, 망국의 재앙은 신앙이 불교든 유교든 모두 해당되기 때문에 반드시 대응해야 하는 것이다. 정성공이 복건에서 황벽사와 일종의 동맹을 맺었기 때문에 나중에 '황벽사의 승려'가 계속 항청활동을 지지하는 것도 매우 합리적이다.

이상을 종합해서 본다면, 명정이 최우선시 하는 것은 천지와 조상에 대한 제사 등 유교적인 의례이다. 정성공 자신도 그렇다. 그가 '불교 보좌, 유교 중심(釋輔儒宗)'이라고 한 것은 여전히 유교가 중심이라는 의미다. 하지만 그는 불교에 대해서 매우 우호적이고, 또 민간 도교에 대해서도 배척하지 않았고, 심지어 도교를 이용하여 군대의 마음을 안정시키는 역할을 수행하였다. 정경 시기에는 도교와 천주교를 배척하고 불교를 장려하였다. 명이 멸망한 후 유신(遺臣)들 중에 불교에 귀의한 자가 많았고[46] 장군들 중에는 승려의 신분으로 계속 항청활동을 한 자도 있었다. 승려의 항청활동은 주일귀 사건과 장병

45) 『臺灣通史·宗教志』, 551쪽.

46) 예를 들면 林英은 복건 복청 사람인데 崇禎황제 때 운남 곤명의 지현을 역임했다. 永曆황제가 운남에서 즉위할 때 兵部司務를 했다. 황제가 청에 잡혀가자 삭발하고 스님이 되어 하문을 지나 대만으로 갔다. 또 張士楠은 복건 惠安 사람인데 崇禎6년에 과거 급제하였다. 명이 망하자 산속으로 들어가 수년간 나오지 않았다. 耿精忠의 반란 때 金門으로 피난 갔다가 대만으로 갔다. 東安坊에 거주하여 채식과 염불을 하며 속세를 멀리했다. 삼년동안 곡식을 먹지 않고 茶果만 먹었다. 99세의 나이로 별세하였다. 이상 기록은 『臺灣通史·諸老列傳』, 720쪽 참조.

사건 때까지 이어 갔고, 이것은 대만불교사에서 주목할 만한 사실이다. 이것은 대만 불교는 명정시기 대만에 들어 올 때부터 반청복명의 시대정신과 깊이 연관되어 있었기 때문이다.

4. 문예와 건축

문학은 아마도 명정시기 업적이 가장 큰 문화 분야이다. 전통 지식인은 원래 시문(詩文) 교육을 통해 지식 습득, 문화 전승 및 과거 응시 등을 하기 때문에 모두 시와 글에 능통하였다. 청나라가 중원을 차지하자 지식인은 망국의 아픔으로 감회가 깊어 많은 시 작품을 남겼고, 또 명정의 대신들 중 원래 시문에 능한 자가 많아 명정문학의 번성기를 이루었다.

명정문학의 특색은 두 가지로 볼 수 있다. 하나는 고국을 그리워하는 민족감정이고, 다른 하나는 대만을 새로 발견하는 열정인데 여기에는 중원으로 돌아가지 않겠다는 생각도 내포되어 있다.[47] 고국을 그리워하는 민족감정에 대해서는 이전의 학자들이 이미 많이 논술한 적이 있다. 예를 들면 연횡은 다음과 같이 말했다. "정씨 때 태복시경(太僕寺卿, 벼슬이름) 심광문(沈光文)이 처음으로 시를 읊기 시작하여 한 때 피난 온 인사들은 고국산하를 그리워하는 마음을 시에 담아 서로 주고받았으며 그 내용은 격앙하여 군자를 슬프게 한

47) 명정시기 문학의 특색은 陳昭瑛, 「明鄭時期臺灣文學的民族性」, 『中外文學』, 22卷4期(1993年 9月)을 참조하라. 이 글은 陳昭瑛, 『臺灣文學與本土化運動』(臺北: 正中書局, 1998)에 수록됨. 또 陳昭瑛, 『臺灣詩選注』(臺北: 正中書局, 1996)의 '導論', '明鄭' 부분 참조하라.

다."[48] 이 말에 따르면 심광문은 대만의 첫 번째 문학작가라고 할 수 있다.[49] 연횡은 또 정성공이 남긴 '북정(北征)의 격문(檄文)과 아버지께 드리는 답신'은 "읽는 사람으로 하여금 비탄분개하고 열혈이 가슴에 차게 하여 마음이 따라 움직이게 한다"고 높이 평가하였다.[50] 이것은 모두 명정 문학의 중심 이념은 민족정신, 민족감정의 측면에 있다는 것을 설명한다. 광복(1945)이후 대만에 건너온 호남성 상담(湘潭) 출신의 이어숙(李漁叔)은 대만시의 풍부한 감정에 감동 받아 『삼대시전(三臺詩傳)』을 지어 이를 보존하고자 노력하였다. 그는 책의 서두에서 다음과 같이 말했다.

> 대만지방에는 시인이 많고 특히 충의강개(忠義慷慨)한 자가 많은데, 그것은 연원(淵源)이 깊고 하루 이틀에 형성된 것이 아니다. 연평왕 정성공이 네덜란드인을 축출하고 이 땅을 차지하였을 때, 많은 뜻 있는 문신과 무사가 그를 따라 들어왔다. 이들은 대부분 고신얼자(孤臣孽子)의 마음에 멸망한 나라를 다시 세운다는 포부를 갖고 있다. 하지만 명나라의 사직이 기울고 정씨 정권도 무너지자 이를 목격한 이들은 그 비통과 울분은 더 할 나위 없을 것이다. 그래서 그들의 민족의식은 매우 깊이 부리 내려 있고 오래 지나도 사라지지 않는다.[51]

이 말도 역시 명정문학에 있는 민족감정을 강조하는 것이다. 이어숙은 더 나아가서 지적하기를, 이런 이민족의 침략에 저항하는 정신

48) 『臺灣通史·藝文志』, 587쪽.
49) 심광문의 일생과 시 작품에 대한 분석은 陳昭瑛, 『臺灣詩選注』 중 '沈光文' 부분 참조.
50) 『臺灣通史·藝文志』, 587쪽.
51) 李漁叔, 『三臺詩傳』(臺北: 學海出版, 1976), 1쪽.

이 훗날 일제시대의 대만 시 작품에도 계속 이어졌다고 한다.

반청복명의 정신을 강조하는 면을 볼 때 명정 문학도 남명(南明) 문학의 일부분이라고 할 수 있다. 하지만 명정문학은 내륙문학과 구별되는 특수한 점이 있는데 그것이 바로 대만의 특수한 인문, 풍토와 지리에 대한 묘사와 대만에 안주하고 돌아가지 않겠다는 심정을 담은 부분이다. 심광문의 「사귀(思歸)」시 여섯 수는 제목부터 내용까지 망명객의 향수를 주제로 한 것이다. 예를 들면 다음의 시구를 보자.

> 해마다 돌아가는 것을 생각하고 그 생각은 끊이지 않는다. 길이 갈라져 더 이상 길이 없고 누가 나와 함께 하는가? 매미는 높은 곳에서 이슬을 먹지만 배부르지 못하고, 학은 창공으로 날아가니 길이 저절로 열린다.
>
> (歲歲思歸思不窮, 泣岐無路更誰同. 蟬鳴吸露高難飽, 鶴去凌霄路自空).[52]

이 시는 깊은 향수를 나타내기는 동시에 굴복하지 않겠다는 절개도 보여주고 있다.

정경의 국가 통치능력은 그의 아버지보다 못하지만 권력을 계승한 후 정성공의 뜻을 이어가겠다는 의지는 강력했다. 그의 시 작품의 기상도 아버지만큼 웅장하지 않지만 청나라에 굴복하지 않겠다는 기개는 살아 있다. 그의 시 「만주의 사신이 왔는데, 상륙하지 않고 옷을 갈아입지 않겠다는 말을 하니 분개하여 시를 짓다(滿酋來使, 有不登岸不異服之說, 憤而賦之)」를 예로 보자.

---

52) 陳昭瑛,『臺灣詩選注』, 12쪽.

왕의 기운이 중원에서 사라지고 정통 복장은 해외로 갔다. 웅대 한 꿈은 결코 끝나지 않았고 매일매일 창칼을 정돈한다.

(王氣中原盡, 衣冠海外留. 雄圖終未已, 日日整戈矛).[53]

이 시를 보면 그의 북벌하겠다는 의지는 여전히 남아 있지만 "王氣中原盡, 衣冠海外留"의 대목에서는 "돌아가지 않겠다"는 생각이 함축되어 있다. 중원이 오랑캐에게 빼앗겨 의복제도가 다 바뀌게 되었다. 한족 문화를 견지하는 명나라 유민(遺民)은 대만에 중국의 제도를 수립하고 대만을 중국보다 더 중국다운 곳으로 만들어야 한다는 생각을 했을 것이다. 즉, "그들이 중국을 떠난 것은 중국인의 정체성을 유지하기 위해 부득이한 것이다."[54]

서부원(徐孚遠)의 시 「도화(桃花)」는 "돌아가지 않겠다"는 심정을 나타내는 대표작이라 할 수 있다. 서부원은 기사(幾社)의 우두머리였고, 정성공이 그를 스승으로 모셨다. 항청 전쟁이 불리해지자 그는 정성공을 따라 대만으로 왔다. 「도화」의 내용은 다음과 같다.

산과 바다에 봄기운이 오고, 꽃망울마다 사람 얼굴처럼 활짝 피었다. 천년동안 진나라의 폭정을 피할 수 있는 곳이 바로 이곳이니, 반드시 무릉도원으로 돌아갈 필요가 있는가?

(海山春色等閒來, 朶朶還如人面開. 千載避秦眞此地, 問君何必武陵回.)[55]

---

53) 陳昭瑛, 『臺灣詩選注』, 41쪽.

54) 陳昭瑛, 「導論: 臺灣詩史三階段的特色」, 『臺灣詩選注』, 3쪽.

55) 陳昭瑛, 『臺灣詩選注』, 20쪽.

시 내용에는 "도화(桃花)" 두 글자는 없지만 봄기운(春色)으로 도화가 만개한 모습을 보여주었다. 사용된 전고(典故)를 보면, 최호(崔護)의 「성남유(城南遊)」[56]를 차용한 것(人面) 외에도 도연명(陶淵明)의 「도화원기(桃花源記)」 중의 난세를 피해 이상향을 찾는 사상으로 시 전체를 이어갔다.

시문이외에 희곡의 발전도 주목할 필요가 있다. 희곡은 통속적인 예술이므로, 대만에 들어온 것은 정성공이 오기 전에 서민계층의 이민과 같이 유입되었을 것이다. 『대만외기(臺灣外紀)』에 따르면 대만 통사(通事)인 하빈(何斌)이 희곡을 좋아하여 "정월 대보름에 연등과 불꽃, 죽마희(竹馬戲) 등 놀이와 기생의 가무를 즐겼다"고 한다.[57] 하빈은 원래 정지룡(鄭芝龍, 정성공의 아버지)의 부하였다가 나중에 네덜란드인의 통사(통역관)가 되었다. 그는 또 정성공에게 대만 공격을 건의한 인물이기도 하다. 하빈은 희곡을 좋아하기로 유명했는데 『수상소평해분기(繡像掃平海氛記)』라는 책에 의하면, "하빈은 집에다 무대를 두 개 차려 놓고 대륙에 가서 희극 배우 및 복장, 도구 등을 사와 손님이 집에 오면 술상을 차려 희곡이나 창을 즐겼다"고 한다.[58] 하빈이 희곡을 탐닉하여 공금을 도용하게 되었고, 네덜란드 총독의 문책이 두려워 정성공에게 대만 공격을 건의하였다고 한다.[59] 하빈이 즐기는 대형 희곡은 중국 대륙에서 배우와 기타 도구를 가져와야 하는 것으로 보아 그 당시 아직 대만 현지에 보급하지 못했다는 것을 알 수 있다. 또 비용도 만만치 않아 일반 서민은 즐길 수 없었을 것이다.

---

56) 崔護의 「城南遊」시는 다음과 같다. 去年今日此門中, 人面桃花相映紅. 人面不知何處去, 桃花依舊笑春風.

57) 江日昇, 『臺灣外紀』, 191쪽.

58) 『臺灣省通志』 卷6 『學藝志·藝術篇』 (臺灣省文獻會, 1971)의 제1장에서 인용함.

59) 江日昇, 『臺灣外紀』, 190쪽.

강희24년(1685)에 장육영(蔣毓英)이 편찬한 『대만부지(臺灣府志)』는 명정이 항복한지 2년이 지난 후 만들어 진 것이니 책에 기록된 것은 대체로 명정시기의 생활상으로 볼 수 있다. 권6의 「세시(歲時)」부분에는 대만의 한족이 정월 초하루부터 대보름까지의 활동을 기록하였는데 그 내용을 보면, "젊은이들이 학(두루미), 사자, 말 등으로 분장하여 집집마다 가서 대문 앞에서 춤을 추었다", "입춘(정월 초팔일) 하루 전에 봄맞이 행사를 하는데 의장대, 천막, 광대 등의 행렬이 행진한다", "대보름에는 등놀이를 하는데 암자, 사당, 절간 및 살림집의 대문마다 밧줄이나 장대에다 붉은 등롱을 걸어 논다. 악기와 노래를 잘하는 사람 몇 명이 우산 모양의 등을 앞세워 요란하게 악기와 노래를 하는데 이것을 우산놀이(鬧傘)이라고 한다. 또 도사, 무당, 신선, 부처, 용마(龍馬) 등으로 분장한 사람들이 남의 집 앞에서 가무를 하며 경축을 해주는데 이것을 대보름놀이(鬧元宵)라고 한다."라는 기록이 있다.[60] 즉, 민간의 소규모의 희곡이나 길거리의 공연은 그 비용이 적고 또 세시풍속이기 때문에 명정시대에 이미 매우 보편화 되어 있었다. 이것은 한족 이민의 일상생활 중에서 필수 불가결한 부분으로 자리 잡은 것이다.

중국식 건축도 주로 명정시기 때 대만에 도입되었다. 사람은 반드시 살 곳이 있어야 하니 명정 이전의 한족 이민도 물론 집을 짓고 살았다. 하지만 이민의 생활이 불안정하고 환경 조건이 열악하기 때문에 건축 양식에 신경 쓸 여유가 없었다. 명정정권은 대만 역사상 최초의 중국인 정권이기 때문에 부와 권력이 있어야 가능한 궁궐식 건축이나 사대부 계층의 정원 등은 이때 되어서야 점차 보이기 시작했

60) 蔣毓英,『臺灣府志』(陳碧笙校注, 廈門大學, 1985), 59쪽.

다. 앞에서 언급한 하빈은 향락생활을 즐기는 사람인데 그가 좋아하는 것은 희곡뿐만이 아니었다. 그가 지은 두 개의 희곡 무대는 개인 정원 안에 있는 것이라고 하니 그 정원의 규모를 짐작할 수 있다. 『수상소평해분기(繡像掃平海氛記)』에 따르면 "하빈의 연수입은 은(銀) 수만냥인데 그것으로 저택과 정원을 지었다. 정원 안에 호수를 하나 팠는데 녹이문(鹿耳門)까지 이어진다. 가끔 배타고 녹이문까지 가서 낚시하며 놀았다."라고 한다.[61] 이 글에는 정원의 화초와 나무에 대해 묘사하지 않았지만 정원의 호수가 해변의 녹이문까지 연결된다는 특색을 강조하였다. 이러한 정원건축은 중국 강남에도 없었던 것이다.

명정시기 또 하나의 유명한 개인 정원은 이무춘(李茂春)의 '몽접원(夢蝶園)'이다. 이 정원은 진영화가 이름 지었고 또 '몽접원기(夢蝶園記)'라는 글을 썼기 때문에 유명해졌다. 연횡의 기록에 따르면, 이무춘은 "영강리(永康里)에 초려를 짓고 살았는데 '몽접'이라고 이름 지었다. …… 손수 매화와 대나무를 심고 불경을 읽으며 스스로 즐거워했다."라고 한다.[62] 이 정원을 '몽접(夢蝶)'이라고 이름 지은 것은 도가사상과 관련 있음을 알 수 있고, 또 이무춘 개인의 신앙 때문에 불당의 역할도 담당하고 있다. 대만이 청나라에 귀속된 이후 법화사(法華寺)로 재건되었다.[63] 그 외에 진영화 자신의 '진씨원(陳氏園)'도 '크기가 약 200무(畝)'라고 하니[64] 매우 가관했을 것이다. 정경이 지은 '북원별관(北園別館)'은 모친 동부인(董夫人)을 모시는 곳이었는데 현재 개

61) 『臺灣省通志』 卷6 『學藝志·藝術篇』 (臺灣省文獻會, 1971)의 제1장에서 인용함.

62) 『臺灣通史·諸老列傳』, 719쪽.

63) 連橫, 「臺灣古跡志」, 『雅堂文集』 (文叢本208種, 1964), 247쪽.

64) 連橫, 「臺灣古跡志」, 『雅堂文集』 (文叢本208種, 1964), 247쪽.

원사(開元寺, 타이난) 자리이다. 절 뒤에 있는 칠현죽(七弦竹)이 동부인이 심은 것이라고 전해져 왔다.[65]

명정의 관가 건물도 주목할 만하다. 승천부의 동안방(東安坊)은 "그 규모가 전 군(郡)에서 제일 컸다", "관아 내에 옛 용수(榕樹)나무 한 그루가 있는데, … 엉켜 있는 거대한 줄기는 마치 규룡과 같았다."[66] 승천부의 관공서 옆에는 '사합정(四合亭)'이 있고, 그 정원 안에는 정성공이 심은 매화 한 그루가 있었는데, 광서(光緖)황제 때 지은 연평군왕사(延平郡王祠) 안으로 이식하였다.[67] 이 매화는 매우 유명하여 수많은 시인이 시를 지어 읊었다. 관가건축 중 가장 흥미로운 것은 정성공이 지은 '길질문(桔秩門)'이다. 네덜란드인을 축출 한 후 정성공은 '열란차성'을 '안평'으로 개명하고 고국을 기리는 의미로 '길질문'을 지었다고 한다. '길질문'은 춘추시대 정(鄭)나라에 있던 성문이다.[68]

명정시기에는 큰 사찰도 몇 개 지었다. 예를 들면 정경이 지은 미타사(彌陀寺)는 "대전(大殿)이 웅장하고 화초 나무가 울창하였다". 진영화도 "산수가 둘러 싸여 있고 청정한 절경인" 적산보(赤山堡)에 용호암(龍湖巖)을 지었다. 절 앞에 "용호"라는 담(潭)이 있는데 나무가 울창하고 경치가 좋았다.[69] 사찰은 관방에서 지었지만 백성에게는 참배하도록 개방 했을 것이다.

명정시기 대만 백성의 주거생활에 가장 큰 영향을 준 변화는 진영

65) 李乾朗, 『臺灣建築史』(臺北: 雄獅出版社, 1995), 85쪽.

66) 連橫, 「臺灣古跡志」, 『雅堂文集』(文叢本208種, 1964), 241쪽.

67) 連橫, 「臺灣古跡志」, 『雅堂文集』(文叢本208種, 1964), 246쪽.

68) 連橫, 「臺灣古跡志」, 『雅堂文集』(文叢本208種, 1964), 242쪽.

69) 『臺灣通史·宗敎志』, 551쪽., 562-563쪽.

화가 건축자재의 질을 향상시킨 노력일 것이다. 『대만외기』에 따르면 진영화는 "장인에게 흙으로 기와를 만드는 법을 가르쳤고, 산에 가서 대나무를 잘라와 집을 지어 백성들을 쉬게 하였다."고 한다.[70] 진영화가 지도하여 만든 기와는 모두 붉은 색이어서 매우 보기 좋았다. 범함(范咸)은 「적와가(赤瓦歌)」를 지어 이를 묘사하기도 하였다.[71]

이상에서 알 수 있듯이 명정시기 대만의 건축은 중국 전통 건축의 특색을 보여주고 있었다. 사대부의 저택은 정원의 경치를 강조하고, 또 이름에 깊은 의미를 담아내기도 하였다. 관가의 건축은 규모도 중요시 하지만 정자 등 부속 건축에 정취(情趣)를 살리기도 하였다. '길질문'을 지은 것은 고전에 대한 교양을 보여주고 매화나 대나무를 심는 것도 사물을 통해서 자신의 이상을 표현하는 중국 문인의 전통을 다른 것이다. 사찰은 종교 건축이므로 우선 장엄함과 고요함을 중시한다. 백성의 주택은 견고하고 실용적인 면을 중시하여 사대부의 건축과 비교할 수 없지만 진영화의 경영 하에 상당히 많이 개선되었다. 실용성과 예술성을 겸비하고 사람과 사람, 사람과 자연의 관계를 중시하는 것이 명정시기 대만 건축에 도입된 중국 전통 건축 이념이라고 할 수 있다.

이 글은 1998년4월 황제릉기금회(黃帝陵基金會)와 태평양문화기금회(太平洋文化基金會)가 주최한 '황제(黃帝)와 중국전통문화' 학술회의에서 발표한 적이 있고, 『哲學雜誌』 第25期 (1998年 8月) '특집: 哲學 · 臺灣', 50-67쪽에 수록되었다.

70) 『臺灣外記』, 235쪽.

71) 『臺灣通史·工藝志』, 615쪽.

제2장

도동지전(道東之傳) - 청대 대만 서원학규 중의 주자학

1. 머리말

1666년 대만에 세워진 첫 번째 공자묘와 명륜당은 명정(明鄭) 정권의 가장 중요한 문화교육 사업으로서, 원주민에 대한 교육도 바로 이 해에 시작되었다.[1] 명정시대 대만의 유학(儒學)은 경학(經學)과 경세지학(經世之學)을 근거로 삼았다. 그러나 정씨 정권이 대만을 통치한 기간은 22년간(1661-1683)에 불과했기 때문에 그 시기의 유학 관련 역사자료는 매우 제한적이다.[2] 반면, 청나라가 대만을 통치한 212년(1683-1895)동안 대만에 관리로 파견된 문인과 현지의 문인들이 협력하여 다양한 종류의 지방지를 편찬하고, 상당량의 개인시문집을 창작했다. 이는 청대 대만의 유학연구에 있어 풍부하고 귀중한 자료가 되

1) 위 내용은 江日昇, 『臺灣外紀』 (臺北: 世界書局, 1979)을 참조. 236쪽.

2) 이 시기의 유학사상과 유학이 청대에 끼친 영향에 대해 陳昭瑛, 『臺灣儒學: 起源, 發展與轉化』에 수록된 「儒學在臺灣的移植與發展: 從明鄭至日據時代」를 참조. (臺北: 正中書局, 2000)

고 있다. 이 자료 중 유학교육과 가장 직접적인 관계가 있는 것은 교육비문(教育碑文)과 서원학규(書院學規)이다.[3] 본 글은 그 중 서원학규를 분석대상으로 하여 그 속에 표현된 주자학을 연구하고, 건가(乾嘉)시기의 '주자학', '건가학파'간의 대립과 유학과 원주민의 이(異)문화 간의 교류를 대만의 학규에서는 어떻게 반영했는지 설명해보고자 한다. 끝으로 이들 학규에는 어떤 사상적 기초가 담겨 있는지도 설명해 보고자 한다.

유학사(儒學史)를 살펴볼 때 민학(閩學)은 송학(宋學)의 '도남지전(道南之傳)'에서 출발했다. 북송시대 이정(二程: 程顥·程頤)의 제자였던 양시(楊時)는 복건 출신인데 학업을 마치고 귀향할 때, 정호가 배웅을 하며 "나의 도가 이제 남쪽으로 전해지는구나(吾道南矣)."라고 말했다. 이후 83세가 된 양시는 천 명 이상의 제자를 두고 자신의 학문을 '정문정종(程門正宗)'이라 칭했으며, 처음 라예장(羅豫章)에게 전수되고, 그 뒤 이동(李侗)을 거쳐 다시 주희(朱熹)에게로 전해졌다.[4] 13, 14세기가 되자 주자학의 영향은 더 이상 중국 내에 국한되지 않고 동아시아에까지 미쳤다. 그러나 대만은 이때까지도 한족문화권이 아니었기 때문에 주자학에 동참하지 않았다. 17세기 하반기에 이르러 대만이 청나라 영토에 편입되고 때마침 청나라 초기 주자학이 부흥기를 맞으면서 대만에도 비로소 주자학이 전파되었다. '도남지전'과는 비록 5, 6백년이라는 긴 시간의 공백이 있었으나, 주자학이 대만에 전해진 것을 '도동지전(道東之傳)'이라 부를 수 있을 것이다.

---

3) 교육비문에 대한 연구는 陳昭瑛의 『臺灣儒學: 起源, 發展與轉化』에 수록된 「清代臺灣教育碑文中的朱子學」을 참조.

4) 위 내용은 脫脫等의 『宋史』참조. (北京: 中華書局點校本, 1996), 권187, 「楊時傳」.

주자학이 대만에 들어간 것은 주로 교육을 통해서이다. 13곳의 공묘와 유학서원이외에도[5] 각 도시와 벽지에 분포해있는 서원, 의학(義學), 사학(社學)[6]등은 주자학이 대만에서 전면적으로 뿌리를 내릴 수 있었던 중요한 경로였다. 주자가 죽은 후 그 제자들은 서원교육을 통해 주자학을 전파함으로써 주자학의 영향을 확대, 심화시켰는데, 대만에서는 바로 서원이 그와 같은 기능을 했다. 서원교육에서는 학규를 주요 지도방침으로 삼았는데, 주자가 직접 제정한 백록동서원(白鹿洞書院)의 학규가 그 시초이다. 이후 주자의 제자들이 백록동서원 학규를 그대로 사용하거나 모방하여 새로운 학규를 제정했다. 학규는 모두 같은 역할을 했으며 대만의 서원들도 마찬가지였다. 이 때문에 학규를 중점적으로 연구해보면 주자학이 대만서원에서 어떤 방법으로 사상을 전파했는지를 이해할 수 있다.

또한, 대만은 1885년에 성(省)으로 승격되기 전까지 복건의 관할하에 있었다. 그러므로 청대 복건의 주자학자들이 대만에 대해 중대한 영향을 끼친 것은 당연하다. 복건 민학(閩學)의 중심은 오봉서원(鼇峰書院)이었고, 이곳은 대만서원의 경영모범이기도 했다. 지방지들을 자세히 분석해보면 민학의 인물과 오봉서원이 대만의 서원과 깊은 관련이 있음을 알게 될 것이다.

---

5) 청이 대만을 통치하는 기간 동안 대만 전역에 총 13곳의 공묘가 세워졌는데, 당시는 묘학합일(廟學合一)제도여서 13개 공묘에는 각각 부설된 '유학(학교)'이 있었으며, 여기서 '유학'이란 최고 학부를 말한다. 陳昭瑛의 「儒學在臺灣的移植與發展: 從明鄭至日據時代」를 참조.

6) '社學'은 주로 원주민을 위해 세운 교육기관으로, 원주민부락을 '社'라고 했으므로, 그 학교를 '社學'이라 불렀다. 또한 漢人 또는 한인, 원주민이 함께 공부할 수 있도록 세운 사학도 있었다.

학규는 학문의 수요에 따라 소학규(小學規)와 대학규(大學規)로 구분된다. 소학규는 훈몽(訓蒙)의 학문이며, 대학규는 인재가 되기 위한 학문, 혹은 더 나아가 성인(聖人)이 되기 위한 학문을 말한다. 대만에서는 원주민 사회의 계몽을 위해 소학규에 특히 큰 힘을 쏟았으며, 대학규 면에서도 송대 유학이 갖고 있는 학문의 중심을 잃지 않았다. 이런 점들 또한 본 글에서 연구하고자하는 주제들이다.

2. 학규와 주자학의 전파

'서원(書院)'이라는 이름은 당나라 때 처음 쓰였으나, 초기에는 교육의 기능이 없었다. 청대의 학자 원매(袁枚)는 "서원이라는 이름은 당나라 현종 때 처음 썼다. 그러나 조정에 세워진 여정(麗正)서원, 집현(集賢)서원은 모두 서적을 편찬하는 곳으로, 학자들이 수업을 받는 곳은 아니었다."라고 말했다.[7] 교학기능을 가진 서원이 언제 생겼는지에 대해서, 학자들은 당대나 오대(五代) 때, 혹은 송대라고 하며 정론이 없다. 그러나 확신할 수 있는 것은 서원은 송대 때 크게 성행했으며, 생성시기부터 이미 관학(官學)과 대등한 역할을 하는 사학(私學)의 성격을 갖고 있었다.[8]

송대의 서원이 크게 홍한 현실적인 요인 중 하나는 불교사원의 도전이었다. 수당시대 이래 불교 사당과 도교 사원이 중원지역의 민중

---

7) (淸)袁枚, 「隨園隨筆」, 『袁枚全集』(南京: 江蘇古籍出版社, 1993), 권14, 247쪽.

8) 교학기능을 가진 서원이 언제 시작되었는가에 대한 고증은 李國鈞 등이 편저한 『中國書院史』(長沙: 湖南教育出版社, 1994), 9-17쪽. 참조.

속으로 깊이 들어왔고 민간에서 그의 영향력은 점차 유학을 압도할 기세가 되었다. 순희(淳熙) 6년(1179년) 주희가 남강군(南康軍)의 지사를 맡고 있을 때, 백록동서원은 황폐화된 반면 주변의 불교사원들은 대부분 복원된 것을 발견하고 서원을 다시 일으켜 세울 뜻을 갖게 되었다. 그는 「신수백록동원상(申修白鹿洞院狀)」에서 다음과 같이 말했다. "지금 부처의 궁은 천하에 널려 있어 대도시에는 거의 천 곳에 이르고 작은 읍에도 수십 곳에 이른다. 그러나 그들은 공(公)적으로나 사(私)적으로나 이익만 챙기며 그 기세가 끊일 줄 모른다. 그러나 서원은 군(郡)이나 읍에 겨우 한 곳이 있을 뿐이며, 외곽에는 아예 사라져 버렸다. (불교와 비교하여) 그 성쇠가 이 정도이니, 사정(邪正)과 이해(利害)를 따질 때도 유교가 분명 불리하다."[9)]

송대 서원의 흥기 원인이 불교와 관련이 있을 뿐만 아니라, 서원의 관리에서도 불교사원의 영향을 받았다. 예를 들어 학전(學田)을 서원의 경제 수입으로 삼은 것은 사찰에서 영감을 받은 것이며, 인원 편성에 있어서도 불교사원과 서원사이에는 비슷한 점이 매우 많다.[10)] 뿐만 아니라 서원의 회강(會講), 강회(講會), 제사 등의 행사도 과거의 사학에서는 없던 것으로, 사찰의 영향을 받았을 가능성이 높다. 심지어 학규 정립에 있어서도 사찰의 영향을 배제할 수는 없었다.

송대 초기의 대 유학자 호안정(胡安定)의 교육 내용에도 이미 '학규'와 같은 것이 있었다. 예를 들어, 『송사·호원전(宋史·胡瑗傳)』에 "호원

9) (淸)毛德琦의 『白鹿書院志』를 볼 것. (『四庫全書存目叢書』, 臺南: 莊嚴文化公司, 1996), 권2, 143쪽.

10) 송대 이후의 서원에는 山長, 洞主, 監院管子, 伙夫, 采樵, 門頭 등의 직함이 있는데, 이는 모두 불교사원의 영향으로 송대 이전의 서원에서는 이와 같은 편제가 드물었다.

(胡瑗, 호안정의 이름)의 교육에는 규칙이 있었는데, 그 조목이 매우 상세했으며, 자신이 스스로 먼저 그것을 지켰다."라고 했고, 또한 『송원학안 · 안정학안(宋元學案 · 安定學案)』에서는 "그의 교육방법은 조목이 상세했으며, 경의재(經義齋)와 치사재(治事齋)를 각각 두었다."라고 나와 있다. 주자 본인도「백록동서원학규」에서 "근세에도 학교에 규정이 있다."라고 언급했으며, 학규와 선원청규(禪院淸規) 사이에 비슷한 점이 있다는 것을 부인하지 않았다. 뿐만 아니라, 육구령(陸九齡)이 찾아와 소학규 제정의 필요성을 언급하였을 때도 그는 "선원청규대로만 하면 된다.(只做禪院淸規樣, 亦自好)"라고 대답했다.[11] 물론 유가의 학규는 불교의 계율처럼 그렇게 엄격하지는 않았지만, 어느 정도 금욕주의의 경향을 가질 수밖에 없었다. 한국의 대 유학자인 이퇴계(李退溪, 1501-1570)가 제정한 '이산원규(伊山院規)'에도 "책은 밖으로 나갈 수 없고, 색은 안으로 들어올 수 없으며, 술을 빚지 않고, 형벌은 쓸 것이 못된다.(書不得出門, 色不得入門, 酒不得釀, 刑不得用)"[12]라는 규정이 있다. 이처럼 여색을 금한다는 전제가 있어 서원에서는 여학생을 들이지 않았다.

주자의 '백록동서원학규'는 비록 최초는 아니지만, 가장 영향력이 있는 학규이다. 격식에 따라 간결한 언어로 교육의 목표와 내용을 분명하게 정리하여 사제 모두가 쉽게 지킬 수 있도록 했다. 그렇기 때문에 백록동학규는 주자의 제자들이 펼친 서원운동에서 사상적 선도 역할을 할 수 있었다. 일찍이 서원을 연구한 학자 성랑서(盛朗西)는

---

11) 黎靖德이 편저한 『朱子語類』의 「小學」, 권7(북경: 中華書局,1999)

12) 李退溪, 「伊山院規」, 『退溪先生文集』 (『退溪全書』, 서울, 성균관대학교동아문화연구소, 1958), 권1, 『雜著』, 939쪽.

다음과 같이 말했다. "대부분의 유학서원에서 백록동학규를 본보기로 삼았다. 『송사 · 진복전(宋史 · 陳宓傳)』에 연평(延平)서원을 설립할 때 모두 백록동학규를 모방했다고 나와 있고, 『송원학안(宋元學案)』에는 소무(邵武)사람 엽무자(葉武子, 자는 成之)가 침주(郴州)의 교수로 부임했을 때 줄곧 백록동학규를 학생들의 교육기준으로 삼았다고 했다. 또한, 유약(劉爚, 자는 晦伯, 建陽사람)은 국자감의 교수로 부임했을 때 『대학』, 『중용』, 『논어』, 『맹자』의 주석을 간행하여 권강(勸講, 옛날 천자에게 경학 등을 강의하는 관직)이 수업을 준비할 수 있도록 하고, 백록동학규를 태학에 게시하도록 요청했다고 한다."[13] 최근의 주자학자인 진영첩(陳榮捷)은 백록동학규가 일본 유학에 끼친 영향을 지적했다.[14] 이미 언급한 이퇴계의 '이산원규(伊山院規)'에서 백록동학규를 직접 수록하는 등 한국의 서원들도 백록동학규의 영향을 크게 받았음을 알 수 있다. 진영첩의 지적에 따르면 주자가 죽은 후 그 제자들이 널리 서원을 세워 백록동학규를 게시하고 서원 안에서 주자의 제사를 지냈다. 이렇게 해서 '강력한 서원운동'이 일어나게 되었고[15] 서원을 통해 주자학은 폭넓고 장구한 영향력을 발휘하게 되었다.

3. 장백행(張伯行)과 대만 서원학규의 관계

강희(康熙)년간에 대만의 공묘, 유학서원과 가장 관계가 깊으면서 가장 중요한 교육비문(碑文)을 쓴 주자학자는 대만 지현(知縣)과 대만

---

13) 盛朗西, 『中國書院制度』(臺北, 華世出版社, 1997), 56쪽.

14) 陳榮捷, 『朱子新探索』(臺北, 學生書局,1998)에 수록된 「朱子與書院」, 493쪽.

15) 陳榮捷, 『朱子新探索』에 수록된 「諸生與書院」, 517-517쪽.

도(臺灣道)지사를 역임했던 진빈(陳璸)[16]이며, 대만의 서원학규에 있어 가장 중요한 주자학자는 장백행(張伯行)이다.

장백행(1652-1725)의 자는 효선(孝先), 호는 경암(敬庵)이다. 하남 의봉(儀封)사람이며 당감(唐鑑)의 『청학안소식(淸學案小識)』에서 육롱기(陸隴其), 장이상(張履祥), 육세의(陸世儀)와 함께 「전도학안(傳道學案)」[17]에 분류되어 있다. 장백행은 매우 확고한 주자학자로 평생 주자를 신봉했다. 그는 『근사록집해(近思綠集解)』 의 서문에서 "백행은 머리를 묶고 학업을 시작한지 50여년이 되었다. 열심히 주자(周子), 장자(張子), 정자(程子), 주자(朱子)를 기준으로 삼아 공부했고, 주자의 「근사록」은 마음에 굳게 새겨 한 순간도 잊지 않았다."라고 쓰고 있다.[18] 그는 특히 주자의 '경(敬)'을 찬양하며 말했다. "마음이 불경(不敬)하면 모든 일에 문제가 생기고, 마음이 경(敬)할 수 있다면 어떤 문제도 생겨나지 않으니, '경'은 유학의 주요 방법이다. 『중용』의 '신독(愼獨, 홀로 있을 때 삼가는 것)'과 맹자의 '구방심(求放心, 흐트러진 마음을 추스림)'은 모두 '경'에 대한 해석이다."[19] 그는 배움의 필요성은 '경'에 있다고 생각했기 때문에 그는 호를 '서재(恕齋)'에서 '경재(敬齋)'로 바꿨다. 그는 또 다음과 같이 비평했다. "요강학파(姚江學派, 즉 양명학파)는 검칙(檢飭)하지 않음을 '자연'이라 보고, 꺼리지 않음을 '원만함'으로 여겼다. 그리고

16) 陳璸과 대만 유학의 관계에 대해서는 陳昭瑛, 『臺灣儒學: 起源, 發展與轉化』에 수록된 「儒學在臺灣的移植與發展: 從明鄭至日據時代」와 「淸代臺灣教育碑文中的朱子學」을 참조하라.

17) 『淸學案小識』은 청대 이학의 도통에 대해 서술한 책이다. 「傳道學案」, 「翼道學案」, 「守道學案」, 「待訪錄」, 「經學學案」, 「心宗學案」 등을 포함하고 있다. 唐鑑은 호남 善化 사람으로 『淸史』의 본전에 그는 "일생 주자를 배우고 숭상했으며, 독실하게 믿고 예법을 지킴에 있어 조금의 주저함도 없었다."라고 기술하고 있어 『淸學案小識』이 주로 주자학을 서술한 저서임을 알 수 있다.

18) 朱熹가 편찬한 『近思錄』에 张佰行이 집해를 한 책. (臺北, 臺灣商務印書館, 1979).

19) 唐鑑, 『淸學案小識』의 「傳道學案·張孝先先生」, (臺北, 臺灣商務人書館, 1957), 33쪽.

방자하고 무절제하며 악인과 함께 못된 짓을 하는 것을 신성한 것으로 보거나, 이(理)를 없애고 상도(常道)를 깨뜨리거나 경전을 멸시하고 법도를 버리는 것을 '초탈'이라고 보았다. 방자하여 법도를 따르지 않아도 정도(正道)에 어긋남이 없다면, 천하에 이런 편한 일을 누가 하지 않겠는가? 이렇게 되면 성학(聖學)의 울타리가 무너지는 것이다."[20]

그는 독서교육에 있어서도 주자학을 충실히 따라 항상 양명학을 멸시하고 경계했다. 그는 다음과 같이 말했다. "학자는 성실하게 자신을 수련하는 데 노력을 기울여야한다. 먼저 '오경'과 '사서'를 읽고 『근사록(近思錄)』과 『소학(小學)』을 읽어야한다. 그리하여 방향이 바르게 세워지면 다시 설문청(薛文淸)의 『독서론(讀書論)』과 호문경(胡文敬)의 『거업록(居業錄)』을 읽는다. 그러면 주자가 공자와 맹자로부터 전수받은 바를 알게 될 것이며, 또 그것을 충실히 따라야 한다. 다시 나정암(羅整庵)의 『곤지기(困知記)』와 진청란(陳淸瀾)의 『학부통변(學蔀通辨)』을 읽으면 양명학이 바른 성학의 길이 아님을 알게 될 것이며, 이 말에 더 이상 의혹이 없을 것이다. 이때부터는 모든 유학자의 어록을 보고 그 시비를 명백히 판단하고, 마음속에서 사(邪)와 정(正)을 분명히 구분하여 다른 경향에 대한 의혹이 없어질 것이다."[21]

경학 공부에 있어서도 장백행은 주희와 육구연(陸九淵)의 차이를 분별하려고 노력했다. 그는 주자의 것이 옳고 육구연의 것이 틀렸다고 보았다. 그는 다음과 같이 말했다. "육상산(즉 육구연)은 '육경(六經)은 곧 모두 나의 주석이다.'라고 했는데, 육가서(陸稼書)선생은 '천하

20) 唐鑑,『淸學案小識』, 33-34쪽.

21) 唐鑑,『淸學案小識』, 32-33쪽.

의 사람들을 이끌어 육경을 음해하는 것이 바로 이 말이다.'라고 했다. 이런 육상산의 말은 주자가 말한 '이의착지(以意捉志, 나의 생각으로 글의 뜻을 억지로 해석한다)'이며, 맹자가 말한 '이의역지(以意逆志, 나의 생각으로 글의 뜻을 거슬러 구한다. 즉, 원저자의 뜻을 이해할 때까지 계속 읽는다.)'의 태도가 아니다. 독서에서 중요한 것은 자신의 마음으로 성현의 이치를 따르는 것이다. 육상산의 경우, 성현의 책으로 하여금 자신을 따르라는 것을 고집하는데, 이것이 바로 배우는 자들에게 해로운 것이다."[22]

장백행은 또한 학습은 실천을 포함한다고 강조했으며, 이는 주자학의 기본 취지이기도 했다. 그는 다음과 같이 말했다. "어떻게 학습할 것인가? 사물의 도리를 구하기 위해 힘쓴다(致知力行). 어떻게 다스릴 것인가? 백성의 후생(厚生)을 살피고 덕행을 단정히 한다(厚生正德). 어떻게 자신을 다스릴 것인가? 본성을 보존하고 욕을 금한다(存理遏欲). 어떻게 처세할 것인가? 정도를 지키며 아부하지 않다(守正不阿). 어떻게 남을 대할 것인가? 성품을 온후하고 화평하게 한다(溫厚和平). 이 다섯 가지면 거의 모든 것이 포함된다."[23]

민학의 뛰어난 인재였던 채세원(蔡世遠)[24]은 장백행의 제자로써 장백행의 『곤학록(困學錄)』의 서언을 썼다. 서언에서 그는 장백행의 학문적 취향을 설명하고 그의 유학 전파의 공적을 강조했다. 그 내용을 보면, "그의 학문은 뜻을 세우는 것(立志)을 시작으로 삼고 본성을 회복하는 것(復性)을 목적으로 삼았다. 평생 스스로도 노력했기

---

22) 唐鑑, 『淸學案小識』, 38쪽.

23) 唐鑑, 『淸學案小識』, 33쪽.

24) 蔡世遠은 대만의 중요한 교육비문의 저자이다. 陳昭瑛의 「淸代臺灣教育碑文中的朱子學」 참조

때문에 제자들에게도 성실히 노력할 것을 요구할 수 있었다. 정주(程朱)를 기준으로 삼았고 항상 지니고 있었으며, 마음에 굳게 새기는 것을 게을리 하지 않았다"라고 말했다.[25] 또한, 두 사람이 만나게 된 상황을 언급했다. "강희(康熙) 정해(丁亥)년 선생(장백행)이 복건의 순무(巡撫: 명나라 때 지방의 민정, 군정을 순시하던 관리)로 있을 때로, 나(채세원)의 나이가 스물여섯 쯤 되었을 때다. 선생은 군수를 통해 나에게 와서 공부하도록 했고, 내가 선생을 뵈러 가자 『독서록』과 『거업록』을 주면서 말했다. '이 책들로 정주(程朱)를 상세히 연구하라, 정주에서 공맹(孔孟)으로 거슬러 올라가 배우고, 다시 공맹에서 요순(堯舜)으로 거슬러 올라간다. 도에는 두 가지 길이 어디 있겠는가?' 나는 선생의 제자로 2년간 배웠는데, 그 가르침은 나날이 깊어져서 사소하게 들은 것이라도 잊을 수가 없었다."[26] 이렇게 두 사람은 사제지간이 되었다.

채세원은 『곤학록·서(困學論·序)』에서 장백행은 팔민(八閩)의 순무(巡撫)였을 때 유학의 보급을 촉진하기 위해 힘을 쏟았다고 하였다. "팔민의 순무로 있을 때, 성실히 글을 읽는 선비를 모아 서원으로 영입하고 곡식을 나눠주었다. 그들은 한 달에 세, 네 차례 강론(講論)에 참여했다. 이때 민학이 크게 발전했다. 외진 시골에서 갑자기 왕성하게 일어난 민학은 그 평판이 마치 어제의 일인 양 선명하다."[27] 또 장백행이 편찬하거나 간행한 유학서적들이 끼친 큰 영향에 대해서도 강조했다. "선생이 간행한 『이학절의(理學節義)』는 총 50여권에 달한

25) 唐鑑, 『淸學案小識』, 40쪽.

26) 唐鑑, 『淸學案小識』, 40-41쪽.

27) 唐鑑, 『淸學案小識』, 41쪽.

다. 스스로 편집한 『학규(學規)』, 『양정(養正)』과 집해서인 『사서(四書)』, 『염락관민서(濂洛關閩書)』와 『정몽(正蒙)』 등의 책을 세상에 내놓았다. 『곤학론』의 대부분은 선생이 깨달은 바를 적은 글로, 그가 공부에 매진할 때부터 죽음에 이르기까지의 모든 소감을 책으로 만들어 몸소 세상 사람들을 일깨우고자 했다. 그의 중요한 글과 간절한 어휘는 모두 스스로가 성현이며, 사람들이 함께 성현이 될 수 있도록 격려하는 마음이 담겨있다. 선생은 향교선생의 수준에만 머무르지 않았고 그 탁월함이 올바름의 극치에 미쳐 성실하게 정주학에 의거해 규율을 준수했다. 오늘날 낙학(洛學: 정이, 정호의 학파)에 뜻을 둔 자가 장백행 선생을 스승으로 삼지 않는다면 누구를 스승으로 삼을 것인가? 선생은 『이학종전(理學宗傳)』, 『이학비고(理學備考)』, 『명유학안(明儒學案)』 등의 책이 통일되지 않고 조잡하게 생각하고 『성리정종(性理正宗)』이라는 한 권의 책으로 모아 그 근원을 바로 밝혔으니 학문을 하는 사람들에게 얼마나 많은 영향을 미쳤겠는가?"[28]

이외에도 장백행은 서원교육에 열정을 쏟아 "모든 지역에 학교를 세우고 선생을 초빙했다. 복건(閩)에는 오봉서원(鼇峰書院)을 세웠고, 오(吳)지방에는 자양서원(紫陽書院)을 세웠으며, 임청(臨清)에 청원서원(清源書院), 하진(夏鎮)에 하진서원(夏鎮書院)을 각각 세웠다. 제양(濟陽)에는 이전에 서원이 있었으나 오래되어 담장이 무너져 내린 것을 새롭게 보수했다. 이것들이 그의 서원 교육에 있어 가장 두드러진 활동이다."[29] 그 중 오봉서원은 대만에 가장 큰 영향을 미쳤다. 장백행이 복건의 순무를 역임할 때 이학을 제창했기 때문에 사람들이 '도남

28) 唐鑑, 『清學案小識』, 42쪽.

29) 盛朗西, 『中國書院制度』, 145쪽.

사음(道南嗣音: 남쪽으로 전해진 도)'이라 칭했고, 민(복건) 지역에 거문고와 노래 소리가 끊이지 않는 것은 모두 선생의 선도 능력 때문이라고 여겼다.[30] 그가 편찬한 이학서적들은 "성리학 저서의 보고(寶庫)라 칭할 만하다".[31] 특히 『염락관민서(濂洛關閩書)』와 『정의당전서(正誼堂全書)』는 마치 풍부한 자료를 갖춘 서고(書庫)와 같다. 『염락관민서』는 총 19권으로, 주자(周子)1권, 장자(張子)1권, 정자(程子)10권, 주자(朱子)7권으로 나눈다. 그 중에는 장백행 자신이 해석하고 주석을 단 것도 적지 않다. 이밖에 『정의당전서』는 총 6부, 55종으로 되어있고 모두 이학 저서의 내용을 수집한 것으로 후에 좌종당(左宗棠)에 의해 68종으로 증보되었다. 장백행은 또 『근사록』의 체제를 모방해서 주자의 어록 600조를 발췌해 『속근사록(續近思錄)』[32]으로 엮었다. 위와 같은 업적은 모두 장백행이 청나라 초기 복건의 주자학에서 선구적인 역할을 한 인물이었음을 설명해준다. 그가 세운 오봉서원은 채세원 등 주자학 대가를 배양한 요람이었을 뿐 아니라, 건가(乾嘉)년간 고증학자들의 도전을 받는 상황에서도 주자학 전통을 굳게 지킬 수 있게 한 보루(堡壘)이기도 했다.[33] 또한 대만서원의 학교경영에 있어 오랫

30) 盛朗西,『中國書院制度』, 145쪽.

31) 劉樹勛편저,『閩學源流』(福州 : 福建教育出版社, 1993), 497쪽.

32) 위 내용은 劉樹勛편저,『閩學源流』 참조, 496-497쪽.

33) 蔡世遠(1671-1731), 복건 장포(漳浦) 사람. 부친인 蔡璧이 장백행의 요청에 따라 오봉서원에서 주강(主講)을 맡았다. 어릴 때 가학(家學)을 이어받았고 장백행에게서 수학했다. 후에 부친을 이어 오봉서원의 주강을 맡았다. 위 내용은 高令印, 陳其芳의 『福建朱子學』(福州: 福建人民出版社, 1986), 397-398쪽 참조. 청나라 중기 한학이 성했을 당시 주자학 진영을 고수한 雷鋐(1697-1760)은 복건 영화(寧和)사람으로 17세에 오봉서원에서 공부하였고 채세원에게서 수학했다. (『福建朱子學』, 459쪽). 마찬가지로 한학에 대항하는 학자로 복건 민현(閩縣)사람인 孟超然(1730-1797)은 42세에 관직을 그만두고 은거했다. 후에 순무인 徐嗣延의 요청으로 오봉서원의 주강을 맡았다. (『福建朱子學』, 488쪽). 복건 장락(長樂)사람 陳庚煥(1757-1820)은 오봉서원에서 수학했으며 장백행이 간행한 정주이학저서들을 전문적으로 연구했다. 청대의 陳宗英은 "선생은 鼇峰藏書樓(당시 복건성 최대의 도서관)의 책을 읽고 장백행이 간행한 유학서적을 살피고 심혈을

동안 변치 않는 모범이 되어 왔다.

장백행의 『정의당전서』 중 총 27권으로 된 『학규류편(學規類編)』은 가장 폭넓게 수집하여 편집한 학규선집이다. 학규은 원래 주자학의 산물이다. 그러므로 이 책에서는 정주학파의 학규, 학칙, 명잠(銘箴), 강의, 독서법, 심지어 향약까지도 대량 수집했다. 여기서 장백행이 '학규'에 대해 내린 정의가 광범위 했다는 것을 알 수 있다. 그는 「자서(自序)」에서 이 책의 편집취지는 다음과 같다고 말했다.

> 옛 성현들이 학문을 했던 항목, 성현을 따라가는 방법, 공부에 힘써야 할 필요성을 분류하고 책으로 만들어 학자들에게 보여 주고자 한다. 당상(黨庠: 당의 학교, 당은 5백 호를 단위로 한 행정구역)이나 숙서(塾序: 고을의 학교)에서 사람마다 한 편씩 지녀야하며 학생들은 모두 같은 규칙을 지켜야 한다. 이에 따라 아버지는 그 자식을 가르치고 스승은 제자를 지도할 수 있으니, 이는 모두 성현들이 덕을 이루고 학업을 닦았던 방법이다.[34]

"사람마다 한 편씩 지니고 학생들은 모두 같은 규칙을 지킨다.(人手一編, 學共一規)"라는 말은 학규의 강제성과 규범성을 확실히 표현하고 있다. 『학규류편』과 장백행의 다른 저서들은 대만의 서원에 보관되었다.[35] 가경(嘉慶)년 사금란(謝金鑾)의 『속수대만현지·학지(續修臺灣縣志·學志)』에 「장서(藏書)」 항목이 있는 것으로 보아 대만현의 유학 장

기울여 연구했다."라고 했다. (『福建朱子學』, 507쪽).

34) 張伯行이 편저한 『正誼堂全書』, 『學規類編』 (臺北 : 藝文印書館影印「百部叢書集成」本) 참조.

35) 盛朗西는 "서원의 3대사업은 藏書, 供祀, 講學이다"라고 지적함. 『中國書院制度』, 47쪽.

서들 중에는 건가학파의 영향을 반영한 『십삼경주소(十三經注疏)』외에도 매우 많은 이학서적이 있었음을 알 수 있다. 그 중 『양정학규(養正學規)』는 장백행이 훈몽학을 위해 제정한 학규이다. 또 『오봉서원규조(鼇峰書院規條)』를 수장하고 있는데 여기에서는 장백행이 대만 유학에 어떤 간접적인 영향을 끼쳤는지 볼 수 있다.[36] 도광(道光)년간에 주새(周璽)가 편저한 『창화현지·학교지(彰化縣志·學校志)』의 「서적」 목록에는 건가학파의 『십삼경주소』뿐 아니라 『학규류편』 6권도 포함하고 있다.[37] 동치년간 진배계(陳培桂)의 『담수청지·학교지(淡水廳志·學校志)』의 「장서(藏書)」항목에서는 『십삼경주소』와 『사기(史記)』를 포함한 것 외에 「장청각공 정의당 사십사종(張淸恪公正誼堂四十四種)」에 자세한 주를 달고 그 책 이름들을 자세히 열거했는데, 그 중에는 물론 『학규류편』도 포함되어 있다.[38] 당시에는 담수청(淡水廳)에서 창화(彰化) 이북지역을 관할하고 있었기 때문에, 장백행이 선도한 주자학이 동쪽으로 대만에 전해진 후 다시 북쪽으로 전파되었음을 알 수 있다. 그런 영향으로 신죽(新竹)의 정(鄭)씨 일가에서는 이학(理學)을 집안 대대로 계승했다. 그 중 정숭화(鄭崇和)의 제자들 중에는 인재가 많았다. 그는 나이가 든 후 송대 유학 서적을 더욱 좋아해 제자들에게 수시로 몇 번씩 읽게 하여, 성학(聖學)의 원류를 살피게 했다. 그의 아들 정용석(鄭用錫)은 유명한 시문가로서 대만북부에서 가장 큰 서원인 명지서원(明志書院)에서 주강을 맡았다.[39]

---

36) 장서의 상세목록은 謝金鑾의 『續修臺灣縣志·學志』를 볼 것. (臺北: 臺灣銀行經濟硏究室, 臺灣文獻叢刊 第140種, 1962), 164쪽.

37) 장서의 상세목록은 周璽의 『彰化縣志』를 볼 것. (臺北: 臺灣銀行經濟硏究室, 臺灣文獻叢刊 第156種, 1962), 142-143쪽.

38) 장서의 상세목록은 陳培桂의 『淡水廳志』를 볼 것. (臺北: 臺灣銀行經濟硏究室 臺灣文獻叢刊 第172種, 1963), 134쪽.

39) 陳培桂, 『淡水廳志』, 270쪽.

서원의 장서에 대해 가장 상세하게 설명한 것은 함풍(咸豐)년간 진숙균(陳淑均)의 『갈마란청지(噶瑪蘭廳志)』이다. 그는 장서의 목록을 「학교(學校)」항목에 포함하지 않고 「기물(紀物)」항목에 포함시켰다. 각 책의 요지를 자세히 기술하고 말미에서는 특별히 도서 목록을 「기물」에 배치한 이유에 대해 설명했다. "사람의 마음은 이익만을 좋아해 고전(古典)은 무시한다. 그러나 물질 중에서는 보석과 같은 보물을 소중히 여기지 않는 이가 없다. …… 이제 관부에서 간행하는 책자(지방지)에서 장서목록을 '기물'부분에 배치하여 진정한 보물은 바로 이런 책들이지 다른 것이 아님을 백성들에게 알리고자 했다."[40] 「기물」의 서두에 다음과 같은 내용이 있다. "갈마란에는 자서(子書), 사서(史書)가 없었다. 도광(道光)6년 문정공(文靖公) 손이준(孫爾準)이 군대를 편성하여 복건의 순무를 맡았다. 그가 부대와 함께 갈마란에 들어갔을 때 학생들의 향학열을 보고 오봉서원의 장서 중 『사기(史記)』 등 46종의 서적을 앙산서원(仰山書院)으로 옮겨와 학생들이 열람할 수 있게 했다. 이 책 대부분은 선대 유가의 어록들이었는데, 강희 정해년 효선 장백행이 복건의 순무로 있으면서 발췌하여 간행한 「정의당본」이다. …… 다소 미비한 점이 있을지도 모르지만 학자들은 그 요점을 성실히 파악해보면 수기치인(修己治人)을 위한 자질로 삼기에 충분했다. 서생들이 과거 합격을 위해 5언8비(八股文)의 공부에만 몰두하고 이런 책들을 찾아볼 틈이 없을까봐 걱정이다. 이런 책들의 본래의 취지를 알리기 위해 그 목록을 순서에 따라 배열하고, 왼편에 그 글의 요점을 덧붙였다."[41] 갈마란(지금의 宜蘭)에서 가장 큰 서원인

40) 陳淑均, 『噶瑪蘭廳志』(臺北 : 臺灣銀行經濟硏究室, 臺灣文獻叢刊 제160종, 1963), 444쪽.

41) 陳淑均, 『噶瑪蘭廳志』, 436쪽.

앙산서원[42]의 장서들은 모두 오봉서원에서 골라 소장한 것으로, 바로 장백행이 모아 간행한 「정의당본」임을 이 말에서 알 수 있다. 진숙균은 그 중 '수기치인의 자질'이 과거시험의 팔고문 만큼 중요하다는 것을 강조했다. '본래의 취지'를 제대로 알리기 위해 진숙균은 목록을 순서에 따라 배열하고, 그 요지를 덧붙였다. 여기서 뜻있는 개인의 포부가 역사자료의 보존에만 국한 되지 않고 유학을 통한 교육에도 뜻을 두고 있음을 알 수 있다. 장서 중에는 물론 장백행이 심혈을 기울여 스스로 짓거나 재편집한 저서들도 포함하고 있다. 예를 들면 『주자어류(朱子語類)』는 장백행이 강희46년에 발췌하여 편집한 것으로 진숙균은 이 책이 송대 여정덕(黎靖德)의 것보다 "정교하며 광박(廣博)하다."라고 생각했다.[43] 『도통록(道統錄)』은 장백행 자신이 쓴 책으로 그 중 송대 유학에서 북송의 정문제자(程門諸子)로 주돈이, 정호, 정이, 장재, 주희 5인을 나열했다.[44] 물론 육구연은 '도통(道統)'에서 배제되었다. 『도남원위(道南源委)』는 원래 명대 주진산(朱鎭山)이 쓴 책이다. 장백행은 다시 정자(程子)가 양시(楊時)에게 한 말(吾道南矣)의 뜻을 첨가해 이 책을 개정했는데 이로써 이단자들은 삭제하고 미비한 자는 보충하였다.[45] 여기서 말하는 '이단'에는 육구연과 왕양명의 학파도 포함된다. 또 『학규류편』, 『양정류편(養正類編)』에 대해서 진숙균은 『학규』는 대학에서 가르치고 『양정』는 어린이를 가르치는 데 사용했다고 적었다.[46] 진숙균이 배열한 서적 목록에서는 또한 건

42) 仰山書院은 楊龜山을 우러러 본다는 의미에서 이름이 붙여진 楊廷理가 설립한 서원이다. 그의 「仰山書院新成誌喜」는 陳昭瑛, 『臺灣詩選注』 (臺北: 正中書局, 1996), 81-83쪽 참조.

43) 陳淑均, 『噶瑪蘭廳志』, 439쪽.

44) 陳淑均, 『噶瑪蘭廳志』, 440쪽.

45) 陳淑均, 『噶瑪蘭廳志』, 440-441쪽.

46) 陳淑均, 『噶瑪蘭廳志』, 443쪽.

가학파가 성행했던 가경(嘉慶)년간에 '도동지전(道東之傳)'이 대만의 극동지역인 의란(宜蘭)까지 전해졌다는 사실을 알 수 있다.

이 장서들은 당연히 서원 학자들의 독서교육에도 영향을 끼쳤을 것이므로 장백행의 책들이 대만서원의 유생들에게 미친 영향을 짐작하기는 어렵지 않다. 또 진숙균의 예와 같이 뜻있는 지식인들이 나아갈 방향에도 영향을 끼쳤다는 것을 알 수 있다. 진숙균 외에 장백행의 영향을 받은 지식인으로 『제라현지(諸羅縣志)』를 편찬한 진몽림(陳夢林, 자는 少林)이 있다. 채세원의 『진소림유대시서(陳少林遊臺詩序)』에서 진몽림이 장백행의 요청을 받고 오봉서원에서 강의하고 서적을 편찬했다고 기록하고 있다.[47] 진몽림과 채세원은 함께 장백행에게서 수학한 사이였다. 그래서 채세원은 진몽림의 요청을 받아 제라현을 위해 「중수제라현학비기(重修諸羅縣學碑記)」를 써주기도 했다. 이는 대만 유학사상 의리(義理)의 의미가 가장 풍부하게 담긴 글이다.[48]

장백행은 서원교육에 힘을 쏟은 것 외에, 지역적, 서민적인 소형 사학(社學) 설립에도 정성을 다했다. 진문달(陳文達)의 『대만현지(臺灣縣志)』에 "강희 48년, 대만의 지현(知縣)인 장굉(張宏)이 장백행 순무의 뜻에 따라 각 부락에 16개소의 사학을 설립했다."고 기록되어 있다.[49] 그 중 일부 사학은 지금 대남(臺南)현의 영강(永康), 귀인(歸仁), 인덕(仁德) 등지에 설립된 것이다. 장백행의 요구에 따라 설립한 사학이었으므로 그곳의 교육은 장백행의 사상과 무관할 수 없었다. 그리고

47) 范咸, 『重修臺灣府志』 (臺北 : 臺灣銀行經濟研究室, 臺灣文獻叢刊 제105종, 1961), 665쪽.

48) 이 글의 사상분석에 대해 陳昭瑛, 「清代臺灣教育碑文中的朱子學」을 참조.

49) 陳文達, 『臺灣縣志』 (臺北 : 臺灣銀行經濟研究室, 臺灣文獻叢刊 제103종, 1961), 85쪽.

이러한 자료들은 장백행이 바다건너의 땅 대만의 유학교육에 대해 어떤 관심을 가졌는지를 엿볼 수 있다.

마지막으로 언급하고자 하는 중요한 역사적 사실은, 대만의 첫 번째 학규가 장백행의 제자로부터 나왔다는 것이다. 현재 대만 지방지에 남겨진 가장 오래된 학규는 「해동서원학규(海東書院學規)」이다.

해동서원은 부학(府學, 대만부의 공립학교) 서쪽에 위치했다. 강희59년 순도(巡道) 양문선(楊文瑄)이 세운 후에 정기시험(歲考, 科考)을 치르는 장소로 사용했으나 건륭 4년 학정(學政)이었던 단덕모(單德謨)가 시험장을 따로 설립할 것을 요청해서 이곳은 더 이상 사용하지 않았다. 건륭5년 때는 학정 양이유(楊二酉)가 직예성(直隸省)의 서원 제도를 참고할 것을 건의하자 부학(府學)의 교수들을 초빙하고 학생을 선발하여 그곳에서 공부하게 했다. 공생(貢生)이었던 시사안(施士安)은 학비로 밭 1천 무(畝, 약666.67평방미터)를 기부했으며, 서원의 현판에는 '해천운한(海天雲漢)'이라고 쓰여 있다.[50] 이를 재건한 사람은 당시의 순도였던 유량벽(劉良璧)이다. 해동서원은 대만 최초의 서원은 아니지만, '대만 문화교육의 으뜸'으로 일컬어지며,[51] 명확히 오봉서원을 모범으로 삼고 학규를 제정해 사용한 대만 최초의 서원이다. 학규는 후에 개정되어 두 편이 남아 있으며, 복건성 보전(莆田)의 주자학자인 유려(俞荔)가 해동서원에 들러 「복성서(復性書)」를 쓴 미담이 전해진다. 육구연이 백록동서원을 지나며 남긴 「백록동서원강의(白鹿洞書院講義)」와 비슷한 상황이었던 것 같다.[52] 어사(御史) 양이유는 해동서원

50) 劉良璧, 『重修臺灣府志』(臺中: 臺灣省文獻會, 1977), 356쪽.

51) 余文儀의 『續修臺灣府志』에 수록된 覺羅四明의 「改建海東書院記」 참조. (臺北: 臺灣銀行經濟硏究室, 臺灣文獻叢刊 제121, 1962), 812쪽.

52) 俞荔의 「復性書」는 4언체로 구성이 분명하고 사상이 심오한 이학논문이다. 이 글은 劉

의 교육수준을 높이기 위해 대만부 유학서원의 교수에게 주강을 맡아줄 것을 주청했다. 당시 대만부 유학서원의 주강(主講)은 바로 장백행의 제자인 복주(福州)의 설중인(薛仲寅, 자는 士中)이었다. 지방지에 전하는 「해동서원학규」에는 순도였던 유량벽이 제정했다고 적혀있지만, 사실은 주로 설중인이 제정한 것이다. 이 사실을 증명할 수 있는 역사 자료는 두 가지가 있다. 첫째, 양이유의 「해동서원기(海東書院記)」에서는 부학에 있던 설중인을 선생으로 초빙했다고 언급하며, "두분 공(公)이 몇 개 조항의 학규를 엮었는데 그 세밀하고 신중한 토론과정을 알 수 있다."라고 기록했다.[53] "두분 공"이란 유량벽과 설중인을 말한다. 두 번째 자료는 사금란의 『속수대만현지』의 「서원」편에 수록한 두 편의 「해동서원학규」인데, 그 끝에 다음과 같이 평론했다. "태원(太原) 양이유 어사는 섬나라 대만에 은혜를 베풀고, 형양(衡陽) 유량벽 공은 해동서원을 복구했다. 유생과 선생을 뽑고 학규를 제정해 이에 따라 가르쳤는데 어사는 또한 군학(郡學, 군의 최고학부)의 교수를 주강으로 삼도록 요청했다. 그 때의 교수가 바로 복주의 설중인이었다. 의봉(儀封)의 장백행은 처음 오봉세원을 세우고 학규를 제정하며 손수 교과과정을 작성했다. 또한 송, 원, 명의 제자집을 편집해 학문을 발전시키고 많은 선비들의 학업을 격려했으며 선생을 구하기가 어려울 때는 스스로 가르치기도 했다. 설중인은 장백행의 제자로 수학하며, 『정의당제자집(正誼堂諸子集)』을 썼고 후에 진사(進士)가 되었다. 오늘날 관찰사 유량벽이 제정한 6개의 규칙을 보면 글의 요지가 질박하고 말에 근본이 있는 것을 보아 이는 설중인의 작품으

良璧의 『重修臺灣府志』, 591-592쪽에 수록됨.

53) 劉良璧의 『重修臺灣府志』에 수록된 楊二酉의 「海東書院記」, 589쪽.

로 추측 된다."[54] 이 글에서 지적하듯이 장백행이 처음 오봉세원을 설립하고 학규와 교과과정을 제정했으며, 설중인이 장백행의 제자로 수학하고 정의당의 이학(理學)문고 편찬에 참여했다. 이 때문에 사금란은 「해동서원학규」는 사실상 설중인이 제정했다고 보는 것이다. 어쩌면 「해동서원학규」는 유량벽과 설중인이 함께 제정했지만 설중인 자신이 주자학자이자, 서원의 주강이기도 했기 때문에 그 대부분이 설중인의 손에서 나왔다고 판단한 수 있는 것이다. 위의 사금란이 쓴 글을 살펴보면 설중인의 스승 장백행이 오봉서원의 학규와 교과과정을 제정했으므로, 설중인이 「해동서원학규」를 제정하는 데도 영향을 미쳤음을 알 수 있다.

양이유는 해동서원의 설립동기가 "모든 유생들이 오봉서원을 흠모하여 바다를 바라보며 한탄하고 있기 때문이다."라고 했다.[55] 분명 대만의 유생들은 바다건너 오봉서원으로 유학(留學)가는 것을 매우 동경했을 것이다. 건륭5년(1740년, 서원이 설립된 해)은 청나라가 대만을 통치한지 이미 50여년이 흐른 뒤였으므로 복건의 주자학자들이 이미 대만에서 자리를 잡고 뿌리를 내리기 시작했음을 알 수 있다. 해동서원은 "오봉서원과 함께 우뚝 선다(與鼇峰並峙)"[56]라는 경영목표를 가지고 있었는데 당시 해동서원의 사제들이 가졌던 당당한 패기는 가히 놀란 만하다.[57]

---

54) 謝金鑾, 『續修臺灣縣志』, 172쪽.
55) 謝金鑾, 『續修臺灣縣志』, 172쪽.
56) 劉良璧, 『重修臺灣府志』에 수록되어 있는 楊二酉의 「海東書院記」, 589쪽.
57) 陳淑均, 『噶瑪蘭廳志』, 143-147쪽.

4. 대만 서원학규의 연구
-「해동서원학규」와「속편」

위에서 밝혔듯이「해동서원학규」는 건륭5년(1740)에 제정되었으며 그 주요 내용은 다음과 같다.

> 서원을 세우는 것은 덕행을 발양하고 인재를 기르기 위함이다. 대만은 멀리 바다건너에 있으나, 수 십 년간 황제의 은혜를 입어 교육을 받았으니 인문(人文)의 발전이 본토와 다름이 없다. 지금 제학(提學, 교육행정관리)인 양공이 특별히 서원을 설립할 것을 요청하니, 선생을 초빙하여 학생을 가르쳐 어른들에게는 덕을 쌓게 하며, 어린이들에게는 성취를 이루도록 하고자 한다. 이에 규정을 다음과 같이 정하니, 유생들은 모두 이를 준수하고 어기지 않기 바란다.
>
> 1. 대의를 밝힌다(明大義)
> 성현은 가르침을 세우는 데 있어 강상(綱常)을 따른다. 또한 '군신(君臣)'간의 의리는 규칙의 최우선으로서 만물의 질서를 유지하는 것은 매우 중요하다. 대만지역은 바다건너 멀리 떨어져 있으나 청의 영토로 편입된 이래 우수한 인재들은 시서(詩書)를 익히고 서민들은 농사에 힘쓰고 있다. 글을 읽는 선비들이 임금을 높이고 윗사람을 친애할 줄 알면, 이는 곧 법도를 지키고, 나라에 몸을 바쳐 봉사할 수 있다는 것이다. 독실한 유학자와 현명한 신하가 여기서 나온다. 밭일을 하는 평민들도 느끼는 바가 있을 것이니, 거만하고 완고한 기풍이 어찌 다시 싹을 틀 것인가?

2. 학칙을 바로 세운다(端學則)

송나라의 정단몽(程端蒙), 동수(董銖) 두 선생이 말했다. "이곳에서 공부하는 자는 반드시 삭망(朔望) 분향의 예를 엄수하고, 조석(朝夕)의 규칙에 주의한다. 거처는 고요하고, 걸음과 자세가 바르며, 귀와 시선이 단정하고 말을 신중히 하며, 용모는 정중하고 의관은 단정해야한다. 그리고 먹는 것을 절제하고 출입을 줄인다. 글을 읽을 때는 반드시 정신을 집중하고, 글을 쓸 때는 신중해야 하며, 책상은 가지런하고 교실은 깨끗해야 한다. 서로 나이에 따라 호칭을 정하고, 손님을 만날 때는 반드시 사전에 정해야 하며, 공부하다 시간이 나면 적당한 취미활동을 하라. 남을 대할 때는 정중하면서 너그러워야 하고, 들을 때 집중해야 한다." 이것은 백록서원과 오봉서원의 학규를 함께 게시한 것이니 공부하기에 가장 적합하다.

3. 실학에 공부에 힘쓴다(務實學)

옛날 대유학자는 본체를 밝혀서 쓰임에 맞게 실천하여, 자신을 이루고 만물을 이루었다. 그들은 모두 유생이 될 때 내중외경(內重外輕, 스스로를 무겁게 하고 밖으로는 가볍게 함)에 대해 분명히 이해하고, 단단하고 엄숙한 기질을 배양했다. 그러므로 밖으로 나가서는 효과적으로 국가의 계획을 펼치고, 안으로 들어와서는 바르고 정직한 인사가 될 수 있었다. 가숙(家塾, 집안에 설치한 글방)이나 당상(黨庠), 또는 술서(術序)가 모두 이를 위한 것이다. 모든 학생들이 더 높은 뜻을 본받아야 학고 과거시험에만 힘을 쏟아서는 안 된다.

4. 경과 사를 숭상한다(崇經史)

육경(六經)은 학문의 근원으로, 선비는 경에 능통하지 않으면 이치를 알 수 없다. 역사서에는 과거의 흥망성쇠나 혼란을 다스린 업적, 그리고 어진 이와 아첨하는 자, 충신과 간신들의 일이 기록되어 있다. 좋은 것은 모범으로 삼고, 악한 것은 경계할 수 있으니 그 모든 것이 여기에 들어있다. 학자들이 경사(經史)를 열심히 익히면 유용하고, 또 시문(時文)과 팔고문(八股文)의 뿌리도 모두 여기에 있다. 경사를 무시하여 배우지 않으면 백 편, 천 편의 시문, 팔고문을 암송한다 해도 도움이 안 된다.

5. 문체를 바르게 한다(正文體)

명나라 때부터 첩괄(帖括)을 통해 선비를 뽑았는데 그 문장은 성화(成化, 명헌종), 홍치(弘治, 명효종) 시대의 것이 제일 우수하고, 융경(隆慶, 명목종), 만력(萬曆, 명신종) 시대의 것이 그 다음이며, 천계(天啓, 명희종), 숭정(崇禎, 명사종) 시대의 것이 제일 못하다. 우리 청나라는 문학이 발달하여 많은 유명 인사들이 쓴 훌륭한 글들은 서고에 가득 찰 정도로 많다. 그 중에는 광범위하게 모든 것을 받아들인 것도 있고, 하나의 유파만을 숭상한 것도 있다. 각각 그 풍조가 다를 수는 있으나 이치는 모두 정주(程朱)를 따르고 있으니, 먼저 법칙이 바르게 정해지면 이는 바꿀 수 없는 것이다.

6. 교제를 신중히 한다(愼交遊)

글을 읽는 자는 학업에도 열중하고 친구들과 함께 하는 것을 즐긴다. 시서(詩書)를 익혀 서로 토론하고 연구하면 이는 매우 유익한 일이다. 고로 군자는 글로써 벗을 만나고 벗으로써 인(仁)을

배양한다.[58]

제1조 '명대의(明大義)'에서 "성현이 가르침을 세우는 데 있어 강상을 따른다.(聖賢立教, 不外綱常)"라고 말하고 있으나 '군신지의(君臣之義)'만을 언급했다. 또 "대만은 멀리 바다건너에 있으며(臺地僻處海表)", 원래는 "거만하고 완고한 기풍(海外頑梗之風)이 있었다."라는 말을 볼 때, 조정과 대립할 지도 모르는 이 '완고한 기풍'을 없애기 위해 '군신지의'를 맨 처음에 썼음을 알 수 있다. 주자의 「백록동서원학규」에 따르면 성현이 가르침을 세우는 데는 5개의 항목이 있다고 했다. 즉 '부자유친(父子有親), 군신유의(君臣有義), 부부유별(夫婦有別), 장유유서(長幼有序), 붕우유신(朋友有信)'의 오륜을 말하며, 여기서 부자(父子)는 군신(君臣)보다 앞에 위치한다. 「해동서원학규」의 앞부분에 나온 '성현의 입교'에서는 군신만을 언급하고 있어 관방의 색채가 매우 짙으며 대만에 대해 매우 경계하고 있었음을 알 수 있다. 학규를 쓴 이의 배경을 따져보면 이 조항은 '순도(巡道)'라는 관직을 갖고 있던 유량벽이 정했을 가능성이 높다.

제2조의 '단학칙(端學則)'은 주자의 제자인 정단몽(程端蒙), 동수(董銖)가 함께 제정한 학칙인 「정동이선생학칙(程董二先生學則)」에서 따온 것으로 오봉서원의 학칙에도 이 조항이 포함되어 있음을 알 수 있다. 정단몽의 자는 정사(正思), 호는 몽재(蒙齋)이며, 파양(鄱陽)사람이다. 『송원학안·창주제유학안(宋元學案·滄洲諸儒學案)』에서 황백가(黃百家)는 다음과 같이 설명했다. "새롭게 주자의 학문에 뜻을 둔 학자가

58) 이 학규는 劉朗璧의 『重修臺灣府志』(590-591쪽)에 최초로 수록되었고, 후에 다수의 지방지에 수록되었다. 중간에 생략된 내용이 있다.

많았으나, 그 중 정단몽이 우두머리이다." 또 동수에 대해서는 "자는 숙중(叔重)으로 반간(盤澗)선생으로 불렸으며, 덕홍(德興)사람으로 주자에게 배웠다. …… 황면재(黃勉齋)가 그의 묘비문을 썼다."라고 설명했다.[59] 그가 주자학파에서 차지한 중요성을 알 수 있는 부분이다. 주자는 정단몽과 동수가 제정한 학규에 다음과 같이 발문(跋文)을 썼다.

> 도는 사람과 가까이 있고, 이치는 모든 일 속에 있다(道不遠人, 理不外事). 옛날부터 가르침은 먹는 것과 말하는 것에서부터 시작했는데, 올바른 교육을 위해서는 법칙이 없어서는 안된다. 가숙(家塾), 당상(黨庠), 술서(術序)에서는 더욱 그러하다. 따라서 배우는 자는 가정에서는 효도하고 사회에 나가서는 공경하며(入孝出弟), 행동은 정중하고 말은 신중히 하며(行謹言愼), 여럿이 종일 함께 지내며 덕을 수양하고 공부에 힘쓴다(群居終日, 德進修業). 또한 난폭하거나 방자한 기질을 가질 수가 없으니 이는 바로 규칙 때문이다. 이 책에는 고인들의 소학의 의의가 담겨있다. 학교의 스승들은 이 책으로 제자를 지도하면 소위 어른이 갖추어야 할 덕과 어린이들이 이루어야할 성과를 오늘날 다시 볼 수 있을 것이다. 왕의 은덕이 백성들에게 미칠 수 있도록 하는 것과 같으니 어찌 선하지 않다 하겠는가?[60]

"도는 사람과 가까이 있고, 이치는 모든 일 속에 있다(道不遠人, 理不外事)."라는 말은 학규의 특색이 "인(人)"과 "사(事)"속에서 "도(道)"와

---

59) 黃宗羲, 『宋元學案』, 69권, 『滄洲諸儒學案』, (臺北, 河洛出版社, 1975), 36-37쪽.

60) 黃宗羲, 『宋元學案』, 69권, 『滄洲諸儒學案』, 39쪽.

"리(理)"를 다함에 있고, 초학자들은 이로써 입문할 수 있다고 설명한 것이다. 주자는 여기서 "효제(孝悌)"를 강조한다. 효제는 인간이 가장 먼저 인식하고 습득하는 일상의 윤리로서 주자는 「정동이선생학칙」이 "옛사람들의 소학(小學)의 역할을 포함하고 있다."고 정리했다. 또한 「해동서원학규」 서문에 나온 "어른에게는 덕을 쌓게 하며, 어린이들에게는 이루는 바가 있도록 하고자 한다(俾成人有德, 小子有造)."라는 말은 이 발문에서 인용한 것임을 알 수 있다. 장백행은 「정동이선생학칙」을 중요시 여겨 『학규류편』의 목록에서 「백록동서원학규」 바로 다음에 놓았다. 장백행의 제자인 설중인이 이 학칙 조항을 「해동서원학규」 제2조에 배열한 것 또한 장백행이 대만학규에 끼친 영향이 막대함을 반영하고 있다.

제3조 '무실학(務實學)'의 첫머리의 "옛 대학자는 본체를 밝혀서 쓰임에 맞게 실천하여, 자신을 이루고 만물을 이룬다(古之大儒, 明體達用, 成己成物)."라는 말은 유학의 기본 교의로서 이를 학칙에 포함한 것은 당연하다. 그러나 이 조항의 진정한 목적은 실학(實學)을 과거(科擧)와 대조하여 "모든 학생들이 더 높은 뜻을 본받고 과거시험에만 힘을 쏟아서는 안 된다."로 정리할 수 있다. 이는 「백록동서원학규」의 "열심히 글을 읽어 글을 쓰고, 명성을 좇거나 이익과 관록을 취하는 데만 힘을 쏟아서는 안 된다."라는 조항의 뜻에서 본받은 것이다.

제4조 '숭경사(崇經史)'는 건륭(乾隆) 초기 학문 양상이 변화된 계기를 드러내고 있다. 물론 송대의 유학자 주자도 경(經)과 사(史)를 모두 중시했다. 그러나 「백록동서원학규」에서는 '경'(성현은 어떤 방법으로 남을 가르치는지에 대해 모두 경서에 나와 있다.)만 언급하고 '사'는 언급하지 않았다. 반면 장백행의 『학규류편』의 권19에는 「사학(史學)」이 포함되

어 있다. '숭경사'조항은 설중인이 자신의 스승인 장백행의 영향을 받은 것임을 알 수 있다. 이 조항은 "경사를 무시하여 배우지 않으면 백 편, 천 편되는 과거시험 문체의 글을 암송한다 해도 일을 이루지 못한다."라고 끝을 맺고 있어 제3조와 마찬가지로 과거시험에 대항하는 의미를 포함하고 있다.

제5조의 '정문체(正文體)'도 과거시험의 문체와 관련이 있다. 설중인은 글을 쓸 때 반드시 정주의 이(理)를 따라야 한다는 입장을 계속 강조하고 있다, 제6조의 '신교유(愼交遊)'는 오륜 중 친구간의 윤리와 관련이 있다. 학규전체를 살펴보면 '명대의(明大義)'는 군신간의 윤리에 속하며, '단학칙(端學則)'은 주자의 발문에서 의거하고, 효제, 즉, 부자, 형제와 관련이 있다. 그리고 '신교유(愼交遊)'는 학우지간의 윤리에 속하므로 부부간의 윤리는 언급하지 않았음을 알 수 있다. 또한 학문의 순서와 방법에 대한 깊은 설명이 없으니 이점은 「백록동서원학규」에 미치지 못한다.

「해동서원학규속편」의 작자는 만주(滿洲)의 정람기(正藍旗) 사람인 각라사명(覺羅四明)이다. 그는 건륭22년(1757)에 대만부 지사를 맡고 건륭26년(1761)에는 대만도 순찰사와 교육행정장관을 겸임했다.[61] 건륭27년(1762)에는 해동서원을 개건하고[62], 3천자의 학규를 직접 제정했다. 그가 교육을 매우 중시했다는 것을 알 수 있다. 「개건해동서원기(改建海東書院記)」에서 그는 "많은 사람들을 거느리는 자가 스스로 가르치지 않으면, 그 자리에 있는 것을 부끄러워해야 한다."라고 말

61) 위의 내용은 余文儀의 『續修臺灣府志』, 128-129쪽을 참조.

62) 余文儀, 『續修臺灣府志』, 354쪽.

했다.[63] 그가 제정한 학규를 살펴보면 이 만주 유학자에 대해 깊은 인상을 받게 될 것이다. 학규내용은 매우 많아 아래에 일부의 요지를 발췌했다.

1. 선비로서 올바른 행위를 익힌다(端士習)
대만은 새롭게 교화가 시작되는 곳이라 가장 시급한 것은 선비들의 기풍이다. 선비는 일반 백성들의 모범으로서 선비들의 기풍이 바르면 백성들의 풍속도 순박해지니 이치가 바로 그러하다.

2. 스승과 친구를 소중히 여긴다(重師友)
스승에게서 도를 익히고 의혹을 풀며, 친구에게서 장점을 본받아 자신의 인덕을 기른다. 옛 사람들은 책을 짊어지고 천 리나 되는 곳에 가더라도 좋은 스승과 친구를 구하기가 어려웠다. 이제 학교에서 공부를 통해 자신을 연마하도록 하나 그 중에는 허송세월 시간을 보내거나 스스로 포기하는 자가 있다. 그래서 유생들에게 다음과 같은 규칙을 정한다. 당나라 사람들이 열흘마다 한 번 집으로 돌아가 목욕하고 쉬던 예를 참고해, 매 순(10일)마다 한 번 휴식한다. 한 달을 상, 중, 하로 나누어 세 번 쉬게 한다. 휴식이 끝나면 다시 서원에서 공부하며 스승과 친구의 장점을 배운다. 만약 휴가시간 외에 임의로 출입하면 밝혀내어 날짜에 따라 등잔기름을 제한다. 동료들과 어울려 즐겁고자 한다면 먼저 학업을 성실히 해야 한다.

63) 余文儀, 『續修臺灣府志』, 811쪽.

3. 학습과정을 바로 세운다(立課程)

정외재(程畏齋)의 「독서분년일정(讀書分年日程)」의 취지를 따라 시행한다. 각각 공책을 한 권씩 마련하여 매일 새로 읽은 책과 복습한 책을 『사서(四書)』, 『육경(六經)』, 『삼사(三史)』, 『통감강목(通鑑綱目)』, 『근사록(近思錄)』, 『성리대전(性理大典)』, 고문, 시문 등의 항목으로 나누어 하나하나 규격에 맞춰 공책에 주를 달아 정리한다, …… 유생들은 열흘마다 자신이 작성한 공책을 제출하고 서원의 원장은 조목조목 검사를 해서 학생들의 근면함과 나태함을 검증한다.

4. 실천을 돈독히 한다(敦實行)

독서의 목적은 실천에 응용함(致用)에 있다. 성현들은 널리 세상에 가르침을 펼침에 있어, 시서(詩書), 예악(禮樂), 역상(易象), 춘추(春秋) 등의 글을 익히게 한 것은 그것을 통해 의리(義理)를 펼치게 함이었지, 그저 한 바탕 말로써 끝내려 한 것이 아니다. 몸소 실천하고 몸과 마음으로 체험하여, 이를 세상에 보급하고자 함이다.

5. 책 속에 있는 도리를 살핀다(看書理)

주자는 "『육경』을 읽는 데는 시간이 많이 걸리나 효과는 적고, 『논어』와 『맹자』를 읽는 데는 시간은 적게 걸리나 그 효과는 크다."라고 했다. 그리고 정자는 "『논어』와 『맹자』에 능통하다면 『육경』을 익히지 않아도 그 뜻을 명확히 알 수 있다."라고 했다. 정주(程朱)의 말에 의하면 사자서(四子書, 즉 사서)는 매 구절마다 모두 유생들이 보존하고 함양해야 필요가 있고, 경험을 넓혀주는 기능을 하며, 또한 '수신, 제가, 치국, 평천하'의 핵심이라고 한다.

정자는 "독서를 할 때는 반드시 낡은 견해를 씻어내어 새로운 견해를 맞이한다. …… 배움에 있어 중요한 것은 스스로 터득하는 것이다. 대충 비슷한 구절로 그 뜻을 풀어서는 안된다."라고 했다. 그리고 주자는 "나는 책을 읽을 때는 미리 선입견을 갖거나 함부로 해석을 하지 않는다. 반드시 마음과 태도를 편안히 하고 겸허한 자세로 성현들이 말하고자 하는 본래의 뜻을 구한다."라고 했다. 정자와 주자의 말을 통틀어 보면, 학자는 책을 읽을 때 그저 책의 내용만으로 나의 식견을 넓히려 하지 말고 마땅히 나의 혼신으로써 책을 읽어야 한다. 글자 하나마다, 문장 한 구절마다 모두 경문에서 나온 것이니, 모든 내용을 하나하나 자신의 몸과 마음으로 체험을 해서 잘 부합되도록 해야 한다. 이런 노력이 쌓이면 마음이 밝아져 스스로 꿰뚫는 바가 생긴다. 이 때문에 육경과 제자서, 역사서 등을 읽는 것은 또한 매우 효과적이다.

6. 문체를 바르게 한다(正文體)

도(道)가 드러난 것을 문(文)이라 하며, 이것은 세상이 생기면서부터 이미 있었다. 그러나 시기마다 각각 다른 풍습이 있어 문체 또한 여러 차례 변화되었다. 『육경성리(六經性理)』, 『문심조룡(文心彫龍)』, 『문수(文粹)』, 『문감(文鑑)』 등과 당송 8대가들의 저술을 보면 이에 대해 상세히 논하고 있다. …… 학자가 성현들을 대신해서 말을 남기는 것(立言)은 세상의 백성들과 만물에 대한 이(理)를 펼치기 위함이다. 이런 글을 쓸 때는 반드시 법도가 있으니, 시부(詩賦)나 논책(論策)보다 더 자세해야하며, 이런 법칙은 오늘날까지 변함없이 지켜지고 있다. …… 염락관민(濂洛關閩; 濂: 周敦頤, 洛: 二程, 關: 張載, 閩: 朱熹)의 이(理)로써 왕당귀호(王鏊, 唐順之, 歸

有光, 胡友信)의 방법으로 글을 쓴다면 학자들이 더욱 모범으로 삼지 않을 수 없다.

7. 시 공부를 중시한다(崇詩學)
시로써 성정(性情)을 다스릴 수 있으니, 학자들은 마땅히 시를 익혀야 한다. ……

8. 과거시험을 준비한다(習擧業)
오늘날 사람들은 거업(擧業, 과거시험을 위한 공부)과 의리지학(義理之學, 도를 규명하는 학문)을 각각 나누어 거업은 의리지학에 방해된다고 하나, 이것은 틀린 말이다. 거업은 성현들이 남긴 훌륭한 말을 대표하며, 반드시 마음과 태도를 편안해지고 폭넓은 견해를 쌓을 수 있다. 강상명교(綱常名教, 유가의 가르침)와 그 밖의 세세한 이치들을 익힘으로써 만물에 대비하고, 그런 다음 과제에 따라 글을 쓰면 줄줄 써내려 갈 수 있다. 이때 의리지학에도 유념한다면 글의 취지를 명확히 표현할 수 있다. 주자가 말하기를 "만약 공자가 오늘날에 살고 있다면, 역시 과거에 응시해야 했을 것이다."라고 했으니 바로 이런 뜻이다.[64]

이 학규에서는 "오륜"은 언급하지 않았다. 그러나 '돈실행(敦實行)' 조항의 "몸소 실천하고, 몸과 마음으로 체험하여, 이를 세상에 보급한다."라는 말은 "오륜"을 포괄적으로 담고 있는 것 같다. '단사습(端士習)'을 첫 조항으로 넣은 것으로 보아 각라사명은 낡은 풍속을 고치는 것을 매우 중요시했음을 알 수 있다. 또한 해외변경이었던 대만

64) 余文儀, 『續修臺灣府志』, 356-360쪽.

에 '새로운 기풍이 시작된 것'과도 관계가 있다. 이 부분은 유랑벽이 대만에 '거만하고 완고한 기풍'이 있다고 말한 것과는 대조를 이룬다. 제2조인 '중사우(重師友)'에서는 친구와 사제의 관계를 같이 언급하고 있는데, 이는 「백록동서원학규」에서 오륜 외에 사제지간의 윤리만을 추가한 것과는 다른 점이다. 또한 제2조에서는 서원의 유생 관리 방법도 살필 수 있다. 제3조 '입과정(立課程)'은 정단례(程端禮)의 『독서분년일정(讀書分年日程)』에서 많은 영향을 받았다.

정단례(1271-1345)의 자는 경숙(敬叔), 호는 외재(畏齋)이며, 절강 은현(鄞縣)사람이다. 스승인 사몽경(史蒙卿)과 함께 원대 서원교육의 중견 인물이다. 정단례의 『독서분년일정』의 영향력은 원대부터 청대까지 오랜 시간동안 시들지 않았는데, 위에 서술한 각라사명의 학규에서 그가 대만에 끼친 영향을 확실히 찾을 수 있다. 『원사(元史)』 등 책에서 '독서공정(讀書工程)'이라고 부르는 이 교과과정은 주자학의 산물이다. 정단례는 『독서분년일정』의 「술어(述語)」편에서 주자의 독서와 학문에 관한 많은 견해를 수록했다. 예를 들어 다음과 같은 것들이다. "학문을 하는 도리는 궁리(窮理, 이치를 추구하는 것)보다 앞서는 것이 없고, 궁리에서 가장 중요한 것은 독서이다. 독서하는 방법은 순서에 따라 정밀함에 이르는 것, 즉 치정(致精)이 가장 중요하고, 치정의 근본은 경(敬)에 거(居)하면서 뜻을 유지하는 데 있다. 이것은 불변의 이치다.", "순서를 따라 정밀함에 이르는 것이 독서의 방법이며, 정밀함에 이르는 근본은 바로 마음에 달려있다.", "거경(居敬)하면서 뜻을 유지하는 것은 독서의 근본이다."[65] 즉, 정단례는 독서의 방법

65) 『讀書日程述語』, 張百行, 『學規類編』 (『四庫全書存目叢書』, 臺南: 莊嚴文化公司, 1995), 권7, 51쪽.

뿐 아니라, 독서의 근본도 중시했음을 알 수 있다. 황백가(黃百家)의 『송원학안·정청학안(宋元學案·靜淸學案)』의 「안어(按語, 자기 견해를 밝힌 말)」에서 이 독서공정에 대해 "본말(本末)을 모두 갖추었고 순서가 분명하다."라고 평가하며 그 영향력은 이미 주자학을 뛰어넘었다고 말했다. 청말 양계초(梁啓超)가 시무학당(時務學堂)의 『독서분월과정(讀書分月課程)』을 제정했는데[66] 이는 분명 정단례의 영향을 받은 것이다.

제4조의 '돈실행(敦實行)'과 제5조의 '간서리(看書理)'에서도 '독서의 근본'을 언급하고 있다. 이것은 「해동서원학규」 초편의 '명대의(明大義)', '무실학(務實學)'의 정신을 계승한 것으로, 심도있는 연구를 통해 주자의 독서사상을 초편보다 더 자세하게 설명했다고 볼 수 있다. 제6조의 '정문체(正文體)'에서는 '도(道)'와 '문(文)'의 관계를 언급하고, '주돈이, 정자, 장재, 주희'의 이(理)로써 '왕오, 당순지, 귀유광, 호우신'의 문장방법으로 글을 쓸 것을 강조했으며, 제7조의 '숭시학(崇詩學)'에서도 '시로써 정서를 다스린다.'고 언급했다. 그러나 이 두 조항의 실질적인 목적은 마지막 조항인 '습거업(習擧業)'을 보충하기 위함이었으므로 그 중에 열거한 책들은 거의 대부분 당시의 시첩(試帖, 과거수험생의 학습서)이었다. 만주인이었던 각라사명이 '습거업(習擧業)'을 가장 마지막 조항에 넣고, 전체 내용 중에 '군신지의'를 언급하지 않았다는 것은 이미 대단한 일이다. 게다가 전체적으로 독서의 본말(本末)과 체용(體用)에 대해 제시한 수준 높은 이론과 섬세하고도 정교한 풍격은 모두 설중인의 초편보다 뛰어나다. 가히 대만서원학규 중의 걸작이라고 말할 수 있다.

---

66) 『讀書分年日程』에 대한 자세한 소개는 李國鈞이 편저한 『中國書院史』, 제 11장, 「史蒙卿,程端禮的書院教育活動和讀書理論」, 482-534쪽.

5. 팽호(澎湖)의 「문석서원학약(文石書院學約)」과 건가(乾嘉) 시기의 학술

팽호(澎湖)에는 청대에 공립 학당은 없었지만 문풍(文風)은 이미 홍성하였다. 팽호의 유일한 서원인 문석서원은 전 대만(심지어 전 중국)에서 가장 긴 학규를 남겼다. 또 도광(道光)년간에는 이곳에서 채정란(蔡廷蘭)이라는 큰 시인이 배출되었는데 당시 복건과 대만의 학계 문인사이에서는 팽호의 채정란을 모르는 이가 없었다.[67] 만약 문석서원이 없었다면 채정란이라는 걸출한 시인도 나오지 않았을 지도 모른다.

문석서원, 심지어 팽호 전 지역의 문화건설의 주춧돌 역할을 한 사람은 호건위(胡建偉)라고 할 수 있다. 호건위는 광동 삼수(三水) 사람으로 학자들은 그를 면정(勉亭)선생이라 불렀다. 건륭31년(1766) 팽호의 최고행정장관인 해안방어 통판(通判)을 역임했다. 광서(光緒)년간에 출판된 지방지에는 그의 일생과 팽호와의 관계에 대해 광범위하게 기록되어 있다. "그는 유익한 사업은 일으키고 폐단은 없애는 등 지칠 줄 모르고 앞장서서 고된 임무를 수행했다. …… 농사철이 되면 자주 들판으로 나가 백성들의 고충을 묻거나 민심을 수집했다. …… 팽호의 선비들이 스승이 없이 독학하는 것을 보고 서원을 설립

67) 蔡廷蘭(1802-1859)은 처음에는 周凱와의 만남으로 유명해졌다. 도광12년(1832) 팽호에 폭풍재해 때문에 기근이 생겼을 때 당시 홍천영도(興泉永道, 행정벼슬 명)였던 周凱가 이재민 구조를 위해 팽호에 갔다. 蔡廷蘭은 그때 「請急賑歌」라는 오언고시 4수를 지어 보냈고, 周凱는 「撫恤六首答蔡生」, 「再答蔡生」 등의 긴 시를 지어 이에 화답했다. 후에 다시 「送蔡生臺灣小試」를 지어 채정란을 다음과 같이 칭찬했다. "바다건너의 인재를 오늘 만났으니, 그대 같은 사람과 더불어 비로소 시를 말 할 수 있겠소이다." 이 미담과 「請急賑歌」의 분석에 대해서는 陳昭瑛의 『臺灣詩選注』, 84-91쪽 참조.

하기 위해 10조의 학약(學約)을 제정했고, 이로써 학자들의 규칙으로 삼았다. 그는 각 마을에 서당을 세우도록 권고했으며, 시골에 가면 반드시 서당을 방문해 학동들이 읽은 책에 대해 구두(句讀)를 교정해 주었다. 이렇게 학생들을 이끌어주고 격려해주니 마치 아버지와 형이 그 자식과 아우를 대하는 것과 같았다. …… 팽호가 연해의 요지로 개척된 지 이미 백 여 년이 지났으나 문헌상의 증거가 없었다. …… 그래서 최선을 다해 자료를 수집해 『팽호기략(澎湖紀略)』 12권을 간행했다. 그가 재임한 지 4년이 지나자 학교에서는 선비들이 즐겁게 배우고, 들판에는 농민들의 노랫소리가, 길가에선 상인들의 웃음소리가 들렸다. 정사(政事)가 순조로우니 백성이 화목해졌고, 그간 포기했던 일들을 모두 다시 일으켰다. 선비와 농민들은 서원에 제단을 설치하고 오랫동안 그 전통을 이었다. 지금까지도 팽호 사람들은 참된 교육자를 말할 때 호공(胡公)을 첫 번째로 꼽는다."[68]

호건위는 서원을 세우고 학규를 제정했을 뿐 아니라 팽호의 문헌들을 수집해서 『팽호기략(澎湖紀略)』으로 엮었다. 그는 교육을 통해 정치이념을 실천하는 전형적인 인물이며, 심지어 주자학으로써 정치를 한다고 말 할 수 있다. 그는 스스로 자신의 직무를 다음과 같이 설명했다. "독서하는 행동으로 모범이 되어야 한다. 바다건너의 사람들은 반드시 책의 뜻을 명확히 하고 나서야 비로소 어진 백성이 될 수 있다. 고로 각 시골을 순방하면 반드시 사학(社學)에 가서 지시를 내린다. 또한 서당에도 직접 방문하여 학동들이 경서를 암기하거나 글자를 해석하면 상을 내리고, 필기구와 동전을 주어 격려한다. 우수한 인재들에게는 '정씨과정(程氏課程)'을 내려 반드시 『사서』, 『오

---

68) 林豪, 『澎湖廳志』 (臺北 : 臺灣銀行經濟研究室, 臺灣文獻叢刊 제164종, 1964), 223쪽.

경』, 『소학』, 『근사록』, 『성리강목』을 읽도록 했으며, 마음을 단정히 하고 식견을 바르게 배양하여 국가를 위한 쓸모 있는 인재가 되도록 했다. 팽호에는 본래 학자가 많지 않았으나 그렇게 2년이 지나자 점차 고무되어 지역마다 글 읽는 소리가 들렸다. 이런 윗사람의 가르침은 부형이 가르쳤을 때보다 작은 노력으로 두 배의 효과를 거두었다."[69] '정씨과정'이란 앞 절에서 언급한 정단례의 「독서분년일정(讀書分年日程)」을 말한다. 호건위는 팽호의 각 향교와 서당에도 직접 가서 가르칠 정도였으니 최대 서원인 문석서원에 얼마나 많은 노력을 쏟았을지는 짐작할 수 있다.

그는 『팽호기략 · 문사기(澎湖紀略 · 文事紀)』의 「서원」편에서 다음과 같이 한탄했다. "회성(會城)에는 오봉서원, 홍화(興化)에는 고정(考亭)서원이 있고, 연평(延平)에는 도남(道南)서원, 대만에는 해동서원이 있다. 그러나 유일하게 팽호지역은 청의 영토에 편입된 지 지금까지 80여 년이 흘렀지만 아직 서원이 없다. 가르칠 선생은 또한 300여리나 되는 먼 곳에 있어 사실상 배우러 갈 수도 없다. 학동들이 옛 것을 익히고자 하나 물어 볼 방법이 없고, 좋은 스승을 만나기 어려우니, 바다를 보며 한탄만 나온다."[70] 그래서 그는 자신의 녹봉 백 냥을 기부하여 문오(文澳)에 서원을 세우기 시작하여, 재임 2년째(건륭32년, 1767)에 완공되었다. 서원 가운데는 3개의 기둥이 세워진 강당이며 편액에는 '녹동신전(鹿洞薪傳, 녹동의 불씨가 전해지다)'라고 쓰여 있다. 여기에서 주자(朱子), 이정자(二程子), 주자(周子), 장자(張子) 등 오현(五賢)의 제

---

69) 胡建偉, 『澎湖紀略』 (臺北 : 臺灣銀行經濟研究室, 臺灣文獻叢刊 제109종, 1961), 57-58쪽.

70) 胡建偉, 『澎湖紀略』, 79쪽.

사를 지냈다. 앞쪽은 3칸으로 된 정문으로 중간에 망루가 있고 망루 위에서는 괴성(魁星, 문장을 주관하는 중국 도교 신화속의 신)에게 제를 지낸다. 뒤쪽에 있는 3칸짜리 후당(後堂)의 가운데는 문창신(文昌神, 과거합격을 주관하는 신)에게 제를 지내고 좌우 양옆은 훈장이 거처하는 곳이다. 동서 양쪽은 각각 10칸의 서재로 유생들이 글을 읽는 학사로 사용한다. '문석서원(文石書院)'이라는 이름 중의 '문석'은 팽호의 특산품인 화려하고 아름다운 돌로, 그 무늬가 선명하고 아름답다. 그는 이름의 취지에 대해 "돌에도 무늬가 있는데 어찌 사람에게 무늬가 없겠는가! 그래서 이 이름을 취한 것이다."라고 설명한다.[71] 그는 「문석서원낙성기(文石書院落成記)」에서 '문석(文石)'에 다음과 같은 유학적 의미를 부여했다. "어질고 곧은 자질을 갖추면 찬란한 빛이 드러난다. 오색(五色)이 하늘에 응대하면 오위(五緯: 太白, 歲星, 辰星, 熒惑, 塡星)가 되어 빛나고, 땅에 응대하면 오행(五行: 金,木,水,火,土)이 세워지며, 사람에 응대하면 오상(五常: 仁, 義, 禮, 智, 信)이 행해지고, 오교(五教: 즉 오륜)로 드러난다."[72]

서원을 설립한 후, 그는 자주 몸소 서원에 가서 가르쳤다. 당시 향시에 합격한 장오전(張五典)은 「문석서원시병서(文石書院詩並序)」에서 다음과 같이 썼다. "팽호에는 원래 서원이 없었는데 호건위 선생이 녹봉을 기부하여 서원을 세웠다. 시간을 내서 유생들을 가르쳤으니 관리와 훈장을 겸했다. 이에 시로써 기록한다."[73] 호건위가 초안을 쓴

71) 胡建偉, 『澎湖紀略』, 80쪽. 문석서원에서 문창제를 지낸 것은 풍습에 따른 것으로, 당시 대만서원의 제사에서 문창제군(文昌帝君)의 신앙과 송학(宋學)은 대립적인 상황이었다. 陳昭瑛의 『臺灣儒學: 起源,發展與轉化』에 수록된 「臺灣的文昌帝君信仰與儒家道統意識」을 참조하라.

72) 胡建偉, 『澎湖紀略』, 262쪽.

73) 胡建偉, 『澎湖紀略』, 284쪽.

문석서원 학약의 길이를 볼 때 그가 유학교육에 대해 얼마나 깊은 관심을 썼는지 알 수 있다. 전체가 5천여 자에 달하여 일반 서원 학규의 문체와는 완전히 달랐다. 중국의 문장 분류학의 전통에서 학규는 '명잠(銘箴)'에 속하기 때문에 문장을 간결하게 쓰는 것이 좋다고 여겨졌다.[74] 그러나 호건위는 간곡히 타이르고 가르치고자 하는 마음으로 긴 문장도 마다하지 않았다. 그 주요 내용은 다음과 같다.

> 첫째, 인륜을 중시한다(重人倫)
> 옛날 학교의 가르침은 모두 인륜을 밝히기 위한 것이었다. 인륜이라는 것은 가르침에서 가장 중요한 것이고, 배우는 자라면 반드시 먼저 갖춰야 하는 것이 아니겠는가? 인생 속에서 오륜에 들어간 사람들과 함께 하지 않은 날이 하루라도 있는지를 생각해 보라! 또한 성현들의 말 중 오륜의 이(理)를 밝히지 않은 것이 하나라도 있는가? 맹자는 "규구(規矩)는 모난 것과 둥근 것의 극치이며, 성인은 인륜의 극치이다", "요순(堯舜)의 도는 효도와 공경일 따름이다."라고 했다. 주자는 「녹동조규(鹿洞條規)」에서 "부자유친, 군신유의, 부부유별, 장유유서, 붕우유신"의 5교를 처음에 배치해 학생들로 하여금 배우게 했는데, 박학(博學, 넓게 배우기), 심문(審問, 깊이 질문하기), 신사(愼思, 신중히 생각하기), 명변(明辯, 명확하게 판단하기), 독행(篤行, 성실하게 실천하기)함으로써 오륜을 배울 수 있다. 자신을 수양하고 일을 처리하거나 남을 대하는 것에 대한 조항은 모두 뒤에 위치한다. 인륜의 이치는 하늘의 명을 받으면 성(性)이라 하고, 그 '성'을 따른 것을 '도(道)'라고 한다. '성'과 '천도(天道)'는 학문의 근원이다. 그 실체는 모든 사람들이 날

74) 劉勰,『文心彫龍』, 第11,「銘箴」, 周振甫注 (臺北: 里仁書局, 1984), 201쪽.

마다 접하는 것에 모두 들어 있으니, 마땅히 실천을 다 한다면 저절로 세상과 후세의 모범이 될 것이다. 예컨대 『중용』과 같은 책은, 그 크기로는 밖이 없고, 작기로는 안이 없다(其大無外, 其小無內). 그것을 풀어 놓으면 온 우주에 가득하고, 거두어들이면 은밀하게 감춰진다. '기대무외, 기소무내(其大無外, 其小無內)'라는 말은 무성(無聲), 무취(無臭)의 극치로서, 그 이상 더할 것이 없음을 뜻한다. 그 중 가장 효과적인 것은 삼달덕(三達德: 智, 仁, 勇)이고, 이로써 오달도(五達道: 君臣, 父子, 夫婦, 兄弟, 朋友)를 행하면서 점차 그 극치에 달할 수 있으니, 어찌 다른 것이 있겠는가? 단단하고 중요한 인륜에서 효는 백행의 근원이자, 오륜의 근본이다. 부모를 섬길 줄 아는 사람은 반드시 형제에게 충실하고 부인에게 온화하다. ……

둘째, 뜻을 바르게 한다(端志向)

'지(志)'란 마음이 향하는 곳이다. …… '지'는 먼저 '도(道)'를 향해 있어야 하며, 그 다음 마음이 그것을 따라 가야 한다. …… 고로 학자의 '지'는 그 향하는 바가 바르지 않으면 성과를 얻을 수 없다. …… 공자와 같은 지성(至聖)도 15세 때부터 배움에 뜻을 두었기 때문에 후에 자신이 원하는 바를 따르더라도 법도에 어긋남이 없었다. 주자는 "글을 기억하지 못할 때는, 숙독(熟讀)하면 기억할 수 있고, 의미가 면밀하지 않을 때는 자세히 생각해보면 그 뜻을 면밀히 알 수 있다. 하지만 뜻이 바로 서지 않으면 실로 힘을 쓸 곳이 없어진다."라고 했다. 사람들이 책을 읽을 때 도와 덕에 뜻을 두지 않고, 성공에만 뜻을 둔다면, 이미 향하는 바가 틀린 것이다.

셋째, 이(理)와 욕(欲)을 분별한다(辨理欲)

사람이라면 성(性)이 없는 자가 없다. '성'은 '이(理)'를 말한다. 성이 드러나면 정(情)이 되고, 정이 움직이면 욕(欲)이 생겨난다. 이 위태롭고 은미한 경계가 바로 성인과 미치광이의 구분이니 어찌 '이'와 '욕'을 분별하지 않을 것인가? …… 배우는 자들이 이 사이에 분명히 구별하고, 굳게 지킨다면 높은 절벽위에 우뚝 선 것처럼 결국 성현과 같은 성과를 이룰 것이다! …… 천리(天理)와 인욕(人欲)은 같이 행해지지만 그 정황의 다름이 이와 같으니, 어찌 분별하지 않을 것인가?

넷째, 몸소 행함에 힘쓴다(勵躬行)

…… 이천(伊川)선생은 일찍이 "책을 읽어 얻은 한 자는, 직접 행해서 얻은 한 촌만 못하다(讀得一尺, 不如行得一寸)"라고 했다. 책을 읽고서 이를 실천하지 않으면 그저 한담에 지나지 않는다. 오늘의 사람은 성현 후에 태어났으니 자신이 직접 행하지 않았으나 옛 선인들이 이미 행한 것들을 모두 책 속에 적었다. 고로 책을 읽을 때는 책은 책, 나는 나, 즉, 책과 자신이 상관없다고 여겨서는 안 된다. 주자가 말한 대로 "반드시 성현의 말을 자신의 몸으로 체험해야 한다." 극기복례(克己復禮: 자신을 극복하고 예로 돌아간다)나 문을 나서거나 신분이 높은 손님을 만나는 것처럼 공손히 하라는 내용들은 반드시 자신이 직접 체험해 봐야만 스스로 능히 자신을 극복하고 예를 회복할 수 있으며, 늘 공경하는 자세를 지니고 남을 이해해 줄 수 있을 것이다. 매사에 이렇게 해야 유익하다.

다섯째, 스승과 벗을 존중한다(尊師友)

도를 전하고 의혹을 풀어주는 이는 스승보다 중요한 이가 없고, 선행을 권하고 잘못을 고쳐주는 것은 반드시 벗에 의지해야 한다. 스승과 벗은 인생에서 덕을 세우는 데 있어 꼭 필요한 존재이다. …… 옛 사람들을 살펴보면 스승과 친구를 존중하지 않은 자가 없다. 송대의 현인인 양구산(楊龜山), 유정부(游定夫)는 정자를 곁에서 모시고 있었는데, 어느 날 정자가 앉은 채로 잠이 들었지만 이 두 사람은 물러가지 않고 그 자리에 계속 공손히 서 있었다. 정자가 깨어보니 문밖에 눈이 석 자나 쌓여 있었다. 옛사람들이 스승을 존경하고 도덕을 중시했던 것이 이와 같았다. 주자의 말에 의하면 벗은 '오륜의 강기(綱紀)'이다. 사람은 군신, 부자, 부부, 형제지간에도 말하기 힘든 말이나 표현이 어려운 감정이 있고, 이것들이 쌓이면 원한이 될 수 있다. 그러므로 좋은 친구를 하나 얻으면 나를 위해 조절해주고 화해시켜 줄 수 있으니 좋은 관계는 처음처럼 계속된다. 따라서 친구는 여러 모로 유익하다. 하물며 실천과 학습에서, 모르는 것이나 어려운 것을 질문할 때, 독서하고 글을 짓는 데 있어 친구에 의지하지 않는 것이 없다. 친구간의 관계가 소중함이 바로 이와 같다.

여섯째, 교과과정을 정한다(定課程)

독서를 하려면 그 교과과정을 정하지 않고서야 되겠는가? 교과과정을 정하는 법으로는 정단례가 년, 월, 일로 나누어 평가하는 방법보다 좋은 것은 없는데, 그 방법은 선후(先後)가 모두 겸비되고 실체와 응용을 갖췄다. 육청헌(陸淸獻)은 "이것은 정씨의 방법이 아니라, 주자의 방법이며, 또한 주자의 방법이 아니라, 공자, 맹자에서부터 이어온 독서교육법이다."라고 했으니 정단례의 방법에 대한 존중과 신봉이 이와 같다. 우리 서원에서도 이 방법에 따라 모든 유생들에게 공책 한 권을 주고 매일의 학습과정을 기록하게 한다. 당일에 읽은 책과 범위, 새 책인지 복습한 책인지를 기록하고, 선생이 강의한 책과, 오전, 오후 각각 어떤 수업을 했는지 등을 일일이 공책에 기록한다. 모두 사실대로 적어 점검하고 거짓으로 부실하게 기록해서는 안 된다. 날마다의 기록이 쌓여 한 달이 되고, 달이 쌓여 한 해가 되면 곧 명확한 근거가 되고, 시간이 흐르면 자연히 실력이 향상된다. 매월5일에는 이미 공부한 책에 대해서 공책에서 뽑아 한 번 암기한다. 혹은 공무를 집행하다 틈이 나면 서원에 와서 암기해봄으로써 그 책에 대해 숙달되었는지를 검증한다. ……

일곱째, 경사를 읽는다(讀經史)
'경(經)'이 세로 축[經]이라면 '사(史)'는 가로 축[緯]이다. 배우는 자는 반드시 경서를 읽은 후에야 성현의 방법을 알 수 있으며, 또한 사서를 읽고서야 인물을 이해하고 세상사를 논할 수 있다. 13경과 22사는 배우는 이들의 필독서이자 학문의 기초가 아니겠는가? 지금 나라에서 관리를 등용할 때, 2차 향시에서는 경서 4편으로 평가하고, 3차 시험에서는 대부분 역사사건으로 시험을 치르고 있다. 사학도 중요하다는 것을 알 수 있다. 경서와 사서는 어느 하나를 버려서는 안 된다.

여덟째, 문체를 바르게 한다(正文體)
문장은 도를 싣는 것이다. 뚱뚱함과 가는 것에서 중간을 취하고, 길고 짧음에서 적당한 것을 취하니 문체를 갖지 않은 글은 없다.

'체(體)'는 글의 규격이자 기준이므로 바르지 않으면 안된다. 오늘날 조정에서 관리를 뽑을 때도 과거 공부를 중시하고 있으니, 글을 쓸 때는 순박하면서도 바르게 써야 한다. ……

아홉째, 시간을 아낀다(惜光陰)

…… 올해 서원이 완공되어 유생들을 모나 놓고, 낮에는 깨끗한 교실에서 배우게 하고 밤이 되면 불을 키고 글을 읽을 수 있게 하니, 참으로 독서를 하는 즐거움이 크다. 의지를 불태우며 연구하고자 하면 언제든지 공부에 힘쓸 수 있다. 그러나 무리를 지어 한가로이 잡담을 해서는 안된다. 이는 정신을 낭비하고 시간을 헛되이 보내는 일이다. 특히 날씨가 좋은 봄날이나 명절 때는 하루 휴가를 주는 것도 경치를 감상하며 정서를 함양하고 이로써 대자연의 이치를 더 잘 이해하기 위한 것이다. 번지(樊遲)가 공자를 따라 무우(舞雩, 노나라 기우제를 지내던 누대)에서 거닐다가도 덕을 높이는 방법에 대해 질문하는 것을 잊지 않은 것처럼 한가로이 쉬다가도 배움을 버려서는 안 된다. ……

열 번째, 소송을 멀리 한다(戒好訟)[75]

호건위(胡建偉)는 서두부터 오륜을 강조하였는데, 이것은 「백록동서원학규(白鹿洞書院學規)」의 취지에 가장 부합하며, 또 '효는 백행의 근원(孝爲百行之原)'임을 강조하여 '부자(父子)'의 인륜을 가장 중시하였는데, 이는 「해동서원학규(海東書院學規)」에서 "군신대의(君臣大義)"를 가장 중시하는 것 보다 주자학의 정신에 더 부합하였다. 제1조에『중

75) 胡建偉,『澎湖紀略』, 81-88쪽.

용』을 특별히 언급했는데, 이는 그가 『사서』, 『오경』 중에서 『중용』을 가장 중시했음을 알 수 있다. 앞서 얘기한 장오전(張五典)의 「문석서원시병서(文石書院詩並序)」에 "천하에 중용을 논해야 한다.(應從天下說中庸)"라는 구절이 있다.[76] 호건위가 문석서원에서 『중용』을 강의하는 것을 가장 좋아했다는 것을 알 수 있다. 이 조항에서도 효는 "부부와 자식 간의 화목을 이룬다.(和於妻子)"라고 하였다. 여기서 '부부유별' 외에 부부사이의 화목을 제시하였을 뿐만 아니라, 이는 대만서원 학규 중 유일하게 부부의 륜을 언급한 것이다.

제2조 '뜻을 바르게 한다(端志向)', 제3조 '이와 욕을 분별하다(辨理欲)'와 제4조 '몸소 행함에 힘쓴다(勵躬行)' 등은 모두 송대 유학자의 기본 교리에 속한다. 그 중에 호오봉(胡五峰)의 "천리와 인욕은 똑같이 행해지지만 정황이 다르다.(天理人欲, 同行異情)"는 설도 포함되어 있음을 주목할 필요가 있다. 제5조 '스승과 벗을 존중한다(尊師友)'는 오륜 외에 스승과 제자의 륜을 더하여 각라사명(覺羅四明)의 교칙과 같다. 가장 주목할 만한 것은 호건위의 친구의 륜에 대한 것은 이미 '붕우유신'의 단순한 윤리의 한계를 초월하여 서로 좋아하고, 취향이 서로 맞는 미학적인 의미를 갖고 친구 관계로 나아간다. 만약 단순 윤리적인 친구 관계를 '진선(盡善)'이라 한다면, 미학적인 친구관계는 '진선진미(盡善盡美)'하다고 할 수 있다.[77] 호건위는 '사람이 군신, 부자, 부부, 형제간에 말 못할 사정이나 해명할 수 없는 사정이 있어

---

76) 胡建偉, 『澎湖紀略』, 285쪽.

77) 초(楚)문화 중에 백아(伯牙)와 종자기(鍾子期)의 '지음(知音)' 고사는 이미 공자 학파가 '朋友之信'만 존중하는 부족함을 보완해 주었다. 이에 관해 다음을 참조하라. 陳昭瑛, 「性情中人: 試從楚文化論『郭店楚簡 · 性情篇』」, 郭店楚簡國際會議論文, 武漢大學主辦, 1999年. 陳昭瑛, 『儒家美學與經典詮釋』 (臺北: 臺大出版中心, 2005)에 수록됨.

서 원망이 쌓일 때, 훌륭한 친구 하나를 얻으면 그 친구가 날 위해 바로잡아주고, 날 위해 해결해준다.'라고 하였다. 즉, '친구'의 윤리에는 기타 사륜에서 할 수 없는 것이 있다는 것이다. 명대후기, 서원 교육의 성행으로 인해 유학계에는 '학문을 강의하는 것을 중시하고, 뜻을 같이하는 사람들을 중시하고, 스승과 친구를 중시하는 일종의 아주 독특한 정신'을 양성하게 되었다.[78] 명이 멸망하는 비극 속에서 스승을 따라 죽고, 벗을 따라 죽는 예는 흔한 일이었다. 그 예로 황도주(黃道周)가 순국하였을 때 그의 제자 뢰계근(賴繼謹), 채춘용(蔡春溶), 조사초(趙士超), 모옥결(毛玉潔) 등이 따라 죽었고,[79] 구식사(瞿式耜)가 계림을 지키다 죽었을 때 그의 벗인 장동창(張同敞)도 함께 죽었다.[80] 유학 발전 과정 중에 스승과 제자의 륜을 추가하는 것 및 친구의 윤리를 심화시키는 것은 모두 초기 오륜의 간단한 내용으로 포괄할 수 없는 것이었다. 그리고 이는 서원 교육의 보급과 관계가 있다. 한밤에 무릎을 맞대고 이야기를 나누거나, 같이 자면서 깨달음을 얻고, 함께 포부를 말하는 것은 아침저녁으로 함께 서원에서 공부하던 스승과 벗만이 할 수 있는 것이다. 이러한 '개인감정과 도의가 서로 결합하는 방식'을 일컬어 '성명지교(性命之交)'라 한다.[81] 호건위의 친구에 대한 깊은 이해에 이미 '성명지교'의 감정이 포함되었다.

제6조 '교과과정을 정하다(定課程)'은 정단례(程端禮)의『독서분년일정(讀書分年日程)』의 영향을 받은 것이 분명하다. 호건위는 서원 내의

78) 楊儒賓,「死生與義理 : 劉宗周與高攀龍的承諾」, 鍾彩鈞編,『劉蕺山學術思想論集』(臺北: 中央研究院中國文哲研究所, 1998), 528쪽.

79) 江日昇,『臺灣外紀』, 83쪽.

80) 江日昇,『臺灣外紀』, 120쪽.

81) 楊儒賓,「死生與義理: 劉宗周與高攀龍的承諾」, 526쪽.

모든 학생들에게 모두 각각의 공책 하나씩을 준비할 것을 요구했는데, 매일 읽은 것들을 기재할 뿐만 아니라, 심지어는 낮에 어떤 공부를 했고, 야간에 어떤 공부를 했는지 상세히 주를 달게 했다. 그리고 그는 잠깐 틈이 날 때 직접 서원에 오게 되면 '학습내용 외우기'를 시켰다. 장오전은 그를 "관리와 훈장을 겸하고 있다."라고 했다. 제7조 '경사를 읽는다(讀經史)'는 한편으로 과거 준비 때문에 만들었지만, 실은 건가(乾嘉)학풍의 영향을 받았기 때문이기도 했다. 하지만 학규의 모든 내용에는 건가학파에 대해서 한글자도 언급이 없었다. 단지 번거로움을 귀찮아하지 않고 경전과 역사서를 읽는 여러 가지 방법을 지도하였다. 예를 들어, 하루에 몇 글자를 읽는 지에 대해서도 정하였다. 제8조 '문체를 바르게 한다(正文體)'도 과거 준비와 관련이 있으며, 서두에는 비록 '문장은 도를 싣는 것이다(文所以載道)'라고 언급되어 있지만, 각라사명의 학규처럼 주자학의 입장을 견지하지 못했다. 제9조 '시간을 아낀다(惜光陰)'는 제6조 '교과과정을 정한다(定課程)'를 강화한 것이다. 모든 학생들에게 인생은 짧으니 공부하는데 힘쓰라고 노파심에서 거듭 충고하고 권고하였다. 제10조 '소송을 멀리한다(戒好訟)'의 내용은 매우 길어 여기에서는 인용하지 않았다. 그 배후사상은 유량벽(劉良璧)이 말한 '대만에 있는 해외의 완고한 풍격'과 비슷하다. 다만 호건위는 확실히 사랑하는 마음으로 대만사람들에게 함부로 소송을 제기하지 말라고 하였다. 특히 지식인들이 일반사람들을 대신해서 소송하고 법정을 드나드는 것을 하지 말고 '와비의 훈시(臥碑之訓)"를 지키라고 충고하였다. 소위 '와비(臥碑)의 훈시'는 순치 9년(1652) 조정이 각 성(省), 부(府), 주(州), 현(縣)의 유학 명륜당에 반포한 와비문이다. 전국적으로 통일한 중앙의 훈시로 볼 수 있다. 그 중에 다음과 같은 내용이 있다. " …… 군민의 모든 이익과 고통에 대해 생원은 상서진언(上書陳言) 해서는 안 된다. …… 생원은 사람을 모아 당파나 결사를 만들어 관청에 영향을 주고 고을의 사안을 제멋대로 결단하려고 해서는 안 된다."[82] 여기에 반영된 것은 이민족 통치의 위기감과 명말 유생들이 결사를 거점으로 청나라에 저항 활동을 한 역사적 교훈이다. 호건위는 주자학에 대해 깊이 신봉하는 것처럼 보이지만, 여전히 "와비의 훈시"를 잊지 않는 것은 주자학 자체에 보수 경향이 있다는 것으로 볼 수 있다. 다른 한 편으로 대만의 풍습은 소송을 좋아한다고 많은 대만 지방지에 기록이 되어 있어, 이 또한 호건위가 이 학규 조항을 만든 사회적 배경일 것이다.

호건위는 문석서원에 대해 확실히 신경을 많이 쓰고 애정을 많이 두었다. 그가 떠날 때 남긴 시를 통해서 이런 마음을 더 잘 알 수 있다. 「류별마명경장교(留別馬明經掌教)」의 다음 구절을 보자. "치사재(治事齋)[83]를 별도로 만든 법도를 잊지 말고, 경을 끝까지 다 읽으려면 매일매일 공을 드릴 것을 명심하라.(莫忘治事分齋法, 須記窮經按日功)"[84] 이는 그가 서원의 평소 교학에 대해 얼마나 마음을 놓지 못하는 지를 보여 준다. 「류별문석서원제생(留別文石書院諸生)」 중에 이런 구절이 있다. "학교 건물의 구조는 잊기 힘들고, 지팡이를 짚으며 때때로 책 읽는 소리 듣는다(學舍難忘結構深, 杖藜時聽讀書音)." 그가 문석서원의 교학성과에 대해 매우 만족했다는 것을 분명히 알 수 있다. "모든 학생이 끝이 시작과 같도록 노력하라. 문석 학생은 모두 눈부시게 뛰어

82) 劉良璧, 『重修臺灣府志』, 1쪽.

83) [역주] 송대 유학자 胡瑗이 서원에 "經義", "治事" 두 개의 齋(교실)을 나누어 가르친 고사를 인용한 것이다.

84) 林豪, 『澎湖廳志』, 472쪽.

난 국보이다(諸生勉矣終如始, 文石輝煌盡國琛)."[85] 이 구절은 모든 학생들이 노력에 게을리 하지 않고 큰 재목이 될 수 있도록 격려하는 것이다. 호건위 사후에 사람들은 '문석서원에 위패를 모시고 제사를 지내며 오래도록 그를 기리었다.'[86] 이후에 호공사(胡公祠)를 지어 문창사(文昌祠), 오현사(五賢祠)와 같이 1년에 두 차례 제사를 지내는 것 외에도 생일 제사도 지낸다.[87] 여기서 민중이 호선생의 덕행을 그리워하는 것을 볼 수 있을 뿐 만 아니라,[88] 문석서원의 교화의 깊은 성취도 역시 알 수 있다. 호건위의 품행도 후계자에게 전해졌는데, 그 뒤로 많은 행정장관들이 그가 "스스로 훈장노릇을 한다."는 것을 본받았다.[89] 그 학풍이 끊이지 않았기에 광서(光緒) 때 문석서원의 강석(講席) 임호(林豪)가 그의 뜻을 이어 「속의학약팔조(續擬學約八條)」를 편찬하였다. 임호(林豪)는 금문(金門) 사람으로 문석서원에 초빙되어 강의를 담당하고, 또 『팽호청지(澎湖廳志)』의 편찬을 담당하여 광서19년(1893) 즉 대만이 일본에게 넘어가기 2년 전에 완성하였는데, 이 책은 지금까지 가장 상세한 팽호의 지방지이다. 하지만 임호가 만든 학규는 의리(義理)방면에서는 호건위의 학규보다 깊지 못하다. 게다가 주자학에서 멀어지고 건가학파 쪽으로 기울러지는 입장을 보여 호건위가 서원을 세울 때의 초지에는 위배된 것이다. 한편으로 이것은 당시 건가학파의 지대한 영향력을 반영하기도 하였다. 「속의학약(續擬學約)」의 일부 내용은 아래와 같다.

---

85) 林豪, 『澎湖廳志』, 472쪽.
86) 林豪, 『澎湖廳志』, 108쪽.
87) 林豪, 『澎湖廳志』, 64쪽.
88) 林豪, 『澎湖廳志』, 108쪽.
89) 林豪, 『澎湖廳志』, 303쪽.

1. 경의(經義)에 밝지 않으면 안 된다.

군자가 경학을 깊이 연구하는 것은 장차 응용하기 위한 것이다. …… 경학을 연구하는 자는 반드시 먼저 「주소(註疏)」를 읽어야 한다. 경의 내용을 자세히 이해하고 하나로 정설로 귀납해야 한다. 만약 과거시험에서 경전해석을 치르면 여러 가지 학설은 참고로 삼고 황제의 명에 의해 편찬된 판본과 주자의 해석을 핵심으로 삼는다. 주자의 주해를 숭상해야 하지만 분별하여 봐야 한다. 예를 들어 『주역』은 한학(漢學)을 공부하는 것이 좋다. 특히 『우씨의(虞氏義)』는 우리 청대의 혜정우(惠定宇), 장고문(張皐文) 등이 해석한 것으로 한(漢)대의 『역』을 배우는데 입문 책이다. …… 또 예를 들어 『모시소서(毛詩小序)』도 소홀히 하면 안 된다. 만약에 여러 가지 해석을 모아 자기 혼자만의 학설을 내 세운다면 또 하나의 해석으로 여길 수 있다. 대체로 『육경주소』는 황제의 명을 통해 절충하여 편찬했으니 이미 완비하다고 볼 수 있다. 그러나 성현의 도리는 끝이 없는 것이다. 근세 강신수(江愼修)의 『향당도고(鄕黨圖考)』와 염백시(閻百詩)의 『사서석지(四書釋地)』는 모두 전문가라 할 수 있고 선현의 미비한 점을 채워 놓았다. 학자는 모여서 소통하면 되는 것이다.

2. 사학(史學)에 능통하지 않으면 안 된다.

역사의 공부에는 세 종류가 있는데 첫째는 정사(正史)이다. 예를 들어 사마천와 반고(班固)가 쓴 책이 그것이다. 둘째는 편년(編年)인데, 예컨대 『통감강목(通鑑綱目)』이 그런 것이다. 또 하나는 기사(紀事)인데, 곡응태(谷應泰)의 『명사기사본말(明史紀事本末)』이 그런 책이다. 그 외의 『삼통(三通)』, 『지지(地誌)』와 같은 책은 모두 사학의 지류(支流)이며 대강 읽으면 된다. 사서(史書)는 워낙 양이 많아서 모두 다 읽기가 힘들다. 따라서 역사를 연구하는 자는 주자의 『강목(綱目)』부터 시작해야 한다.

3. 문선을 읽지 않으면 안 된다.
『소명문선(昭明文選)』은 고전을 총괄한 책이며 사부(詞賦)의 입문서이다. ……

4. 성리학을 가르치지 않으면 안 된다.
우리 청대 유신들이 편찬한 『성리경의(性理經義)』는 송나라 선현 오자(五子: 濂溪周子, 明道程子, 伊川程子, 橫渠張子, 考亭朱子)의 학문을 포괄하여 편찬한 것이다. 「통서(通書)」, 「서명(西銘)」 및 「태극도설(太極圖說)」과 같은 책은 그 뜻이 깊고 모두 성리학의 정수이다. 그러나 상향(湘鄕)의 충절공(忠節公) 나택남(羅澤南)은 주자(周子)의 주정(主靜) 학설을 따르며 병법으로 전개 시켜서 생애에 혁혁한 전공을 세웠다.

5. 제의(制義, 과거의 과목)에 근본이 없으면 안 된다.
…… (과거시험 때) 전고(典故)에 관한 문제를 해답할 때 경전을 인용하되 문장과 잘 융합하는 것이 좋다. 의리(義理)의 문제를 해답할 때 주자의 주석을 의지하되 변론의 논리가 정연하는 것이 좋다. 선유(先儒)는 "문으로써 도를 싣는다(文以載道)"라고 말했다. 또 "시문(時文, 당대의 문장)은 성현을 대신하여 말을 세운다."라고 하였다. 이 말들로 감히 당대의 유능한 학자를 구속하지 못하겠지만 어찌 실학을 추구하는데 힘을 쓰고 높은 단계의 방법을 취

하지 않을 수 있겠는가?

6. 시첩(試帖)에 방법이 없으면 안 된다.
건륭 22년부터 과거 문과 시험에서 시첩시(試帖詩) 한 수를 쓰도록 하기 시작했다. 배비(排比)와 성운(聲韻)에 대해 그 규칙이 아주 엄격하다.

7. 서예를 연습하지 않으면 안 된다.
시험장에서 글을 잘 쓰는 것은 머리를 빗고 잘 정리하는 사람과 같다. 같은 자질이더라도 머리가 조금 더 정리된 사람이 시선을 끌 수 있다. ……

8. 예법을 지키지 않으면 안 된다.
호건위선생이 말하는 소위 인륜을 명확히 알고, 뜻을 돈독히 세우고, 천리와 인욕에 대해 변별하고, 스승과 벗을 존경하고, 몸소 실천하고 소송을 하지 않는 것은 모두 예법에서 규정하는 것이니 함부로 넘어서는 안 되는 것이다. 반드시 처자처럼 몸을 잘 지켜야 소인배로 전락하지 않을 수 있다. 어찌 신중하지 않을 수 있는가?[90)]

임호의 「학약(學約)」에는 간혹 주자나 송대 유학자를 언급하긴 했지만, 사실상 전편의 취지는 주자학에 위배된다. 「백록동서원학규」와 호건위의 「학약」 가장 중요한 정신적 핵심인 오륜이 임호의 학약에는 마지막 부분에야 나온다. 호건위가 맨 앞의 다섯 조항으로 상

90) 林豪, 『澎湖廳志』, 120-124쪽.

세히 논술한 '인륜을 중시한다(重人倫)', '뜻을 바르게 한다(端志向)', '이와 욕을 분별한다(辨理欲)', '몸소 실행한다(躬勵行)', '스승과 벗을 존경한다(尊師友)' 등 내용을 임호는 모두 축약해서 마지막 조항에 넣어 간단히 언급하였다. 호건위가 "마지못해 어쩔 수 없이 넣는다"는 태도로 간단히 언급했던 과거시험 준비에 대해 임호는 대대적으로 강조하였으며, 심지어 송대 학자의 유학 사상도 병법에 억지로 갖다 맞췄고, 서예 역시 시험장에서 답안지를 쓸 때 시선을 끄는데 도움이 된다고 하였다. 시험과목인 '제의(制義)', '시첩(試帖)' 두 항목이 각각 학규의 한 조항이 되었다. 특히 더 심한 것은 첫 조항의 '경의에 밝지 않으면 안 된다'의 내용을 보면, 주자학을 억압하고 건가학파를 표창하는 경향이 보였다. "주자의 주해를 숭상하지만 분별해서 봐야한다"는 얘기는 바로 더 이상 주자의 주해를 숭상하지 않겠다는 것을 나타낸다. 『주역』은 한학(漢學)을 공부하라는 얘기는 송학(宋學)은 이미 시대에 뒤떨어졌다는 뜻을 나타낸다. 이밖에 혜동(惠棟, 定宇), 장혜언(張惠言, 皐文)을 찬양하고, 강영(江永, 愼修), 염약거(閻若璩, 百詩)를 추종한 것은 모두 전통서원 학규의 이목을 새롭게 했으며, 심지어 이러한 '전문명가'를 '선현의 부족한 점을 보충하기에 충분하다'라고 말하고 있다. 임호는 여기에 이르러 마음이 편치 않아서인지, 이 조항의 가장 마지막에 '학자들은 모여서 소통하면 된다'라고 말하였다. 모여서 한송(漢宋)을 소통하자는 것은 이전의 학문을 버리지 않겠다는 뜻을 나타내지만, 모여서 어떻게 소통하는지 그 방식과 의제에 대해서는 한마디로 말하지 않았다. 총괄해 보면, 이 학약은 주자학의 쇠퇴와 건가학파의 성행을 반영하고 있다. 미묘한 것은 작디작은 팽호(澎湖)는 대만의 변두리, 즉 변두리의 변두리인데 이곳의 유일한 서원에는 뜻밖에도 두 편의 학규가 남아있었고, 그 내용은 청대 사상사 발전의 궤적을 구체적으로 보여주고 있다.

6. 대학규와 소학규를 겸비한 『백사서원학규(白沙書院學規)』

창화현(彰化縣)은 건가(乾嘉), 도광(道光)년간에 잇달아 중요한 서원 3곳, 즉 백사(白沙)서원, 주정(主靜)서원, 문개(文開)서원이 세워졌다. 문개서원의 설립은 청나라 중엽에 명정(明鄭)문화를 재평가하는 이정표로 평가되었다.[91] 주정서원은 소형 의학(義學, 사립학교)으로 지현(知縣) 양계삼(楊桂森)이 가경(嘉慶) 16년(1811)에 설립하여 '주정(主靜)'이라 이름 지었는데, 이는 주자학의 영향을 받았음을 보여주는 것이다. 백사서원은 규모가 비교적 큰 서원이다. '백사'란 이름은 진백사(陳白沙, 명대 유학자)와는 무관하고, 창화에 '백사갱산(白沙坑山)'이라는 산이 있기 때문이다. 그 산은 "산봉우리들이 유난히 빼어나 그 아름다움을 필적할 만 한 것이 없다.(峰巒特秀, 奇麗莫四)"고 하였다. 그 중 호산(虎山)과 암산(巖山)의 대나무 숲은 경치가 아름다워 '호암청죽(虎巖聽竹)'이라고 불리며 창화 팔경(八景) 중에 하나이다. 서원을 '백사'라 이름 지은 것은 '백사 산천의 빼어난 경치가 읍치(邑治)를 멀리서 껴안는 모습이 인재가 많이 나오는 기상'이기 때문이다.[92] 백사서원은 건륭 10년(1745)에 당시 담수(淡水) 동지(同知) 겸 창화(彰化) 지현(知縣)인 증왈영(曾曰瑛)이 세웠다. 증왈영은 강서 남창(南昌) 사람이다. 그는 창화가

91) 문개서원 창설의 의의와 관련해서는 陳昭瑛, 「儒學在臺灣的移植與發展: 從明鄭至日據時代」, 『臺灣儒學: 起源, 發展與轉化』, 22-24쪽 참조.

92) 周璽, 『彰化縣志』, 11쪽.

건립된 지 20여 년 동안 서원이 없어 인재를 배출하지 못하게 될까 봐 우려해서 녹봉을 기부하여 문묘(공자묘) 서쪽에 서원을 건설하였다. 서원이 준공하자 증왈영은 직접 규정를 만들고 소작료를 선생의 봉급과 학생의 등불값 등으로 지급해줬다. 백사란 이름은 창화 산천의 수려함을 꼽힐 때 백사가 으뜸이니 이를 따서 지은 것이다. 서원이 준공될 때, 증왈영은 시를 지어 학생들에게 마음을 전해주었는데 그의 은덕을 지금까지 잊혀 지지 않았다. 증왈영이 나중에 대만지부(知府)로 승진하고 정치 공적에 대한 평판이 뛰어났으며, 가는 곳마다 모두 인재 육성하는데 힘을 썼다. 창화의 문화와 교육이 홍성하였는데, 그 시작이 여기에 있다.[93] 백사서원의 설립배경은 문석서원과 비슷한 점이 있다. 즉, 모두 최고 행정 관리가 봉급을 기부하여 지어졌으며, 관학(官學)과 사학(私學)의 색채를 겸하고 있다. 또한 창립자가 직접 조례(학규)를 만들어 모두 '정부 관리가 훈장을 겸임'하는 상황이었다. 백사서원은 건륭 24년(1759) 지현(知縣) 장세진(張世珍)에 의해 재건하였고, 가경(嘉慶) 21년(1816)에는 오성성(吳性誠)이 다시 재건하여 그 규모가 날로 커졌다.[94]

증왈영의 학규는 이미 볼 수가 없으며, 현존하는『창화현지(彰化縣志)』에 수록된 학규는 가경 15년(1810) 지현(知縣)인 양계삼(楊桂森)이 제정한 것이다. 백사서원은 몇 차례 재건되었기 때문에 학규 역시 최소 두 차례 정도 정정되었을 것이다. 백사서원이 현지 문화 교육계에서의 영향력을 알 수 있다. 양계삼은 운남 석병(石屛)사람이다. 그는 학규 외에도 중요한 시문 몇 편을 남겼다. 예를 들어「락경루기사

93) 周璽,『彰化縣志』, 101쪽.

94) 백사서원 재건 기록은 周璽,『彰化縣志』, 143쪽 참조.

(樂耕樓記事)」 4수는 스승과 제자가 함께 공부하는 기쁨을 기록하였고, 「홍조등협취빈랑(紅潮登頰醉檳榔)」은 대만의 풍물인 빈랑(檳榔)의 맛에 대해 썼으며, 「니로행(泥路行)」은 대만의 잦은 비바람 때문에 진흙탕 길을 힘들게 걸어야 하는 마부(수레꾼)들의 어려운 상황에 대해 동정을 표하는 작품이다. 그가 남긴 가장 중요한 글은 「제성묘례악기기(制聖廟禮樂器記)」, 「건명륜당기(建明倫堂記)」, 「간문창제군효경서(刊文昌帝君孝經序)」이다. 이러한 시문과 학규에서 우리는 양계삼의 사상이 일관성을 가지고 있다는 것을 알 수 있다.

「백사서원학규」는 약 2000자가 되는데, 아래는 그 일부 내용이다.

1. 독서는 실천을 우선으로 한다. 성현들의 수많은 말들은 부모에 효도하고 윗사람을 존경하라고 가르친다. 부모는 나의 근본이고, 형제는 나의 수족이다. 무릇 부모에 효도하고 형제간의 우애 관련 책을 읽으면 장차 이 효제(孝悌)에 관한 일들을 자신에게 적용해야 한다. 옛사람들은 어떻게 효도와 우애를 지켰는지 나도 따라서 실행한다. 처음은 마지못해 하지만 점차 익히면 자연스럽게 천리와 조화롭게 되고, 자신도 성현의 지위가 될 것이다. 소위 사람들은 모두 요순이 될 수 있다는 것이다. ……

2. 독서는 품격을 세우는 것(立品)을 중시한다. 품격을 세우는 데에는 의리(義利)를 엄격히 분별하는 것처럼 중요한 것도 없다. 백이(伯夷), 숙제(叔齊)를 생각해보면, 어떻게 오랫동안 이름을 남길 수 있을까? 단지 의리를 분명히 분별하고 죽어도 바꿀 수 없는 그 절개로 오늘까지 전해진다. 맹자의 계명이기(鷄鳴而起) 장을 읽

을 때는 요(堯)임금과 도척(盜蹠)의 차이를 생각해야 한다. 재물을 다투고 이익을 탐하는 마음이 일어나면 도척이 되고, 절개와 명예를 중시하고 일념이 들면 곧 성현이다. ……

3. 독서는 다른 사람을 이루게 해야 한다. 독서를 하는 사람은 자기의 일만 챙기지 않는다. 예로, 나는 부모에 효도하고 형제간의 우애를 지킬 수 있는데 책을 읽지 않는 사람들은 효도와 우애를 알지 못하면 내가 가서 권유해야 한다. 그 사람이 부모에 효도하면 칭찬해 줘야하고, 그가 부모를 거역하면 완곡하게 타일러야 한다. 재물을 좋아하고 이익을 다투는 사람을 보면 성현의 도리로 이해시켜야 한다.

4. 팔비문(八比文)을 읽는다.

5. 부(賦)를 읽는다.

6. 시(詩)를 읽는다.

7. 팔고문 전편(全篇) 이상 짓는 자의 학규:
등을 켰을 때, 명가의 새 문장 반 편, 옛 문장 한 편, 한문 10행, 율부(律賦)의 운(韻) 2편, 배율시(排律詩) 한 수를 읽는다. 낭독이 끝나면 다시 다음날 아침에 암송해야 할 사서(四書)와 경서를 외운다. 일정기록부에 적은 후 비로소 취침한다. …… 붓글씨 연습 후 사서 2장 약 20행, 경서 약 20행을 본다. 의문점이 있으면 선생께 물어본다. …… 홀수 날에는 강의를 하고, 짝수 날에는 문장을 쓴다. 이 방법은 효과가 있다. 읽은 경서는 반드시 권수는 많이 나누고, 매번 읽는 편수는 적게 한다. 행수도 적게 읽는다. 예로, 시경은 다섯 권으로 나눠 읽고, 각권을 매일 3~4줄씩 읽으면 된다.

8. 기강(起講, 팔비문의 한 단계) 혹은 반편(半篇)을 짓는 자의 학규:
하루 종일의 학규 및 홀수 날에 책을 읽고, 짝수 날에 글을 짓는 것은 전편을 쓰는 자의 학규와 같다.

9. 6~7세 작문을 배우지 않는 자의 학규:
우선 "제자직(弟子職)"을 읽도록 가르친다. 예를 들면 청소하고, 상대하고, 다가서거나 물러서고, 일어서거나 앉을 때의 예절을 알게 한다. 책을 읽을 때 반드시 앞 3일 읽는 부분까지 같이 읽게 해야 한다. 권수를 많이 나눠야한다. 한권은 20편을 넘지 않도록 한다. 각 권을 매일 다섯줄씩 읽으면 한 부의 경서는 한 달 안팎으로 다 읽을 수 있다. 이렇게 하면 쉽게 익숙해진다. 소제목은 반드시 읽으면서 수시로 설명해줘야 한다. 붓글씨를 연습할 때 우선 1촌(寸) 이상의 큰 글씨를 연습한다. 사서를 읽을 때 상세한 주석과 같이 읽어야 한다.[95]

앞에 3조항은 학습의 근본을 얘기하는 것으로, 이는 양계삼이 특히 신경을 쓴 부분이다. 제1조에서 논한 '실천(力行)'은 효제를 근본으로 하고 성현을 출발점과 귀착점으로 삼지만 군신(君臣)의 의(義)에 대해서는 한마디 언급도 없었다. 마지막에 효제의 실천은 "성현

95) 이 학규는 周璽, 『彰化縣志』, 143-146쪽에 수록됨.

의 가르침의 핵심"이라고 강조하였다. 비록 「백록동서원학규」의 오류에 미치지 못하지만 가장 큰 근본은 잃지 않았다. '실천(力行)'은 원래 주자사상의 근본이다. 주자는 「논지행(論知行)」에서 다음과 같이 말한다. "성현이 안다고 얘기할 때 바로 실행을 의미한다(聖賢說是知, 便是行)", "앎과 실천과 공부는 치우쳐서는 안 된다(致知, 力行, 用功不可偏)."96) 양계삼이 주자를 충실히 따르고 있음을 알 수 있다. 제2조 '독서는 품격을 세워야 한다'에서는 '의리의 분별(義利之辨)'을 전문적으로 논하였고, 심지어는 백이, 숙제와 같은 새 정권에 복종하지 않는 '완민(頑民)'을 "의리를 분명히 분별하고 죽어도 바꿀 수 없는 그 절개로 오늘까지 전해져 왔다."라고 찬양하였다. 청나라의 관리로서 감히 이 같은 말을 할 수 있는 것은 진정한 유학자의 본모습이라 할 수 있다. 제3조 '독서는 다른 사람을 이루게 해야 한다'는 양계삼이 공자의 "내가 일어서고 싶으면, 남도 일어서게 해주고, 내가 이루고 싶다면 남도 이루게 한다." 및 「중용」의 "나의 이룸과 다른 만물의 이룸은 맞물려있다(成己成物)"는 사상을 발양한 것으로 볼 수 있다. 양계삼은 이 앞3조에서 논한 것은 호건위 학규의 앞5조와 맞먹는다. 하지만 더 간결하여 몇 마디로 정곡을 찌른다. 주목할 점은 이 3조는 백화문으로 쓰여 졌다. 문장은 알기 쉽고, 도리는 간결하게 설명하여 양계삼의 학규 보급에 대한 관심을 알 수 있다.

제4조 '팔비문을 읽다', 제5조 '부를 읽다', 제6조 '시를 읽다'는 그 내용이 많지 않고, 비록 그 목적은 과거시험에 있어 시문(詩文)의 중요성을 일깨워 주는데 있지만, 과거에 대한 직접적인 언급은 한 마디도 없었다. 제7조 '전편(全篇) 이상 짓는 자의 학규', 제8조 '기강(起講)

96) 黎靖德, 朱子語類, 卷9, 學三, 論知行.

혹은 반편(半篇)을 짓는 자의 학규', 제9조 '6~7세 작문을 배우지 않는 자의 학규'는 사실 세편의 학규로 구분해서 볼 수 있다. 만약 학규를 '대학규'와 '소학규' 두 종류로 구분한다면, 앞 3조항은 '대학규'로 볼 수 있고 뒤 3조항은 '소학규'로 볼 수 있다. 대, 소학규는 취지, 내용, 방법 등 면에서 모두 다르다. 주자는 이미 이 점을 고려하였고, 장백행의 『학규류편』과 『양정류편』의 구분도 역시 대, 소학규로 구분하였다.

주자는 일찍이 '대학'과 '소학'의 다름을 논할 때, 소학은 일(事)을 배우고, 대학은 이치(理)를 배운다고 하였다. 그는 "옛사람들은 어릴 때 '소학'에 들어가면 일(事)을 가르치는데, 즉 예악사어서수(禮樂射御書數)와 효제충신(孝悌忠信)의 일이다. 16~17세에 '대학'에 들어간 후에는 이치(理)를 가르치는데, 격물치지(格物致知)와 효제충신을 할 수 있는 이치를 배우는 것이다", "소학은 그 일을 알게 하는 것이고, 대학은 그 왜 그런가의 이치를 궁극적으로 탐구하는 것이다", "소학에서는 일을 배우고, 대학에서는 소학에서 배운 일이 왜 그러한가를 배우는 것이다."라고 하였다.[97] 주자는 『대학장구』의 서문에서 "『대학』이란 책은 옛날의 '대학'에서 사람을 가르치는 법도이다."라고 하고, 삼대(三代)부터 학교(혹은 배움)에는 이미 대, 소의 구분이 있다고 지적한다. "태어나서 8세가 되면 왕과 귀족부터 서민의 자제까지 모두 소학에 들어가 쇄소응대진퇴(灑掃應對進退)의 예절과 예악사어서수(禮樂射御書數)의 과목을 배운다. 15세가 되면 천자의 원자(元子, 적장자)와 기타 아들, 공(公), 경(卿), 사대부의 적자(嫡子), 평민의 준수한 자제는 모두 대학에 들어가 궁리(窮理), 정심(正心), 수신(修身), 치인(治人)의 도

97) 黎靖德, 朱子語類, 卷7, 學一, 小學.

리를 배웠다. 이것이 학교의 가르침과 대소의 절도의 구분이다."[98]

주자의 재전제자(제자의 제자)인 요로(饒魯)도 「정동이선생학칙」의 발문(跋文)에서 다음과 같이 말하였다. "「백록동학규」는 주선생(주자)께서 성현들의 훈계를 모아 만드는 것이다. 고을의 선생인 정(程), 동(董) 두 선생님의 학규도 많이 참고하였다. 오늘날 이 두 학규를 함께 게시한다. 한편으로는 학문의 강목을 제시하여 어떻게 힘써 공부하는지를 알려주고, 한편으로는 공동생활의 일상 예의를 정하여 보고 지킬 수 있게 하는 것이다. 이것이 바로 대, 소학의 전해 내려온 법규이다. 학생들은 이것을 지킨다면 절차에 맞게 순서대로 일을 처리할 수 있고, 안팎으로 교양을 쌓을 수 있으며, 이렇게 해야 공부하는 기본을 갖추게 되는 것이다."[99] 이 말을 보면 주자의 대, 소학의 구별을 잘 설명하였을 뿐만 아니라, 「백록동서원학규」와 「정동이선생학칙」을 각각 대학규과 소학규의 모범으로 삼았다는 것을 알 수 있다.

위에서 얘기한 대, 소학규의 구분을 보면 양계삼의 학규에 대학규와 소학규가 포함되어 있음을 알 수 있다. 대학규는 학문의 근본을 논하고, 소학규는 학문의 부차적인 면, 즉 책을 읽고 문장을 짓는 절차 방법을 얘기하고 있다. 소학규는 다시 3종류의 학생을 위해 나누어 졌는데, 그 방법의 세밀함과 절차의 번거로움은 호건위의 학규에 못지않다. 그리고 그 내용에는 여전히 정단례의 「독서분년일정」의 영향을 받았음을 알 수 있다.

대학규의 측면을 보면, 양계삼이 가장 중요시하는 것은 '효제'이

98) 朱熹, 『四書章句集注』 (北京: 中華書局, 1983), 1쪽.

99) 張伯行, 『學規類編』, 卷1, 「程董 二先生 學則」, 跋語.

다. 그의 다른 문장에서도 일관된 주장을 펼쳤다. 예를 들면, 그는 「제성묘예악기기(制聖廟禮樂器記)」에서 이렇게 말했다. "예악을 배우고 싶으면 예악의 참된 의미를 알아야 한다. 공자를 존경한다면 공자의 참된 공부를 알아야 한다. 참된 공부는 무엇인가? 효제이다. 참된 의미는 무엇인가? 경화(敬和)이다. 효도할 수 있고, 순종할 수 있고, 공경할 수 있고, 화목할 수 있어야만 창화(彰化)지방 사람들이 모두 평화롭고 안녕할 수 있다."[100] 「간문창제군효경서(刊文昌帝君孝經序)」에서 문창제군(文昌帝君) 신앙의 미신적인 색채를 없애고 유학화를 하기 위해서 그는 이렇게 말했다.[101] "사람이 살면서 가장 중요 한 것은 효이다. 따라서 가르칠 교(敎)자의 왼쪽은 효(孝)자다. 즉 가르침은 효를 가르친다는 뜻이다. 효는 모든 덕행의 근원이고 오륜의 으뜸이다. 이것은 지켜야 사람이라 할 수 있고, 이것을 어기면 짐승이 된다. (맹자가 얘기한)소위 사람과 짐승의 미세한 차이가 바로 이것이다. …… 오순원(吳尋源)과 양비열(楊丕烈) 두 선생이 문창제군의 효경을 간행한 것은 공자의 경전 외에 별도의 가르침이 있다는 것이 아니라 문창제군의 효경이 공자의 가르침을 더 부연하여 독자가 더 쉽게 이해할 수 있다는 것을 알고 있기 때문이다."[102]

효는 사람과 짐승을 구분하는 근본적인 것이라는 말을 보면, 양계삼이 효에 대해 매우 중요시하는 것을 알 수 있다. 또 그가 문창제군

---

100) 이 글은 周璽, 『彰化縣志』, 449-450쪽에 수록됨.

101) 문창신앙을 儒學化하고 文昌閣의 제사공간을 다시 꾸미거나 제사기능을 없애는 것이 청대 많은 대만 유학자가 문창신앙과 조우했을 때 채택하는 대응방법이다라는 것은 陳昭瑛, 『臺灣儒學: 起源, 發展與轉化』에 수록된 「臺灣的文昌帝君信仰與儒家道統意識」 참조.

102) 이 글은 周璽, 『彰化縣志』, 419-421쪽에 수록됨.

의 효경에 "공자의 경전 외의 별도의 가르침이 있는 것이 아니다."라고 말한 것은 문창 신앙의 정통성을 인정하지 않는 입장을 보여주는 것이다. 다만, 그 효경의 문구가 쉬워 독자들이 쉽게 이해할 수 있기 때문에 효도를 널리 홍보하는 공이 있다고 보는 것이다.

다른 한편, 양계삼이 대학규에서 백화문을 사용하고, 소학규의 세부항목을 중시한 것은 그의 평민적인 태도와 관련이 있다. 그의 시 「니로행(泥路行)」[103]은 나이든 수레꾼에 대한 동정심을 나타냈다. 그의 「홍조등협취빈랑(紅潮登頰醉檳榔)」[104]시에서 삥낭을 먹는 느낌을 "입안에서 주옥같은 술이 녹는 듯하다(牙慧開將玉液融)", "얼굴이 굳은 이들도 (이것을 먹으면) 봄바람을 맞은 표정이다(眞教鐵面亦春風)", "차 없이 갈증이 해소되고, 술 없이도 취한 것 같다(渴解未容茶社解，醉鄉不藉酒兵攻)"라고 묘사하였다. 빈랑의 묘한 맛이 차와 술을 뛰어 넘는 다고 하였는데 이것은 직접 맛을 보지 않았다면 어떻게 알 수 있겠는가? 양계삼이 일반 백성들과 같이 빈랑을 먹었다는 것을 짐작할 수 있다.

칠언율시 「락경루기사(樂耕樓記事)」 4수를 보아도 양계삼의 유학자다운 마음을 이해할 수 있다. 예를 들면 그 첫 번째 시의 "오백년 동안 명사들이 8천리 밖에서 백성을 보살핀다(五百年來有名士, 八千里外撫蒼生)" 구절은 산 넘고 물 건너 대만에 와서 교화하는 것이 쉽지 않다는 심정을 썼으며, 두 번째 시의 "두 학교에서 인재를 만드니 자주 참관하러 오고, 세 글자로 루의 이름을 지어 후생에 서두른다.(兩膠造士頻觀學, 三字題樓急厚生, 세 글자란 '樂耕樓'로 이름 지었다는 것을 지칭함)"와 네 번

103) 周璽, 『彰化縣志』, 478쪽.

104) 周璽, 『彰化縣志』, 479-480쪽.

째 시의 "전에는 부를 지어 신선과 함께 짝이 되었고, 망루에 오른 이 날은 모든 학생과 동무가 된다.(作賦昔年共仙侶, 登樓此日伴諸生)"라는 구절은 스승과 제자가 같이 배우는 기쁨을 신선과 짝이 되는 것에 비유해서 쓴 것이다. 세 번째 시의 "예절로 경작을 한 것처럼 풍속이 순박하고, 음악소리가 들려 무성을 연상하게 한다(俗醇共羨禮爲耕, 聲有弦歌媲武城"[105]의 구절은 창화현을 다스리는 이상에 대해 썼다. '예경(禮耕)'은 「예기(禮記)」에서 나온 얘기이고, '현가(弦歌)'와 '무성(武城)'은 옛날 공자가 무성에 갔을 때 음악 소리가 들리니 교화가 잘되었다고 칭찬한 전고를 인용한 것이다. 그의 친구 황청태(黃淸泰)는 시 「송읍령양용초선생귀양(送邑令楊蓉初先生歸養)」에서 "참된 유학자라고 믿고 있으니 참된 면이 있으리(信是眞儒自有眞)", "정치판에서 교유하다 옛사람 같은 분을 만나네(宦海論交遇古人)"라고 하였는데 양계삼의 마음을 잘 아는 지기라고 할 수 있다.[106]

양계삼이 남긴 작품에서 그의 사상과 인격의 일치성이 있음을 알 수 있다. 학규는 일종의 공문 성격의 문장인데, 명(銘), 잠(箴)과 같은 성격도 있지만 응용의 측면을 보면 훈령과 같은 기능이 있다. 그러나 학규가 한 참된 유학자로부터 나왔다면 유학적 정신이 불가피하게 그 속에 포함하게 된다. 그러므로 학규는 대, 소의 구분이 있을 뿐만 아니라, 진실과 허망의 구분도 있다.

105) 周璽, 『彰化縣志』, 480쪽.

106) 周璽, 『彰化縣志』, 482쪽.

7. 항춘현(恒春縣) 숙규(塾規)와 원주민 사회

정부가 원주민 사회에 관학을 설립한 것은 명정(明鄭)때 부터이다. 진영화(陳永華)는 정경(鄭經)에게 요청하여 공묘와 명륜당을 세운 후에 각 사(社, 원주민 부락)에 학교를 세우고 선생님을 모셔서 자제들에게 공부를 시키도록 했다. 그 때가 영력(永曆) 20년(1666)이었다.[107] 청나라가 대만을 통치한 시간은 훨씬 길어서, 원주민에 대한 유학 교육은 더욱 심화되고 넓게 보급되었다. 앞선 제3절에서 장백행(張伯行)에 대해 논한 부분에서 한 자료를 인용했는데, 강희 48년(1709)에 장백행이 대만 지현 장굉(張宏) 에게 사학(社學) 16개소를 건설하라고 지시했다는 것이다. 이는 장백행이 대만 원주민 유학 교육과 연원이 깊은 것을 보여준다. 호건위도 원주민 교육을 중요시했는데, 그는『팽호기략(澎湖紀略)·문사기(文事紀)』의「사학(社學)」부분에서 "발가벗은 원주민 부락도 사학이 설치되지 않은 곳이 없다", "따라서 팽호의 13개 포구마을에 모두 서당이 있어 철부지 아이들을 교육했다. 큰 포구는 3~5곳이 있고, 작은 포구도 2~3곳이 있었다. 더 이상 옛날 같은 미개한 곳이 아니다."[108]라고 말하였다. 사학을 중요시 한 까닭은 "사학은 비록 작지만, 실로 대학의 근원으로 처음 시작할 때 차질이 생기면 후에 만회하기가 어려워 신중을 기하지 않을 수가 없다."는데 있다.[109] 그러므로 호건위는 매번 각 포구를 순시할 때마다 반드시 직접 사학에 가서 지도했다.

---

107) 江日昇,『臺灣外紀』, 236쪽.

108) 胡建偉,『澎湖紀略』, 89쪽.

109) 胡建偉,『澎湖紀略』, 89쪽.

원주민에게 한족과 똑같은 교육을 실시하기 위해, 일부 학자들은 독특한 원주민 담론을 개발하여 한족이 아닌 이민족에게 유학 교화를 진행하는 이론적 기초로 삼았다. 그 중에 물론 한족과 차별을 두지 않겠다는 평등의 마음과 간곡하게 타이르는 좋은 뜻이 포함되어 있다. 하지만 이 학자들은 일종의 시대적 한계 때문에 한(漢)문화나 유교문화와 상이한 이(異)문화가 갖고 있는 특성도 보존할 가치가 있다는 데까지 생각이 미치지 못했다.[110)]

대만에 가보지 못한 강일승은 강희 년간 저서 『대만외기(臺灣外紀)』에서 문학적 상상력과 당시 문헌을 근거로 대만 원주민을 "삼대 이전의 백성"으로 비유하였다. 생산기술의 낙후에 대해 "사람의 수를 헤아려 농사를 지으니, 풍요로움을 탐하지 않는다."라고 미화했고, 거주 환경의 초라함에 대해 "천으로 장막을 만들어 살며 화려함을 부러워하지 않는다."라고 미화했다.[111)] 도광 년간에 문개서원을 창건한 등전안(鄧傳安)은 더욱 완벽한 논술을 개발하였다. 그의 「번속근고설(番俗近古說)」이란 글은 천여자이다. 여기서 그는 경전을 인용하여 대만 원주민이 바로 고전에서 묘사한 상고시대의 백성임을 증명하고, 아울러 다음과 같은 결론을 도출하였다.

> 옛날부터 질(質, 소박한 본질)과 문(文, 문명제도)은 증감하며 변화해 왔는데, 시간이 지나면서 문(文)이 점점 더 많아지고. 질(質)은 점차 줄어든다. 어떻게 소실되고 불완전한 고서에서 고대의 정신

110) 원주민의 이문화의 가치를 존중하는 학자가 없는 것은 아니다. 다만 그들은 여전히 원주민을 유학화하는 것이 최종 목적이다. 陳昭瑛의 『臺灣文學與本土化運動』에 수록된 「文學的原住民與原住民的文學 - 從"異己"到"主體"」 참조. (臺北: 正中書局, 1998).

111) 江日昇, 『臺灣外紀』, 205쪽.

을 되찾을 수 있는가? 차라리 해외 미개한 지역에서 찾아보면 그 풍속이 누추하기 때문에 오히려 예(禮)의 원초적인 모습을 얻을 수 있을 것이다. ……[112]

등전안(鄧傳安)은 '예(禮)의 원초적인 모습을 얻는 것'으로 원주민 문화에 유학적 성격을 부여하였는데, 이것은 교화를 하기도 전에 고증만을 통해 그 들을 동화시킨 꼴이다. 등전안의 이 문장은 정말 특이한 문장이라 할 수 있다.

백성을 사랑하는 측면으로 본다면, 이러한 담론은 잘못된 것이 없고, 그 취지는 통치자와 한족에게 원주민을 잘 대우하라고 깨우치는 것이다. 즉, 원주민이 결코 우리와 다른 이민족이 아니라 상고시대 우리 조상의 모습을 보여주는 것이다. 이것은 일종의 유학자의 마음가짐이고, 사상적인 측면에서 보면 유학과 이문화가 부딪혀 나온 결실이다. 이에 우리는 이러한 정성과 사상을 바탕으로 대만의 최남단에 있는 '중앙의 다스림이 미치지 못하고 야만인과 망명객의 소굴'[113]인 항춘(恒春)현에서, 일본에 양도 전 20년간 몇 명의 지역 관리들이 원주민의 유학교육을 위해 애를 쓰고 노심초사하는 모습을 볼 수 있다.

항춘은 광서(光緒) 원년(1875)에 현을 설치하였다. 그 전의 모단사(牡丹社) 사건[114]으로 대만에 파견된 심보정(沈葆楨)이 현을 설치해 달라

112) 이 글은 周璽, 『彰化縣志』, 435-437쪽에 수록됨.

113) 屠繼善, 『恒春縣志』, 「凡例」 (臺北: 臺灣銀行經濟硏究室, 臺灣文獻叢刊 第75종種, 1960).

114) 1871년 류큐인 69명이 폭풍을 만나 항춘 해안으로 표류하였는데 모단사에 진입하자

고 요청한 것이다. '항춘(恒春)'이라는 지명은 바로 심씨가 지은 것인데[115] 대만에서 가장 아름다운 지명으로 꼽을 수 있다. 초대 지현 주유기(周有基)는 광동 남해(南海)사람으로 광서 원년 7월 5일에 임명되었고, 7월 10일부터 계속적으로 7곳의 의숙(義塾)을 개설하여 직접 의숙의 규칙을 만들었다. 8월 10일에 또 의숙 9곳을 개설하였다. 숙규를 보면 깊은 도리를 논하지 않았고 내용이 매우 쉬운데 이는 원주민에 대한 계몽교육이라는 상황을 잘 반영한 것이다.

그 일부 내용은 다음과 같다.

> 1. 서당 선생님을 모실 때 학생의 나이에 상관없이 반드시 경험있고 자중하는 자를 모셔야한다. 매년 정월 중순에 개관하고 12월 중순에 휴관한다. ……
>
> 2. 의숙의 학생은 각 서당마다 20명을 기준으로 한다. ……
>
> 3. 관내 선생이 만약에 30명을 가르치면 매년 수업료 은화 20원을 더 드려도 될까?
>
> 4. 의숙 내에 '경석자지(敬惜字紙, 글 쓰는 종이를 소중히 아낌)'라는 정(鼎)을 하나 씩 설치하여, 화로를 대신하여 쓴다. …… 폐종이의 재는 종이에 잘 싸서 연말이 되면 바다에 뿌린다.

54명이 원주민에 의해 살해 되었다. 1874년 일본이 류큐인 살해를 핑계로 항춘을 공격했고 청나라 조정은 심보정을 대만에 파견하여 전쟁을 준비하였지만 결국 청국이 배상하고 류큐를 일복 속국으로 인정하면서 사건을 마무리 했다. 이것을 이른바 '모단사 사건'이다.

115) 屠繼善, 『恒春縣志』, 42쪽.

5. 서당 선생은 학생을 가르칠 때, 먼저 『삼자경(三字經)』을, 이어서 『주자소학(朱子小學)』을, 그러고 나서 『사서(四書)』를 읽게 한다. 매번 삭망(朔望)날의 새벽에 『성유광훈(聖諭廣訓)』과 『음척문(陰騭文)』 등 책을 강의한다. 월말에 선생은 각 학생의 이름아래 어떤 책을 읽었고 어느 장, 어느 절, 어느 문장을 읽었는지 자세히 기록하여 현(縣)에 보고한다.

6. 학생들이 매일 숙(塾)에 오면 서당 선생은 작은 노트 하나를 준비하여 새벽, 오전, 오후를 나눠 이름에 따라 기록한다. 월말에 결산하여 학교에 온 날이 가장 많은 학생 세 명을 뽑아 각각 상금으로 200문(文)을 준다. 학교에 온 날이 가장 적은 학생을 세 명을 뽑아 꾸짖고 경고한다. 사정이 있는 학생은 논외로 한다.

7. 선생은 오늘 학생에게 강의를 하고 다음날 다시 강의할 때, 반드시 먼저 학생에게 전날 강의한 내용을 기억하는지 질문을 해야 한다. 두 번 연속해서 잊어버린 학생은 꾸짖고 경고한다.[116)]

제1조를 보면 수업시간이 길고, 매년 한 달 가량 방학기간을 갖는 것을 알 수 있다. 제3조는 학규가 아닌 내용으로 보인다. 제4조에는 글 종이를 소중히 아끼는 문창신앙을 언급했는데, 제4조의 교과서 중의 하나인 「음척문(陰騭文)」도 문창신앙의 책이므로 문창신앙이 유교 교육에 대한 침투를 다시 한 번 보여주고 있다. 『주자소학』과 『사서』를 가르치는 것은 주자학이 남쪽 끝의 항춘에 교화를 전파하는

116) 屠繼善, 『恒春縣志』, 195-196쪽.

상황을 보여주는데, 그 중에 건가학파의 영향은 보지 못했다. 제6, 7조는 정단례(程端禮)의 『독서분년일정(讀書分年日程)』의 영향을 받았지만, 정씨 학규의 범위를 조금 초과하였다. 주유기(周有基)는 월말마다 학생이 어떤 책, 어느 장, 어느 구를 읽었는지 모두 기록하여 그에게 대조 검사를 받도록 하였다. 또 이 숙규에는 전에 없는 특색이 있었다. 곧 학생을 대상으로 하는 것이라기보다 서당선생을 대상으로 하는 것으로, 일종의 교사윤리 규범이다. 이는 항춘에서 실시하는 것은 가장 초급의 훈몽교육이었기 때문이다. 이 7조의 학규 외에도 주유기는 또 다음과 같은 규약을 제정하였다.

> 정중하게 고시하는 바이다. 원주민들은 다음을 행하라. 임금에게 충성하고 부모에 효도하고, 아우를 사랑하고 형을 공경하고, 모두 자신의 천륜을 충실하게 하라. 원한을 복수할 생각 말고, 살인을 즐기지 말고, 이상한 옷은 입지 말고, 사악한 신을 섬기지 마라. 집집마다 이것들을 법도로 정하고, 학교를 설립하고, 성인의 가르침을 배우고 사람의 참된 본성을 불러 일으켜야 한다. 흉악하고 완고한 것을 점점 변화 시키고, 농사를 지으며 부지런히 공부를 해야 한다. 이것을 발표한 후에 모두 이것대로 따라야 한다.[117]

이것은 학규 혹은 향약으로 볼 수 있는데, 그 중 '살인을 즐기지 마라'는 원주민의 출초(出草, 제물로 바치기 위해 사람 잡는 행위)풍속에 대한 것이고, '기이한 복장을 입지마라'는 한족의 의관(衣冠)으로 바꿔 입기를 요구한 것이며, '사악한 신을 섬기지 마라'는 원주민 사회의

117) 屠繼善, 『恒春縣志』, 197쪽.

종교의식을 바꾸려는 의도였다. 그러므로 이 조항은 원주민을 겨냥해서 설계한 학규의 특질을 가장 잘 보여주는 것이다.

주유기는 교화에 대한 자신감이 넘쳐났고 3년 기간이면 성과를 얻을 수 있다고 생각하였다. 그는 이렇게 말했다. "의숙 개관 3년 후, 현성(縣城)에 대학 한 곳을 설립해야 한다. 각 서당의 총명하고 면학하는 자제들을 그 곳으로 옮기고, 품행과 학문을 겸비한 우수한 선생을 초빙하여 특별교육을 할 것이다. 10년 후면 문풍이 성할 것이고 낡은 풍습은 변할 수 있다."[118] 하지만 애석하게도 항춘의 문풍은 그의 기대만큼 호전되지 않았으며, 원주민 사회에 교화를 보급하는 일은 주유기가 처음 상상한 것보다 훨씬 더 어려웠다. 하지만 교화에 대한 그의 열정은 후임자들로 이어졌다. 지현을 역임한 사람들은 모두 교육에 많은 정성을 쏟아 부었다.

광서(光緖) 10년(1884)에 지현 나건상(羅建祥)의 상신서에는 "10년이 지나고 만금(萬金)을 쓰고도 인재 한 사람도 키우지 못했다."라고 한탄하였다.[119] 광서 11년(1885) 지현 호배자(胡培滋)는 상신서에서 "오경을 암송하고, 시문을 지을 수 있는 자는 백명 가운데 한둘도 없다."라고 언급하였다.[120] 광서 13년(1887), 지현 정방기(程邦基)는 상신서에서 "각 의숙의 학생을 조사해보니, 그중에 한족과 이민족의 어린이가 100여 명이 넘었는데, 그 중 문장을 만들 수 있는 이는 몇이 안됐다. 10여 년 동안 경영 해오면서 많은 돈을 썼지만, 유명무실하였다."

118) 屠繼善, 『恒春縣志』, 196쪽.

119) 屠繼善, 『恒春縣志』, 199쪽.

120) 屠繼善, 『恒春縣志』, 204쪽.

라고 말했다.[121] 광서 14년(1888)의 지현 고진한(高晉翰)은 "서당이 설립된 지 20년 가까이 되었는데, 한족과 원주민 어린이 중에 문장을 만들 수 있고 경서에 숙달한 이는 하나도 없었다. 국가의 재정을 말아먹고 남의 자제들을 망치고 있는데 이것을 고치는 방법을 찾을 수 없다."고 더욱더 원통하게 진술하였다.[122]

이런 상황 때문에 광서 17년(1891)에 부임한 지현 진문위(陳文緯)는 '모든 폐해를 직접 보고, 숙규(塾規)를 직접 제정하여' 힘써 혁신을 추구하였다.[123] 진문위의 호는 자원(紫垣)이고 감숙(甘肅) 난고(蘭皐) 사람으로, 본적은 절강 산음(山陰, 즉 紹興)이다. 그는 만리를 거쳐 바다건너 변두리 중에서도 변두리인 항춘(恒春)에 와서 앞선 지현들이 이미 교화의 희망을 포기한 상황에서 최대한의 인내심과 굳센 의지로 새롭게 출발했다. 주유기(周有基)의 교칙과 마찬가지로 진문위의 숙규는 그 일부는 학생들을 위한 것이고, 일부는 서당선생들을 위한 것이었다. 그 일부 내용은 아래와 같다.

나는 풍속을 바꾸려면 배움부터 시작해야 한다고 생각한다. …… 오늘부터 서당선생 및 항춘 사람들과 다음과 같이 약속한다. 각 서당의 옛 규정을 조사해보니, 매년 2월 초하루에 개관하고 12월 초하루에 휴관한다. 이 10개월 중에 선생은 아무 이유 없이 서당을 떠나면 안 되고, 학생들 역시 이유 없이 결석하면 안 된다. …… 하루 중 아침에는 새 책을 배우고, 학생의 능력에 따라 얼마나

121) 屠繼善,『恒春縣志』, 210쪽.

122) 屠繼善,『恒春縣志』, 211쪽.

123) 屠繼善,『恒春縣志』, 211-212쪽.

배울지 결정한다. 정오에 1촌(寸)의 큰 글자를 몇 십 개를 쓰도록 한다. 오후에는 이전에 배운 내용을 복습하고, 오늘 새로 배운 것을 외우도록 한다. 저녁에는 대구(對句)를 만드는 연습을 하고, 평측(平仄)과 글자의 뜻을 가르친다. …… 야간에는 이경(二更, 밤 10시)까지 선생님이 경사(經史), 고문(古文), 강감(綱鑑) 한 수를 가르친다. 어떤 책이든 분량이 얼마이든 상관없다. 성실히 시간 내서 열심히 공부하고, 밤은 하루 중의 남은 시간이니 그냥 아무렇게나 보내서는 안 된다. 공부 방법은 지방마다 다르지만 요지는 익숙하고 끊이지 않게 하는 것이다.

1. 독서 수업 : 새로운 책을 읽을 때, 학생은 선생을 따라 3번 읽고, 그 다음 선생 앞에서 혼자 두 번을 읽게 한다. (선생은 세심하게 듣고, 간혹 연결 부분이 정확치 않은 학생에게는 선생이 고쳐주고 가르쳐야 한다.) 그 다음 문장의 구두(句讀)를 설명하고 한 문장씩 해석한다. 설명이 끝난 후 학생에게 직접 설명하게 한다. (설명이 잘못되면 고쳐준다.) 그 다음 다시 선생을 따라 두 번 읽게 한 후, 학생이 각자 앞에 나와 두세번 읽는다. 모든 문장을 다 유창하게 읽으면, 자리로 돌아가 다시 자습하게 한다. 책을 암송할 때, 한 두 구절이 틀리거나 정확하게 외우지 못해도 선생님은 화내지 말고, 그저 엄숙한 얼굴로 그 학생에게 약간 겁을 주면 된다. 무서워서 학교를 그만두게 하면 안 된다.

2. 글쓰기 수업 : …… 붓은 반드시 바로 잡고, 먹은 짙게 갈아야 한다. 매일 낮에 1촌의 큰 글자 50개를 쓴다.

3. 시문 수업 : 문장은 청아하고 올바른 것이 좋고, 시는 부드럽고 조화롭게 하는 것을 원칙으로 한다. ……

4. 예의 수업 : 어지럽고 너저분한 곳에서 품행과 예절을 아는 사람을 기대하기 어렵다. …… 앞으로 각 서당 학생이 만약 다시 얼굴을 안 씻거나 머리를 안 묶고, 옷을 안 입거나 신발을 안 신으며 돼지 키우는 노비처럼 하고 다닌다면 선생의 치욕이다. 반드시 그의 부형에게 알려서 단정하게 하도록 해야 한다. 무릎을 꿇고 절을 하는 예의와 사람을 상대하는 예절도 수시로 가르쳐 줘야 한다.

5. 선생이 마을에 오기 전에, 간혹 나쁜 관리가 와서 먼저 선생의 한 달치 월급을 줘야 선생이 마을에 와서 가르치는 것을 허락 한다고 농간하는 사례가 있다. …… 만약 다시 이런 일이 발생하고, 조사나 고발에 의해서 확인 되면 반드시 크게 처벌 할 것이다.

6. 선생이 마을에 와서 가르치는 것은 비록 밥을 먹기 위해서 하는 일이지만, 또한 도(道)를 탐구하는 일이 아니겠는가? 반드시 자신의 고상한 절개를 지켜 본 현의 월급 이외에 별도로 학생들로부터 사례를 받으면 안 된다.

7. 선생은 서당에 온 후, 가끔 이름만 걸어 놓고 임의로 결근하는 경우가 있다. 혹은 집에 가거나, 혹은 멀리 외유하여 감히 서원을 객사 정도로 여기고 있다. 앞으로 관, 혼, 상, 제 등 일 때문에 반

드시 직접 가야하는 경우, 마땅히 본 현에 보고하고 선생이 다른 사람을 찾아 대신하도록 해야 한다.

8. 서당은 조용해야 공부하기에 좋다. 어린아이들의 눈과 귀와 마음은 가장 혼란해지기 쉽다. 앞으로 마을의 관계없는 사람이 들어 와서 오래 동안 앉아 잡담하는 것을 허락하지 않겠다.

이상 각 조항은 내가 봐도 번거롭고 사람을 싫증나게 한다. 하지만, 이 지방에 후학을 키우고, 유교를 진흥시키기 위해 이렇게 하지 않으면 안 된다. 선생과 학생 모두에 좋은 것이다. 지금 본 현은 총교(總敎) 한 명을 초빙하여 한 달 씩 돌아가며 각 서당에 가서 수업과정을 점검하게 할 것이다. 선생은 각 학생이 배우는 책에 대해 반드시 어떤 학생이 어느 달 초하루에 어디서부터 읽었는지, 월말에 어디까지 읽었는지를 하나하나 기록하고, 학생이 매일 쓴 글과 구두점 찍은 책을 다음 달 초 총교가 서당에 올 때 제출해야 한다. 시문을 쓴 것이 있으면 같이 현서(縣署)로 가져와 내가 직접 보고 근(勤), 타(惰), 우(優), 열(劣)의 등급을 매기고 상벌을 결정할 것이다. 그리고 성적표를 서당에 보내 매월 게시하여 격려를 하고 보고 느끼게 한다. 나는 매우 기대가 크다.[124)]

진문위의 숙규는 앞뒤 모두 비교적 긴 설명이 있는데, 독립된 글로 분리해도 무방할 정도다. 학규 8조항 중에 앞 4조항은 교학에 대한 것이고, 뒤 4조항은 서당선생의 행실에 대한 것이다. 역대 지현의 상신서에서 품행이 나쁜 서당선생이 학풍을 손상시키는 상황을 볼 수

124) 屠繼善, 『恒春縣志』, 212-215쪽.

있다. 항춘이 외진 곳이라서 선생을 초빙하는 것이 쉽지 않았고, 따라서 그 중 질이 안 좋은 사람이 끼어 있을 가능성도 훨씬 많았다. 제1조 '독서 수업'은 사실 선생에게 어떻게 가르쳐야 하는지를 아주 세세하게 가르쳐 주는 내용이다. 심지어는 학생이 무서워서 도망가게 하지 않도록 공부 잘 못하는 학생에게 화내고 꾸짖지 말라고 당부한다. 참으로 심혈을 기울였다고 할 수 있다. 제2조 '글쓰기 수업'과 제3조 '시문 수업'은 모두 강의의 요지를 제시하는 것 외에 상세한 절차도 언급하였다. 제4조의 '예의 수업'은 「정동이선생학칙(程董二先生學則)」과 비슷한 점이 많으며, 예의에 맞게 사람을 상대하는 것을 중시한다. 학칙의 마지막에 있는 설명에서 진문위는 스스로 "이상 각 조항은 내가 봐도 아주 번거롭고 싫증나게 한다."라고 인정했다. 하지만 지방을 교화하기 위해서는 불가피하게 이렇게 하는 것이다. 그는 자신이 직접 선생이 가르치는 것을 점검할 뿐만 아니라, 직접 학생의 숙제를 검사하기도 하였다. 이러한 의숙은 어린이 계몽교육의 단계까지만 가르쳤기 때문에, 예의를 가르치고 오륜의 의리를 설명하는 단계로는 진입하지 못했다. 진문위는 원주민 학생을 대상으로 또 다른 교조를 만들었는데, 그는 한 훈시에서 이렇게 말했다. "원주민 아이를 의숙으로 부른 것은 그들의 거칠고 사나운 성격을 순화시키고자 한 것이다. 독서하고 글 쓰는 것 외에 그들에게 사람의 도리를 가르쳐야한다." 그 도리는 즉 "첫째는 사람을 죽이지 말라. …… 둘째는 도둑질을 하지 말라. …… 원주민 중에 가난하여 입을 것과 먹을 것이 없는 이가 있으면 족장 혹은 두목에게 알려서 나한테 얘기하도록 하고, 내가 상황을 보고 잘 보살필 것이다. …… 셋째는 술에 취하지 말라. 주자의 격언에 '술을 과하게 마시지 마라'는 말이 있다. …… 넷째는 부지런히 농사짓고 공부하라. …… 다섯째는 예의를 알아라. …… 천지를 공경하고, 신명에 예를 갖추고, 법을 준수하고, 부모에게 효도하고, 형제간에 우애를 지키고…”.[125] 그 외에 “사람을 죽이는 것이 진정한 사나이라고 여기지 말라”는 얘기도 있다. 그리고 마지막에 “위의 다섯 조항은 사서 십삼경을 보면 모두 다 들어 있다.”라고 강조하였다. 다만 “처음 글을 배우는 원주민 어린이에게 이런 책까지 할 수 있겠는가?” 그리고 “선생과 학생 간에 말도 다 조금씩 틀리다.” 따라서 원주민 사회에서 교화를 추진하는 것은 어려움이 있다는 것이다. 다만 그는 “노파심으로 가장 중요한 것을 골라 의숙의 학생들에게 매일 교육하고, 아이들은 집에 가서 부모형제에게 그 것을 전달하면 한사람이 모든 여러 사람에게, 한 집에서 여러 집으로, 한 부락에서 모든 부락에 이르기까지 전파할 수 있다.”라고 생각한 것이다.

진문위가 이 향약을 공포한 시간은 광서 19년(1893)으로 대만이 일본에 양도되기 2년 전이다. 20년간 항춘현의 유학 교육은 주로 주자학을 기준으로 삼았다. 교육뿐만 아니라 진문위도 호건위처럼 주자학을 정치에서 실천하였다. 광서 18년(1892)의 「련장장정(聯莊章程)」에서 그는 다음과 같이 썼다. “본인은 덕이 변변치 않고 능력이 부족하지만, 성현의 정도로 너희 항춘 백성들과 같이 운영하려고 한다. 바닷가를 옥토로 만들고 하고, 동네 사람도 먼저 부유해지고 그 다음 교화하여 풍속을 아름답게 바꾼다. 이렇게 되면 그 기쁨이 어디 끝이 있겠는가?”[126]

125) 屠繼善, 『恒春縣志』, 216-217쪽.

126) 屠繼善, 『恒春縣志』, 133쪽.

역대 서당 훈장 중에도 좋은 선생이 꽤 있었다. 예를 들면 종천우(鍾天佑)가 「경인항춘고의숙부(庚寅恒春考義塾賦)」에서 "공맹의 연원(淵源)을 소개하고, 정주(程朱)의 도의(道義)를 전승한다", "극기를 한다면 한 치의 사심도 용납해서는 안 되고, 독서를 한다면 마땅히 만권을 돌파해야 한다."라고 말한 바 있다. 비록 항춘의 교화는 어렵지만 선생은 그 일에 대해 열정을 갖고 임했음을 알 수 있다.[127] 지현 하여근(何如謹)은 이임할 때 남긴 시는 대만 유학자들의 시 중에서 사제간의 이별을 묘사하는데 가장 감동적인 시였다. 「정해 3월 하순에 관직을 떠나면서 힝춘 동료 친구 백성들에게」라는 칠언율시 4수 중 제3수가 가장 심금을 울린다.

행낭에는 시(詩)가 가득 차고, 술잔에는 술이 가득 차 있다. 강엄(江淹)이 말했듯이 이별이 사람의 혼을 녹이네.
제 때 내린 비(적시의 교육)로 사람들은 교화되고, 춘풍이 있기 때문에 이 자리는 따뜻하다.
이별 전야에 술을 실컨 마시고, 언제 다시 모여서 기특한 시문을 감상하겠는가?
학교를 부홍할 것이라고 말한 내가 부끄러우니, 정자(程子)의 문중을 향해 고맙다는 애기를 하지 말라.
詩滿行囊酒滿樽, 江淹南浦最銷魂.[128]
敢云時雨人皆化, 爲有春風座盡溫.

127) 屠繼善,『恒春縣志』, 243-244쪽.

128) [역주] 중국 남북조의 문학가 江淹이 이별에 대해 묘사한 명작 「別賦」가 있는데, 그 중 다음과 같은 문구가 있다. "黯然銷魂者, 唯別而已矣 (침통하고 혼을 녹이는 것은 오직 이별이다)", "送君南浦, 傷如之何 (남포에서 그대를 보내는데 이 슬픔을 어찌하는가)". 시 내용 중의 '南浦'와 '銷魂'은 여기서 따온 것이다.

惜別前宵拼痛飲, 賞奇何日待重論?

興言學校吾尤愧,[129] 莫向程門說感恩.

이 시에는 관리 생활 이외의 밝은 면을 나타냈으며, 항춘현에서의 유학교육은 아주 힘들지만 성과가 전혀 없는 것은 아니라는 것을 느낄 수 있다. 게다가 마지막 지현 진문위의 노력으로 항춘현의 학교는 광서 년간에도 여전히 주자학을 고수하고 있었다. 팽호현은 강석(講席) 임호의 주도하에 이미 건가학파로 기울어 진 상황에서 이는 아주 소중하다. 만약 유학에 대한 깊은 사명감이 없었으면, 멀리 감숙에서 온 진문위는 이러한 풍토가 험악하고 야만적인 낯선 땅에서 어떻게 확고하게 교화를 해 나갈 수 있었을까? 그가 남긴 숙규와 향약은 비록 의리가 깊지 않지만, 오히려 대만 유교 스승을 대표하는 본보기로 대만 학규의 압권이라 할 만 하다.

8. 결론

본 논문은 대만 서원의 학규를 연구대상으로 하였지만, 학규의 일반적인 상황만을 언급하였다. 학규는 주자학의 산물로 보는데 그것은 주자의 「백록동서원학규」가 서원학규에 전반적으로 영향을 끼쳤을 뿐만 아니라 학규 배후에 잠재되어 있는 기본 사상이기도 하기 때문이다. 그 취지를 정리하면 아래와 같다.

---

129) 何如謹은 원시에 다음과 같이 주석을 달았다. “상부에 학생 수를 증가해 달라고 요청할 계획이었으나 직을 그만두는 바람에 중단되었다.” 屠繼善, 『恒春縣志』, 240쪽.

(1) 학규는 존경하는 마음을 양성하는 것이다. [養敬]

존경하는 마음은 자연적으로 생성되는 것이 아니다. 마음은 그저 존경하는 잠재적인 능력만 있고, 그것을 단련하지 않으면 경외하는 마음이 생길 수가 없다. 학규에서 정한 모든 규정과 훈련은 모두 존경하는 마음을 양성하는 방법이다.

(2) 학규는 대소, 본말, 체용(體用)의 구분이 있다.

위에서 말한 바와 같이 학규는 대소의 구분이 있고, 주자의 대학과 소학에 대한 견해를 반영한 것이다. 본말, 체용의 각도에서 본다면 대학규는 공부의 근본[本]이고, 공부의 실체[體]이다. 소학규는 공부의 말단[末]이고, 공부의 응용[用]이지만, 대학규가 반드시 거쳐야 하는 과정이다. 이 두 가지는 사실 분리할 수 없는 일체이다.

(3) 학규는 교화에 시간 개념을 미리 설정하였다.

본말, 체용의 각도로 본다면 학규는 대소의 구분만 있고, 이것은 학규의 정적(靜的)인 구조만 언급한 것이다. 하지만 학규는 사실 동적(動的)인 학습과정도 보여주고 있다. 소학규에서 대학규로 넘어 가는 과정은 성현의 사업은 오랜 시간동안 수많은 단련과 검증을 거쳐 점차적으로 완성한 것을 의미한다. 설령 '하루아침 갑자기 깨닫는 경우'가 있더라도, 그것도 역시 수많은 학습과 시련을 거쳐 이룬 결과이다. 다라서 학규의 개념은 돈오(頓悟)와 결코 맞지 않다.

(4) 학규는 금욕주의 색채를 띠고 있다.

학규의 설립, 특히 소학규의 부분은 주자가 말하듯이 상당 부분은 불교 사원의 규칙과 계율에서 온 것으로, 금욕적인 색깔을 보일 수밖에 없다. 조선 유학자 이퇴계의 「이산원규」에는 이러한 조항이 있다. "색은 문안에 들어올 수 없으며, 술은 빚지 아니한다." 금욕적 성향이 강함을 알 수 있다. 대만의 학규를 예로 본다면, 오직 팽호 호건위의 「문석서원학약」에서만 부부의 륜에 대해 언급하고 "부인과 화목하라(和於妻子)"고 훈시한 것 외에 나머지 학규는 모두 부부의 륜을 언급하지 않았다.

(5) 학규는 '스승과 제자'의 륜을 만들어 냈다.

『맹자』부터 「백록동서원학규」까지 인륜을 논할 때 모두 오륜까지 말했다. 그 후의 서원학규는 사제 일륜을 창조하였고, 다방면으로 그 의미를 서술하였다. 이는 학생이 서원에서 공부하는 동안 스승과 제자가 같은 공간에서 살고, 아침저녁으로 공부하고, 항상 옆에서 모시고 있어서 사제 간에 깊은 감정을 키울 수 있고, 그 관계는 생사를 함께 할 수 있을 만큼 두터웠다. 명말 순국한 많은 유생들의 이야기에서 우리는 순국한 자들이 죽기 전에 문하생들이 계속 따라다녔고, 심지어는 같이 따라 죽기까지 한 것을 볼 수 있다. 하지만, 아내와 자식이 같이 따라다니는 경우는 거의 없었다. 공부하는 마음이 견고할수록, 또 가르치는 마음이 간절할수록 사제 간의 윤리를 더욱 중요시 되는 것은 또한 인지상정이라고 할 수 있다.

(6) 학규는 붕우(벗)의 윤리를 심화시켰다.

선진(先秦) 유학자들은 혼자 공부하고 친구가 없는 것은 결점이라 생각하였다. 서원교육이 성행한 후에 친구의 의리는 더욱 심화 되어 '유신(有信)'에만 국한하지 않고 '유정(有情)'으로 승화 되었다. 공부하는 사람들은 혼자 어렵게 공부하고 싶어 하지 않고, 자기 이외의 다른 사람에게서 학문을 인증하고 싶어 한다. 또 자기가 공부하는 것은 외롭지 않다는 것을 확인하고, 서로 생각과 마음이 통하는 감동 속에서 도(진리)를 추구하는 의지를 더 강화하려 한다. 따라서 자신이 추구하는 진리를 생사로 증명하는 시점에서도 스승을 따라 죽은 자가 있을 뿐만 아니라 친구를 따라 죽은 자도 적지 않았다. 유종주(劉宗周)는 "학문은 생사의 관문까지 탐구해야 비로소 진짜이다(學問勘到生死關始眞)."라고 말했다.[130] 이러한 유학자들의 사우(師友)관계야말로 진정으로 몸소 터득한 것이지 말로만 하는 것은 아니다. 왕선산(王船山)은 명나라 멸망 후에 자신의 뜻을 밝히는 「선산기(船山記)」에서 "마음의 벗이 있어, 자신이 추구하는 뜻을 읊을 때 함께 공감할 수 있고, 자기가 추구하는 길을 바라볼 때 같이 도모할 수 있으며, 절개를 품을 때 함께 할 수 있다(賞心有侶, 詠志有知, 望道而有與謀, 懷貞而有與輔)"라고 하였는데[131] 이 또한 친구의 륜에 대한 심화이다. 하지만 시대의 한계로 인해 이러한 친구간의 상호적인 아름다운 경험이 남성간의 동성 친구에만 국한되고, 부부, 이성친구간에는 존재하지 않다는 것이 애석할 따름이다.

---

130) 劉宗周, 「立志說」, 『劉宗周全集二』 (臺北: 中央研究院中國文哲研究所, 1996), 375쪽.

131) 王船山, 『王船山詩文集』 (臺北: 河洛圖書出版社, 1975), 40쪽.

대만 학규를 통틀어 보면 '경(敬)'자 하나로 개괄할 수 있다. '경'은 교육에만 해당할 뿐만 아니라 정치에도 적용된다. 호건위가 관아 대청의 현판에 '거경(居敬)'이라고 쓴 것은 구체적인 예이다.[132)]

본 논문은 2000년 11월16일-18일 대만 國家圖書館漢學研究中心, 中央研究院中國文哲研究所籌備處, 國立清華大學 중문학과가 공동주최한 '朱子學與東亞文明 - 朱子逝世八百週年朱子學會議'에서 발표하였고 회의 논문집에 수록됨.

132) 胡建偉, 『澎湖纪略』, 31쪽.

제3장

일본 식민시기 대만 유학의 식민지 경험

1. 머리말

유학은 명정(明鄭)시기(17세기말) 중국대륙에서 대만으로 전해졌다. 이어서 고도로 한화(漢化)된 청나라 정권의 통치아래 대만은 한문화 위주의 사회가 되었다. 정부의 제창과 선비(지식인)들의 노력으로 유학은 차츰 사회 각 계층에 보급되어 대만 주민들의 기본적인 사상 내지 가치관이 되었다.

그러나 명정시기와 청대의 유학은 상당히 다른 사상적 내용을 가지고 있다. 명정 시기의 대만 유학은 주로 명말 경세치용의 실용적인 전통을 계승하였고, 명나라의 멸망이라는 참혹한 역사는 이 실학 정신을 더욱 심화시켰다. 청나라 초기 강희(康熙)황제의 대대적인 제창으로 인해 복건 주자학의 부흥운동이 나타나기도 했다. 성리학을 부흥시키고 명나라 말기부터 내려온 실학을 억압하는 데에는 청나라 조정의 정치적인 동기가 숨어 있었다. 남명(南明)의 반청복명(反淸復

明)운동은 이 운동에 참가한 지식인들의 실학정신과 밀접한 관련이 있다. 따라서 청나라 조정의 입장에서 보면 이기(理氣)를 논하는 성리학을 제창한 것은 당연히 청을 반대하는 남명(南明)의 실학을 연장하는 것 보다 정권을 공고히 하는 데에 더 유리했다.

복건과 대만은 지리적으로 아주 가깝기 때문에 복건 주자학의 부흥 열기는 자연히 대만에까지 전해졌다. 19세기 초 녹항(鹿港)의 문개서원(文開書院)이 창립되면서 남명의 유학을 옹호하는 언론이 나타났다. 19세기 말 심보정(沈葆楨), 유명전(劉銘傳)이 대만의 현대화 건설에 힘쓰기 시작했으며, 1885년에 대만이 성(省)으로 승격되고 신식 학교가 설립되면서 유학은 더 이상 모든 교육 역량을 독차지 하지 못했다. 그러나 성(省)을 설립한지 얼마 되지 않아 갑오전쟁으로 청이 패하자 대만을 일본에게 할양하게 되었다. 따라서 유명전(劉銘傳)이 시작한 신식 교육은 유학의 지위에 타격을 줄 만한 시간도 없었고, 유학은 여전히 지식인층 사이에서 확고부동한 사상이었다. 따라서 대만 할양 초기 대만 각지에서 나타난 무장 항일 대열 가운데 많은 유생들이 무장하여 일본군과 목숨을 건 전투를 하는 모습을 볼 수 있었다.

유가의 사학(史學)전통 중에는「화이지변(華夷之辨)」이라는 민족 사상이 포함되어 있는데 대만 할양 초기 유생들이 무장 항일 운동에 참여하게 된 것은 바로 이 사상을 바탕으로 한 것이다. 무장 항일 운동은 처참한 진압으로 인해 유생들의 항쟁은 전쟁터에서 농촌마을로 옮겨졌고, 서재과 시사(詩社, 지식인이 모여 시를 읊는 결사)가 새로운 거점이 되었다. 일본에 저항하면서 한문화를 유지하고 완전히 소실되는 것을 막는 것이 그들의 목표였다. 이게 바로 당시 사람들이 자주 말한 '한 가닥의 실과 같은 문화를 이어간다(延斯文於一線)'는 것이다. 그러나 일본이 강력하게 신식학교를 보급하고 민간 서당을 탄압하면서 전통 유생의 활동 공간은 급격하게 줄어들었다. 시간이 흐르면서 상황도 변하였고 게다가 일본인 한시(漢詩)시인의 농락으로 시사(詩社)에서 친일 시인이 등장하기도 했다. 서당 훈장의 몰락과 일부 구 시인들의 타락으로 새로운 세대의 지식인의 등장은 필연적인 결과라고 할 수 있다.

양계초, 손문, 5·4운동, 그리고 세계 사조의 영향을 받아 1920년대 전후 수많은 구학의 영향과 신학의 계몽을 받은 지식인들이 대만 문학계를 이어 받아 항일 운동을 완전히 새로운 단계로 이끌었다. 이러한 신학과 구학을 두루 섭렵한 지식인들은 설령 고리타분한 서당 훈장이나 타락한 한시 시인에게 불만은 품고 있었지만 그렇다고 전통학문을 완전히 거부한 적은 없었다. 심지어 많은 부분에 대해 친근감과 경의를 품고 있었다. 이 점에서 대만은 같은 시기 전면적으로 서구화해야 한다는 전반서화론(全盤西化論)이 팽배한 중국대륙과는 확연하게 달랐다. 식민지 동화정책으로 대만의 한인(漢人)들은 자기 문화의 존망에 심각한 위기감을 느꼈다. 과거시험이 폐지되어 공부할 유생이 전혀 없는 상황이지만 대만의 서당과 시사(詩社)는 쇠퇴하지 않고 오히려 더 번성했는데 이것이 바로 문화위기감에서 나온 것이다. 1937년 중일전쟁이 발발하자 사람들의 마음속에 중국을 지지하는 마음을 막기 위해 일본은 대만 식민지에 대한 강압적 통치를 강화하였고 대만의 황민화 시기는 1945년 광복 전까지 지속되었다. 이때 서당은 이미 장기적인 억압으로 인해 거의 사리질 지경까지 이르렀고 시사(詩社)활동도 제한을 받았다. 일본문학작품이 차츰 주류가 되면서 한문학을 대신했다. 비록 황민문학은 신시대의 주류가 되었지만 일본어로 쓴 작품 중에 여전히 유학전통을 견지하려는 작품도 적지 않았다. 다만 이러한 작가들은 나중에 결국 지하로 숨거나 중국대륙으로 건너가게 된다.

요컨대, 다른 민족에게 지배를 당한 경험 때문에 일본 점령시기의 대만유학은 대체로 남명(南明)의 실학(實學)에 귀착하게 되었고 복건 주자학과는 점차 소원해졌다. 그러나 예외도 있었다(제3절에 상세 소개할 것임). 중화민국의 수립과 5·4운동 이후 새로운 사조의 영향을 받은 대만 지식인들은 신학과 구학 사이에서 전전하다 신구를 융합하려는 초보적 시도를 시작했다. 1937년부터 황민화운동이 대대적으로 전개되었고 유학을 굳건히 지키려는 유학자들은 초야에 모습을 감추거나 중국으로 넘어갔다. 대만유학은 일본의 식민지였던 50년 동안 가장 춥고 가장 암흑의 겨울을 보내야만 했다.[1]

2. 화이지변(華夷之辨) - 대만 할양 초기 유생 무장 항일의 사상적인 기초

초기 무장 항일운동은 유교적 색채로 가득했지만 나중에는 도교 내지 삼교(도교, 유교, 불교)합일의 색채가 강했다. 대만인의 마지막 대

1) 앞에서 말한 대만 유학의 발전에 관한 것은 다음을 참조하라. 李明輝編, 『儒家思想在現代東亞』(臺北: 中硏院文哲所, 1998)에 수록된 陳昭瑛, 「儒家在臺灣的移植與發展, 從明鄭時期到日據時代」. 같은 글은 陳紹瑛, 『臺灣儒家: 起源, 發展與轉化』(臺北: 正中, 2000)에도 수록됨.

규모 항일 무장봉기였던 서래암(西來庵)사건이 그 예이다.[2] 대만 할양 초기였던 1895년 5월부터 1902년까지 대만 각지에서 일어난 항일 투쟁에는 수많은 유생들이 참가했었다. 련아당(連雅堂)의 『대만통사(臺灣通史)』「열전(列傳) 8」[3]은 주로 을미 대만할양을 반대하는 전투 중 희생된 유생들의 전기이다. 여기에는 오탕홍(吳湯興), 서양(徐驤), 강소조(姜紹祖), 임곤망(林崑罔) 등이 포함되었다. 그 중 임곤망(林崑罔)은 가의(嘉義)의 농촌에서 교화활동을 펼치던 중 제자들을 이끌고 일본과 철선교(鐵線橋)지역에서 격전을 벌였다. 이 전투에서 임곤망과 그의 큰 아들이 모두 전사했다. 오탕홍, 서양, 강소조의 부대는 구성이 좀 복잡하다. 그들은 완전한 유생은 아니었지만 세 사람은 관군과 어깨를 나란히 하여 싸웠고 고향에서 일어나 전투뿐 아니라 많은 지역에서 일어난 전투에까지 참가했다. 그러나 임곤망은 훈장선생의 신분으로 제자를 이끌고 봉기를 일으켜 사람들에게 특히 깊은 인상을 남겼다. 오(吳), 서(徐), 강(姜) 이 세 사람은 비록 유생이긴 했지만 그 기개는 무인에 뒤지지 않았다. 녹항(鹿港)의 유명한 시인 홍기생(洪棄生)은 이 세 사람에 대해 아주 생동감 있게 아래와 같이 묘사했다.

"처음에 탕홍(湯興)은 의지와 기개를 품고 구봉갑(邱逢甲)을 만나 직

---

2) 余淸芳과 羅俊이 이끈 무장 항일운동을 일본인들은 "서래암(西來庵)사건"이라고 칭했다. 齋敎(도교와 불교를 결합한 민간신앙)의 신도가 주축이었고, 그 사상적 기초는 일본을 반대하고 명(明)의 회복하는 삼교합일이었다. 余淸芳은 "大明慈悲國"이라는 국호를 내세웠고, 그 홍보문구는 다음과 같았다. "삼교의 법에 따라, 성신선불(聖神仙佛)이 하늘에서 내려와 도를 전한다. 문도(門徒)는 만천이고 변화무궁하다. 금년 을묘5월, 왜적이 대만에 온 지 20년이 되었다. 그들의 기(氣)는 이미 끝났고, 천지가 용납하지 않으며 신인(神人)이 공노한다." 羅俊은 기도문에서 다음과 같이 말했다. "일본이 대만을 점령하여 이미 21년이 지났다. 그 참혹함은 매우 심하고 백성의 고통은 이루 말할 수 없다. …… 옥황상제께서 여러 신령, 불처 등을 파견하여 필승의 묘법을 전수해 주시기를 비나이다." 王曉波, 『臺胞抗日文獻選編』(臺北: 帕米爾, 1985). 47-49쪽에서 인용함.

3) 連橫, 『臺灣通史』(臺北: 國立編譯館中華叢書, 1985).

접 의용군을 통솔하겠다고 자청했다. 총통[4]은 긴박한 시기이기 때문에 봉갑(逢甲)이 하는 말은 다 승낙했다. 그리고 탕홍에게 방위 업무를 부여하였다. 탕홍은 돌아간 후 고을사람들을 모여 놓고 맹세하며 격려했다. …… 탕홍은 의용군의 옷을 만들고 의용군의 깃발을 세우며 친병(親兵)을 모집하여 군대의 편제를 갖추었다. 나갈 때 호위병이 그를 따라다녔으며 그 기상이 상당히 웅장했다."[5]

이것은 오탕홍의 대한 묘사이며 서양, 강소조에 대해서는 홍기생은 다음과 같이 묘사했다. "서씨와 강씨은 군사를 모집하여 출정했다. 머리를 질끈 묶고 바지를 동여 메어 어깨에 긴창을 메고, 허리에 단총을 찼다. 총알 주머니를 장착하고 이리저리 돌아다니면서 적과 맞서 싸우고 적을 무찌르는 것을 일로 생각하니 사람들은 그들이 유생인 것을 알지 못했다."[6]

힘의 열세로 오탕홍, 서양, 강소조는 전투에서 잇따라 목숨을 잃었다. 강소조는 신죽(新竹)의 북포(北埔)에서, 오탕홍은 장화(彰化) 팔괘산(八卦山)에서, 서양은 운림(雲林)의 타리무(他里霧)에서 전사했다.[7] 련아당과 홍기생은 서양의 이미지를 가장 생동감 있고 감동적으로 묘사했다. 서양은 팔괘산 전투에서 패하자 바로 대남(臺南)으로 후퇴하여 진용을 재정비하며 대남을 사수하겠다고 다짐하였다. 그는 정면돌파를 결심했고 주변사람이 만류하자 그는 탄식하며 "이곳을 지키지 못하면 대만은 망할 것이다. 나는 살아서 중원으로 돌아갈 생각

---

4) [역주] 할양당시 대만의 사신(士紳, 호족)과 청나라 관리는 독립을 선포하고 순무(巡撫) 당경숭(唐景崧)을 총통으로 추대하여 일본에 대항하였다.

5) 洪棄生의 『瀛海偕亡記』는 『洪棄生先生全集』 (臺灣省文獻會)에 수록됨.

6) 같은 책, 7쪽.

7) 連橫, 『臺灣通史』, 972-975쪽.

은 없다"라고 말했다. 머지않아 일본군이 대거 남진하면서 "포화 소리가 갑자기 울려 퍼지고 기마병이 일제히 공격했다." 그러나 의용군은 포대도 기마병도 없었다. 그래서 서양은 보병으로 일본군에 맞서다가 포탄에 맞아 전사했다.[8] 련아당 역시 서양의 죽음에 대해 자세하게 기록 하였다. 그의 기록을 보면, 서양은 일본군의 남진을 막으려다가 당하지 못해 타리무 지역까지 퇴진했다. 일본군이 압박해 오자 서양은 막 식사를 끝내고 사령탑에 올라 돌아보며 말했다. "총알 천개를 얻으면 하루 밤을 버틸 수 있지만 어디서 구하나?" 결국 칼을 들고 앞으로 나서니 좌우로 수십 명이 그을 따랐다. 잠복해서 공격하려 했지만 총탄을 맞아 쓰러지면서 외쳤다. "대장부가 나라를 위해 목숨을 바치니 유감이 없도다."[9] 홍기생은 서양이 대만과 존망을 함께 하고자 하는 결심을 강조했고, 연아당은 서양의 나라를 위해 목숨을 바치는 대장부의 기개를 중시했다.

위에서 언급한 『대만통사』에 이름을 남긴 유생들 외에도 1895년 대만할양 반대전투에서 많은 유생들은 의용군의 지도자가 되었다. 예를 들어 삼각용(三角湧)의 생원 황경원(黃鏡源), 대과감(大嵙崁)의 공생(貢生) 황효담(黃曉潭), 도원읍(桃園邑)의 상생(庠生) 임위은(林爲恩), 가의(嘉義)의 생원 심방미(沈芳微), 염수항(鹽水港) 생원 옹황남(翁煌南), 거인(擧人) 채국림(蔡國林)의 문생 증춘화(曾春華), 항춘(恆春)의 수재(秀才) 종춘발(鍾春發) 등이 있다.[10] 이 사람들은 항쟁의 지도자였고, 이들 이외에도 전투에 참가한 유생들은 그 수를 기록하기조차 힘들다. 을미

8) 洪棄生, 앞의 책, 17-18쪽.

9) 『臺灣通史』, 975쪽.

10) 위에 서술한 명단은 翁佳音, 『臺灣漢人武裝抗日史硏究: 1895-1902』 (臺大文史叢刊, 1986), 78-86쪽 참조.

(1895)년 말부터 1902년은 제2단계의 무장 항일운동이 일어나는 기간 이었는데 이때 주로 각 지역의 지방호족들이 선봉에 섰다. 이들은 일본군이 대만을 점령한 후의 방화, 살인, 약탈 등 폭행을 직접 당했거나 목격하여 봉기를 일으킨 것이다. 이 기간의 봉기에서 유생들은 주력이 아니었으나 적지 않는 유생이 봉기에 참가하였다. 예를 들어 금포리(金包里)의 무생원 허소문(許紹文), 삼초보(三貂堡)의 생원 임이성(林李成), 의란두위(宜蘭頭圍)의 생원 겸 훈장 임유신(林維新), 산평정(山坪頂)의 훈장 진수선(陳水仙), 소리장(蕭里莊)의 한학(漢學) 공부를 한 지주 장첨수(張添壽) 등이다.[11]

유생 항일운동의 사상적 기반은 명말 유생들이 청을 반대하는 '전근대(premodern)' 사상과 비슷했다. 즉 화하민족은 이민족의 통치를 받을 수 없다는 사상이다. 우리는 오탕홍의 「의용군 모집공고」에서 이러한 사상을 찾아 볼 수 있다. "… 일본인은 피발좌임(披髮左衽)에다 문신을 하는 야만인인데 어찌 그들의 아래에 있을 수 있는가? 나는 차마 보지 못해 백성을 구하는 일념으로 밤낮의 노고도 마다하지 않고 의사(義士)를 이끌어 광복을 도모하는 것이다. 당신들은 땅을 밟고 곡식을 먹으니 모두 천조(天朝)의 자식이므로 의리를 알고 오랑캐한테 항복하면 안된다."[12]

이 공고문에는 비록 조정에 충성을 다하고자 하는 의리도 포함하고 있지만 그 주요 정신은 화이지변(華夷之辨)을 강조하고 이로써 군중에게 호소하는 것이었다. 오탕홍은 공고문을 사리에 맞고 논리정

11) 위에서 서술한 명단은 翁佳音, 앞의 책, 99-105쪽 참조.

12) 王曉波, 앞의 책, 29쪽.

연하게 썼을 뿐만 아니라 그의 시가(詩歌) 역시 감동적이었다. 예를 들어 그가 전쟁 중에 쓴 「문도(聞道)」시를 보자. "신룡의 비늘이 벗겨졌다고 들으니, 바다를 건너 북쪽을 바라보며 눈물이 흐른다. 서생이 적을 죽이는 것은 대수롭지 않은 일이니, 왜구와 다시 한판 싸우겠다.(聞道神龍片甲殘, 海天北望淚潸潸. 書生殺敵渾無事, 再與倭兒戰一番)"[13] 이 시에서 볼 수 있듯이, 대만 유생들의 관심은 결코 대만 한 지역만의 안위가 아니라 중국이라는 '신룡'이 상처를 입고 망가진 상황을 걱정하는 것이다. 이 시는 또한 선비의 적을 무찌르려 하는 의지와 기개를 보여주었다.

1895년 말 이후 일어난 제2단계의 무장 항일운동에서 유생들의 사상은 원래의 "화이지변" 이외에도 일본이 대만을 통치한 후 자행한 많은 행동에 대한 불만도 포함되었다. 1896년 삼초보의 생원 임이성(林李成)과 농민 첨진(詹振)의 「기의격문(起義檄文)」에는 비록 청나라에 대한 충절의 이야기도 포함하고 있지만 주로 일본이 저지른 10가지 죄를 열거하였다. 그 중 첫째는 "하늘을 공경하지 않고, 신명을 경외하지 않는다(不敬天, 不敬神明)", 둘째는 "공자를 공경하지 않고, 종이를 소중히 하지 않는다(不敬孔子, 不惜字紙)"이었다.[14] 이것을 보면 의용군들은 하늘 공경(敬天), 신명 경외(敬神明), 공자 공경(敬孔子), 종이 절약(惜字紙) 등을 중시하는 유생들과 농민으로 구성되었다는 것을 알 수 있다.[15] 아울러 그들과 일본의 충돌은 바로 이런 기본적인 유

---

13) 陳昭瑛,『臺灣詩選注』(臺北; 正中書局, 1996), 137쪽.

14) 王曉波, 앞의 책, 31쪽.

15) 종이를 아끼는 것은 명청이후 중국 대륙과 대만지역에 널리 유행하던 풍속이었고, 문창신앙에 의탁한 경우가 많았다. 陳昭瑛,「臺灣的文昌帝君信仰與儒家道統意識」,『第一屆臺灣儒學硏究國際會議』논문 (臺南: 成功大學中文系, 孔廟合辦, 1997)참조. 이 글은

가사상에 있는 것이고, 이런 대립은 광범위하게 화이지변에 포함시킬 수 있는 것이다.

3. 전통문화의 저항 - 서당, 시사(詩社), 신당과 사당

무장 항일 운동이 처참하게 진압당한 후 유생들은 항일운동의 방향을 소극적인 방향으로 전환하였다. 나라를 잃은 후, 문화를 유지하고 중국이라는 정체성을 고수하는 것이 새로운 목표가 되었다. 서당과 시사(詩社)의 성행, 신당을 대표로 하는 서민유학의 유행, 사당에서 제사가 끊이지 않았는데 이는 한족 사회가 유가문화를 유지하려는 노력으로 볼 수 있다.

'서당[書房]'은 대만 사람들이 중국 전통경전을 가르치는 서원과 사숙(私塾)을 통칭하는 것이다. 이런 학교는 명청시대부터 보편화되었는데 민간에서 직접 초등교육을 받을 수 있는 장소였다. 여기에서 가르친 경전은 사서, 오경, 삼자경(三字經), 효경(孝經), 당시(唐詩), 천가시(千家詩), 사기(史記), 좌전(左傳), 공양전(公羊傳), 강감(綱鑑) 등이다.[16] 일본 점령시기의 작가 왕시랑(王詩琅)은 다음과 같이 말했다. "일본인들이 대만을 점령한 후 서당은 어느 새 이미 민족정신을 전파하는

후에 『文史哲學報』 46호에 발표하였다. 173-197쪽. 또한 『臺灣儒學, 起源, 發展與轉化』에도 수록됨.

16) 위에서 서술한 도서목록은 『臺灣省通志』 卷5, 『教育志·教育設施篇』(臺灣省文獻會, 1970), 143쪽 참조.

중요한 장소가 되었다."[17] "서당은 민족정신을 배양하는 근거지이다."[18] 대만의 한족들은 서당을 상당히 중시했다. 대만이 일본에 할양된 초기에 서당이 급증하는 현상을 보였지만 일본의 탄압으로 인해 점차 감소해 결국 거의 완전히 사라지게 되었다.

일본 정부의 조사에 따르면 1897년 서당의 수는 1127곳이었으나 1898년에는 1707곳으로 늘었고,[19] 1902년에는 1822곳으로 증가했다.[20] 이 시기는 대만의 무장 항일 운동이 가장 치열했던 시기였다. 따라서 우리는 이렇게 판단해 볼 수 있다. 일부 무장 항일운동에 참가하지 않은 유생들은 서당을 설립하여 유학경전을 가르치는 것으로 소극적인 저항을 했고 이런 온화한 방법은 아주 오랫동안 지속될 수 있었다. 하지만 일본도 서당은 동화정책에 방해가 된다는 것을 알고 있기 때문에 온갖 방법을 동원하여 규제를 가하였다. 1898년 일본은 「서방의숙규칙(書房義塾規則)」을 공포하여 서당이 지방 정부의 감독을 받도록 규정하였다. 교과내용도 반드시 일본 공립학교의 것을 기준으로 하고 일본어와 산수 두 과목을 추가 개설하도록 했다.[21] 비록 일본이 이와 같은 조치를 취했지만 1903년에 서당의 수는 여전히 공립학교의 10배였다.[22] 그러나 그 후 공립학교는 차츰 서당의 수를 추월했고 1937년 황민화 운동 후 서당은 더 이상 설 곳이 없었다. 1939년 말 대만 각지에 남아 있는 서당은 17곳, 훈장은 40명, 학생은 932명에 불과했다. 1943년에 이르러 총독부가 서당 폐지

---

17) 王詩琅, 「日據初期全臺書房統計」, 『臺北文物』第5卷 2,3期(1957).
18) 王詩琅, 「北市書房最後數字」, 『臺北文物』第5卷 4期(1957)
19) 위에 서술한 서당 수는 주15와 같은 책, 144-145쪽 참조.
20) 王詩琅, 「日據初期全臺書房統計」, 『臺北文物』第5卷 2,3期(1957).
21) 『臺灣省通志』 卷5, 『教育志·教育設施篇』, 143쪽. 참조.
22) 吳文星, 「日據時代臺灣書房之研究」, 『思與言』제16권 3호 (1978).

령을 반포한 후 서당은 거의 사라졌다.[23]

서당은 초보자들에게 한문을 가르치는 장소였고, 시사(詩社)는 이미 경사시문(經史時文)에 정통한 사람들이 서로 토론하고 연구하며 지조와 절개를 연마하는 장소였다. 연아당의 「대만시사기(臺灣詩社記)」에서는 다음과 같이 말하고 있다. "정권이 바뀐 이후 시사가 연이어 설립되었다. …… 문화의 운명은 이것으로 이어지고 민족의 성쇠도 여기에 달려 있다."[24] 1911년 대만을 방문한 양계초 역시 대만 시사의 번성에 깊은 인상을 받아 「대만잡시(雜詩)」에 주를 달아 "대만 할양 후, 유민(遺民)은 낙심하여 따를 바를 모르고, 서로 시를 지으며 뜻을 숨기니 이로써 시사가 생겼다."라고 했다.[25] 학자들의 통계에 따르면 일본 식민지 시기 대만에는 총 267곳의 시사가 있었다.[26] 또 섭영종(葉榮鐘)에 의하면 시사가 가장 성행한 시기는 1925년~1926년으로 대만의 신문학 운동이 이미 발발한 이후였다. 어쩌면 신문학의 도전 때문에 구 시인들은 위기감을 느껴 재정비할 수 있는 계기가 되었을지도 모른다. 그러나 시사의 과다 설립은 범람으로까지 이어졌다. 이에 대해 섭영종은 다음과 같이 설명한다. "대만 시사의 전성기는 1925~1926년으로 대만 전 지역에 백여 곳이 있을 것이라고 추측된다. 원주민부락보다 더 많을 거라고 농담처럼 말하는 사람도 있었다. 달도 차면 기운다는 말처럼 시사는 이 시기에 이미 조금씩 변하고 있었다. 대만이 일본에 할양된 후 선배 시인들이 심혈을 기울여 경영하였고, 민족의 정기와 문화의 전승을 이어갈 수 있

23) 『臺灣省通志』 卷5, 『教育志·教育設施篇』, 143쪽. 참조.
24) 連雅堂, 『雅堂文集』 (臺北: 臺灣銀行經濟研究室臺灣文獻叢刊, 제 208종, 1964), 101쪽.
25) 陳漢光, 『臺灣詩錄』(臺灣省文獻會, 1971), 1335쪽.
26) 鍾美芳, 『日據時代歷史之研究』(臺灣省文獻會, 未注年代), 86-106쪽.

었던 것은 시사라는 위장이 있었기에 가능했다. 그 본질은 고결하고 그 정신은 이민족의 침략을 반대하는 것이었다. 그러나 마지막에 와서 시사는 원래의 취지에서 멀어지고 심지어 원래의 뜻과 정반대인 길로 가서 권력자에 빌붙고 아첨하는 도구로 변했다."[27] 일부 시사의 타락은 신문학의 빠른 발전을 가속화 시켰다. 그러나 눈여겨봐야 할 부분은 시사를 비판하는 인사들은 역시 시사 출신의 지식인이었다는 것이다. 위에서 언급한 섭영종 외에도 진허곡(陳虛谷), 진봉원(陳逢源) 역시 그러하다. 따라서 시사에 대한 비판은 시사 내부의 병폐를 고치자 하는 자아 반성으로 봐야 할 것이다.

시사의 주류사상은 위에서 섭영종이 얘기한 '이민족 침략 반대'인 민족사상이었다. 소설가 오탁류(吳濁流)는 1927년 묘율(苗栗)의 시사인 율사(栗社)가 설립하는 과정을 회고하면서 그는 율사에 가입 후 구 지식인의 '한족으로서의 기개'를 알게 되었다고 말했다.[28] 그는 유운석(劉雲石) 선생의 시구 "백이와 숙제가 아사를 기꺼이 받아들인 것은 주나라의 좁쌀로 요기하는 것을 부끄러워했기 때문이다(夷齊餓死原甘餓, 恥把周家粟療飢)"[29]를 인용하여 구 시인들의 지조를 설명했다. 화이지변의 민족사상이외에도 유가의 '흥관군원(興觀群怨)'이라는 시 이론 중에 사회현실을 반영하는 사상도 일제시대 대만 시사의 중심사상이 되었다. 연아당은 「대만시승·자서(臺灣詩乘·自序)」에서 대만의 할양은 '비가강개(悲歌慷慨)'의 시풍을 조성했다고 말하면서 그가 이 책을 쓴 뜻은 시(詩)와 사(史)에 있다고 했다. "시(詩)이기도 하고

27) 葉榮鐘, 『臺灣民族運動史』(臺北, 自立晩報, 1971), 331쪽.

28) 吳濁流, 「回顧日據時代的臺灣文學」, 『黎明前的臺灣』 (臺北: 遠行, 1977), 47쪽.

29) 吳濁流, 「回顧日據時代的臺灣文學」, 42쪽.

사(史)이기도 하여 감흥을 자아낼 수도 있고 여럿이 어울릴 수도 있다. 이 책을 읽으면 변풍(變風)과 변아(變雅)를 느낄 것이다. [변풍, 변아는 시경 중 난세에 관한 작품이다]"[30] 일제시대 신죽(新竹)의 시인 왕송(王松)은 「대양시화(臺陽詩話)」에서 유학의 시학(詩學)을 크게 드높였다. 예를 들면 그는 다음과 같이 말했다. "시의 도리는 사람의 선악, 풍속의 후박, 정치의 득실, 국가의 흥망을 알 수 있다. 칭찬과 풍자가 다 들어 있어 듣는 사람은 경계할 수 있고, 말하는 사람은 죄가 없다. 그러므로 고대에는 민간의 시가를 수집하는 제도가 있었다."[31]

만약 서당과 시사가 유가 사상 중 인문 교화의 대전통을 계승했다면, 신당과 사당은 유학의 영향 하에 민간종교의 성격을 가진 소전통을 계승했다고 말할 수 있다. 신당은 미신을 이용하여 유가사상을 널리 알렸고 사당은 선조숭배의 방식으로 유가의 효도, 제사 등 가정 윤리를 드높였다.

대만이 할양되기 전에도 이미 신당[鸞堂]은 있었지만, 그 수는 많지 않았다. 오히려 일본 통치시기에 더 크게 성행하였다. 「중수대만성통지(重修臺灣省通志)」 제3권의 「住民志·宗教編」에 수록된 "유종신교란당개황표(儒宗神教鸞堂概況表)"[32]에 따르면, 217곳의 신당 중 두 곳은 청대에 설립한 것이고 60여 곳은 일제 치하에 설립되었다. 그리고 대부분은 광복 후 설립되었는데 이는 물론 일본의 억제가 더 이

30) 連雅堂, 『臺灣詩乘』, (臺灣銀行經濟硏究室臺灣文獻叢刊 제64종, 1960).

31) 王松, 『臺陽詩話』, (臺灣銀行經濟硏究室臺灣文獻叢刊 제34종 1959), 14쪽.

32) 臺灣省文獻會臺版 (1992), 953-965쪽.

상 없었기 때문이다. 란당(신당)이 '유종신교(儒宗神教)'라는 간판을 내세운 것은 황민화 운동이 시작된 해, 즉 1937년 이었다. 이 해에 유명한 무당 양명기(楊明機)가 「유문과범(儒門科範)」을 편집하면서 '유종신교(儒宗神教)'라는 명칭을 사용했다.[33] 그 교의는 무엇일까? 대중(台中) 성현당(聖賢堂) 당규의 첫 번째 조항에서 그 취지를 잘 요약하였다. "본당은 유(儒)를 종(宗, 근본)으로 하고 신(神)을 교(教, 가르침)로 삼는다. …… 효제충신을 입신의 근본으로 삼고 예의염치를 수신의 근본으로 한다."[34]

신당과 일본 당국의 갈등은 신당이 강신(신내림)을 통해 민중들이 아편을 끊을 수 있도록 돕는 데에서 비롯되었다. 이것이 일본의 아편 전매 이익과 충돌되기 때문이다. 왕세경(王世慶)의 연구에 따르면 대만이 할양 된지 3년이 되던 1897년에 대만 사람들은 광동에서 누군가가 강신을 통해 아편을 성공적으로 끊어다는 소식을 접하고 다음해에 광동 무당 다섯 명을 초청하여 대만에서 시범을 보이도록 하였다. 결과적으로 구궁임장(九芎林莊)의 아편중독자 수십 명이 금연에 성공하여 강신을 통해 아편을 끊는 열풍이 한때 대만 각지에서 성행하였다. 1901년 일본은 신당을 단속하기 시작했고 특히 민중이 아편을 끊을 수 있도록 돕는 신당에 대해서는 더 적극적인 단속을 펼쳤다.[35]

아편을 끊는 문제뿐만이 아니라, 일본 당국의 문헌 기록에 따르면 신당에도 당시의 정치상황을 비난하는 언론이 흘러 나와 식민당국

---

33) 王見川, 「臺灣鸞堂的起源及其開展」, 李豊楙編, 『儀式, 廟會與社區』 (臺北: 中研究文哲所, 1996)에 수록, 155쪽.

34) 『重修臺灣省通志』 卷3, 『住民志·宗教篇』, 948쪽.

35) 王世慶, 「日據初期臺灣之降筆會與戒煙運動」, 『臺灣文獻』제37권 4기(1986) 참조.

의 불만을 야기하기도 했다. 1920년대에 완성한 『대만문화지(臺灣文化志)』의 기록에 따르면, 당시 신당은 "신이나 부처를 숭배하는 명분 아래 신령을 통해 아편, 도박, 도적질을 하지 말라는 훈계를 전달하여 사회 풍기에 도움은 된다. 하지만 간혹 국정을 간섭하는 요언(妖言)을 남발하고 이것으로 민심 현혹시켜 그 병폐가 심하다."[36] 즉, 신당에서도 반일 언론이 있었으며 일본 당국이 '요사스러운 말'이라는 표현까지 썼다는 것이다.

사당(祠堂)은 유가사상을 보존하는 또 다른 민간 거점이었다. 사당이 민간에 널리 보급된 것은 원래 송나라의 성리학과 관련이 있었다. 선진(先秦)시기 종가의 제사를 하는 것은 귀족에게만 국한되었지만 양한(兩漢) 이후 서서히 호족, 부유한 가문도 가능해졌다. 일반 백성 가정의 사당은 송대에 처음으로 시작되었다. 주희(朱熹)의 「가례(家禮)」에서 다음과 같이 규정했다. "군자가 큰일을 도모하고자 한다면, 먼저 사당을 침소 동쪽에 세워야 한다." 게다가 "재해가 일어났을 때 먼저 사당을 구한다. 신주(神主)와 유서(遺書)를 옮기고 그 다음 제사용품을 옮기며 그 다음에 집안 재물이다."[37] 그리고 주자가 말하는 "군자"를 통해서 알 수 있듯이 성리학사상에서 사당의 설립은 더 이상 신분계급의 상징이 아니라 군자의 덕을 보여주는 것이었다.

남송이후 사대부 가문은 너 나 할 것 없이 주자의 「가례」를 따라 고조부, 증조부, 조부, 부친 4대 선조의 위패를 모시는 사당은 침실

---

36) 伊能嘉矩, 『臺灣文化志』中卷 (臺灣省文獻會), 253쪽.

37) 위에서 소개한 내용과 朱熹의 말은 劉黎明, 『祠堂, 靈牌, 家譜』(成都: 四川人民出版社, 1993), 14-15쪽 참조.

옆에 두었다. 송과 원나라시기 사당을 위해 '제전(祭田)'을 두는 습관이 생겼다. 이 또한 주자 「가례」의 가르침을 따르는 것이다. 명청 이후 사당은 점점 그 규모가 커져 마침내 집안에서 따로 분리되었다. 가끔은 조상의 무덤 옆에 나란히 세우기도 하였다.[38]

대만은 명청시대에 중국에 귀속되었다. 따라서 많은 한족들이 대만으로 이주했다. 그리고 자연스럽게 사당도 잇달아 건립되었다. 사당과 제전(祭田)은 가족의 공동재산이기 때문에 일제시기에 법치를 중시하는 일본 당국도 어쩔 수 없이 대만인에게 일본 본토에 없는 '제사공업(祭祀公業)'이라는 관련 법규를 제정하였다. 일본 고등법원 판사 아네하 쇼헤이(姉齒松平)는 저서에서 "제사공업은 고대 중국의 제전(祭田)제에서 유래된 것이다. 일본인에게는 그 설립을 금지하고 있다."라고 언급했다.[39]

일제 시기의 사당 중 가장 주목할 만한 것은 현재의 병동(屛東) 가동(佳冬) 지역에 지금도 우뚝 솟아있는 양씨종사(楊氏宗祠)이다. 양씨는 건륭시대 광동에서 대만으로 이주한 객가(客家)사람이다. 그러나 그들은 송나라 민남(閩南)의 대유학자 양시(楊時)를 선조 중의 한분으로 모시고 있다. 양씨는 식민지 기간 중반 무렵에 대규모로 사당을 재건하였다. 1919년에 첫 삽을 뜨고 4년 후인 1923년에 완공하였다. 건축물 중에서 가장 특색 있는 것은 사당 앞에 지어진 "태극양의지(太極兩儀池)"인데, 이 연못의 겉모습은 둥글고 중앙에 벽돌로 태극 모양을 건축하였다. 음양 양의 사이에 서로 물이 흐르도록 했으며 반

38) 위 단락은 劉黎明, 『祠堂, 靈牌, 家譜』, 15-17쪽 참조.

39) 姉齒松平, 『日據時期祭祀公業及臺灣特殊法律之研究』 (臺灣省文獻會, 1983), 1쪽.

원형의 갈아진 틈은 사당과 마주보게 하여 태극연못과 사당이 하나로 융합된 경관을 조성하였다. 대문에는 아래와 같은 대련이 새겨져 있다. "성리학의 근원은 송나라 때부터 이어졌고, 높은 벼슬의 업적은 명나라 때부터 빛났다.(理學淵源芳流炎宋, 相臣勳業卓著大明)"[40)]

일본 당국은 대만인들에게 1923년 1월 1일부터 새로 제사공업(祭祀公業)을 설립하지 못하도록 규정했다.[41)] 양씨종가의 사당은 이 시기에 세워졌으니 마치 무언의 항의인 듯 했다. 이 사당은 가족 제사를 성리학 전통에 귀속시켜 사람의 이목을 일신하게 했을 뿐 아니라 태극양의 연못으로 유가사상을 표현한 것은 아마도 유학사나 건축사에서 보기 힘든 최초의 시도였을 것이다. 일본인이 대만을 통치한지 28년이 되었을 때 양씨는 일본 당국의 허가한 '제사공업'의 법률적 보장 하에 특수한 건축 형태로 유가전통 중의 성리학사상을 보존한 것은 일본 식민지 시대 대만유학의 커다란 공헌이라고 할 수 있다.

4. 신구 융합의 시도

대만은 1911년 신해혁명 이후 차츰 문화의 새로운 단계에 접어들었다. 이 해 양계초가 대만을 방문하여 대만 문화계의 대표인물인 임헌당(林獻堂), 임유춘(林幼春) 등과 심도 깊은 대화를 나누었다. 이 대화에서 양계초는 그들에게 "문인(文人)으로만 생을 마감해서는 안

---

40) 위에서 서술한 것은 본인이 대만대학에서 개설한 '臺灣文學' 강좌에서 楊麗雪 학생의 현지조사보고 「佳冬鄉楊氏宗祠」 참조.

41) 姉齒松平, 『日據時期祭祀公業及臺灣特殊法律之硏究』, 2쪽.

된다. 반드시 정치, 경제, 사회사상을 연구하는데 노력해야 한다."라고 말했다.[42] 임헌당과 동시대를 살았던 연아당 역시 양계초의 환영모임에 참가했다. 그러나 연아당은 손문의 국민혁명을 지지하고 있었다. 국민혁명을 지지하는 구 시인은 연아당 혼자만은 아니었다. 1913년 발발한 묘율(苗栗)사건은 황화강(黃花岡)의거에서 한차례 죽음의 고비를 넘긴 혁명당원 나복성(羅福星)이 주동했다. 오탁류(吳濁流)는 그가 참가한 율사(栗社)에 오아재(吳雅齋)라는 노시인이 있었는데 나복성과 함께 묘율(苗栗)사건을 계획했다는 이유로 9년 동안 감옥에 갇혀 지내야 했다고 회고했다.[43] 대만의 전통 문인들의 신학에 대한 관심도는 청나라 말기 이래 중국대륙의 문인들과 같았다고 판단할 수 있다.

일본 당국이 신식학교를 설립하여 전통서당을 대체시키려는 조치는 문인들을 새로운 사조로 전향시키는 요인 중 하나였다. 1920년대 전후 많은 대만학생들이 일본으로 유학갔다. 이 청년들은 일본을 통해서 유럽과 미국의 사상을 받아들였고, 또한 일본에서 많은 중국대륙의 청년들과 서로 소식을 교류하면서 조국의 새로운 동향을 접하였고 심지어 대륙으로 건너가 직접 중국의 건설에 참여하는 사람도 있었다. 일본유학에서 돌아오거나 대만, 중국, 일본 세 곳을 전전하는 대만 청년들은 20년대 대만 신문화운동의 서막을 열었다.

1920~30년대에 활약한 문화계의 지식인 가운데 대다수는 전통학문의 영향을 받았다. 일본인이 한문화를 제지할 때 이들이 앞잡이가 되어 자신의 문화를 폄하할리는 없었다. 오히려 신구문화 융합에

---

42) 葉榮鐘,『臺灣民族運動史』, 10쪽.

43) 吳濁流,「回顧日據時代的臺灣文學」, 42쪽.

힘쓰는 경향이 있었다. 이러한 시도는 비록 큰 성과를 거두었다고는 말할 수 없지만 대만 유학이 이 특수한 시대에 처한 특수한 경험을 반영한 것이다.

1921년 "대만문화협회"의 성립은 대만 문화사의 이정표라고 할 수 있다. 문화협회의 창시자와 지도자 임헌당(林獻堂), 임유춘(林幼春), 채혜여(蔡惠如) 등은 일제시기 가장 중요한 시사인 역사(櫟社)의 사장과 구성원이었다. 문화협회를 발기 할 때의 「지취서(旨趣書)」 중에 다음과 같이 공자의 말씀을 인용하면서 자신의 입장을 설명하였다. "덕을 닦지 못하고, 학문을 익히지 못하며, 의를 듣고도 실행하지 못하고, 선하지 않은 것을 고치지 못함(德之不修, 學之不講, 聞義不能徙, 不善不能改)이 세상 사람들이 걱정해야 하는 바이다."[44] 따라서 문화협회는 강연[講學]의 방식으로 그들의 활동을 전개하였다.

문화협회의 사업 중 '하계학교 개설', '체육 장려', '여성인격 존중', 영화상영, 음악회 개최, 문화 연극회[45] 등은 신문화 활동에 속해 있었다. 하계학교에서 개설하는 과목은 비록 대다수가 신학문이었지만, 전통문학도 포함되었다. 예를 들어 1924년 연아당은 '대만통사'를 강의했고, 1925년 진허곡(陳虛谷)은 '효도', 임유춘(林幼春)은 '중국고대문명사'를 개설하였다. 그리고 1926년 임유춘은 또 '중국학술개론'을 개설하였다.[46] 임유춘의 두 강좌는 모두 새로운 관점에서 옛 전통을 논하고자하는 의도가 있었다. 그러나 안타깝게도 이 두 강좌와 진허곡의 '효도'의 강연 원고가 남아있지 않아 그 내용을 자세

44) 葉榮鐘, 『臺灣民族運動史』, 286쪽.
45) 葉榮鐘, 『臺灣民族運動史』, 294쪽.
46) 葉榮鐘, 『臺灣民族運動史』, 299-300쪽.

히 살펴볼 수가 없다. 하지만 연아당의 「대만통사」는 60만자의 대작이다. 이 책은 중국의 마지막 사전문학(史傳文學)이기 때문에 2000여 년 동안 중국 경사자집(經史子集)의 중요한 전고와 어휘가 함께 잘 어울러 진 전통문학을 집대성한 작품이다. 그러나 이 책에는 여전히 식민을 반대하는 민족주의 사상 및 주권개념 같은 새로운 시대의 깨우침도 다소 포함되어 있다. 반 이민족 사상은 연아당의 저서에서 흔히 찾아 볼 수 있다. 그는 전통적인 화이지변에서 현대의 민족주의 사상으로 넘어가는 과도기를 거쳤고 주로 손문의 혁명에서 깨달음을 얻었기 때문이다. 그가 약간 수정한 정성공(鄭成功)의 「네덜란드 수장에게 고하는 서한(告荷蘭守將書)」에서 주권개념에 대한 인식을 다음과 같이 보여줬다. "대만은 중국의 토지다. 오랫동안 귀국(네덜란드)에게 점령당했다."[47] 이것은 명청시대의 문헌에 기재되어 있는 것과 확연히 다른 표현으로[48] 연아당이 '주권'이라는 개념으로 대만의 지위를 설명하려고 했다는 것을 보여준다.

사마천(司馬遷)의 『사기』는 공자의 춘추 사학의 정신을 계승하였고[49] 연아당은 이 전통 안에서 『대만통사』를 집필했다. '화이지변'과 "춘추의 대의에 따르면 나라의 원수는 9세가 지나도 복수를 잊으면 안 되고, 초나라는 망하고 3가구만 남았어도 복수는 할 수 있다(春秋之義, 九世猶仇, 楚國之殘, 三戶可服)"라는[50] 춘추의 대의를 주장하면서

47) 『臺灣通史·開闢記』, 19-20쪽.

48) 『臺灣通史』에 기록된 정성공의 「告荷蘭守將書」와 명청 문헌 간의 차이는 陳昭瑛, 「明鄭時期臺灣文學的民族性」, 『中外文學』 22卷 4期(1993) 참조, 이 글은 현재 『臺灣文學與本土化運動』(臺北: 正中書局, 1998)에 수록됨.

49) 사마천 사학의 유학적 성격에 대해서는 徐復觀, 「論史記」, 『兩漢思想史』(臺北: 學生書局, 1979) 참조.

50) 連雅堂이 신해혁명 성공했을 때 지은 제문 「告延平郡王文」에서 인용함. 『雅堂文集』,

그는 사마천과 마찬가지로 공자가 말한 "자기 뜻을 굽히지 않고, 자기 몸을 욕되게 하지 않는다(不降其志 不辱其身)"라는 사상을 인물 전기를 저술하는 준칙으로 삼았다.[51] 『대만통사』는 유가 사학의 성과를 나타냈을 뿐만 아니라 전통 사학이 신학문으로부터 새로운 관념을 받아들이는 초보적인 시도를 보여주었다.

문화협회의 주요 간부 왕민천(王敏川) 역시 신구를 융합한 인물이다. 그는 전통학문을 공부하였지만 일본 와세다 법과대학을 졸업하였고 오랫동안 「대만청년(臺灣青年)」, 「대만민보(臺灣民報)」의 편집과 저술을 담당했다. 1925년 겨울 문화협회는 대만에서 문화 강좌를 개설하였는데 기획자 장위수(蔣渭水)는 일본경찰의 감청과 단속에 항의하기 위해 일부러 왕민천(王敏川)를 초청하여 강단에 앉아 논어를 강의하도록 했는데 한 달 넘게 지속되었다. 수강생들은 이 강의는 일본경찰에 대한 항의라는 사실을 잘 알고 있었기 때문에 비록 찬 바람이 불고 쌀쌀한 겨울밤이었지만 제시간에 참석해 격려해주었다.[52] 안타깝게도 왕민천(王敏川)처럼 활약한 운동가는 저술을 사명으로 삼지 않았다. 그래서 당시의 강의 원고는 남아있지 않다. 왕민천이 유가 사상에 대한 생각은 그가 치경사건(治警事件)으로 인해 수감됐을 때 쓴 시에서도 어렴풋이 알 수 있다. 「옥중잡영(獄中雜詠)」의 세 번째 시는 다음과 같다. "감옥의 문이 쉽게 열리지 않을 것을 알고, 독서 정좌(靜坐) 하며 의심을 버린다. 마치 선현들의 눈앞에서 말

115쪽.

51) 陳昭瑛, 「連雅堂『臺灣通史·吳鳳列傳』中的儒家思想」, 『第二屆中國近代文化的解構與重建: 連橫』會議論文 (政治大學文學院主辦, 1997) 참조. 이 글은 현재 『臺灣儒學: 起源, 發展與轉化』에 수록됨.

52) 葉榮鐘, 『臺灣民族運動史』, 306쪽.

하는 것 같고, 천추의 인재에 탄복한다.(自料藩籠不易開, 讀書靜坐屏疑猜, 分明恍若諸賢語, 拜服千秋有俊才)" 또 시의 마지막에 "그때 중국철학사 읽고 있었다.(時讀中國哲學史)"라는 주석을 달았다.[53] 우리는 유학이 항일 운동의 사상적 자원일 뿐 만 아니라 감옥 안에서도 사람들에게 위로가 된다는 사실을 알 수 있다. 물론 유학의 도리를 깊이 깨닫는 사람만이 유학에서 고난에 대한 위로를 받을 수 있다.

왕민천의 저서 중 가장 구체적으로 유학사상을 표현 것은 「서방교육혁신론(書房教育革新論)」일 것이다.[54] 이 저서에서 "공자의 도"에는 "사람의 인격을 양성하여 사회를 아름답게 할 수 있는 기능이 있다"고 강조했다. 따라서 서당을 폐지해서는 안 되며 혁신이 필요하다고 주장했다. 또 그는 구학(舊學)을 위해 힘 있는 변호를 했다. "신구라는 것은 시대를 근거로 구분할 수 있는 걸까, 옛것을 구(舊)로 본다면 지금의 것은 신(新)이겠는가? 그러나 지금 우리는 선조들보다 우수하다고 할 수 있을까? 주나라는 비록 옛 왕조지만 그 명은 새롭다. 공맹(孔孟)의 도는 비록 옛것이지만 새롭다. 과학을 연구하는 자가 반드시 경사(經史)를 연구하는 자를 이기는 것은 아니다. 신구와 우열의 판단 기준은 진정 무엇인가? 시대에 적응한다면 구(舊)여도 뭐가 해로운가? 시대에 적응 못하면 신(新)이어도 뭐가 이로운가?" 그럼, 유학은 시대에 무슨 유익함이 있는가? 왕민천은 대만 사회를 "교만하고 사치스러운 풍조로 가득하다"라고 여겨 공맹의 가르침으로 바로잡고 함양할 필요가 있다고 생각했다. 서당은 유학의 근거지였다. 그래서 왕민천은 서당의 혁신의 길에 대해 언급했다. 예를 들면 뜻도 모르고 암기하지 말고, 도리를 명확히 말할 수 있어야 하며, 학생

53) 葉榮鐘, 『臺灣民族運動史』, 279쪽.

54) 이 글은 『臺灣青年』4卷1期 (1922年 1月)에 간행됨. (臺灣: 東方文化書局複印本, 1973).

들의 문구에 대한 이해를 증가시켜야 한다. 그림과 표본을 이용하여 학생들의 상상력을 불러일으켜야 한다. 그리고 옛 선조들이 학습에 방해된다는 소설을 이용하여 경(經) 사(史)를 배우는데 사용한다. 이러한 것들이 모두 새로운 의미가 있는 견해이며 왕민천이 유학에 대한 고심을 충분히 볼 수 있다.[55]

5. 조국으로 돌아가거나 혹은 지하로 숨다: 1937~1945

1937년 중일전쟁이 발발하고, 황민화 운동이 전개되면서 유학의 운명은 설상가상의 상황에 놓이게 되었다. 1941년 태평양 전쟁이 발발하자 대만은 소위 황민, 황군(皇軍)을 상징하는 대화혼(大和魂) 정신에 휩싸이게 되었다. 1943년 역사(櫟社)의 두 번째 시집은 "현재의 비상시국과 맞지 않는다."라는 이유로 몰수당했다.[56] 역사(櫟社)의 유학적 색채는 적어도 두 가지에서는 알 수 있는데 첫째, 1921년 역사(櫟社)에서 "역사(櫟社) 20년간 제명비(題名碑)"를 제작한 것이다. 이 제명비는 지금도 대만의 무봉(霧峰) 래원(萊園)에 우뚝 서있다. 제명비의 왼쪽에는 "대정십년 신해중추(大正十年辛亥仲秋)"라고 새겼는데 이것은 일본인에게 대응하기 위한 것이고, 오른쪽에는 "공자 탄생 2473년(孔子降生二千四百七十三年)"이라는 글을 새겨 항의의 뜻을 나타냈다. 두 번째는 1931년 역사(櫟社) 30년을 기념하기 위해 시를 새긴 종(鐘)을 만들었다. 제막식 때 종을 세 번 쳤는데 다음과 같은 축사를 했다.

55) 王敏川의 사상에 대해, 본서 제7장에서 상세히 다룰 것임.

56) 葉榮鐘, 『臺灣人物羣像』(臺北: 時報, 1995), 149쪽.

"첫 번째는 가운데를 치며 중부지방(대만의 중부)의 문풍이 성하기를 기원하고, 두 번째는 왼쪽을 치며 좌도사설(左道邪說)이 사라지기를 기원하고, 세 번째는 오른쪽을 치며 '문'을 숭상하고 '유'를 회복(右文恢儒)하는 것을 기원한다."[57] 역사(櫟社) 2세대 인물 장수승(莊垂勝), 섭영종(葉榮鍾)은 역사(櫟社)와 대만문화협회에서 성장한 사람들로 두 사람은 광복 후 당대 유학자 서복관(徐復觀)의 참된 벗이 되었다. 그들이 서복관의 친구가 될 수 있었던 건 유학적 교양을 가지고 있었기 때문이다.[58]

황민화(皇民化) 운동 기간 동안 조국으로 돌아간 대만 담수(淡水)지역 사람 강문야(江文也)는 40년대 초에 주목할 만한 유가의 음악론에 대한 견해를 내놓았다. 강문야는 1936년 중국을 방문하였는데 그는 『상해에서 북경까지(從上海到北平)』[59]라는 책에서 조국과의 첫 만남을 오랫동안 헤어져 지낸 연인이 재회하는 것 같이 떨리는 마음이라고 적었다. 양유빈(楊儒賓)은 근작에서 이러한 마음은 식민지라는 특수한 경험에서 나온 것이라며 다음과 같이 말했다. "중국은 마치 마술피리처럼 식민지 치하에 있는 대만 지식인들의 마음을 사로잡았다."[60] 이번 방문에서 강문야는 북경 공묘(孔廟)에 진열한 악기에 관심이 많아 다음과 같은 글을 쓰기도 했다. "유가는 인간을 만들기

---

57) 博錫祺, 『櫟社沿革誌略』, (臺灣銀行經濟研究室臺灣文獻叢刊 제170종, 1963), 36쪽.

58) 세 사람의 교제에 관해서는 陳昭瑛, 「當代儒學與臺灣本土化運動」, 『當代儒學第三次研討會』(臺北: 中研院文哲所主辦, 1995) 참조. 이 글은 현재 『臺灣文學與本土化運動』에 수록됨.

59) 이 글은 劉麟玉이 일본어로 된 원문를 번역하여 1995년 7월29일부터 聯合報 副刊에 6일간 연재하였다.

60) 楊儒賓, 「江文也論孔子」, 『第一屆臺灣儒學研究國際會議』(臺南: 成功大學中文系, 孔廟合辦, 1997).

위해 얼마나 음악을 중시했는가!"[61)]

1938년 강문야는 일본에서 북경으로 건너갔다. 사범대학 음악학과 작곡교수로 임용된 그는 1939년부터 1949년 동안 「공묘대성악장(孔廟大成樂章)」을 완성했다. 그리고 1942년 『중국고대정악고(中國古代正樂考)』를 일본어로 저술해 일본에서 출판하기도 했다.[62)] 강문야가 대륙에 머물던 시기에 대만은 황민화 운동에 접어들었다. 우리는 그가 대만에 돌아가지 않은 이유가 이 운동을 피하기 위해서라고 확정 지을 수는 없지만 적어도 조국이 일본 점령 하에 있는 고향보다 그에게 훨씬 더 매력적이며 재능을 발휘할 수 있는 기회를 제공했다고는 확신할 수 있다. 양유빈은 「정악고(正樂考)」의 기본 사상을 "인민의 목소리와 인악(仁樂)이 일체를 이루고, 대악(大樂)과 천지(天地)가 같이 어울린다." 등 두 가지라고 설명한다. 강문야는 공자의 음악론에는 정치적, 심성(心性)적, 형이상적 세 가지 면을 갖추고 있다고 생각했던 것이다.[63)] 그러나 이 글은 중국어가 아닌 일본의 식민지를 겪었던 대만인이 일본어로 쓴 것이었다. 비록 외국어로 작성되긴 했지만 저자의 공자에 대한 이해는 외국 학자들과 비교할 수 없다. 식민지를 겪어봤던 특수함은 강문야가 저술한 이 책의 내용을 더욱 더 풍부하게 했다.

1943년에서 1945년은 전쟁이 가장 치열했던 시기이자 대만사람이 처한 상황이 가장 힘들었던 시기이다. 그러나 오탁류(吳濁流)는 이 시기에 생명의 위험을 무릅쓰고 「아세아의 고아(亞細亞的孤兒)」라는 책을 저술했다. 이 책은 소설 형식으로 어릴 적부터 유가교육의 영

61) 주58의 글 참조.

62) 韓國璜, 「江文也的生平與作品」,『現代音樂大師: 江文也的生平與作品』(合著) (臺北, 前衛, 1988), 24-25쪽.

63) 楊儒賓, 「江文也論孔子」.

향을 받은 지식인 호태명(胡太明)의 성장과정을 묘사한 책이다. 호태명(胡太明)이 어릴 적 다녔던 운제서원(雲梯書院)에는 "큰 나무는 새로운 이슬에 물들지 않고, 운제서원은 여전히 옛 가풍을 고수한다.(大樹不霑新雨露, 雲梯仍守舊家風)"이라는 대련이 있었는데 여기에는 중국문화가 일본인의 새로운 학문에 물들지 않을 거라는 의지가 숨겨져 있었다. 일본인은 일찍이 일본 문학을 교육해야만 민간 서당을 보조할 수 있다는 조건을 제시했기 때문에 이 대련에는 일본인과 타협하지 않겠다는 입장을 드러냈다. 호태명(胡太明)은 전반적인 정세가 점점 전쟁으로 치닫고 있을 시기, 그의 마음은 도가의 무위자연의 심경에서 유가사상으로 바뀌었다. 항일 전쟁 전야 그는 「춘추」를 읽었고,[64] 황민화 운동시기에는 「묵자」, 「맹자」를 읽었다.[65] 널리 퍼져있는 대화혼(大和魂) 정신은 그를 숨 막히게 했다. 그래서 그는 중국대륙으로 건너가 항일전쟁에 참가하기로 했다. 그는 대만을 몰래 빠져 나가기 전 일본인의 이목을 피하기 위해 미친 척하고 관우(關羽)의 모습을 분장하여 벽에다 시를 적었다. 관우는 무성(武聖)으로 중국의 전쟁의 신이자 충의의 화신이다. 그가 관우 모습으로 분장한 이유는 항일운동에 참가하겠다는 결심을 나타낸 것이다. 제벽시(題壁詩)에서 다음과 같이 말했다. "뜻을 천하에 둔 선비가 어찌 천민이 되겠는가? 포악한 진시황을 암살하는 열사는 지금 어디 있는가? 영웅은 가끔 꿈속에 나타나네. 민족혼은 결코 불멸하니 언젠가 이 몸을 던지리라.(志爲天下士, 豈甘作賤民? 擊暴椎何在? 英雄入夢頻. 漢魂終不滅, 斷然捨此身)"[66] 이 시에서 한족의 입장과 유학의 입장을 아주 명확하게 밝혔다. 이

64) 『亞細亞的孤兒』(臺北: 遠景, 1993), 156쪽.

65) 『亞細亞的孤兒』, 199쪽.

66) 위의 책, 278쪽.

책은 광복 후에야 발표되었는데 일제 통치 말기에 유학이 지하에서 일본인에게 계속 대항했던 노력을 보여주고 있다.

본 논문은 1997년 6월 싱가포르 국립대학이 주관하는 "儒學과 세계문명" 국제회의에서 발표하였고, 그 회의의 논문집에 수록되었음.

제4장

연횡(連橫)의 『대만통사(臺灣通史)』와 청대의 공양(公羊)사상

1. 머리말

연횡(連橫, 1878-1936)의 『대만통사』는 일제 치하의 대만에서 완성되었다. 그 저작연대는 1908년부터 1918년이다.[1] 이 책은 아마 중국의 고문 전통 중에서 역사와 문학을 결합한 마지막 사전문학(史傳文學)일 것이다. 또한 이 책은 중국이 이민족에게 할양한 지역, 즉 정치적으로 이미 중국의 영토가 아니었던 지역에서 출판된 것이다.[2] 일본이 대만을 차지해 식민지로 삼은 것은 일본의 '탈아입구(脫亞入歐)'라는 방대한 계획의 일환이었다. 즉, 대만을 이용해 식민주의자와 제국주의자로서의 능력을 평가하는 시험장으로 삼았던 것이다. 이 때문에 『대만통사』의 저술은 비록 그 근본은 전통적인 '춘추(春秋)'의 역사학이었으나, 반식민, 반제국주의라는 현대적 의의를 갖기도 한다.

---

1) 鄭喜夫編, 『民國連雅堂先生橫年譜』(臺北: 臺灣商務印書館, 1980), 63쪽, 117쪽.

2) 陳昭瑛, 「連雅堂的『臺灣通史』與儒家的春秋史學」, 『臺灣儒學: 起源, 發展與轉化』(臺北: 正中書局, 2000), 215쪽.

이런 전통사학사상을 반제국주의라는 현대 사상과 결합하기 위해 노력한 사람은 연횡이 유일한 사람은 아니며, 또한 첫 번째 사람도 아니다. 본문에서는 연횡보다 앞선 선구자적인 인물을 탐구하여 연횡을 청대 사상사의 맥락에 놓고 비교적 명확한 위치를 설정하고자 한다. 과거 연횡 및 『대만통사』와 관련된 연구는 대부분 연횡과 당시 중국의 관계를 설명하거나 연횡과 중국 혁명과의 관계에 국한하여 논술하는 등 대만인과 대만역사의 각도에서 논술하였다.[3] 본문에서는 연횡의 역사학의 지주(支柱)인 '종성(種姓)'사상과 '나라는 망해도 역사는 사라지면 안된다(國可滅, 而史不可滅)'는 사상[4]이 청대 중기와 말엽의 중국사상과 어떤 관계가 있는지를 분석하고자 한다. 이들 사상을 '공양사상(公羊思想)'에 포함한 것은 공양사상의 광의(廣義)적 해석을 취한 것이다.

청대 말엽의 공양사상을 연구한 대부분의 학자들은 청대 말엽의 사상가들은 전통 경전에 대해 더 이상 경문을 숭상하지 않았고 주(注)와 소(疏) 등의 전통형식을 자주 벗어났으며 경서(經書)의 뜻을 발휘하는 데 집중함으로써 새로운 시대의 날카로운 도전에 응수하려 했다고 보았다.[5] 그리하여 공자진(龔自珍)[6]은 공양사상으로써 당시의

---

3) 李雲漢, 「連雅堂與中國革命」; 黃季陸, 「連雅堂先生與祖國革命的關係」. 이 두 글은 모두 『連雅堂先生相關論著選輯』에 수록되어 있고, 이 책은 『連雅堂先生全集』에 수록됨. (南投: 臺灣省文獻委員會, 1992년).

4) 이 두 사상은 『臺灣通史·序』에 명확하게 표현되어 있다. (國立編譯館中華叢書, 黎明出版公司 發行, 1985), 15쪽. 연횡의 다른 저서에서도 이에 대해 여러 번 설명했다. 자세한 내용은 뒤에 다시 나온다.

5) Charlotte Furth著, 周婉窈譯, 「獨行孤見的哲人-章炳麟的內在世界」, 『近代中國思想人物論: 保守主義』(臺北: 時報出版公司, 1980), 118쪽. 孫春在, 『清末的公羊思想』(臺北: 臺灣常務印書館, 1985), 1~2쪽.

6) 梁啓超는 龔自珍과 魏源을 공양학자로 보고, 그들의 정신은 단지 경학을 연구하기 위

정치를 비판했고, 연횡은 공양사상을 이용해 통사(通史)를 편찬하기에 이르렀다. 연횡과 청대 공양사상의 관계는 이러한 측면에서 이해할 수 있다. 세부적인 사상에 대해서는 공자진은 연횡에게 결정적인 영향을 끼쳤다. 연횡이 재차 강조한 '역사는 사라져서는 안 된다'라는 사상은 바로 공자진의 가장 중요한 역사논저인 『고사구침론(古史鉤沉論)』에서 직접 발췌한 것이다. 비록 연횡이 이를 인용할 때 공자진의 이름을 언급하지는 않았지만 양자 사이의 관계와 연횡의 발휘에 대해서는 탐구할 만한 가치가 매우 크다.

연횡의 역사학의 또 하나의 중요한 지주는 '종성(種性)'사상이다. 『대만통사·자서(自序)』에서 연횡은 역사서 저술의 목적이 "종성을 발양(發揚)하는데 있다."라고 서술했다. 또 『대만통사』 전편에서 '종성'의 개념을 계속 드러냄으로써 『대만통사』의 민족사상은 많은 학자들의 연구 관심대상이 되었다.[7] 청나라 말엽은 중국의 민족사상이 왕성하게 발전하고 전통에서 현대로 들어서는 중요한 시기였다. 연횡은 바로 이 시기에 태어났고, 또 여러 차례 대륙에서 직접 경험했으므로 당시의 민족사상론자들과 뜻을 같이 하는 것은 당연했다. 청나라 말엽의 중국학자들은 제국주의의 군대가 국경까지 밀려

해 경학을 연구하는 이들과는 그 취지가 크게 달랐다고 주장한다. "후대 금문(今文)학을 연구하는 이들은 경술(經術)로써 정치를 논하기를 좋아했는데, 이는 龔魏의 영향때문이다." 梁啓超, 『淸代學術概論』(臺北: 中華書局, 1956), 55~56쪽. 錢穆 또한 상주학파 공양학의 중견인물이었던 공자진의 이러한 취지는 하나의 전환점을 형성했다고 본다. "常州學의 정신은 극에 달하면 반드시 옛 경학을 경시하고 정치상황을 중시하게 된다. 공자진이 이에 가깝다." 錢穆, 『中國近三百年學術史』 (臺北: 臺灣商務書局, 1980), 532쪽.

7) 처음으로 連橫을 주제로 쓴 석사논문은 盧修一의 『連雅堂民族思想之硏究』, 『連雅堂先生相關論著選輯』에 수록되었다. 이 책에는 연아당의 민족사상을 강조한 다른 글들도 여러 편이 있으나 제목과 작가를 일일이 열거하지 않겠다.

들어 오고, 국토가 '차(次)식민지'로 전락할 위기에 놓였음을 느끼자 곧 민족사상의 대의(大義)를 제창했다. 반면, 불행히도 이미 식민지로 전락한 대만의 유민(遺民)인 연횡이 어찌 민족사상에 대해 더욱 절실하게 느끼고, 더 강력하게 주장하지 않을 수 있겠는가? 청대 말엽의 수많은 인물 중에 '종성(種性)', '반만(反滿)', '광복(光復)' 등 사상에 있어 연횡과 가장 근접한 이는 아마 장태염(章太炎)일 것이다.[8] 이 두 사람의 민족사상은 전통성과 현대성을 함께 포함하고 있다. 장태염은 확고하게 반(反) 만주(滿洲) 입장을 고수했고, 연횡은 암암리에 반일(反日)의 목적을 숨기고 있었다. 이론구성 측면에 있어서는 두 사람 모두 '언어', '역사', '풍속'을 이용해 '민족'을 구분했다. 이 점 또한 두 사람이 주장한 '민족주의사관'이 어느 정도 현대적 성격을 갖게 해준 것이다.

2. '계절존망(繼絶存亡)'의 사관 - 연횡과 공자진(龔自珍)

연횡의 집안은 대대로 사학을 공부했다. 그는 『대만통사·효의열전(孝義列傳)·서(序)』에서 13세 때 그의 부친이 여문의(余文儀)의 『속수대만부지(續修臺灣府志)』를 그에게 사주며 "너는 대만 사람이니 대만의

8) 連橫, 龔自珍, 章太炎의 이름을 연결하게 되는 것은 우연이 아니다. 鄭吉雄은 다음과 같이 지적했다. "章太炎은 龔自珍에게서 큰 영향을 받았다. 龔自珍이 「尊史」를 저술했는데, 章太炎의 『訄書』에도 「尊史」편이 들어 있으며, 龔自珍의 「尊隱」에서 영향을 받아 章太炎은 『訄書』에 「學隱」편을 넣었다. 龔自珍은 경전에서 한 두 글자를 뽑아내어 그 개념을 해석하는 것을 즐겼다. …… 章太炎도 그랬다." 鄭吉雄, 『清儒名著述評』(臺北: 大安出版社, 2001), 295쪽.

일을 몰라서는 안 된다."라고 말했던 것을 회상했다.[9] 「과고거기(過故居記)」라는 글에서는 또 다음과 같은 회상의 글을 적었다. "선조들은 『춘추(春秋)』, 『전국책(戰國策)』, 『삼국연의(三國演義)』를 즐겨 읽었다. 거기에는 과거의 충의(忠義)와 관련된 일들이 적혀 있었다. 이렇듯 나는 집안에서 매우 큰 가르침을 받았다."[10] 물론 연횡이 역사학을 지업으로 삼게 된 중요한 원인은 집안의 가학(家學)이었기 때문이지만, 그의 특수한 역사관은 청대의 사학사상과 관계가 있다. 대만이 일본의 식민지가 되었을 때 연횡은 이미 18세의 성인이었다. 즉, 그의 학문과 수양은 청나라의 교육환경에서 기초를 닦은 것임을 알 수 있다. 일본의 통치가 시작한 다음 비록 양안(兩岸)이 분리되었으나 연횡은 수차례 대륙을 여행하며 대륙의 인사들과 뜻을 교류했으며 최후에는 상해에서 생을 마감했다. 그러므로 연횡을 단지 일제 통치하의 대만학자로만 본다면 연횡 사상의 중요성을 충분히 밝힐 수 없다. 청대 말엽에서 민국(民國)에 이르는 중국사상사의 맥락에서 광범위하게 연횡을 연구해야만 『대만통사』가 어떤 특수한 방식으로 청대 말엽의 공양사상에 공헌했는지를 알아낼 수 있다.

양계초(梁啓超)의 『청대학술개론(淸代學術槪論)』에서 공자진에 대한 사상적 평가는 그리 높지 않지만, 청대 말엽의 사상 해방과 관련해서 공자진이 보편적인 영향을 끼쳤다는 점은 인정하고 있다. 그는 다음과 같이 말했다. "청대 말엽 사상의 해방에 있어 공자진의 공이 크다. 광서(光緖)년간 소위 신학가(新學家)라는 사람들은 대부분 공자

9) 『臺灣通史』, 932쪽.

10) 이 글은 『雅堂文集』에 수록되어 있다. (臺北: 臺灣銀行經濟研究室 臺灣文獻叢刊 제208종, 1964), 87쪽.

진을 숭배했던 적이 있다."[11] 그 원인은 공자진이 "종종 공양(公羊)의 의미를 이용해 당시의 정사(政事)에 대해 충고하고, 또 전제(專制) 정치를 비판하고 배척했던"[12]것이 그 시대에 다소 맞아 떨어졌기 때문일 것이다. 공자진의 매력에 대해 양계초는 "처음 정암문집(定庵文集)을 읽으면 마치 번개를 맞은 듯 충격을 받을 것이다."[13]라고 표현했다. 연횡도 당연히 광서 년간의 다른 "신학가"들과 마찬가지로 공자진 숭배의 시기를 거친 인물이다.

공자진은 청대 중엽 상주학파(常州學派)의 중견인물이다. 상주(常州)의 공양학 계보는 다음과 같다.

장존여(莊存與, 1719~1788) → 조카 장술조(莊述祖, 1750~1816) → 생질 유봉록(劉逢錄, 1776~1829) → 제자 공자진(龔自珍, 1792~1841), 위원(魏源, 1794~1856)[14]

공자진과 위원은 상주학파의 전환점을 형성한 인물이다. 전목(錢穆)은 다음과 같이 말했다. "상주의 학문은 장존여에서 시작하여 유봉록과 송상봉(宋翔鳳)에 의해 정립되었으며, 또 공자진과 위원에 의해 전환점을 맞았다. 상주학(常州學)의 정신은 분명 공자진에게서 단서를 찾아야 한다. 어떤 점에서 그러한가? 상주학에서 말하는 학문이란 함축된 말로 경전의 대의(大義)를 밝히는 것 뿐 아니라 천도(天道)와 인간사(人間事)에도 통달하는 것이었으니, 그 귀착점은 반드시

11) 梁啓超, 『淸代學術概論』, 54쪽.
12) 梁啓超, 『淸代學術概論』, 54쪽.
13) 梁啓超, 『淸代學術概論』, 54쪽.
14) 孫春在, 『淸末的公羊思想』, 26쪽.

정사를 논하는 것으로 전환되어야 한다. 그렇지 않다면 어찌 『춘추(春秋)』를 연구하고 『공양전(公羊傳)』을 중요시 했겠는가? (좌씨전(左氏傳)은 사(事)을 위주로, 공양전은 의(義)를 위주로 적은 것으로 의를 기준으로 행동을 평가했다. 서한(西漢)의 공양가(公羊家)들은 모두 경술(經術)로써 정사를 이해했다.) 또한 장구훈고(章句訓詁)의 연구와 다를 바가 무엇이겠는가?"[15] 전목은 공자진을 매우 추앙했으며, 공자진은 건가(乾嘉) 고증학이 발전한 이래 용감히 정사를 논하는 '새로운 풍조를 일으킨 사람'이라고 생각했다.[16]

연횡에게 가장 깊은 영향을 준 『고사구침론(古史鉤沉論)』은 총 4편으로, 1825년에 쓰기 시작해 1833년에 완성되었다.[17] 즉, 아편전쟁 전야에 완성된 이 책은 그 본문에서 나라가 쇠락과 위기에 닥친 분위기를 느낄 수 있다. 연횡은 「대어고석서이(臺語考釋序二)」에서 「고사구침론이(古史鉤沉論二)」의 내용을 다음과 같이 인용했다.

> 아! 내가 선현에게서 들었으니, 다른 나라를 멸망시키려면 반드시 먼저 그 나라의 역사를 없애고, 남의 권력과 질서를 무너뜨리려면 반드시 먼저 그 권력의 역사를 없애며, 남의 재능을 막고 교육을 없애려면 반드시 먼저 그들의 역사를 없애라고 했다.[18]

여기서 말하는 선현이 바로 공자진이다. 연횡은 또한 다음과 같은 말을 인용해 서술했다.

---

15) 錢穆, 『中國近三百年學術史』下, 532쪽.
16) 錢穆, 『中國近三百年學術史』下, 533쪽.
17) 錢穆, 「中國近三百年學術史附表」,『中國近三百年學術史』下, 90쪽., 94쪽.
18) 「臺語考釋序二」, 『雅堂文集』, 37쪽.

내가 이미 대만어(臺語)를 정리했으나, 날마다 소멸되어 가는 것이 다시 걱정스럽다. 곰곰히 생각해보니 조심스레 경계가 되고, 또 그 슬픔을 말로 표현하게 된다. …… 묘족(苗族)이 중국을 혼란시키고, 흉노(匈奴)가 침범했던 사실, 오호(五胡: 匈奴, 鮮卑, 羯, 氐, 羌)가 난동을 부렸던 사실과 요금(遼金)과 서하(西夏)의 할거, 애신각라씨(愛新覺羅氏)의 성쇠 등 한 시대가 망하면 그 언어도 스스로 소멸된다는 사실을 나는 옛 사가(史家)로부터 알았다. 만약 언어가 소멸되지 않았더라도 거의 옛 서적 속에서나 볼 수 있고, 그저 후대 사람들이 연구자료로나 쓰고 있다. 아무리 생각하고 또 생각해보아도 우리 대만의 말이 소멸될 것을 두려워하지 않을 수 없구나![19]

역사적으로 볼 때, 연횡은 일제시대 일본이 동화정책과 일본어 사용정책을 시행하자, 대만어가 소멸될 것을 걱정하여 대만어를 정리하는 업무에 힘을 쏟게 되었다. 이 글의 마지막 부분에서 그는 다음과 같이 말했다. “예전에 나는 각종 문헌이 소멸되는 것이 두려워 『대만통사』를 저술했다. 오늘 또 이 책을 다시 편찬하는 것은 비록 큰 힘이 되지는 못하더라도 이 책으로부터 시작해서 정리, 추론하고 고양시키게 되면 이에 힘입어 민족정신이 사라지는 일은 없을 것이니, 바로 이 책은 옥산(玉山)에 떠 있는 구름이나 갑계(甲溪)에 흐르는 물과 같은 가치가 있다.”[20] 「대어고석서일(臺語考釋序一)」에서 그는 또 “나는 대만어가 갈수록 소멸되고 이로 인해 민족정신이 시들어가는

19) 「臺語考釋序二」, 『雅堂文集』, 37쪽.

20) 「臺灣考釋序二」, 『雅堂文集』, 37~38쪽.

것이 두렵다. 그러므로 나의 책임은 매우 막중하다."라고 썼다.[21)]

위 내용의 몇 가지 요점을 정리하자면,

(1) 연횡이 대만어 보존과 『대만통사』 집필을 계속한 것은 모두 '계절존망(繼絶存亡)'이라는 동기에서 시작되었다.

(2) 언어는 민족정신과 중요한 관계가 있다.

(3) 언어 자체에도 역사가 있으며, 나라 역사의 일부이기도하다. 이 때문에 언어는 남의 나라를 무너뜨리고자 하는 자들이 반드시 없애려고 하는 대상이 되었다.

공자진은 「고사구침론이(古史鉤沉論二)」에서 첫머리의 요지에서 다음과 같이 말했다.

주나라의 지식은 대부분 역사에 들어있다. 언어가 모두 역사에 들어있고, 문자가 모두 역사에 들어있으며, 인륜의 목록 또한 모두 역사에 나와 있다. 역사가 보존되면 주나라가 보존되고, 역사가 소멸되면 주나라도 사라진다.[22)]

이 말은 언어, 국가, 역사, 이 세 가지는 불가분의 관계에 있음을 지적하고 있다. 이 글은 분명 연횡에게 매우 큰 영향을 주었을 것이다. 공자진은 "공로와 죄과에 따라서 존망(存亡, 망하는 것을 보존시킴)과 절속(絶續, 단절되는 것을 연속시킴)이 정해진다."[23)]라고 말하며 역사가들이

21) 「臺灣考釋序二」, 『雅堂文集』, 37쪽.

22) 『龔自珍全集』 (臺北: 河洛出版社, 1975), 21쪽.

23) 『龔自珍全集』, 24쪽.

절속과 존망에 대한 책임을 가지고 있음을 지적했다. 또한 연횡도 문헌을 보존하는 것이 '자신의 책무'라고 생각했다. 공자진은 이어 "하늘에서 공자를 내리신 것이 주나라보다 늦지도 이르지도 않으니, 이는 존망(存亡)과 속절(續絶)에서 중추역할을 하게 하기 위함이다."[24] 라고 하며 '존망속절(存亡續絶)'이 공자 역사학의 정신이었음을 지적했다.

연횡은 역사와 민족의 관계에 대해 『대만통사·자서』에서 더욱 명확하게 밝혔다.

> 역사는 민족의 정신이자, 인류의 귀감이다. 각 시대의 성쇠, 풍습의 문명성과 야만성, 정권의 성공과 실패, 물질의 풍부함과 부족함 등이 모두 역사 속에 들어 있다. 문화수준이 있는 나라는 모두 그 역사를 중시했다. 옛사람의 말에 "나라는 멸망할 수 있으나, 역사는 소멸되지 않는다."라고 했다. 영(郢) 사람이 쓴 글을 연(燕)나라 사람이 잘못 해석해도 그 이름은 남기고, 진(晉)나라 역사서 『승(乘)』과 초나라 역사서 『올(杌)』에도 본받을 내용이 매우 많다. 그런데 대만에는 사서가 없으니, 어찌 대만인들이 슬퍼하지 않겠는가?[25]

옛 사람들의 "나라는 멸망할 수 있으나, 역사는 소멸되지 않는다." 라는 말은 공자진의 역사론에서 발전된 것이다. 연횡에게 대만에 역사서가 없다는 것은 어쩌면 망국의 고통보다 더 한 슬픔이었을 것이

---

24) 『龔自珍全集』, 24쪽.

25) 『臺灣通史』, 15쪽.

다. 이러한 근심은 그가 『대만시승(臺灣詩乘)』을 집필하는 동기가 되었다. 그는 「서(序)」에서 "나의 큰 근심은 우리에게 역사기록이 없다는 것이며 그 고통으로 인해 나는 이 글을 쓰게 되었다. 10년 동안 부지런히 통사를 쓰는데 종사하고 또 시간을 내어 시승(詩乘)을 완성했다."[26]라고 밝혔다. 연횡은 시(詩) 속에도 역사가 들어있을 뿐 아니라, "시는 곧 역사이며, 역사는 곧 시이기도 하다."[27]라고 주장했다. 이 또한 공자진의 견해와 유사하다. "역사를 제외한다면 언어도, 문자도 없다."라는 주장을 한 공자진은 다음과 같이 말했다. "『춘추』는 움직이는 역사를 기록한 것이고, 『풍(風)』은 백성들로부터 채집한 역사로서 그것을 책으로 엮어 사악(司樂)들에게 제공했다. 또 『아(雅)』와 『송(頌)』은 사대부들로부터 채집한 역사이다."[28] 연횡의 "시는 역사이며, 역사는 곧 시이다."라는 말과 『대만시승(臺灣詩乘)』을 "시이자 역사로서, 감흥을 불러일으킬 수도 있고 여럿이 어울리게 할 수도 있다."[29]라고 말한 것은 공자진의 표현보다 훨씬 종합적이다. 또한 문학사 중 창작방면에서도 방법론상의 계몽성을 갖추고 있다. 반면 이런 방법론이 시를 역사로 국한시킴으로써 시 본래의 문학성을 무시하게 되지 않았는지는 따로 고민해 볼 필요가 있다.

『대만통사』의 저술와 「고사구침론」의 저작연대 사이에는 반세기 정도의 차이가 있다. 이 반 세기 동안 일어난 거대한 변화에 대해, 공자진은 아편전쟁의 다음해(1841년)에 죽었기 때문에 그가 직접 목격한 것은 단지 그 서막에 불과했다. 그러나 연횡은 나라를 잃은 슬픔

26) 「臺灣詩乘 序」,『雅堂文集』, 33쪽.
27) 「臺灣詩乘 序」,『雅堂文集』, 32쪽.
28) 「古史鉤沉論二」,『龔自珍全集』, 21쪽.
29) 「臺灣詩乘 序」,『雅堂文集』, 33쪽.

의 절정을 직접 체험했다. 그러므로 공자진이 예언가와 같은 자세로 역사의 지혜를 말했다면, 연횡은 나라를 잃은 백성으로서 스스로 느낀 역사적 진수(眞髓)를 표현했다고 할 수 있다. 공자진이 역사론의 형식을 이용해 역사적 사유의 청사진을 묘사했다면, 연횡은 통사라는 웅대한 구조를 이용해 스스로 만족할 만한 역사의 왕국을 창조한 것과 같다. 즉, 연횡은 공자진의 역사이론을 실천에 옮긴 것이다. 이 때문에 어떤 각도에서 보든, 연횡 역사학의 성과는 청대 말엽 공양사상사에 있어 그냥 지나쳐서는 안된다. 연횡을 그것이 속한 사상적 계보로 회귀시켜 본다면 연횡의 학술적 위치는 더욱 분명해지고, 청대 말의 사상은 더욱 풍부해질 것이다.

3. '종성' 사상: 연횡과 장태염(章太炎)

장태염(章太炎, 1869-1936)은 장계(張繼)와 연횡의 친분 때문에 1927년 『대만통사』의 서언을 쓰게 되었는데,30) 이 일은 결코 우연이 아니었다. '종성(種性, 종족성)', '반만(反滿)', '광복(光復)', '민족사학' 등 사상에 대해 연횡과 장태염은 놀랄 정도로 닮았다. 장태염은 연횡보다 9살 위로, 청나라 말엽의 학계와 정치무대에서 이미 이름이 나 있었으므로, 장태염은 연횡의 선배로 볼 수 있다. 어쩌면 장태염의 '종성'사상이 연횡의 '종성'사상의 기원이 되었다고 말 할 수도 있다.

---

30) 連橫과 張繼는 친분관계가 깊다. 張繼는 1945년 일본 투항 후 새로 출판한 『臺灣通史』의 서(序)에서 "나는 예전에 章太炎선생에게 이 책에 서문을 써달라고 부탁한 적이 있다."라고 언급했다. (『臺灣通史』, 1쪽). 張繼는 일찍이 章太炎, 鄒容, 章行嚴 등과 의형제를 맺은 적이 있었다. 張繼와 鄒容은 모두 章太炎의 영향을 받은 이들이다. 連橫이 章太炎의 영향을 받는 것에 있어 굳이 張繼가 교량 역할을 하지 않더라도 끼리끼리 어울리게 되는 법, 連橫과 章太炎은 사상면에서 서로 가까웠음을 알 수 있다.

장태염의 핵심사상은 화하(華夏)민족을 중심으로 한 민족주의로서, 이는 많은 학자들의 공통된 견해였다.[31] 미국학자 펄스(Charlotte Furth)는 다음과 같이 말했다. "동시대의 많은 사람들에게 있어 장태염의 혁명운동에 대한 가장 중요한 이론적 공헌은 그의 민족주의 학설이다. 이것은 중국에서는 처음으로 민족주의 이데올로기(nationalist ideology)가 정식으로 표현된 것이다."[32] 이 말은 장태염이 근대 사상사에 있어 얼마나 중요한 위치에 있는지를 충분히 설명해준다. 더 구체적으로 말해보면, 장태염의 민족주의는 두 개의 큰 특색이 있으며 이는 연횡의 사상과 유사하거나 연횡에게 영향을 미쳤다. 그 중 하나는 장태염이 이론적 측면에서 '종성(種性)'사상을 구축했다는 것이며, 또 하나는 장태염이 '종성'사상을 반제국주의와 연결했다는 점이다. 이 두 특색은 모두 전통적 공양학에서 강조했던 '화이지변(華夷之辨)'의 사상을 돌파하였고, 이로써 현대의식을 갖춘 민족사상이 생겨나게 되었다.

연횡의 『대만통사·자서』에서 말한 '역사란 종성을 발양하는 것'이라는 견해는 연횡을 연구하는 많은 학자들이 즐겨 언급하는 내용

---

31) 章太炎의 사상을 한 마디로 정의내리기는 어렵다. 梁啓超는 그가 "단순한 종족혁명론을 제창했다."라고 말했다. (『淸代學術槪論』, 69쪽.) 郭湛波는 章太炎이 초기에 "種族革命思想"을 주장했다고 본다. (郭湛波,『近代中國思想史』(香港, 龍門書店, 1973, 269쪽., 273쪽). 李澤厚는 장태염은 문화적, 역사적 반만(反滿) 민족주의자라고 했다. (李澤厚,『中國近代思想史論』(臺北, 谷風出版社, 1986), 375쪽, 378쪽). 王汎森의 석사논문『章太炎思想之硏究』에서는 한 장(章)으로 그의 민족주의 사상을 설명했다. (臺大歷史所碩士論文). 吳蔚若의 「章太炎之民族主義史學」(李國祀等,『近代中國思想人物論: 民族主義』(臺北: 時報出版公司, 1980)에 수록됨)도 비슷한 글이다. 외국학자들도 주로 이러한 각도에서 章太炎을 평가했다. 일본학자 小野川秀美의 「章炳麟的排滿思想」(李永熾譯), 미국학자 펄스(Charlotte Furth)의 「獨行孤見的哲人-章炳麟的內在世界」(周婉窈譯),『近代中國思想人物論: 保守主義』(臺北: 時報出版公司, 1980) 등을 참조.

32) Charlotte Furth著, 周婉窈譯, 「獨行孤見的哲人-章炳麟的內在世界」, 111쪽.

이다. 장태염은 이에 대해 더 자세하게 서술했다. 그는 『검론(檢論)』에서 역사저술로써 '종성'을 보존하는 방식은 공자의 『춘추』로 거슬러 올라갈 수 있다고 했다. 장태염이 말한 "나라에 역사가 없으면 사람들이 근본을 이탈한다(國無史則人離本)", "역사가 멸망하면 국가성도 멸망한다(史亡則國性滅)", "불후의 말씀을 세우는 것은 중국의 종성을 보존하고 이민족을 멀리하기 위한 것이다(立言不朽, 爲中國存種性, 遠殊類)"[33], "국가성을 보존하고자 한다면, 오직 역사서에 의지해야 한다(欲存國性, 獨賴史書)"[34]등 견해는 연횡의 학설과 대체로 일치하다.

『박강유위논혁명서(駁康有爲論革命書)』에서 장태염은 자신의 종성사상을 제시했는데, 다음 두 가지를 주의할 필요가 있다. 우선, 그는 '종성'은 일종의 '선험적(先驗的)인' 본질에 가까운 것이라고 주장 했다. 그러나 '종성'이 시간의 흐름에 따라 '발달'할 수 있다는 점을 또한 부인하지는 않았다. 그는 "민족주의는 태고 원시인들의 시대에서부터 그 뿌리가 잠재되어 있었고, 오랜 시간이 흐른 지금에 이르러 발달하기 시작했다. 이것은 배우지 않고도 알 수 있는 선천적인 본능이다."[35] 이 대목을 볼 때, 그는 기본적으로는 종성사상의 본질론자인 동시에 구조론적 색채도 포함하고 있었다.

다음으로 눈여겨 볼 것은 그가 '정신(精神)'에 대해 강조했다는 점이다. 그는 "국가의 기초를 강하게 만들고자 한다면 문학의 기교에 의지해선 안되며, 그 속에 있는 정신을 생각하고 살필 줄 알아야한

---

33) 『檢論』卷2「春秋故言」,『章氏叢書』(臺北: 世界書局, 1958), 532~533쪽.

34) 『春秋左氏疑義答問』,『章氏叢書』, 1019쪽.

35) 『太炎文錄』2,『章氏叢書』, 732쪽.

다."[36]라고 말했다. 그 위아래 내용을 살펴보면 여기서 말하는 '정신'은 민족의 자아보존 정신을 가리키는 것이다. 연횡이 여러 번 강조한 '민족정신'도 바로 이런 의미이다.[37] 즉, 이민족의 통치를 받는 상황에서 '민족정신'이란 '자아보존(自我保存)'을 기본으로 하니 '확장(擴張)'과 결부될 수 없고, 이는 자위형(自衛型), 비침략형 민족주의이며 자위형 민족주의야 말로 민족주의의 참된 의미라고 그는 주장한다.[38]

그러나 이민족의 침략과 통치가 발생한 후에도 역사저술로만 종성을 보존하고자 한다면 소극적인 보존일 뿐이므로, 반드시 이민족을 내쫓고 원래의 나라를 회복해야만 효과적으로 종성을 보존할 수 있다. 이 때문에 장태염은 '복수(復讐)', '광복(光復)', '반만(反滿)'을 제창했다. 그는 다음과 같이 말했다. "예로부터 『공양(公羊)』과 『번로(繁露)』를 송독하고 따르며 한 글자, 한 마디를 모두 신성불가침한 것으로 여겼다. 오늘날에는 거기서 얘기한 9대의 원수에 대한 보복에 대해 논해야 한다."[39] 이 내용은 비록 만주인이 중국을 침략한 지 이미 9대가 지났지만 양주(揚州) 대학살과 같은 원수는 반드시 갚아야 한다는 것을 강조한 것이다. 이와 같은 이념을 바탕으로 연횡은 「고연평군왕문(告延平郡王文)」에서 신해혁명은 "9대의 원수를 갚은 것"이며, "중화의 광복"이라고 읊었다. 또한 이로써 반청복명(反淸復明)의 원대

---

36) 「駁康有爲論革命書」, 『太炎文錄』2, 『章氏叢書』, 738쪽.

37) 연횡은 『臺灣通史·自序』에서 "역사는 민족의 정신이자, 인류의 귀감이다."라고 말했다. 「臺語考釋序一」, 「臺語考釋序二」에서도 모두 "민족정신"을 언급했고 「上淸史館書」에서는 "역사는 민족의 정신이다."라고 했다. 모두 『雅堂文集』에 수록됨.

38) 陳昭瑛, 「明鄭時期臺灣文學的民族性」 第1節 「民族文學和馬克思主義」, 『臺灣文學與本土化運動』(臺北: 正中書局, 1998).

39) 「駁康有爲論革命書」, 『太炎文錄』2, 『章氏叢書』, 733쪽.

한 계획을 실현하지 못한 정성공(鄭成功)의 영혼을 위로하고자 했다. 이 글은 매우 훌륭한 글로 전문을 읽어볼 가치가 있다.

> 중화 광복의 해인 임자(壬子)년 봄 2월 12일, 대만의 유민(遺民) 연횡은 매우 공손하게 삼가 머리를 조아리고 절을 하며 연평군왕(延平郡王, 鄭成功을 가리킴)의 신위 앞에서 다음과 같이 아뢥니다. 오호! 만주인들이 중국을 혼란시켜 우역(禹域)이 멸망하였고, 석양이 천하를 덮치니 모두들 울며 하늘 끝만 바라보았습니다. 이에 왕께서 홀로 동도(東都)에서 만주인과 대항하여 22년이 되어서야 멸망하였습니다. 그 후 228년이 흐르고 우리 중화민족은 만주인을 내쫓고 민국(民國)을 세웠습니다. 비록 그 사이 많은 혁명지사들이 몸이 잘리고 피를 흘렸으나, 앞사람이 넘어지면 뒷사람이 그 뒤를 이어 나아가 마침내 성공을 알릴 수 있었습니다. 왕의 영혼이 묵묵하게 돌봐주었기 때문에 하늘의 소리를 사람들에게 펼 칠 수 있었던 것입니다. 『춘추』에서는 아무리 오랜 시간이 흘러도 복수를 할 수 있다고 했고, 초나라는 겨우 세가호(家戶)가 남았어도 다시 일어설 수 있다고 했습니다. 지금 오랑캐는 물러갔고 남과 북이 화합하여 천명에 따라 정치를 새롭게 세우고 그 성대한 걸음을 내돋고 있으니, 왕의 신령께서 계속 좌우에서 보살펴 주시기를 빕니다.[40]

만주인의 청나라가 대만을 일본에게 할양했고, 연횡은 이 때문에 망국의 고통을 경험해야 했다. 장태염이 역사 기록을 통해 느끼는

---

40) 『雅堂文集』, 115쪽.

"양주 10일 학살"의 원수[41]와 비교할 때, 연횡은 훨씬 더 깊고 분명한 고통을 절감했을 것이다. 그의 글에 나온 "『춘추』의 의(義)에 의하면, 9대가 흘러도 여전히 원수이다(春秋之義, 九世猶仇)."라는 말이 반만(反滿) 사상을 표현한 것이라면, "초나라는 망했으나, 세 가호(家戶)만 남아있어도 진나라를 뒤집을 수 있다.(楚國之殘, 三戶可復)"라는 말에는 반일 사상이 들어 있다고 볼 수 있다. 즉, 대만은 비록 작으나 반드시 광복을 이룰 것이라고 격려하는 것이다. '광복'은 장태염의 중요사상이기도 했다. 장태염은 추용(鄒容)의 『혁명군(革命軍)』을 위해 서문을 쓸 때 다음과 같이 말했다. "같은 민족을 공격하는 것은 혁명이라고 하며, 이민족이 빼앗아 가면 멸망이라고 한다. 같은 민족의 체제를 바꾸는 것을 혁명이라 부르고, 이민족을 쫓아내면 그것을 광복이라고 부른다."[42] 이러한 자신의 사상을 바탕으로 그는 손문을 반대하여 '광복회(光復會)'를 조직했다. (역주: 손문은 만주족을 같은 중화민족으로 규정함.)

장태염이 이론적 측면에서 구축한 '종성'사상은 연횡에게 매우 깊은 영향을 미쳤다. 장태염은 '종성'을 구성하는 세 가지 큰 요소는 '언어', '풍속', '역사'라고 생각하고 다음과 같이 말했다.

> 오늘날 혈기심지(血氣心知)를 갖춘 동물들 중에는 오직 인류만이 집단을 이루어 살고 있다. 집단을 형성하는 데에 가장 중요한 것은 국가를 건립하고 종족을 구분하는 것이다. 그 근거 조건은 언어, 풍습, 역사 이 세 가지인데, 세 가지 중 하나라도 없으면 국가

---

41) 「駁康有爲論革命書」에서 "양주 10일 학살의 일"이 언급되었다. 『章氏叢書』, 733쪽.
42) 「革命軍序」, 『太炎文錄·別錄』1, 『章氏叢書』.

> 나 종족의 싹은 자랄 수 없다. 러시아는 폴란드를 멸한 후 그들의 언어를 바꿨고, 투르크는 동로마를 멸한 후 그 풍속을 바꿨으며, 만주인은 중국을 점령하여 그 역사를 파괴했다. 역사가 파괴되자 후세 사람들은 명(明)의 유업(遺業)과 만주인의 악덕을 알 수 없었다. 이것이 우리 백성들의 발분과 자립을 막고, 그것을 주장할 근거를 없애버리려고 하는 것이 아니겠는가?[43]

'풍속'이란 것은 또한 역사 속에서 형성된 것이다. 장태염은 다음과 같이 말했다. "나는 민족주의가 농사일과 마찬가지로 역사서에 기록된 인물, 제도, 지리, 풍속 등을 이용해 물을 주어야 무성하게 자랄 수 있다고 생각한다. 그렇지 않으면 단지 민족주의가 귀한 것인 줄을 알 뿐 민족을 진정으로 사랑할 줄은 모른다. 나는 농작물이 누렇게 말라버리듯 민족주의도 그렇게 될까 두렵다."[44] 중국말과 글에는 중국의 역사가 포함되어 있으므로 장태염은 자신의 여생을 바쳐 그것을 보호하려 애썼다. 이것이 그의 '국수(國粹)'사상의 유래이다. 미국학자 펄스는 다음과 같은 예리한 지적을 했다. "장태염은 가장 미묘한 본질적인 중국(the essential China)을 알려면 민족 자신과 고유언어에서 찾아야 한다고 생각했다."[45]

연횡의 저술도 '역사', '풍속', '언어'로 '종성'을 정의하는 이론을 따랐다. 연횡이 역사로써 종성을 발양한다는 견해를 갖고 있었다는 것은 이미 위에서 서술한 바이다. 『대만통사』의 내용 중 주의할 만한

---

43) 『檢論』 卷4 「哀焚書」, 『章氏叢書』, 559쪽.

44) 「答鐵錚」, 『太炎文錄·別錄』2, 『章氏叢書』, 850쪽.

45) Charlotte Furth著, 周婉窈譯, 「獨行孤見的哲人-章炳麟的內在世界」, 123쪽.

한 가지 특색은 바로 「풍속지(風俗志)」편이다. 연횡은 '세시(歲時)', '궁실(宮室, 건축)', '의복', '음식', '관혼(冠婚)', '상제(喪祭)', '연극(演劇)', '가요' 등 8개의 항목으로 나눠 대만의 풍속을 소개했다. 「풍속지」의 「서」에서는 '풍속'과 '민족'의 관계에 대해서 다음과 같이 말했다.

> 풍속은 수십 년이나 수백 년, 길게는 천년에 걸쳐 형성된 것이다. 모르는 사이에 천천히 감화되어 사람의 마음속에 자리 잡고 그것이 모여서 덕이 된다. 고로 풍속은 민족과 관계가 깊어 하(夏)나라 사람은 충(忠)을, 은(殷)나라 사람은 질(質)을 숭상했으며, 주(周)나라 사람은 문(文)을 숭상하는 등 시대마다 각각 특별한 제도 문물이 있다. 또한 벼를 먹는 사람들은 부드럽고, 보리를 먹는 사람은 강인하며, 기장을 먹는 사람은 편협한 것처럼, 먹는 것이 다르면 성격 또한 다르다. 대만사람은 중국인인 동시에, 또한 민(閩)과 월(粵)의 민족이다. 민(閩)족은 바다 가까이 살며 월(粵)족은 산기슭에 산다. 사는 곳이 다르므로 풍속 또한 달라, 민의 사람들은 진취적이며, 월의 사람들은 보전(保全)을 중시한다. 진취적인 사람은 뜻은 크나 행동이 방자하고, 보전을 하는 사람은 그 뜻은 견고하나 행동이 좁은 편이다. 각각 독특한 한 가지 덕을 가지고 있으며, 이것은 바꿀 수 없는 것이다.[46)]

"풍속의 형성은 민족과 관계가 크다."라는 내용은 장태염이 풍속을 민족을 구성하는 요소라고 주장한 것과 같은 견해이다. 주식(主食)을 가지고 사람의 기질을 나누고, 지리적 요소를 이용해 복건(閩)과 광동(粵) 사람을 분별한 것은 지리 결정론적 견해를 띠고 있다. 이

46) 『臺灣通史』, 571쪽.

는 앞에서 서술한 장태염의 '지리, 풍속' 등의 단어와도 비슷하며, 유사배(劉師培)가 말한 남북문학의 차이는 지리적 요소에 의해 생긴 것이라는 견해와 더욱 유사하다.[47)]

역사, 말과 글, 민족은 상호의존적이라는 장태염의 견해는 연횡이 대만어를 정리, 보존하는 일에서 실현되었다. 연횡은 일제시대 때 대만어가 갈수록 소멸되어 가는 것을 매우 걱정하여 다음과 같이 말했다. "내가 이미 대만어를 정리했으나, 날마다 소멸되어 가는 것이 또 다시 걱정스럽다. 가만히 생각할수록 경계심이 생겨나고, 또 그 슬픔을 말로 표현하게 된다."[48)] 그는 민족이 멸망하면, 언어도 따라서 소멸될 것을 걱정했다. "한 시대가 망하면 그 언어도 스스로 소멸된다. 만약 언어가 소멸되지 않았더라도 거의 옛 서적 속에서나 볼 수 있고, 그저 후대 사람들의 연구 자료로 쓰이고 있다. 아, 아무리 생각하고 또 생각해보아도 대만의 말이 소멸될 것을 두려워하지 않을 수 없구나!"[49)] 연횡은 대만어 정리 과정에서 '아침 저녁으로 온종일, 식사를 하면서도, 잠을 자면서도 그것만 생각하는' 지경에까지 이르렀다.[50)] 앞 절에서 언급한 공자진의 "남의 나라를 멸망시키고자 한다면 먼저 그들의 역사를 없앤다."라는 말을 바로 「대어고석·서이(臺語考釋·序二)」에 인용한 것으로 보아 연횡은 역사, 언어, 민족을 삼위일체(三位一體)로 보았음을 알 수 있다. 이러한 연횡의 견해는 공자진의 영향 뿐 아니라 분명 장태염의 영향도 받았다. 연횡은 사람들이 "권세를 좇아 의기양양해하고 자신을 현인(賢人)이라고 자

47) 劉師培, 「南北文學不同論」, 『劉申叔先生遺書』(1) (臺北: 京華出版社, 1970), 670쪽.
48) 「臺語考釋序二」, 『雅堂文集』, 37쪽.
49) 「臺語考釋序二」, 『雅堂文集』, 37쪽.
50) 「臺語考釋序一」, 『雅堂文集』, 37쪽.

처하는 이들이 남들과 교제할 때 더 이상 대만어를 사용하려 하지 않는다."며 탄식했다. 남북조 시대의 안지추(顔之推)는 "오늘날 자제(젊은이)들은 선비어(鮮卑語)와 비파(琵琶) 연주를 익혀 귀인을 섬길 수 있으면 부귀를 누릴 수 있다"라고 탄식했다. 연횡은 이 말을 인용하여 당시 대만의 상황을 오랑캐가 중국 북방을 차지한 남북조 시대로 비유하였다.[51] 장태염이 『검론(檢論)』에서 말한 "러시아가 폴란드를 멸망시킨 후 그들의 언어를 바꿨다"는 얘기도 이런 예이다. 다만 연횡은 자신이 직접 경험한 큰 변고이자 실제 상황이었다.

위의 글을 종합해보면, '종성(種性)'사상을 반제국주의와 결부시키는 데 있어 연횡은 분명 장태염보다 더 절박하고 조급한 심정이었을 것이다. 두 사람은 모두 노구교(盧溝橋)사변이 일어나기 일 년 전인 1936년 6월에 세상을 떠났다. 장태염은 6월14일 소주(蘇州)에서, 연횡은 6월 28일 상해에서 각각 사망했다. 장태염은 두 마디의 유언을 남겼다. "만약 이민족이 중원을 통치하게 된다면 자손 대대로 관직과 녹봉을 받으면 안 된다." 연횡은 임종 직전 아들 연진동(連震東)에게 다음과 같은 분부를 했다. "지금 침략자들이 무력으로 압박하고 있어서 중국과 일본은 분명 전쟁을 치를 것이다. 대만의 광복도 바로 이 때일 것이니, 너는 이것으로 자신을 격려하라."[52] 이처럼 임종 무렵 장태염은 나라가 멸망할지도 모르는 두려움을 갖고 있었고, 연횡은 광복을 향한 희망을 지닌 채 세상을 떠났다. 비슷한 사상으로 의기투합했던 이 두 사상가의 삶과 죽음은 청대 말엽부터 민국 초기까지의 중국의 민족주의를 잘 나타낸다. 그들의 행적과 학문을 통

---

51) 「臺語考釋序二」, 『雅堂文集』, 38쪽.

52) 連震東, 「連雅堂先生家傳」, 『臺灣通史』에 수록됨. 7쪽.

해 알 수 있듯이, 청대 말엽 공양사상의 영향을 받지 않았다면 현대성을 갖춘 중국 민족주의를 이루어 낼 수 없었을 것이다.

이 글은 2002년 11월 대만대학 중문과, 미국 콜롬비아대학 동아시아학과가 주관한 '文化場域與教育視界' 국제회의에서 발표한 바 있다.

제5장

『대만통사』 속의 '민족' 개념 : 전통 사상과 새로운 접근

1. 머리말

『대만통사(臺灣通史)』 속의 '민족', '종성(種性, 종족성)'과 같은 개념은 연횡에 관한 기존 연구에서 오랫동안 중요한 과제로 자리 잡아 왔으며, 『대만통사』와 유가의 춘추사학 전통과의 관계뿐만 아니라 『대만통사』의 현대적 의미의 발굴이라는 점에서 그 가치가 높다고 하겠다. 필자는 제4장에서 연횡의 '종성'사상과 장태염(章太炎)의 관계에 관하여 이미 논하였고, 제 5장에서는 『대만통사』와 연횡의 기타 저서를 중심으로 연횡의 '민족' 개념에 관해 전반적인 접근을 시도하고자 한다.[1)]

우선 서두에서 간단히 언급하자면, 연횡의 '민족(民族)' 개념은 두 가지 측면을 내포하고 있다. 하나는 대조 또는 대항의 관계 속에서

1) [역주] 연횡은 '族', '種', '民族'을 구체적인 정의와 구별 없이 혼용하였다. 따라서 본장의 '민족'과 '종족'도 엄격한 구별이 없는 하나의 '상상의 공동체'로 이해하면 될 것이다.

'민족', '종족성' 을 규정하는 것으로 이는 또한 '민족성(民族性)'이라 지칭할 수 있다. 여기에서 '우리 민족'은 '다른(異) 종족'에 대조되는 개념이며, 일종의 '대타적(for-others)' 민족이다. 다른 한편, 연횡은 '즉자적(in-itself)이고 대자적(for-itself)'인 측면의 '종족성', '민족성'도 규정하였다. 이는 대조 또는 대항의 관계 속에서 보여주는 자아의식 혹은 자신의 입장이라기보다는 자연스럽게 표출되는 각 민족이 지니는 본질이라 하겠다. 여기서 얘기하는 '본질'은 '본질론'과 무관하다. 연횡은 역사학적 관점에서 민족의 본질은 선천적인 것에 기인한 부분보다 유구한 역사 속에서 형성된 부분이 훨씬 많다고 보았다. 이 같은 연횡의 관점은 '구성론'에 더 가깝다고 보는 것이 적절하다.『대만통사』의 역사적 맥락 속에서, 다양한 '다른 종족'에 대조되는 '우리 민족'은 바로 한족(漢族)이며, 한족은『대만통사』의 역사 서술의 주체다. 따라서 여기에는 전통 사상을 전승하는 측면이 강하고 춘추사학의 '화이지변(華夷之辨)'이 바로 연횡의 이론적 기반이다. 연횡의 '민족' 개념 중 새롭게 접근한 부분은 '즉자적이고 대자적인' 측면의 '민족성' 이론 구축에 있다. 이러한 접근에서 연횡은 인종, 혈연으로 '민족성'을 규정하기 보다는 사람들의 일상생활, 풍속, 지리, 공예, 문학, 언어의 측면에서 민족성을 논하고 있으며, 당시의 중국 민족주의자들과 마찬가지로 연횡도 궁극적으로 민족성을 '민족혼(民族之魂)', '국혼(國魂)'의 수준으로 격상시키고자 하였다.

사람들의 일상생활의 측면에서 '민족성'을 규정하고자 한 연횡의 노력은 유가의 민본사상에 부합하며, 또한 서구의 '민족'개념과도 가깝다. '정신', '영혼'의 측면에서 '민족성'의 정수를 논하는 것은 유학의 심학(心學) 전통에 상응하는 것이며, 또한 식민지 지식인의 어쩔 수 없는 선택이라는 것도 알 수 있다. 왜냐하면 당시 식민 지배 하에서 대만의 '민족성'을 표현할 수 있는 구체적 대상은 모두 일본의 압박을 받았고, 이 같은 상황에서 '정신'이나 '영혼'이 민족성을 표출할 수 있는 유일한 귀착지가 된 것이다.

2. '우리 민족'과 '다른 종족'의 비교 속에서 바라본 민족성

『대만통사·서문』의 마지막 부분에 과거의 역사를 그리는 마음이 가득하고 민족의식을 표출하는 다음과 같은 문장이 있다.

> 위대한 우리 조상은 바다를 건너 황폐한 이 땅으로 들어오셔서 황무지를 옥토로 개간 하셨으니, 이는 자손만대에 길이 남을 업적이며 위대한 공로라 할 수 있다. 선조의 위대한 덕을 돌아보며 앞으로 나가고자 하는데, 마치 깊은 물을 건너듯이 스스로를 경각하고 깨우쳐야 한다. 오호, 나는 생각한다. 우리의 뜻 있는 선비들과 벗들은 오직 인(仁)과 효(孝)를 받들고 의로움과 용맹함을 숭상함으로서 '종족성'을 드높여야 하니, 이것이 우리의 목표이다. 드넓은 바다와 아름다운 섬이여. 우리의 선왕과 선조들의 뜻을 받들어야 한다.[2)]

이 문장에서 '우리의 선조', '우리의 뜻 있는 선비', '우리의 벗', '우

2) 連雅堂, 『臺灣通史』(修訂校正版) (台北: 國立編譯館中華叢叢書編審會出版, 黎明公司印行, 1985), 16쪽.

리의 선왕, 선조'는 모두 '우리 민족', 즉 한족을 뜻한다. 여기에서 '선왕'은 바로 정성공(鄭成功)이다. 또한, '종족성'은 바로 중국 민족(漢族)의 민족성을 지칭한다. 『대만통사』에서 '선조'들을 묘사한 대목에는 "길을 내고 건물을 지었으며, 산을 개간하였다."라고 표현하여 선조들의 공헌에 관해 다수 다루고 있다. 예를 들어 『대만통사·전부지(田賦志)』에는 다음과 같이 묘사하고 있다. "대만은 바다 한 가운데 있는 황폐한 땅으로 이곳의 토지는 모두 주민들이 개간한 땅이다. 손으로 벼를 베고 허리에는 칼과 창을 차고 오랑캐들과 전투를 벌이며 길을 내고 건물을 지었으며, 민족의 번영을 통해 오늘까지 왔다."[3] 선조들이 개척한 대만은 '민족의 번영'을 위해 토지를 개척하면서 '오랑캐들과 사투를 벌였으며', 여기에서 '오랑캐'는 '우리 민족'에 대립되는 '다른 민족'이다. 또한 원주민의 도전에 대해 '오랑캐의 해악(番害)', '오랑캐의 난(番亂)'이라 묘사하고 있다. 일례로 『대만통사·강역지(疆域志)』에는 다음과 같이 서술하고 있다. "비록 개간한 땅은 홍성했으나, 오랑캐의 해악이 극심했으며, 앞날을 위해 이들과 화합했으며, 아름다운 풍속을 행하고, 이를 선양했다."[4] 또한 『대만통사·무간지(撫墾志)』에는 다음과 같이 논하고 있다. "광서(光緒)2년, 태로각(太魯閣) 오랑캐의 변란이 일어나 토벌하였다. 태로각은 대만 동부지역에서 야만인 부족인데 험준한 지형을 의지하여 살인이 빈번했다."[5] '오랑캐의 해악', '오랑캐의 변란'과 같은 표현은 연횡의 원주민에 대한 존중이 부족함을 잘 보여준다. 그러나 연횡이 대화 민족(大和民族 - 일본 민족을 지칭함)이 한족(漢族)을 억압하는 일본 강점기

3) 『臺灣通史』, 167쪽.

4) 『臺灣通史』, 116쪽.

5) 『臺灣通史』, 430쪽.

에서 성장했다는 점을 고려할 때, 연횡이 원주민에 대하여 이 같은 표현을 쓴 것은 무의식적으로 강렬한 한족 중심주의를 표출한 것이라 할 수 있다. 그러나 유가의 '화이지변'은 문화 측면을 기준으로 하는 것이며, '오랑캐'가 한문화로 귀화하면 더 이상 '다른 종족'이 아니다. 연횡은 『무간지』에서 청대 관리 서종간(徐宗幹)의 견해를 인용하였다. "오랑캐가 귀화를 하면, 이때부터 우리 사람이 되며, 토지 또한 우리 땅이 된다. 오랑캐의 땅에서 후환을 일으키는 자는 한족이지 오랑캐가 아니다."[6] 연횡은 또 『속수대만현지(續修臺灣縣志)』의 저자인 사금란(謝金鑾)의 말을 인용하였다. "만약 민정을 세심하게 처리하면 합자난(蛤仔難)의 원주민들 (대만 북부 이란(宜蘭)의 원주민을 지칭함) 역시 요순(堯舜)의 백성이 된다. 이들이 어찌 재앙을 불러일으키는가?" 연횡은 이 말을 다음과 같이 높이 평가하였다. "참 옳은 말이다. 이 말로 당시의 이민족을 다스릴 수 있을 뿐만 아니라, 대만 전역을 편안히 다스릴 수 있다."[7] 원주민이 일단 귀화를 하게 되면 더 이상 "다른 종족"이 아니며, "요순의 백성"이 된다. 비록 이 같은 주장에는 한족 중심주의의 색채가 선명히 드러나지만 '백성을 사랑하는' 주장, '요순의 백성'과 같은 주장은 제국주의 통치에서 식민지 백성을 2등 국민으로 전락시키는 것과는 사뭇 다르다.[8]

'다른 종족'과의 대항구조 속에서 어떤 '종성'을 배양할 수 있는

---

6) 『臺灣通史』, 425쪽.

7) 『臺灣通史·吳沙列傳』, 811쪽.

8) 청대(淸代) 대만을 여행하는 중국 지식인들은 강력한 인도주의적 정신의 소유자들이었다. 이들은 원주민문화를 포용하고자 하였으며, 심지어 한족이 반드시 원주민으로부터 배워야 한다고 주장했다. 여기에 관해서는 다음을 참조할 것. 陳昭瑛, 「文學的原住民與原住民的文學: 從'異己'到'主體'」, 『臺灣文學與本土化運動』 (台北: 正中書局, 1998).

가? 연횡은 상무(尙武)정신이라고 보았다. 『강역지』의 '대만현(臺灣縣)' 대목에서, 연횡은 다음과 같이 논하였다. "대만을 두고 본다면, 산이 많고 바다가 적으며, 백성들은 농업을 중시하고 상업을 경시한다. 또한 토지가 비옥하고 수리가 잘되어 있어, 양식이 풍부하고 백성들은 이를 곡간에 쌓아두고 있다. 산속에 은거하여 사는 백성들은 자주 오랑캐들과 다투니 그 위험이 매우 크고, 험준함 지형을 건너고 불굴의 정신을 갖추고 있으니, 사람들은 상무(尙武)하게 된다. 임상문(林爽文), 대조춘(戴潮春)이 연이어 나왔으니, 이것이 종족성의 강함을 드러낸 것이 아니겠는가?"[9] 대만이 식민지로 전락한 상황은 연횡으로 하여금 '무(武)'를 더욱 주목하게 하였고, 그가 명정(明鄭) 시대를 그리워하는 이유도 명정 정권이 '우리 민족의 힘(武)'을 표출했기 때문이다. 그는 『군비지(軍備志)』에서 다음과 같이 논하였다. "네덜란드인 …… 또한 연평군왕에 의해 축출되었다. (정성공은) 정예를 준비하여 때를 기다리며 중화를 다시 회복하고자 하셨다. 이를 위해 뛰어다니며 추종하는 자들은 모두 충성스러운 이들이며, 창을 갈고 전투를 준비하는 용사들이다. …… 안평(安平)의 요새와 철침(鐵砧)산은 이미 옛 이야기가 되었으며, 삼가 이를 기리며, 이것이 바로 우리 민족의 힘이라 하겠다."[10] 연횡은 『열전(列傳)』에서 오봉(吳鳳)의 이야기를 다시 서술하면서 '인(仁)', '의(義)', '지(智)' 이외에도 특히 오봉의 '무(武)'를 특히 강조했다. 『오봉열전(吳鳳列傳)』에서 사람을 감동시키는 정서, 대화, 등장인물의 정신세계는 모두 오봉의 '무'를 묘사하는 데에 집중되어 있으며, '무'는 「오봉열전」에서 가장 중

9) 『臺灣通史』, 110쪽.

10) 『臺灣通史』, 282쪽.

요한 요소로 자리 잡고 있다.[11] 또한 오봉의 '무'는 한족의 인명, 재산과 존엄을 보호하기 위해 '다른 종족'(원주민)과 충돌하는 맥락에서 서술되었다. 연횡은 '다른 종족'과의 대항관계에서 '무'의 정신을 보여주지 못한다면 노예로 전략하게 된다고 보았다. 연횡은 「상청사관서(上淸史館書)」에서 다음과 같이 논하였다. "우리 선조들은 굳건한 의지로 어려움을 이겨내고 앞으로 나아가, 파도를 해치며 역병을 이겨왔으며, …… 민족을 발양하였다. 자손들이 '무'를 중시하지 않으면 (타 민족에게) 지배를 받게 된다." 그 결과는 향후 "다른 종족의 노예로 전략하는 것"이다.[12] 연횡의 이 같은 주장 속에 내포된 속뜻은 바로 갑오년의 청일전쟁 패전과 을미년의 대만 할양에 대한 통한(痛恨)이다.

연횡은 원주민의 문제 외에도 『대만통사』에서 청나라를 지배하던 만주족 역시 한족과 다른 '다른 민족'으로 서술하였다. 그는 정성공(鄭成功)의 반청복명(反淸復明) 활동이 "우리 민족의 힘(武)을 잘 보여주었다."라고 강조하였다. 나라가 망한 후 그 나라를 다시 세우려 한 것은 바로 '무'를 실천한 것이며, 현실적으로 '무'만이 나라를 다시 세울 수 있는 유일한 방법이기도 하다. 연횡의 『오구·유각열전(吳球·劉卻列傳)』은 사마천의 진승(陳勝)·오광(吳廣)에 대해 열전과 일맥상통하는 측면이 있다. 즉, 『사기』의 진승·오광과 『대만통사』의 오구·유각은 모두 '최초로 거사를 한 자'라는 점에서 중요한 의미가 있는 것이다. 특히 오구·유각은 청나라에 대항하는 투쟁이기 때문에, 연횡은 이들에 대해 '최초의 거사' 이외에 '광복'이라는 의미도 부각시켰

---

11) 「오봉열전」에서 문학성이 어떻게 유가의 인, 의, 지, 무의 이념을 제시하는 지에 관해서는 다음을 참조할 것. 「『臺灣通史·吳鳳列傳』中的儒家思想」, 『臺灣儒學: 起源, 發展與轉化』 (台北: 正中書局, 2000).

12) 『連雅堂集』 (台北: 臺灣銀行經濟研究室, 臺灣文獻叢刊第208種, 1964), 125-126쪽.

다. 연횡은 다음과 같이 서술하였다. “대만이 청에 귀속된 후 사람들은 고국(명나라)을 그리워하였고, 늘 광복을 도모하였으며, 민간의 변란이 수십 차례 일어났다. 오구는 이를 이끈 첫 번째 인물이다.” 연횡은 전기의 ‘찬문(贊文)’에서 다음과 같이 결론을 내렸다. “오구, 유각은 평민백성으로서 나라 잃은 슬픔을 안고 분기하여 차례로 죽음을 당하였다. 사람들은 이들을 어리석다고 비웃었으나, 나는 이들의 용기에 감복할 따름이다.”[13]

『오구 · 유각열전』의 다음 편은 바로 『주일귀열전(朱一貴列傳)』인데, 주일귀를 열전의 반열에 올린 것도 그의 반청 투쟁 때문이며, 임상문, 대조춘이 열전에 놓인 것 역시 같은 이유 때문이다. 하지만, 연횡의 반청사상을 가장 확연하게 보여준 글은 「연평군왕에게 고함(告延平郡王文)」이다. 이 글은 “춘추의 대의는 9대가 지나도 여전히 남아 있고, 초나라는 망하여 세 호만 남아있어도 부흥할 수 있다.(春秋之義, 九世猶仇, 楚國之殘, 三戶可復)”[14]라고 강조하는데, 즉 춘추의 복수의 대의를 강조하고 있는 것이다.

그러나 『대만통사』의 기술 시기가 19세기 중반으로 접어들자, 서구 열강에게 침탈당하는 ‘우리 민족’의 범위는 더 이상 한족에만 국한되지 않게 된다. 영국과 프랑스군의 대만 침략과 을미년 대만이 일본에 할양된 후 일본군에게 대항하였던 사실을 서술한 대목에서 한족, 만주족, 원주민 모두 ‘우리 민족’의 주체가 되며, 서방 열강과 일본은 ‘다른 종족’으로 구분이 된다. 이 같은 서술은 연횡이 지난 이

13) 『臺灣通史』, 740쪽.
14) 『雅堂文集』, 115쪽.

백여 년간의 공동생활, 문화교류가 대만 내부의 '우리 민족'과 '다른 종족'이라는 대항관계 속에 놓인 각기 다른 민족을 하나로 동화시키기에 충분하였다고 믿었음을 잘 보여준다. 물론, 이 같은 동화는 한족 문화 위주의 동화이지만 말이다.

『대만통사』 집필 당시의 '우리 민족'과 '다른 종족'의 상황이야말로 연횡이 『대만통사』를 쓰는 심리적 배경을 잘 보여주는 것이다. 연횡의 저술 속에서 당시 '이민족'인 제국주의에 대항하는 '우리 민족'의 종족성은 바로 수백 년 동안의 역사에서 응집된 것이다. 그러므로 연횡이 강조하였던 제국주의에 대항하는 '우리 민족'의 종족성과 정성공이 반청활동을 할 때의 '우리 민족'의 종족성 간에는 일맥상통하는 측면이 있다. 그는 을미년 대만이 일본에 할양될 때, 대만 중부의 지주가 "국성회(國姓會)를 설립하여 장정 수천 명을 모아 마을 밖에서 일본군에 대항하였다."는 사실[15]을 주목하였다. 대만인의 프랑스 군대에 대항하는 투쟁에 대해서, 연횡은 「외교지(外交志)」에서 유오(劉璈)의 상소를 인용하여 다음과 같이 서술하였다. "오늘날 대만은 잘 훈련된 병사와 군량, 무기가 충분하며, 프랑스 군대도 감히 침범할 수 없다. 여기에 다시 병사를 모으면, 전 대만에 무예를 연마한 백만 명의 의로운 백성이 있으니, 군주와 부모의 원한을 들으면 바로 모여 군량과 갑옷을 준비하여 원수와 생사결단을 할 것이다."[16] 유오(劉璈)는 청나라와 프랑스간의 전쟁에서 유명전(劉銘傳)과 함께 참전한 청나라의 관리이며, 그가 상소문에서 언급한 대만인의 "주군과 부모의 원한을 복수하려는" 뜨거운 의지는 고전적이면서 현대적이다. "무예를 연마한 백만 명의 의로운 백성"에서 보여준 '무

15) 『臺灣通史』, 974쪽.

16) 『臺灣通史』, 396-397쪽.

(武)'는 사뭇 사람들에게 깊은 인상을 주는 대목이다.

연횡이 청나라 도광(道光)년간의 아편전쟁 당시 대만인의 행동을 묘사한 대목에서도 '무(武)'에 대해 서술이 매우 인상적이다. 아편전쟁 당시 동남 해안의 전투 중에서 대만은 유일하게 승전보를 알려온 곳이다. 당시 대만은 병비도(兵備道) 요영(姚瑩), 총병 달홍아(達洪阿)와 주민들은 합심하여 해상을 방어하고 성공적으로 영국 해군을 격퇴시켰다. 이후 부임한 서종간(徐宗幹)은 「방이지서(防夷之書)」를 제정하여 대만 주민에게 반포하였고, 또한 대만인들은 「금연공약(禁煙公約)」을 제정하였다. 서종간은 「방이지서」에서 대만의 관리(官), 병사(兵), 백성(民, 한족) 및 '번(番, 즉 원주민)'이 어떻게 협력하여 오랑캐(夷)에 대항하는지를 논하였다.[17] 여기서 '오랑캐'는 영국사람을 지칭하는 것이고, 원주민은 이미 '오랑캐'를 무찌를 때 협력하는 대상이 되었고 더 이상 '이민족'이 아닌 것이다.

연횡의 이 같은 견해를 검토해 볼 때, 그가 '우리 민족'과 '다른 종족'간의 관계는 대항에서 출발하여도 문화적 조절을 통해 평화 공존에 이를 수 있다고 생각하고 있음을 알 수 있다. 특히 거대한 공동의 적을 직면하였을 때 이런 추세가 더욱 드러난다. 다음으로, 그는 '다른 종족'의 침략 속에서 '우리 민족'은 자연히 '상무(尙武)'의 종족성을 발전시킨다고 보았다. 연횡은 이에 대해 거듭 강조하였다. 『군비지(軍備志)』에서 그 요지를 다음과 같이 설명하였다. "선인들이 말하기를 사람은 다섯 가지의 재능을 타고나는데, 이 중 하나라도 부족해서는 아니 된다고 하였다. 누가 군사(軍事)를 가벼이 여길 수 있는가? 따라서 헌원(軒轅)은 탁록(涿鹿)전쟁을 하였고, 전욱(顓頊)은 공

17) 『臺灣通史』, 819쪽.

공(共工)을 정벌하였으며, 우(禹)가 묘족(苗族)을 정벌하고 성탕(成湯)은 남소(南巢)를 토벌하였으며 주무왕(周武王)이 목야(牧野)에서 전투를 벌였던 것이다. 춘추시대에 접어들어 제환공(齊桓公), 진문공(晉文公)은 존왕양이(尊王攘夷)를 내세워 패자가 되었으며, 모두 군사를 중히 여긴 결과이다. …… 대만은 바다 위의 외로운 섬으로 영웅들이 꼭 차지해야 할 땅이며, 군대가 아니면 지킬 수 없고, 또 군대가 없으면 생존할 수 없다. 따라서 설령 백 년 동안 사용하지 않더라도, 하루도 이를 준비하지 않으면 안 된다. 하지만 우리 민족은 나약한지 오래되었다."[18] 이 단락에서 연횡은 '양이(攘夷)'하기 위해서는 병사가 없이는 가능하지 않다고 지적하고, 또 '우리 민족'이 힘이 없는 것을 탄식하고 있다. 연횡의 '무'에 대한 중시는 그가 민족 간의 대항 구도에 대한 객관적인 이해를 갖추고 있음을 잘 보여주며, 또한 그가 식민지로 전락한 대만에서 불우한 세월을 보냈음을 생생히 제시하고 있다. 그가 『대만통사·서문』에서 언급한 '종족성의 발양'도 사실 '상무'정신을 발휘해야 한다는 뜻으로 이해해야 한다.

3. '즉자적이고 대자적인' 자아관계 속에서 드러나는 민족성

연횡은 『대만통사·범례』에서 다음과 같이 말하였다. "선인들이 역사를 쓸 때 예(禮), 악(樂), 병(兵), 형(刑)에 관해 자세히 다루었으나, 민생의 풍부여부와 민덕의 융성여부에 관해서는 자세히 다루지 않아서 이를 알기 어렵다. 무릇, 나라는 백성을 근본으로 하여야 하

18) 『臺灣通史』, 281쪽.

며, 백성 없이 어찌 나라를 일으킬 수 있는가? 그러므로 본서에는 '향치(鄕治)' 이하부터 특히 백성에 관한 일에 대해 중점을 두어 서술하였다."[19] 백성은 이민족의 압제에 놓이지 않은 상황에서 자연히 생활 속에서 스스로를 나타내는데, 이것이 바로 민족의 즉자적(in itself)이고 대자적(for itself)인 민족성이다. 연횡은 「범례」에서 자신은 과거 역사 서술과는 달리 '백성의 일'에 대해 힘써 논하겠다고 하였으니, 그가 '백성의 일'에 관하여 어떻게 중점을 두었는지를 탐구해 볼 필요가 있을 것이다. 「향치지(鄕治志)」 이하의 각 지는 다음과 같다. 「종교지(宗教志)」, 「풍속지(風俗志)」, 「예문지(藝文志)」, 「상무지(商務志)」, 「공예지(工藝志)」, 「농업지(農業志)」, 「우형지(虞衡志, 산림의 관리)」 등이 있다. 사실상 「향치지」 앞의 「전례지(典禮志)」도 '백성의 일'과 관련이 있다.

장태염은 일찍이 민족주의는 반드시 민족의 일상생활을 중시해야 한다고 지적하였다. 그는 다음과 같이 말했다. "민족주의는 농사를 짓는 것과 같다. 역사에 기록된 인물, 제도, 지리, 풍속 등으로 관개해야 울창해지고 홍성할 수 있다. 그렇지 않으면, 단지 민족주의가 귀하다는 것만 알 뿐 민족의 사랑스러움을 알지 못하며, 나는 이것이 점차 시들어 질까봐 두렵다."[20] 그러나 장태염은 또한 서술의 범위가 일상생활에 국한되어 있다면 종족성을 논하기에 부족하다고 지적하였다. 그는 다음과 같이 말했다. "스스로 나라와 종족을 부강하게 하려면 문학과 예술에 의존해서는 아니 되며, 오직 민

19) 『臺灣通史』, 17쪽.

20) 「答鐵錚」, 『太炎文錄·別錄』二, 『章氏叢書』(台北: 世界書局, 1958), 850쪽.

족의 정신에 의지해야만 이룰 수 있다."[21] 여기서 그는 '정신'을 강조하는 것이지만, '문학과 예술'도 '종족성'의 한 표현이라고 간접적으로 제시하고 있다. 다른 곳에서 장태염은 '종족을 구분하는' 세 가지 요소로 '언어, 풍속, 역사'를 제시하였다.[22] 연횡의 '민족성' 개념은 앞에서 논한 장태염의 이론과 상통하는 측면이 많다.[23] 연횡은 『대만통사』에서의 '민족성'에 대한 연구를 통해 중화민국 건국 초기에 전개되었던 '민족주의'에 관한 논쟁에 참여하게 되었다고 말할 수 있다.

(1) 풍속과 향촌 통치

연횡은 풍속, 향촌 통치가 인민이 주체가 되는 생활공간이라고 보았다. 이는 정부의 제도와 연관이 있지만, 여기서 주체는 바로 인민이다. 또한, 풍속과 향촌 통치는 연관성이 있으며, 아름다운 풍속은 건전한 향촌 통치를 잘 보여준다. 그러나 풍속은 여전히 상당 부분 향촌 통치와 관련성이 낮으며, 사람들이 정치와 무관한 상황 하에서 스스로 깨우쳐 만들어지는 것이다.

연횡은 「향치지」의 서두에서 다음과 같이 논하였다. "백성을 다스리는데 있어서 토지가 바로 근본이며, 그러므로 과거 다섯 가구를 하나의 인(隣)으로 하고, 또한 다섯 인을 리(里)로 하며, 네 개의 리를 족(族)으로 하고, 다섯 개의 족을 당(黨)으로 하며, 다섯 개의 당을 주

21) 「駁康有爲論革命書」, 『太炎文錄』, 『章氏叢書』, 738쪽.
22) 「檢論」卷四「哀焚書」, 『章氏叢書』, 559쪽.
23) 연횡과 장태염의 이론상의 상이점에 관해서는 제4장을 참조하기 바람.

(州)로 하고, 다섯 개의 주를 향(鄕)으로 하며, 향은 12,500호(戶)로 구성된다. …… 과거 정씨 정권 때 개간을 시작하여 많은 인민이 귀순하였다. 넓은 토지에 백성이 많아지니 나라는 번영하였으며, 이것이 바로 향촌 통치의 효과다."[24] 또한 "시서(詩書)로 사람을 가르치고 예의를 알려주며, 형법으로 규범하고 충효로 격려하니, 이로서 백성은 용감하고 앎을 갖추게 되었다. 정씨 시대 향촌 통치의 우수한 점이라 하겠다."라고 논하였다.[25] 이는 향촌 통치가 교육, 예의, 법률과 관련이 있음을 보여준다. 그렇다면, 왜 향촌 통치가 중요한가? 향촌 통치는 풍속을 배양하는 요인 중 하나이기 때문이다. 연횡은 과거 서종간(徐宗幹)의 대만 통치에 관해서 다음과 같이 지적하였다. "한 동안 선비의 기풍이 드높았으며, 풍속은 순수하고 아름다웠다."[26] 그는 또한 복건성의 이주민과 객가인(客家人)의 풍속이 다르고 언어가 달라 자주 무리지어 싸우는 것을 다음과 같이 지적하였다. "도광(道光)11년(1831년), 담수(淡水)지역의 동지(同知, 벼슬 이름) 누운(婁雲)은 장규(莊規) 4조, 금약(禁約) 8조를 제정하여서 백성에게 따르도록 하였다."[27] 또한 팽호(澎湖)열도에서는 "주민들이 자주 소송을 하였기 때문에, 향촌의 규칙을 제정하였다."[28] 따라서 향촌 통치가 풍속을 바로잡는데 효과가 있음을 알 수 있다. 비록 이는 정부 주도로 이루어졌지만, 시행된 대책은 모두 백성에 관한 일이고, 백성의 일에 관련해서 시행되었다. 대만의 향촌 통치의 역사를 돌이켜 볼 때, 가장 의미 있는 사건은 서종간이 추진한 금연양이공약(禁煙攘夷公約)을 들 수

24) 『臺灣通史』, 533쪽.
25) 『臺灣通史』, 533-534쪽.
26) 『臺灣通史』, 537쪽.
27) 『臺灣通史』, 537쪽.
28) 『臺灣通史』, 537쪽.

있으며[29], 여기에는 미풍양속에 관한 내용이 잘 담겨 있다. 그러나 연횡의 서술에서 향촌 통치는 내부의 화합과 단결을 추구하고, 외래의 침탈을 방어하는 것이 주요 목적이다. 연횡은 「향치지」의 결론에서 『시경·소아·상체(小雅·上棣)』의 내용을 인용하였다. "형제는 집 담 안에서 싸우지만 밖으로는 외부의 업신여김을 방어한다." 그리고 논평하기를 "이 시구를 쓴 사람은 참말로 향촌 통치의 대의를 알고 있구나."라고 하였다.[30] 비록 연횡은 「향치지」에서 향촌 방위의 측면을 매우 중시하였으나, 부록으로 실린 「대만선당표(臺灣善堂表)」, 「대만의총표(臺灣義塚表)」는 연횡이 민간의 상호 부조정신을 중시하였음을 보여주는 증거라 하겠다.

「풍속지」는 연횡의 풍속관을 잘 보여주며, 이 글의 서문은 한편의 빼어난 문장이다. 연횡은 풍속이 형성됨은 시일이 흘러야 하고, 풍속의 덕목은 바로 '집단의 덕(群德)'이며, '민족'과 매우 깊은 관계가 있다고 보았다. 그는 또한 다음과 같이 논하였다. "풍속이 형성되는 것은 수백 년, 수십 년 혹은 수천 년이 넘게 걸리며, 시일이 흐르면서 소리 없이 서서히 풍속이 형성되고 사람들의 마음속에 자리를 잡고, 그 집단의 덕목이 된다. 따라서 이것은 '민족'과 매우 깊은 연관이 있다."[31] 연횡은 풍속은 단순한 행위와 습관의 산물이 아니라 오랜 시일을 흘러 서서히 형성되어 '사람들의 마음'속에 자리 잡은 것이며, 이를 통해 그 집단의 덕성(德性)으로 만들어진다고 보았다. 즉, 연횡은 '풍속'은 심령과 도덕과 연관이 있다고 보았다.

---

29) 『臺灣通史』, 534-536쪽.

30) 『臺灣通史』, 540쪽.

31) 『臺灣通史』, 571쪽.

풍속은 한 집단에 속한 개인의 도덕적 특성을 보여주며, 한 집단에 소속된 개인과 다른 집단에 소속된 개인은 아마도 다른 풍속을 지니고 있을 것이다. 그렇다면 이 같은 풍속을 형성하는 기초는 어디에 있는가? 연횡은 다음과 같이 논하였다. "대저 하나라(夏)는 충(忠)을 숭상하였고, 은나라(殷)는 질(質)을 숭상하였고, 주나라(周)는 문(文)을 숭상하였으며, 그 홍성에는 각자의 특징이 있었다."[32] 이 대목은 각 집단이 숭상하는 것이 서로 다르며, 여기에는 그 집단의 특징이 잘 담겨 있음을 보여준다. 또한 연횡은 "쌀을 주식으로 하는 사람들은 성격이 부드럽고, 보리를 주식으로 하는 사람들은 그 성격이 강하고, 기장을 주식으로 하는 사람들은 의협심이 강하고, 각자의 주식이 다르면 그 성격 또한 다르다."[33] 이는 주식으로 각 집단의 성격을 분별하는 것으로 지리 결정론적인 색채가 농후하며, 이하의 대만과 복건, 광동과의 차이를 설명하는 대목은 지리 결정론적인 색채를 더 강하게 드러내고 있다. "대만인은 중국인이며, 또한 복건, 광동에서 온 사람들이다. 복건은 바다와 가깝고 광동은 산이 많아, 서로 거주하는 곳이 다르니, 풍속 또한 상이하다."[34] 이 같은 주장은 거주하는 곳의 지리적 조건의 상이함이 각자 다른 풍속을 형성함을 주장하지만, 바다 인근에 거주하는 것과 산에 거주하는 것의 차이는 어디에 있는가? 연횡은 다음과 같이 논하였다. "그러므로, 복건인은 진취적인 반면 광동인은 보존을 중시한다. 진취적이기 때문에 그 뜻이 크고 행동이 대담하며, 때로는 공허함으로 흐를 수 있다. 보전을 중시하기 때문에 그 뜻이 굳건하고 행동이 소심

32) 『臺灣通史』, 571쪽.
33) 『臺灣通史』, 571쪽.
34) 『臺灣通史』, 571쪽.

하거나 작으며, 가끔 편협할 때가 있다. 이는 모두 한 쪽에 치우친 덕목이며, 쉽게 바뀌지 않는다."[35] 연횡은 왜 바다에 가까이 사는 사람은 '진취적'이며, 산에 가까이 사는 사람은 '신중한' 면모를 보이냐에 관해서 자세히 설명하지 않았다. 그러나 우리는 바다라는 공간이 위험이 도사리고 있고 변화와 도전이 직면한 곳임을 익히 상상할 수 있고, 또한 해상을 통한 통상의 기회 또한 있기에 바닷가에 가까이 사는 사람이 능히 진취적이라고 생각할 수 있다. 연횡은 「풍속지」의 마지막에 실린 「가요(歌謠)」에서 또한 풍속의 상이함이 복건과 광동의 가요의 차이를 만들었다고 논하였다. "대만인은 (본래) 복건, 광동에서 건너왔으며, 풍속이 독특하고 노래 또한 다르다. 복건인의 노래는 남사(南詞)라고 하고 천주(泉州)인은 이를 숭상한다. 광동인의 노래는 월구(粵謳)라고 하는데 거주하는 곳이 산에 가까우니 이를 산가(山歌)라고도 한다. '남사'의 곡은 우아하고, 악기로 반주할 때 그 소리는 아득하여 마치 눈물을 흘리며 절절히 호소하는 것과 같아, 듣는 이의 마음을 쓰리게 한다. 광동의 월구는 그 노래에 비장함이 담겨 있다."[36] 독특한 점은 복건인의 성정은 진취적이지만, 그 노래는 의기소침하게 애달프다. 광동인은 보수적이지만, 그 노래는 반면 비장함이 가득 차 있으며, 이에 대해서 연횡은 더 이상 해석하지 않았다.

「풍속지」는 「세시(歲時)」, 「궁실(宮室)」, 「의복(衣服)」, 「음식(飮食)」, 「관혼(冠婚)」, 「상제(喪祭)」, 「연극(演劇)」, 「가요(歌謠)」로 구성되어 있으며, 대만의 풍속을 소개하고 있다. 연횡은 반청복명의 의지를 담고 있는

35) 『臺灣通史』, 571쪽.

36) 『臺灣通史』, 586쪽.

몇몇 풍속에 주목하였으며, 이 중 「세시」에서는 다음과 같이 말하였다. "3월 19일은 태양의 탄신일로 전해지고 있으나, 실제 이 날은 명 사종(思宗)의 순국일이다."[37] 연횡의 이 같은 주장은 막연한 추측에서 나온 것이 아니며, 그는 예리하게 이 제사의 특색을 다음과 같이 묘사하였다. "밀가루로 돼지와 양을 제작하는데, 돼지 아홉 두, 양 열 여섯 두이며, 이는 태뢰(황실의 제사 의례)의 예를 따른 것이다. 동쪽을 보고 제사를 지내는 것은 '황제가 동쪽부터 순시한다(帝出乎震)'라는 주역의 전고 때문이다. 집집마다 등불을 키는 것은 그 밝음(明, 명나라를 상징하기도 함)을 보이려는 것이다. 망국의 슬픔은 아득한 먼 훗날까지 이어진 것이다."[38] 또한 연횡은 「의관」편에서도 '고국을 그리는 마음'의 영향으로 생긴 풍습을 기술하였다. "(대만이) 청 왕조에 귀속된 후, 청조의 제도를 따랐지만, 당시 '세 가지 불항복' 약속이 있었다. 즉 첫째, 관(官, 높은 벼슬)은 항복하지만 리(吏, 하급 서리)는 항복 안한다. 둘째, 남자는 항복하지만 여자는 항복 안한다. 셋째, 산 사람은 항복하지만 죽은 자는 항복하지 않는다. 따라서 청대의 관복에는 모두 품계에 맞는 격식이 있었으나, 하급관리는 여전히 과거의 규칙에 따랐다. 혼인 시, 남자는 붉은 모자와 저고리를 입으나 여자는 구슬이 달린 관을 쓰고 각대를 차며, 화려하기 그지없었는데, 이는 명대 궁중의 복장이다. (장례시)염을 할 때, 남녀 모두 명대의 의복을 입으며, 오직 관직을 역임한 자들만 청조의 제도를 따랐다. 이처럼 고국에 대한 그리움이 아득한 먼 훗날까지 이어진 것이다."[39] 이 같은 기록을 볼 때, 연횡이 하나의 집단이 공유하는 중요한 역사적

---

37) 『臺灣通史』, 573쪽.

38) 『臺灣通史』, 573쪽.

39) 『臺灣通史』, 578쪽.

경험이 풍속 형성에 영향을 미친다고 보고 있음을 알 수 있다. 그러므로 대만의 복건, 광동 출신의 이민자들은 비록 그 풍속이 다르지만, 모두 대만인이며, 공동의 덕목을 지닌다고 할 수 있다. 연횡은 다음과 같이 말했다. "과거를 생각하니 우리 조상은 바다를 건너 만황에 들어가 어려움을 무릅쓰고 이곳에서 옥토를 일구었다. 이것은 마치 청교도가 미주를 개척하고 노예가 되는 것을 참지 못하는 것과 같다. 그러므로 구차한 삶을 경시하고 용맹함을 숭상했으며, 강개한 마음으로 이를 노래하고, 세월이 흘러 남은 자손들 역시 이 같은 덕을 숭상하고 이는 풍속으로 자리 잡았다."[40] 따라서 복건, 광동에서 온 이민자들은 비록 태어난 곳이 달라 그 '특성' 또한 다르지만, 모두 대만인이며, 공동의 이민 경험에서 '용맹함을 숭상하고 구차한 삶을 경시하는' 집단 덕목을 갖추게 되었다. 그러므로 '대만인은 중국인이다'라는 논리는 대만과 기타 지역의 중국인 간의 공통적인 덕성을 공유하는 것을 강조하고 있다. 그러나 이는 또한 대만인이 지니는 '특성'을 부정하는 것은 아니다.

(2) 의례와 종교

연횡은 '예(禮)'가 집단의 덕성 배양에 도움이 된다고 보았다. 「전례지(典禮志)」의 「서문(序文)」에서 그는 이 같이 논하였다. "대만은 비록 바다 한 가운데 황폐한 섬이며, 우리 연평군왕께서는 이를 다스리며, 문무(文武)를 발흥시키셨고, 법도를 세우셨으며, 이는 모두 과거 선조들의 예법이다. 오늘날까지 이백여 년이 흘렀으나 그 품성은 여전히 변함이 없는데 이것은 예의 정신이 살아 있는 것이다. 이

40) 『臺灣通史』, 571쪽.

를 일으키고 흥하게 하는 것이 바로 군자의 책무이다."[41] 연횡은 대만인의 품성은 과거 정성공 시대에 시행된 예법 제도와 밀접한 관계가 있다고 보았다. 「전례지」의 「경하(慶賀)」, 「접초(接招)」, 「영춘(迎春)」, 「적전(耤田)」, 「제사(祭祀)」, 「석채(釋菜)」, 「제독(祭纛)」, 「대조(大操)」, 「정표(旌表)」, 「향음(鄉飮)」, 「사전(祀典)」 등 11개 항목에서 국가의 중요 의례를 소개하였으며, 이 중 제사에 관한 의례가 대부분이고 오직 「접초」, 「대조」, 「향음」만 제사 의식과 관련이 없는 내용이다. 그럼 대부분 제사와 관련이 있는 이 의례들은 「종교지(宗教志)」에 기록된 민간종교의 제사의식과 어떤 다른 의미가 담겨져 있는가? 또한, 사람들의 집단적인 덕성의 배양에 관해서, 이 두 가지의 제사의식은 어떻게 다른 영향을 미쳤는지에 관해서 심도 있는 분석이 필요할 것이다.

기본적으로, 연횡은 국가의 의례가 바른 민족성을 배양할 수 있고, 민간의 종교의식은 '집단적 덕성'에 대하여 불건전한 영향을 미친다고 보았다.

「전례지」의 첫 번째 항목은 「경하(慶賀)」에 관하여 다루고 있다. "정씨 시대 때, 삭망(朔望, 초하루와 보름)마다 조배를 하였다. 행사가 있을 때마다 관복을 차려 입고 북쪽으로 영력제(永曆帝)의 자리를 향하여 축문과 절을 올렸다. 비록 황제께서 계시지 않으나 한 시도 충성을 잊은 적이 없다."[42] 연횡은 여기서 유가 제례의 진정한 의미를 설명하였다. 즉, 제사가 추구하고자 하는 것은 '비록 계시지 않지만 한

41) 『臺灣通史』, 223쪽.

42) 『臺灣通史』, 233쪽.

시도 잊어서는 안 된다.'라는 정신이다. 만약 진정으로 잊지 않았다면, 정신적으로는 '같이 있는' 것이다. 사라진 것은 단지 육체에 불과하다. 공자가 얘기한 "신에게 제사를 올릴 때 마치 여기에 있는 것처럼 한다.(祭神如神在)"(논어·팔일)의 의미와 같은 것이다.

「사전(祀典)」의 첫 항목에서도 연횡의 유가 제례에 대한 견해를 잘 살펴볼 수 있다. 그는 "좌전에서 '나라의 큰일은 제사와 국방이다.(國之大事, 在祀與戎)'라고 하였다. 따라서 법률을 시행할 때 제사를 지내고, 죽음으로 일을 충실히 할 때 제사를 지내고, 노고로 나라를 안정시켰을 때 제사를 지내고, 큰 재앙을 막았을 때 역시 제사를 지낸다."[43] 이는 나라와 국민에게 큰 공헌을 했을 때 제사를 올리는 것을 잘 보여주는 대목이다. 연횡은 이어서 "대만은 황폐한 섬이고, 정씨 시대에 비로소 문묘(文廟)를 짓고 공자를 숭상하였다. 청대에 들어서 또 무묘(武廟)는 지어 무덕(武德)을 숭상하였다. 산천(山川)과 사직(社稷)의 단(壇)과 더불어 성황(城隍), 축융(祝融)의 묘, 충성한 대신과 의로운 백성의 절까지, 재앙과 화해를 막는 행사 때 늘 제사상을 차려 향을 피우고 가무를 거행하는 등 매우 융성하게 거행했다. 연평군왕은 대만의 시조이시고, 충성과 대의를 갖추었으며, 죽은 후 신이 되었다. 대만사람은 그에게 제사를 올린다."[44]라고 하였다. 연횡은 또 관공(關公, 삼국지의 관우)에 대한 제사의 목적을 '무덕(武德)'을 숭상하는 데에 있다고 하였다. 재앙이나 환란을 방지하여 백성에게 공로가 있는 사람은 제사를 받을 수 있고, 정성공은 대만을 개척한 시조로서 신으로 숭배를 받았다. 여기서 알 수 있는 것은, 우선 연횡은 제사가 집단의 덕성 배양에 도움이 된다고 보았다. 예를 들면 무묘(武廟)에

43) 『臺灣通史』, 240쪽.

44) 『臺灣通史』, 240쪽.

제사를 올리는 것은 무덕(武德)을 배양할 수 있다. 그 다음, 백성에게 공이 있는 사람을 신의 반열에 올려 제사를 지내는 것은 일종의 인민 중심의 신명(神明)관, 혹은 인민의 신학으로 볼 수 있다. 즉, 한 인간이 신의 반열에 오르는 것은 백성의 생활에 얼마나 많은 공헌을 했는지에 달려있고, 백성들은 자신의 의지와 희망으로 어떤 신을 모실 건지를 결정하고 심지어 숭배할 신을 만들어 낸다. 따라서 연횡이 제사의 초월적(종교적) 측면을 중시하지 않고, 제사의 사회적 기능을 더 중요시하였음을 알 수 있다. 이것은 순자의 "군자는 (제사를) 제도라고 생각하고 백성은 신이라고 생각한다."라는 견해와 같다.[순자·천론(荀子·天論)] 연횡은 이 같은 관점에서 대만의 민간 종교에 대해 엄격한 비판을 가하였다.

연횡의 「종교지·서문」 또한 뛰어난 글에 속한다. 그 주요 내용은 다음과 같다. (1)'예(禮)'는 선하고 아름다운 '민속'을 만들기 위한 것이다. (2)그는 유가의 '천(天)'은 초월적(종교적, 신학적) 의미가 없고, 그 의미는 '사람'에 의해 규정되는 것으로 보았다. (3)그는 민간 종교를 잘 이용하여 '집단의 덕성' 배양에 도움을 주어야 한다고 주장하였다. 요컨대, 연횡은 인문성과 인민성(혹은 민중성), 민족성의 측면에서 민간종교 현상을 분석하였다.

이 같은 연횡의 생각은 「종교지·서문」에서 잘 보여주고 있다.

> 이 세상 천지에 여러 나라가 있는데, 나라를 다스리고 백성을 안정시키는 것을 정치(政)와 의례(禮)라고 할 수 있다. 대저 정치는 백성의 뜻을 보살피는 것이며, 의례는 백성의 풍속을 바로잡는

것이다. …… 유가에서 말하는 하늘(天)은 반드시 사람을 지향한다. 그러므로 이렇게 말한다. "하늘이 보는 것은 백성이 보는 것에서 오고, 하늘이 듣는 것은 백성이 듣는 것에서 온다." 또 말한다. "하늘이 죄를 물을 때 인간의 형벌로 묻고, 하늘의 질서는 인간의 예의를 따른다." 그러므로 나라를 다스리고 백성을 편안하게 하는 것은 하늘을 대신하지 않는 것이 없다. 따라서 천지에 제사를 지내거나 조상에게 축원을 올리고 귀신을 믿는 것은 감히 소홀할 수 없다. 이것이 소위 향기를 발산하는 미덕이다. 대저 정치는 백성의 뜻을 보살피는 것이지만, 때로는 어지러워진다. 의례는 백성의 풍속을 바로잡는 것이지만, 때로는 여기에서 폐단이 생긴다. 따라서 한 시대의 인심을 규범 짓는 것은 종교의 힘을 빌리지 않으면 안 된다. 신교(神教), 도교, 불교가 그런 것이고, 경교(景教, 기독교), 회교(이슬람교)도 마찬가지다. 이를 바르게 이용하면 집단의 덕성에 도움이 되고, 이것을 잘 못 사용할 때는 오히려 사람들을 수렁에 빠뜨려 사악하고 간교한 무리를 낳는다.45)

이 글에서 연횡은 '신교', '도교', '불교', '경교', '회교'의 활동을 각기 기록하고 이를 비판하였다. '신교'는 바로 민간신앙을 지칭하는 것이며, 일례로 마조(媽祖), 왕야(王爺) 등이 있다. 이 같은 민간신앙은 대만 민간사회의 가장 보편적인 신앙이며, 연횡은 이를 감안하여 가장 먼저 서술하였고, 또한 가장 많은 지면을 할애하여 소개하였다. 또 애써 이론적 측면에서 그 초월성(종교성)을 해체하려고 노력하였다. 연횡은 '신교'에 대해서 서두부터 다음과 같이 논하였다.

45) 『臺灣通史』, 545쪽.

신명을 위해 종교를 만드는 것은 사람의 정서를 따르는 것이다. 사람은 본래 선을 좋아하고 악을 미워하며, 이로움을 추구하고 해로움을 피하려 한다. 그러므로 성인들은 도(道)로 사람을 이끌었다. 도는 원래 한시도 벗어나면 안 되는 것이며, 길흉화복은 오직 하늘만이 알 수 있다. 하지만 하늘은 원래 공간이며, 소리가 없고 냄새가 없다. 볼 수 있으면서도 보이지 않고, 들을 수 있으면서도 들을 수 없다. 하늘 천(天)자를 발음으로 읽을 때 '전(巓)'과 비슷하고, 문자로 보았을 때 '일(一)'과 '대(大)'의 조합이고, 뜻을 풀이한다면 '자연'이다. 대저 하늘은 가장 높고 가장 큰 형상이며 자연의 작용을 하는 것이다. 이러한 지고(至高) 지대(至大)한 형상을 일반 민중은 알 수 없으니 '상제(上帝)'라는 표현을 빌려 쓰는 것이다. 상제는 바로 '자연'이고, '천연'이라고도 부른다.[46]

연횡의 이 같은 관점은 '자연으로서의 하늘'을 주장하는 것이며, 순자의 의견에 가깝다. 연횡은 대만의 민간종교는 황당무계하고 민속에 해롭다고 생각하기 때문에 이 같은 주장으로 그 신비성을 해소하고자 하는 것이다. 또한, 연횡은 민국 시대의 인물이고, 대만통사의 저작시기(1908~1918)는 신문화 운동이 시작되기 직전이기 때문에, 이미 어느 정도 신문화운동의 영향을 받았을 것이다. 게다가 일본강점기 유학자들은 망국의 아픔 때문에 기존의 성리학을 반대하고 경세의 학문에 기울어져 갔으며, 이 역시 연횡의 자연으로서의 하늘 이론을 주장하는 원인이다.

따라서 연횡은 민간의 요(堯), 순(舜), 우(禹) 숭배에 대해서도 비판하

46) 『臺灣通史』, 546쪽.

였다. 민간신앙 속에서 요를 천관(天官), 순을 지관(地官), 우를 수관(水官)으로 숭배하는데, 연횡은 이것 자체는 원래 잘못된 것이 없다고 보았다. 왜냐하면 "요는 천시(天時)를 정하여 칠정(七政)을 바르게 하였고", 공자도 이렇게 칭송하였다. "오직 하늘이 가장 크며, 오직 요가 이에 비할 수 있다.(唯天爲大, 唯堯則之)" 그러므로 요를 천관이라고 부른다. 또한 "순이 천하를 12주(州)로 나누어 이로서 백성을 편안하게 하였기에 지관이라고 부른다. 우는 홍수를 막아서 사람들을 편안하게 하였기에 수관이라고 하며, 모두가 고대의 성스러운 왕들이시며, 공이 후세에 전해졌다. 죽은 후에 제사를 지내는 것은 마땅하다."[47] 이 같은 관점은 앞서 「전례지」에서 언급한 '공이 있는 자는 죽은 후 신으로 봉해지고 민간의 숭배를 받는다'는 부분이 일치한다. 그러나 민간의 삼관(三官) 숭배에는 인과응보사상이 나타나게 되었고, 연횡은 이에 대해 비판을 한 것이다. 그는 다음과 같이 지적했다. "대만의 사람들은 이렇게 이야기한다. '천관은 복을 주고, 지관을 죄를 사면하여 주며, 수관은 재해를 제거한다.' 이 같은 이야기는 무당들의 입에서 나온 것이다."[48]

연횡은 또한 민간의 오제(五帝) 숭배 역시 '음사(淫祀, 바르지 않은 제사)'라고 폄하였다. 오제에 관해서는 『사기 · 봉선서(史記 · 封禪書)』에서 비롯되었으며, 진한 시대의 황제가 제사를 올리는데, 그 의식이 매우 성대하였다. 대만에서 제사하는 '오제'는 두 가지가 있는데, 하나는 오현대제(五顯大帝)이고, 또 하나는 오복대제(五福大帝)이다. 전자는 종종 "무당들이 가장하여 시현하는데, '오현영관(영관(靈官)'이라고도

47) 『臺灣通史』, 546쪽.
48) 『臺灣通史』, 546쪽.

불리며", 후자는 원래 '온신(瘟神, 역병의 신)'이고, 연횡은 이것이 "오제의 호칭을 훔친 음사에 불과하다"라고 비판했다.[49]

연횡은 왕야(王爺) 신앙에 대해서는 유학적인 전환을 시도하였다. 연횡은 다음과 같이 말했다. "오직 대만에서만 숭배하는 왕야 신앙은 도시에서 농촌으로, 산에서 바다로 퍼져 가며, 화려한 절을 지었다. 홍수와 가뭄 때 반드시 제사를 올리고 수시로 복을 기원하며, 신으로서 자리를 잡았고, 평민 백성은 감히 이를 모독하지 못한다. 그 절에서 왕공(王公), 또는 대인(大人), 또는 천세(千歲)라고 불렀으며, 그 신상은 웅장하였으며 종종 신상을 들고 나와 행진을 하는데 그것을 '하늘을 대신하는 순찰(代天巡狩)'이라고 한다. 사람한테 신의 이름을 물으면 아는 자가 없다. 아아! 도대체 어떤 신이길래 대만사람이 그렇게까지 숭배하는가?"[50] 연횡은 오직 정성공만이 대만에 대한 공헌으로 숭배를 받을 만 하다고 평가였으며 이름도 들어본 적이 없는 '왕야'는 "청나라로 귀속되면서 사람들이 말을 조심하는 바람에 애매하게 되었다."[51]라고 설명하였다. 이는 매우 합리적인 설명이다. 하지만 정성공에 대한 신앙도 변질이 된 면이 있다. "대저 대만인이 연평군왕의 제사를 올리는 것은 그 공과 덕에 대한 그리움과 보은이다. 후세 사람은 이것을 알지 못하고 근본을 망각하여 각종 괴이한 제사가 늘어났다. 무당들은 이것을 이용해 돈을 모으고 제단을 크게 지어 혹세무민하니 그 해악이 매우 크다."[52] 즉, 연횡은 '공덕에 대한 보은'이야 말로 민간신앙의 진정한 '근원'이라고 본 것이다.

---

49) 『臺灣通史』, 546-547쪽.
50) 『臺灣通史』, 547-548쪽.
51) 『臺灣通史』, 548쪽.
52) 『臺灣通史』, 548쪽.

「종교지」의 '찬(贊)'에서 연횡은 사람들은 거주지에 따라 믿는 신 또한 다르다고 지적하였다. "산에 사는 사람은 호랑이에게 기원을 올리고, 물가에 사는 사람은 용에게 축원을 바치며, 육지에 사는 사람은 소에게 제사 하며, 늪에 거주하는 사람은 뱀에게 제사를 하니, 호랑이에게 제사를 올리는 것이 맞고 용에게 제사를 올리는 것이 틀린 것이라고 할 수 없다."[53] 이 대목에서 연횡의 문화적 다원주의 색채가 잘 드러나며, 각기 다른 문화에 대한 존중이 잘 표현되어 있다. 그러나 어떤 신명을 섬기는 것을 막론하고, 대만의 사람들은 "복을 부르고 화를 면하고자 하는 마음으로" 신에게 제사를 하는 것이다.[54] 대만사람 중에서 광동출신들은 삼산국왕(三山國王)을 섬기고, 장주(漳州)출신들은 개장성왕(開漳聖王)에게 기원을 올렸으며, 천주(泉州)사람들은 보성대제(保生大帝)를 섬겼는데, 이는 고향의 신을 섬기는 것에서 나온 것이다.[55] 또한 선비들은 문창(文昌)신에게 빌고, 상인들은 관제(關帝)를 믿으며, 농민들은 사직신(社公)에게 기원을 올리며, 목공들은 노반(魯般)에게 축원을 하니, 이는 업종의 다름에게 기인한 것으로 "모두가 그 공로에 보답하는 마음에서 나온 것이며, 감히 선인들의 덕을 잊지 않겠다는 표시이다."[56]

결론적으로, 연횡은 국가가 주관하는 제사 혹은 민간의 신앙 모두 '덕을 그리워하고, 공로에 보답하는' 마음을 기본 정신으로 삼아야 한다고 보았다. 만약 인과응보의 관념에 빠지고, 거창하고 해괴한 제사를 행한다면 '음사'가 되는 것이다. 긍정적인 제사는 집단의

53) 『臺灣通史』, 558쪽.
54) 『臺灣通史』, 558쪽.
55) 『臺灣通史』, 558쪽.
56) 『臺灣通史』, 558쪽.

덕성과 민족성 배양에 도움을 주고, 이렇게 배양된 민족성은 온화하고 돈후하며 초심과 근본 정신을 망각하지 않을 것이다.

이 글은 2003년 10월 대만대학 중문학과 학술강연 시 발표된 글이며, 일본어로 번역하여 다음 책에 수록됨. 黃俊傑編, 『東アジア世界と儒敎』 (東京: 東方書店, 2005).

제6장

일본 식민시기 전통 시사(詩社) '역사(櫟社)'의 역사적 전환 : 전통 유민문학에서 근대 민족운동까지

1. 머리말

역사(櫟社)는 일본 식민시기 대만의 저명한 시사(詩社, 시인 동호회)로 1902년 무봉(霧峰)에서 결성되었다. 초기에는 유민(遺民)문학 모임을 자처하였다. 그 시 작품의 정신은 역대 유민과 아득하게나마 맞닿아 있었으며, 작품 또한 역대 유민 문학과 일맥상통하였다. 하지만 '역사'는 끝까지 유민문학 모임으로 남지는 않았다. 1911년 양계초(梁啓超)가 대만을 유람할 때 많은 대만 문인들과 서로 격려하였다. 또 당시 물밀듯이 밀려들어오는 새로운 사상적 조류를 받아들여 '역사'의 회원들도 서서히 문화계몽, 정치적 항일 등의 비교적 현대적 의미를 지닌 분야에 눈을 돌리기 시작했다. 또한, 이 같은 새로운 경험들을 작품에 반영하면서, 대만 전통 시 역사에서 가장 현대적인 정신을 담은 페이지를 써 내려갔다.

2. 유민문학의 전통 : 중원에서 대만까지

중국의 유민문학의 시초는 '서리맥수(黍離麥秀)'의 노래에서 시작된다. 『시경 · 왕풍 · 서리(詩經 · 王風 · 黍離)』 제1장이다. "저기에는 기장이 우거지고, 여기에는 수수 싹도 자랐구나. 발걸음이 더디고, 마음이 심란하구나. 내 마음을 아는 이는 내 마음에 근심이 서려있다 하고, 내 마음을 모르는 이는 나보고 무엇을 구하냐 하는구나. 한 없이 멀고 푸른 하늘이시여, 도대체 누가 이 지경으로 만든 겁니까?" 『모시 · 서문(毛序)』에 따르면, 이 시는 "종주(宗周)를 애석하는 것이다. 주나라 대부가 공무를 처리하기 위해 '종주'에 이르러, 과거 종묘와 궁실이 벼와 기장으로 뒤덮여 있을 보았다. 이에, 주나라 왕실이 사라짐을 마음 아프게 여기고, 차마 떠나지 못 한 채, 주변을 방황하며 시를 지은 것이다."[1] 여기서 말하는 '종주'는 바로 서주의 수도인 '호경(鎬京)'이다. 그래서 이 시의 시인은 서주가 멸망한 후 과거 수도를 지나가다가 궁실이 벼와 보리에 뒤덮이어 있는 것을 보고는 상심하여 시를 지은 것이다.

'맥수가'는 바로 은나라 유신이 은나라의 멸망을 슬퍼하며 지은 것이다. 『사기 · 송미자세가(史記 · 宋微子世家』에는 다음과 같이 적혀있다. "그리하여, 무왕은 기자를 조선에 봉하고, 신하로 삼지는 아니 하였다. 그 후 기자가 주나라에 입조하러 은허(殷墟, 은나라 옛 수도의 터)를 지나가다 부서진 궁실과 그 터에 무성한 벼와 기장을 보고는 마음이 아파 소리 내어 울고 싶었으나 그럴 수 없었고, 소리 없이 울자니 여자 같은 행동이니 『맥수지가』를 지어 노래를 불렀다. 그 시의 내용은 다음과 같다. '보리 이삭

1) 王先謙, 『詩三家義集疏』 (北京, 中華書局, 1987), 315쪽.

이 점점 자라는구나, 벼와 기장에 윤기가 가득하구나. 저 교활한 아이(狡童)는 나와 사이가 안 좋아 이 지경에 이르렀구나.' 교활한 아이(狡童)는 바로 (은나라 마지막 군주인) 주(紂)이다. 은의 백성들이 이 시를 듣고 일제히 눈물을 흘렸다."[2] 또 다른 설에 따르면, '맥수가'를 송미자(宋微子)가 지었다고 한다. 송대의 곽무천(郭茂倩)이 『악부시집』를 편찬하였는데, 그 중 '금곡가사(琴曲歌辭)'에 수록된 「상은조(傷殷操)」의 서문에 이렇게 썼다.

> 『금집(琴集)』에서 "「상은조」는 미자가 지은 것이다"라고 했다. 『상서대전(尙書大傳)』에서는 "미자가 주나라에 입조하려고 은의 옛 수도의 터를 지나는데, 거기에 보리 이삭이 자라나고 기장과 벼가 무성한 것을 보고는 말했다. '여기가 바로 옛 부모의 나라인데, 종묘사직이 망했구나.' 슬픈 마음에 소리 내어 울고 싶었으나 주 왕실에 입조하러 가는 길이었고, 흐느끼고 싶었지만 여자 같은 행동이기에, 그 마음을 발산하여 시를 지었다. 이것이 「상은조」이고, 「맥수가」라고도 부른다.[3]

'서리맥수' 외에도 『초사(楚辭)』에도 굴원(屈原)의 흥망지감을 표현한 여러 편의 문장이 있다. 예를 들면, 진나라의 백기(白起)가 초나라의 도읍 영(郢)을 공격하여 함락시켰을 때, 굴원은 〈애영(哀郢)〉을 써서 마음속 근심을 표현하였고, 〈어부(漁父)〉에 묘사된 쫓겨난 굴원은 천추 이래 나라를 걱정하는 시인의 전형이 되었다. "굴원이 쫓겨나자, 강담(江潭)을 떠돌았고, 물가를 거닐며 시를 읊었는데, 그 모습이

---

2) 司馬遷, 『史記』 (台北, 樂天, 1974), 1620~1621쪽.

3) 郭茂倩, 『樂府詩集』 (台北, 里仁書局, 1984), 831쪽.

초췌하고 파리하였다."[4)]

서진(西晉), 북송(北宋), 남송(南宋), 명조(明朝) 모두 이민족에 멸망당하였고, 일부 사대부에게 유민 정서가 생겨나서 노래 부르며 눈물을 흘리는 수많은 유민문학을 남겼다. 남조(南朝)의 유의경(劉義慶)이 편찬한 『세설신어(世說新語)』에는 동진(東晉)의 유명 문인들의 언행과 풍모에 대 기록되어 있다. 그 중 '오호(五胡)의 난'을 피해 강을 건너는 사대부들의 심정을 묘사한 〈언어(言語)〉편에는 다음과 같이 쓰여 있다.

> 강을 건너온 사람들은 날씨가 좋을 때마다 신정(新亭)에 모여 자리를 깔고 연회를 가졌다. 주후(周侯)가 연회 중 앉아 있다가 탄식하면서 말했다. "자연풍경은 다를 바 없으나, 멀리 보니 산하는 주인이 다르구려!" 그러자 다들 서로를 바라보며 눈물을 흘렸다. 유일하게 왕승상만 정색하며 말했다. "왕실을 위해 함께 힘을 합쳐 중원을 회복해야 하는데, 어찌 초나라 포로처럼 마냥 마주보며 눈물이나 흘린다 말이오?"[5)]

여기서 나오는 '신정에서 마주보며 눈물을 흘리다.(新亭對泣)'라는 표현은 후대 유민문학에 자주 쓰이는 고사가 되었다. 송(宋) 왕조는 두 번씩이나 이민족에게 멸망을 당하였고, 이로 인해 송대에 들어 유민문학은 절정기를 맞이한다. 남송 시(詩)와 사(詞)의 쌍벽인 육유(陸遊)와 신기질(辛棄疾)이 표현한 것은 '신정에서 마주보며 눈물을 흘

4) 朱熹, 『楚辭集注』(台北, 河洛, 1980), 116쪽.

5) 본문은 다음에서 인용하였음. 楊勇, 『世說新語校箋』(台北, 明倫, 1972), 71쪽.

리는(新亭對泣)' 비애가 아니라, 동진(東晋) 승상 왕도(王導)의 '힘을 합쳐 중원을 회복하자는(共戮王室,克復神州)' 기개였다. 남송의 멸망은 송대의 철저한 멸망이었고, 반쪽만 남은 강산마저 산산조각이 났으며, 당시의 유민 문학에서는 이러한 애처로운 모습이 잘 드러난다. 이 애절한 감정은 문천상(文天祥)의 『정기가(正氣歌)』에서는 장렬함의 극치를 보여주는 반면, 사고(謝翱)의 시가와 산문 『서대통곡기 西臺慟哭記』에서는 비통한 마음을 절절히 드러내어 읽는 이로 하여금 눈을 떼지 못하게 한다.

명나라가 청에게 멸망당하면서 유민 문학은 또 한 차례 풍작을 거두었다. 과거의 유민문학과 마찬가지로 남명(南明)문학도 비애감 또는 비장함의 풍격을 드러냈으며, 대만의 시 역사(詩史)는 남명 시대의 문학과 밀접한 관련이 있다. 이는 두 가지 측면에서 이해할 수 있다. 첫 번째는 명대 지식인들이 환관 세력에 대항하기 위해서 결사(結社) 조직을 통해 저항하였으며, 동림당(東林黨), 복사(復社), 기사(幾社)의 명성이 자자했다. 명이 멸망한 후, 복사(復社)와 기사(幾社)는 무력으로 청에 대항하였으며, 기사(幾社)의 서부원은 정성공을 따라 대만에 들어왔다.[6] 이 처럼 당시의 문인들은 조직을 결성하여 청에게 항거하였으며, 당시의 기사(幾社)와 일제 강점기의 역사(櫟社)가 200여 년의 시간차를 두며 서로 그 빛을 드러냈다. 한편으로는 남명 문학의

6) 복사, 기사와 명정 시대의 대만에 관해서는 다음을 참조할 것. 陳昭瑛, 「儒學在台灣的移植與發展：從明鄭到日據時代」, 『東亞近現代儒學的回顧』國際會議 (台北, 中央研究院文哲所主辦, 1996). 위의 글은 다음 책에 수록 되었다. 李明輝編, 『儒家思想在現代東亞：總論編』 (台北, 中央研究院文哲所, 1998). 陳昭瑛, 『台灣儒學: 起源,發展與轉化』(台北, 正中書局, 2000). 서부원(徐浮遠)의 시가에 관해서는 다음을 참조할 것. 陳昭瑛, 「明鄭時期台灣文學的民族性」, 『台灣文學與本土化運動』, (台北, 正中書局, 1998)； 陳昭瑛, 『台灣詩選注』, 徐浮遠部份(台北, 正中書局, 1996).

유민 풍격과 일제 강점기의 고전 문학 역시 긴밀한 관계가 있다. 정성공의 『과주에서 금릉까지 만주 오랑캐를 토벌하는 출사(出師討滿夷自瓜州至金陵)』은 남명 문학 중 당당한 기개를 잘 표현한 최고의 칠언절구이다.

> 소복(상복)을 입고 장강의 대안에 이르러 오랑캐를 멸하겠노라 맹세하니, 십만 정병의 기세는 오(吳)를 삼키네.
> 이제 장강의 물결이 아무리 험한들 채찍질 한 번이면 끊어내고 건널 터이니, 중원을 수복하고 명조를 부흥시킴을 믿어 의심치 아니하리니.[7)]
> (縞素臨江誓滅胡, 雄師十萬氣呑吳, 試看天塹投鞭度, 不信中原不姓朱.)

1659년 정성공이 당시 북벌에 올랐을 때 쓴 시이며, 그의 북벌은 '강남을 흔들'[8)]정도로 기세가 대단했으며, 정성공의 스승인 전겸익(錢謙益)의 만년 거작인 『투필집(投筆集)』의 시 소재가 되었다. 『투필집』은 전겸익 최후의 시가 대작으로서, 원래 이름은 『금릉추흥팔수차토당운(金陵秋興八首次草堂韻)』이고, 두 번째 시부터 『후추흥(後秋興)』이라 하였다. 전체 시는 두보(杜甫)가 기주(夔州)에서 지은 『추흥팔수秋興八首』의 원운을 써서 총 13첩이 되었다. 각 시마다 두보 시의 각 운을 13번씩 운용하여, 전체 시는 104수의 칠언율시(七言律詩)로 구성되었다.[9)] 『추흥팔수』는 정성공의 북벌을 찬양하였는데, 『후추홍팔

---

7) 陳昭瑛, 『台灣詩選注』, 28쪽.

8) 江日昇, 『台灣外紀』 (台北, 世界, 1979), 177쪽.

9) 『투필집』에 관해서는 다음을 참조할 것; 裴世俊, 『錢謙益詩歌研究』(銀川, 寧夏人民出版社, 1991); 趙永剛, 『清初詩歌』(北京, 光明日報, 1993); 陳昭瑛, 「明鄭時期台灣文學的民族性」, 『台灣詩選注』 중 전겸익에 관한 부분을 참조할 것.

수』는 정성공의 북벌이 거의 성공에 도달했으나 결국 실패한 것에 대해 애통한 마음을 잘 드러냈다. 『투필집』은 명말 청초의 가장 풍채가 뛰어난 유민문학 작품으로 일컬어지며, 연횡의 『대만시승(台灣詩乘)』에 채록되어, 대만 시사(詩史)의 찬란함을 더 빛냈다.

정경(鄭經)의 『만주족의 사절이 왔으나 상륙하지 않고 옷을 갈아입지 않겠다고 하니 분개하여 시를 짓다(滿酋使來, 有不登岸, 不易服之說, 憤而賦之)』 또한 당시 유민 문학의 중요한 작품이다.

> 중원의 왕기는 다하였고, 의관만이 바다 건너에 남았네.
> 웅대한 계획은 끝나지 아니 하여, 나날이 창검을 갈무리 하네.[10)]
> (王氣中原盡, 衣冠海外留. 雄圖終未已, 日日整戈矛.)

이 시의 기세는 정성공의 북벌칠언절구(七言絶句)에 비할 바 못 되지만, 정경의 항청복명의 의지가 사라지지 않았음을 드러내고 있고, 더욱이 유민 문학이 대만의 상황에 잘 스며들었음을 잘 알 수 있다. 심광문(沈光文)은 당시 가장 중요한 작가라고 할 수 있다. 그는 정성공보다 10년 일찍 대만에 들어왔으며, 1652년 반청의 의지로 청 조정에 출사를 거부한 것으로 위해를 당할까 우려하여 대만에 들어왔다. 정씨 정권이 망한 후에는 문인 결사인 '동음사(東吟社)'를 조직하였으며, 이는 대만 역사상 첫 번째 시사(詩社)라고 할 수 있으며, 여기에는 망국의 아픔과 고향에 대한 그리움이 잘 담겨 있다.[11)]

---

10) 陳昭瑛, 『台灣詩選注』, 41쪽.

11) 심광문의 시가에 관한 분석은 다음을 참조할 것. 陳昭瑛, 「明鄭時期台灣文學的民族性」, 『台灣詩選注』 중 심광문 부분.

정성공 시대에서 가장 장렬한 순국으로 영정왕(寧靖王)과 그의 다섯 왕비가 목매어 죽었던 일을 들지 않을 수 없다.[12] 영정왕이 목을 매기 전에 지은 『절명시(絶命詩)』에는 뼛속 깊이 사무친 구슬픔이 잘 드러난다. "힘겹게 해외로 도망 온 바, 오직 몇 가닥 머리털을 위함이었으랴. 오늘 일이 이 지경에 이르렀으니 별도리가 없구나! 다시는 고사리를 채취해 먹지 않으리라!(艱辛避海外, 祇爲數莖髮, 於今事已矣, 不復採薇蕨)"[13] 이 시는 은(殷)의 유민 백이(伯夷), 숙제(叔齊)가 주(周)나라의 곡식을 먹지 않고 고사리를 채취해 먹다가 수양산에서 굶어 죽은 고사를 인용하였다. 이 고사는 심광문의 시에서도 드러나며, 일제 강점기의 시가에도 자주 인용되었다.

남명시대는 중국 역사상 마지막이자 가장 장렬한 유민의 심정이 넘치던 시대였으며, 청에 대항하는 자들이 연이어 거사하고, 희생자 또한 수없이 많았다.[14] 소설림(蘇雪林)의 『남명충렬전(南明忠烈傳)』은 제12장 『정성공과 대만의 시말(鄭成功與台灣始末)』로 끝을 맺었고, 강일승(江日昇)의 『대만외기(台灣外紀)』에서는 대만을 중국역사가 떠오르는 시발점으로 묘사했으며, 또한 남명 시대 충신들의 이야기를 자세히 기술했다. 여기서 보면 알 수 있듯이 명정(明鄭)시기의 대만은 남명 시대의 연장선상이라고 할 수 있으며, 이 시대의 정신 또한 남명의 항쟁형 민족주의를 계승한 것으로 볼 수 있다.[15] 연횡은 이 시대

---

12) 江日昇, 『台灣外紀』(台北, 世界, 1979), 432-434쪽.

13) 陳昭瑛, 『台灣詩選注』, 44쪽.

14) 강일승의 저작은 이 같은 슬픈 역사를 잘 담고 있으며, 기록이 완전하고 생동감이 넘치는 작품으로는 소설림이 1940년 중일 전쟁(1940) 기간에 쓴 『남명충렬전』이 있다. 『南明忠烈傳』(台北, 商務印書館, 1969).

15) 저항형 민족주의는 이민족의 침략시에 비로소 발전을 이루며, 확장형 민족주의는 나라의 힘이 강건해 져서 주변의 민족의 힘을 약화시키는 것으로, 바로 제국주의이며, 민족

의 문학을 다음과 같이 묘사를 하였다.

> 정씨 시기의 대복시경(大僕寺卿) 심광문이 먼저 시(詩)로 선창을 하자, 당시의 피난 온 선비들은 고국과 강산을 그리워하는 마음을 글로 토로하고 노래로 풀어내니, 그 문구는 격앙하고 처량했다. 그러니 군자라면 어찌 마음 아프게 여기지 않겠는가! 연횡은 말한다. "내가 듣자 하니, 연평군왕이 대만에 들어온 이후 시를 많이 지었다고 하는데, 도중 전쟁 때문에 그 원고들은 대부분 유실되어 전해지지 못했다. 전해지는 것으로는 '북정(北征)의 격문', '아버지께 드리는 편지' 등이고, 그 내용은 격정적이고 비장하여 뜨거운 피가 가슴속에 가득한 것 같았다. 읽다보면 마치 따라서 춤을 출 것 같다. 이게 바로 우주 최고의 문장이다. (『대만통사·예문지(台灣通史·藝文志)』)[16]

'고국을 그리워 한다', '강산을 그리워 한다' 등 대목은 명정시기 대만문학이 유민 문학의 전통 속에 있음을 보여주며, '문구는 격앙하고 처량했다', '격정적이고 비장하다', '뜨거운 피가 가슴속에 가득하다' 등 표현은 바로 유민 문학의 풍격이라 할 수 있다. '읽다보면 마치 따라서 춤을 출 것 같다'는 표현은 이 작품들이 후대 독자들의 마음속에서 일어난 반응이자, 일제 강점기의 독자의 반응이라고도 할 수 있을 것이며, '이게 바로 우주 최고의 문장이다'라는 문구는 이런 문학이 문학사에서 차지하는 지위가 영원히 변치 않음을 의미한다.

주의의 정신에 위배된다고 할 수 있다. 陳昭瑛, 「明鄭時期台灣文學的民族性」, 참조.

16) 連橫, 『台灣通史』 (國立編譯館中華叢書, 1985).

이어숙(李漁淑)의 『삼대시전(三臺詩傳)』은 일제 강점기 대만 시가를 논술한 전문 서적으로서, 명정(明鄭)시대가 대만인의 성격에 결정적인 영향을 주었다고 논하고 있다.

> 대만에는 시를 읊는 자가 많고, 대부분 충의(忠義)로 가득한 이들이니, 생각해 보건대 그 유래는 오랫동안 형성된 것이며 일시에 일어난 것이 아니다. 연평군왕께서 네덜란드인을 몰아내고 이 땅에 머물었다. 그를 따라 모인 사람들은 또한 고신얼자(孤臣孽子)의 마음을 안고 나라를 되살리려는 의지가 굳건하다. 명나라 사직이 무너지고, 오래지 않아 정씨까지 몰락함을 눈앞에서 목격하였으니 한층 더 비분(悲憤)하지 아니 하겠는가! 그러므로 그 민족의지는 가슴 속 깊이 단단하게 굳어져 시간이 지나도 변치 않고 있다.[17]

이상의 자료를 통해 유민 문학이 명정(明鄭) 문학의 주요 특징임을 알 수 있고, 일제 강점기의 시가와 명정 시가 사이에 일맥상통하는 연원이 있음이 드러난다. 이것이 바로 연횡이 일제 강점기에 완성했음에도 『대만통사』에 한족의식이 충만하고 정성공을 높여서 '본기(本紀, 사마천의 『사기』에서 시작된 서술 방식으로서, 제왕의 역사를 서술함)'에서 서술한 원인인 것이다. 또한, 이것이 이어숙이 『삼대시전』에서 명정 문학을 일제 강점기 대만 문학의 선구로 본 원인이기도 하다.

유민문학의 근원은 한 민족의 자아 보존이라는 욕망에 뿌리내리고 있고, 이러한 욕망에서 파생되어 나온 것은 이민족 침략에 대한

17) 李漁淑, 『三臺詩傳』(台北, 學海出版社, 1976), 1쪽.

반항 및 자민족의 자주적 요구를 고수하는 것이었다. 대만은 정씨 정권의 마지막 근거지가 되었고, 바로 이 점에서 한족이 그 시대에 지속적으로 존엄성을 가질 수 있는 유일한 지역이었다. 그러므로 이 시기의 문학의 주제에는 '돌아가지 않으려는 생각'과 '대만 풍토의 묘사'도 포함되어 있으나[18], 우리는 '돌아가지 않으려는 생각'의 조건을 살펴볼 필요가 있다. 우선적으로 대만에 중국의 제도를 건립하여 대만을 새로운 고향으로 만들어서, 이를 통해 중원(中原)이 이민족의 수중에 넘어간 비극을 메우려 하였으며, 그래서 대만을 개척하는 일은 일종의 구원의 방식이 되었다.

3. 1902-1911 : 역사(櫟社)의 성립과 초기 활동

나라가 무너진 후, 유민들이 시사(詩社)를 결성하여 동지들과 연락하고 글로 비분을 토로하는 것의 시초는 송(宋)이 망한 후 결성된 월천음사(月泉吟社)이고, 오위(吳渭)와 사고(謝翺) 등이 조직하였다. 남명 시기는 유민 시사(詩社)의 또 하나의 번성기인데, 당시 사람들이 "명나라 사직이 무너지고 사대부들은 초췌해지고 관직을 잃자, 속세를 등진 뛰어난 문인들은 잇따라 시사(詩社)를 결성하여 글로 옛 나라와 옛 집에 대한 그리움을 토로하니 양자강 이남에 이렇지 않은 곳이 없었다."라고 말하였다. 대만 시사(詩社)의 결성은 남명의 원로 유

18) 이 시기의 문학은 두 가지 특징이 있으며, 하나는 고국을 그리워하는 마음이고, 또 하나는 돌아가지 않으려는 생각과 대만을 발전시키려는 생각으로, 바로 정성공의 이중적인 역사적 지위와 잘 들어맞는다. 이 같은 정성공이 지니는 두 가지 호칭이 연평군왕과 개산성왕이며, 이에 관해서는 다음을 참조할 것. 陳照瑛, 「明鄭時期台灣文學的民族性」, 『台灣詩選注』 '導論'.

신인 심광문에서 비롯되었으며[19], 명칭은 '동음사' 였다. 하지만 명정(明鄭)이 청조에 투항한 이후에는 결사(結社)의 주요 대상은 객지로 나와 벼슬을 하는 청조 관리가 되었다. 여기서 어렵지 않게 상상할 수 있듯이, '동음사'의 목적은 이미 남명 유민 시사(詩社)와 확연히 다르고, 그 지향점 또한 반청복명이 아니라 야만스러운 변방의 땅에 시사(詩社)를 만들어 '풍속을 점차 고상하게' 할 수 있다는 것이었다. (沈光文, 『東吟社序』, 『台灣詩薈』 第九號, 1924年 10月에 수록.) 그러므로, '동음사'가 비록 대만 시사의 시초라고 할 수는 있지만, 일제 강점기에 시사가 성행했던 원인은 남명 유민의 시사와 더 가깝지, '동음사'와 직접적인 관련은 없다.

양계초(梁啓超)가 1911년 대만을 유람 차 방문 시, 그는 대만의 시사(詩社)로부터 깊은 인상을 받았으며, 『대만잡시(台灣雜詩)』에 이 같은 주석을 달았다. "세상이 뒤집힌 후, 갈 곳 없는 문인들은 잇따라 시사(詩社)를 결성하여 마음을 달래었다. 이 같은 시사(詩社)로는 내원음사(萊園吟社) 뿐 아니라, 역사(櫟社), 영사(瀛社), 남사(南社) 또한 그 명성이 높다." 이를 보건데, 일제 강점기의 대만 시사(詩社)는 유민(遺民) 시사의 성격이 더 많다.[20]

섭영종(葉榮鐘)은 이에 관해서 아래와 같이 언급하였다.

대만의 시사(詩社)는 민국 14, 15년(1925년, 1926년)에 그 정점에 이

19) 이는 다음에서 인용하였음. 謝國楨, 『明清之際黨社運動考』(台北, 商務印書館, 1978), 204쪽.

20) 梁任公, 『海桑吟』. 이 문장의 원문은 다음에 실려 있다. 連橫編, 『台灣詩薈』 第十八號. 또한 인용문은 다음에서 인용하였다. 陳漢光編, 『台灣詩錄』 (台灣省文獻會, 1971).

> 르렀으며, 대만 전역에 100여 개가 넘게 있었다. 어떤 사람들은 이에 대해 우스갯소리로 '원주민 부락'의 수 보다 많다고 하였다. …… 대만은 일본에 할양된 이래로 조국과 단절 되고, 중화문화로부터 유리되고 말았다 그러나 선배 시인들의 고심과 노력으로 민족정기의 맥을 유지하고, 한 줄기 문화의 정수(精粹)를 잃지 않을 수 있었던 것은 시사(詩社)라는 단체로 은밀하게 위장했기 때문이다. …… 그 함의는 바로 반(反)이민족, 반(反)침략이다.[21]

상기의 글은 일제 강점기 시사(詩社)의 정신을 잘 보여주며, 또한 당시 시사가 전성기에 달했을 때는 그 수가 백여 개를 넘었음을 알 수 있다. 연구자들의 통계에 따르면, 일제 강점기 대만 전역에 설립된 시사(詩社)는 268개에 달하였다.[22]

『역사연혁지략(櫟社沿革志略)』에 따르면, 역사는 1902년(광서28년)에 무봉(霧峰)의 임치선(林痴仙), 임유춘(林幼春), 뇌회지(賴悔之)가 힘을 모아 설립했으며[23], 이를 처음부터 주도한 사람은 임치선이었다. 임유춘의 『역사이십년간제명비기(櫟社二十年間名碑記)』는 이에 관한 이야기를 담고 있다.

> 역사(櫟社)의 설립은 나의 숙부 임치선이 제창하였으며, 숙부께서는 이 같이 말씀하셨다. "내가 배운 것을 세상에 쓰일 수 없으

21) 葉榮鐘, 『台灣民族運動史』 (台北, 自立晩報, 1971), 331쪽.

22) 다음을 참조하기 바람. 王文顔, 『台灣詩社的硏究』 (政大中文所碩士論文, 1979); 鐘美芳, 『日據時代櫟社之硏究』 (東海大學歷史所碩士論文, 1986), 附表一. 이 표는 역사의 명칭, 창립 시간, 지역, 대표인물을 정리하였다.

23) 傅錫祺, 『櫟社沿革志略』 (台北, 台灣銀行經濟硏究究室台灣文獻叢刊(文叢本)第一七零種, 1963), 1쪽.

면, 쓸모없는 격이 된다. 마음이 식은 재와 같다면 쓸모없는 목재와 같다. 상수리나무(櫟)는 목재로 쓰이지 못하는 나무다. 내가 이것을 표지로 하겠다. 나와 같이 교유하고 싶은 자는 이 표지를 마음에 두어라!"[24)]

임치선의 이런 생각은 『장자·인간세(莊子·人間世)』에서 기인한 것이다. "장석(匠石, 석이라는 장인)이 제(齊)나라 곡원(曲轅)에 왔을 때, 신사(神社)에 모셔진 상수리나무를 보았다. …… 장석이 말했다. '쓸모없는 나무로다. 배로 만들면 침몰해버리고, 관으로 만들면 오래 못 가서 썩어버리고, 그릇으로 만들면 금방 부서져 버리고, 문짝으로 만들면 진액이 흘러나오고, 기둥으로 만들면 벌레가 생겨버리니, 어디 한 군데 쓰일 데가 없는 나무이기에 이리도 오래 자란 것이다.'" 역(櫟)이라는 시사(詩社) 이름은 버려진 땅의 버려진 백성을 상징하는 자포자기의 뜻으로, 임치선의 말 속에서 그가 품고 있는 말 못하는 아픔을 느낄 수 있다. 그리고 (임치선의 조카) 임유춘은 윗글에서 대만 할양이 시인들에게 끼친 영향을 이렇게 논하였다. "세상이 변한 이래, 속세를 등진 선비들은 어쩔 도리가 없어서 앞 다투어 술에 빠지거나 연사(蓮社, 중국 불교의 거사 조직)에 몸을 피하였으며, 뜻 있는 사람이 (시사를) 제창하면 따르는 이가 많았다."

역사(櫟社)의 초기 인물로 임치선(林痴仙)을 빼놓을 수 없는데, 그의 본명은 조숭(朝崧), 자는 준당(俊堂), 호는 치선(痴仙), 무민도인(無悶道人)이며, 1875년에 태어났다. 1915년 10월에 같은 해 8월의 서래암(西來庵) 항일 사건 때 많은 대만인이 학살당한 것에 비분 통탄한 나머지

24) 이 글은 傅錫祺의 앞의 책(1963)에 수록되어 있음.

죽음에 이르렀으며, 당시 그의 나이는 마흔에 불과했다. 을미년(1895년)에 대만이 할양되자, 그는 복건성 천주로 피신하여 거주하다가 상해에 머문 후, 명산대천(名山大川)을 유람하였다. 그러나 오래지 않아, 모친의 명에 따라 대만으로 돌아와서 역사(櫟社)를 창립하였다. 그의 작품에는 살 곳을 잃어버린 유민의 심정이 잘 담겨 있으며, 『귀리서회(歸里書懷)』의 오언 고시를 보면, 대만에 돌아가고 싶지 않으나 모친의 명을 거역할 수 없는 심란함을 이 같이 표현하고 있다.

> 피난 온지 4, 5년간 강호를 떠돌아 다녔고, 곤궁에 처하니 책과 검을 보기가 부끄럽고 난세 속에 고운 얼굴은 시들었구나.
> 나그네는 옛 나라를 그리워하고 부모는 고향을 그리워하니, 이러지도 저러지도 못 하고 거취를 정하기 어렵구나.
> 경황이 없는 상황에서 본 뿌리를 찾으니 지금은 비록 일시적이나마 평안을 얻으나, 슬프도다! 물고기는 못 속으로 뛰어 들어가고 새는 새장 속으로 들어가는 구나.
> 중국이 또 다시 산산이 부서지고 영토가 분할된다는 소식도 일찍이 들려오던 바, 나라에 기둥이 없으니 어찌 회복을 수 있으련가.[25)]
>
> 避地四五年, 轉徙江湖間, 落魄愧書劍, 風塵凋玉顏.
> 遊子念舊國, 高堂念家山, 進退牴觸藩, 去留兩爲難.
> 飛蓬尋本根, 目前雖苟安, 傷哉魚躍淵, 將爲鳥入樊.
> 神州又破碎, 瓜剖議早傳, 旣無中流柱, 何以迴狂瀾.

대만을 수복할 수 있다는 희망이 꺾인 후, 임치선은 처음엔 대만

25) 林朝崧, 『無悶草堂詩存』(台北, 龍門出版社, 1992), 63쪽.

으로 돌아가기를 원치 않았다. 그래서 "나그네는 옛 나라를 그리워하고 부모는 고향을 그리워한다."의 구절은 이 같은 심정을 표현한 것이다. 그러나 대만에 돌아온 후, 고향이 몰락한 모습을 보고는 또 다시 서리(黍離)의 비애를 참지 못 하고, 『완적(阮籍)을 본받아 회포를 털어놓으며(效阮公詠懷)』에 이러한 마음을 털어놓았다.

> 폐허가 된 은나라 수도에 보리 이삭이 자라나고, 주나라 종묘에는 기장이 빽빽하게 자랐구나.
> 상심한 주나라 대부(大夫)는 눈물을 흘리고, 은나라 왕자는 슬픔에 잠기는 구나.
> 살았을 때 난세를 겪었으니 누가 그 뼈저린 아픔을 알 수 있겠는가?
> 풍경은 예전과 다를 바 없다지만 세상은 한 순간에 달라졌도다.
> 현명한 형제는 백이와 숙제를 흠모하고, 은거하는 선비들은 하황공(夏黃公)과 기리계(綺里季)를 사모하도다.
> 명분과 의리는 결코 잊히지 않으리니, 옛 현인과 가만히 비교해 본다[26].
>
> (漸漸殷墟麥, 離離周廟黍, 傷時泣大夫, 感物悲王子. 生世逢變革, 痛心孰能已, 風景不異昔, 河山倏殊軌. 二難慕夷叔, 四皓思黃綺, 名義苟不虧, 前修可竊比.)

『소요(紹堯)의 9일 무산 역사(櫟社) 친구들에게 준 시를 부응하며(次紹堯九日寄霧山櫟社諸友)』에도 유사한 비분강개함이 드러난다. "푸른 산에는 낙엽이 많고, 바다로 뻗는 강어귀에는 해도 없고 파도도 없네. 높은 곳에 올라서서 신정(新亭)의 눈물을 떨구고, 손님을 전송하며

26) 林朝崧(1992), 67-68쪽.

'역수가'(진시황을 암살하려던 형가(荊軻)가 연나라를 떠나며 부른 시가)를 들을까 걱정한다.[慘淡青山落葉多, 海門無日不風波, 登高易灑新亭淚, 送客愁聞易水歌]"[27] 이 시구들에서는 전통 유민 문학에서 자주 쓰이는 서리맥수(黍離麥秀)와 신정의 눈물(新亭灑淚)의 고사를 차용하여 마음 속 울분을 풀어내었다.

소요(紹堯)는 바로 역사(櫟社)를 창립한 뇌회지(1860-1906)이며, 그는 비분강개한 시가를 많이 지었으며, 『주중방가(酒中放歌)』에서는 다음과 같이 표현하였다. " …… 완적(阮籍)의 영회(詠懷)시는 기개가 넘치었고, 80여 편의 글로 근심을 표현하였다. 어떤 때는 글을 쓰다가도 하염없이 울었고, 육순 나이에 만취하기를 멈추지 않았도다. …… 백대(百代)를 거슬러 올라가는 옛 글들에 나도 한밤중에 일어나 춤을 추고 홀연히 슬프고 애달픈 노래를 부르게 되는구나. 술 단지를 기울이며 열흘간 마셨건만, 눈물이 묻은 자국이 술이 묻은 자국보다 많구나.(…阮公詠懷詞慷慨, 八十餘篇多煩憂, 有時忽作窮途哭, 六旬大醉不能休. … 我從百代溯風騷, 中夜起舞忽悲歌, 傾壺且作十日飲, 酒痕不敵淚痕多)"」[28] 또한『임치선이 상해에서 돌아왔다는 소식을 듣고 기뻐서 보냄(聞林痴仙歸自滬上喜寄)』에서는 이렇게 썼다. "북쪽 문으로 여전히 한나라 땅이 보이는데, 어찌 동쪽 나라를 황제로 모실 수 있는가? 강산의 풍경이 다르니 머리를 돌려도 눈물이 수건을 적시네.(北闕猶瞻漢, 東瀛肯帝秦? 河山風景異, 回首亦沾巾)"[29] 마지막 두 구절에서 신정에서 마주보며 눈물을 흘리는(新亭對泣) 고사를 또 다시 인용하였다. 그리고 역사(櫟社)의 과제로 지

27) 林朝崧(1992), 84쪽.
28) 이는『櫟社第一集·逍遙詩草』에서 인용했으며, 傅錫祺(1963)의 책에 수록됨.
29) 『逍遙詩草』, 출처는 위와 같음.

은 『청성의 슬픔(靑城哀)』에서 뇌회지는 북송의 흠종과 휘종 두 황제가 금나라의 포로가 되었던 애통한 역사를 예시로 들어 망국의 슬픔을 토로 하였다. "…… 내가 전조(前朝)의 역사를 읽으면서 가장 머리 아파하는 것은 송(宋)을 애도하든 원(元)을 애도하든 모두 이유를 찾을 수 없다. 새 왕조를 창립하는 것은 단지 폭력으로 폭력을 대체하는 것이고, 다른 나라를 정벌할 때 어질지 따지는 자가 어디 있는가? 시세를 슬퍼할 때 흘린 눈물 한 움큼씩을 청성(靑城)의 풀에 뿌렸지만 봄은 오지 않는구나.(…… 我讀遺史最傷神, 悼元弔宋兩無因. 改姓徒聞暴易暴, 伐國寧問仁不仁? 惟將一掬哀時淚, 灑向靑城草不春)"[30]

『청성의 슬픔(靑城哀)』은 1909년 역사(櫟社)에서 낸 과제이고, 당시 진회징(陳懷澄)이 지은 같은 제목의 작품은 대만 광복에 기대를 걸며 이렇게 표현하였다. "길고 긴 세월이 흘러가는 것이 어찌 이리도 무정하단 말인가, 술이 올라 검을 빼어들고 청성(靑城)을 노래하노라! 변수가 동쪽으로 흐르며 몇 번이나 울부짖음을 삼켰는가, 두 왕조(王朝)나 여기서 경성을 잃었나니! …… 한인(漢人)이 들고 일어나 항복을 받아내고, 오랑캐를 채찍질로 쫓아내는 날이 언제 오려나!(天荒地老何無情, 酒酣拔劍歌靑城. 汴水東流幾嗚咽, 兩朝此地失神京. …… 何日漢家高築受降城, 盡驅胡虜隨鞭策)」[31] 진회징의 자(字)는 심원(沁園), 호(號)는 외원(隗園)으로 녹항(鹿港)사람이며, 가장 일찍 역사(櫟社)에 가입한 회원 중 한 사람이다.

---

30) 위와 같음.

31) 陳懷澄, 『沁園詩草』. 이 시는 傅錫祺(1963)에도 수록됨.
[역주: 靑城은 북송의 흠종과 휘종이 금나라한테 항복하고 포로가 된 곳이다. 약 100년 후 몽골이 금나라를 멸망시킬 때 역시 청성에서 많은 금나라 왕족을 포로로 잡아갔다. 汴水는 북송 수도 개봉에 있는 강이다.]

1909년 연횡은 역사(櫟社)의 초청을 받고 이에 가입했다. 그의 문학과 역사학 저작에는 유민정신이 충만하였다. 스스로를 종종 대만유민(臺灣遺民)이라고 칭하였으며, 심지어는 『대만통사』의 저술 목적 중 하나는 정성공의 명예 회복에 있었다고 스스로 말한다.[32]. 임치선은 연횡의 총명함을 아꼈고, 『연아당(연횡)에게 드림(贈連君雅堂)』이라는 칠언율시 두 수를 지었는데 그 중 한 수는 다음과 같다.

> 이천(伊川)선생이 머리를 풀어 오랑캐가 된지 오래고, 초야(草野)에 묻혀 지내는 영웅은 절망한다.
> 워싱턴처럼 혁명을 하겠다고 말하지만, 정성공(鄭成功)의 영혼을 불러오기 힘들구나.
> 뛰어난 인재라도 주인이 없으니 누가 대우를 해주랴, 시(詩)에서 애절함이 느껴질 때가 세상이 변화고 있음이로다.
> 문장으로 원대한 뜻을 드러내고 노래로 통곡을 대신하는구나.
> 자네는 마땅히 곤궁에 빠지지 않으리라.[33]
> (伊川被髮久爲戎, 絶望英雄草莽中. 革命空談華盛頓, 招魂難起鄭成功. 覇才無主誰青眼, 詩卷哀時有變風. 擊碎唾壺歌當哭, 知君應不爲途窮.)

위의 함련(頷聯, 율시의 제3, 4구)을 보면 알 수 있듯이 연횡은 손문의

32) 연횡은 『閩海紀要序』에서 다음과 같이 논했다. 「나는 승천부(지금의 타이난)에 살며, 이곳은 과거 연평군왕의 동도(東都)였다. 군왕의 충의를 돌아보고, 과거 군왕의 영웅됨을 살리고, 이를 산하에 조상하니, 만감이 교차하고 눈물이 흐른다. 나는 오랜 세월 독서에 전념했으며 이에 뜻을 두었으며, 연평군왕의 사적을 접하며, 대다수 바르지 않은 기록이 많으니 이를 어찌 참으리요! 나는 어릴 적부터 군왕에 관해 기록하고자 했으며, 바로 36권의 『대만통사』이다. 군왕의 기록을 본기에 두었으며, 군왕의 업적을 건국이라고 칭했는데, 이것은 나라의 정통을 보존하고 한족의 기개를 만방에 떨치기 위함이다.」 連橫, 『雅堂文集』 (文叢本第二零八種, 1960), 42쪽.

33) 『無悶草堂詩存』, 144쪽.

혁명을 지지하였고, 정성공을 흠모해 마지않았다. 연횡은 시가에서 비장 어린 민족감정을 드러내고, 제재(題材) 부분에서 명정(明鄭) 시기의 역사적 사실을 특히 애용하고 있는데, 자신의 반일 정서를 반명 복청의 역사에 빗대어서 나타낸 것이다. 그리고 『가족들과 함께 귀향하면서 하문(廈門)에 남겨진 친구들에게(携眷歸鄉留別廈中諸友)』에서 이렇게 읊는다. "언젠가 권토중래하는 날, 고랑서(鼓浪嶼)에서 통쾌하게 술 마시고 목 놓아 노래 부르리라!"[34] 고랑서(鼓浪嶼)는 복건 하문(廈門)에 있는 섬인데, 정성공이 군대를 주둔시키고 출병했던 곳으로서, 연횡은 여기서 정성공의 담대함을 빌어 표현하려는 의중이 있었던 것이다. 『다시 이원(怡園)에 와서 임경상을 만나(重過怡園晤林景商)』 칠언율시 세 수(首)의 세 번째 시에서는 다음과 같이 썼다. [역주: 이원(怡園)은 고랑서(鼓浪嶼) 섬에 소재한 임경상의 거처임.] "검을 뽑아 부르짖으며 녹천(鹿泉, 우물의 이름)을 마셔보니, [원저자주: 녹천(鹿泉)은 이원(怡園)안에 있고, 전해지는 얘기로는 정성공(鄭成功)이 손수 파서 만들었다고 한다. 임경상은 그 옆에 비석을 세웠다.] 정성공의 패업은 시들어 연기처럼 사라졌구나. 창을 휘두르고 다시 전횡(田橫)처럼 섬을 개간하고, 노를 저어 일제히 조적(祖逖)의 배를 뒤따르리라. …… (拔劍狂歌試鹿泉, 延平霸業委荒煙. 揮戈再拓田橫島, 擊楫齊追祖逖船)"[35]

[역주: 전횡(田橫)은 전국시대 제(齊) 나라의 왕이고, 한고조 유방(劉邦)이 천하 통일을 하자, 그는 따르는 사람 5백 명을 데리고 동해의 섬에 들어갔다. 조적(祖逖)은 진(晋)나라의 장군이고, 동진(東晋)이 남하한 후 그는 양자강을 건너 북벌을 시도하였다.]

---

34) 連橫 :『劍花室詩集』(文叢本第九十四種,1964), 95쪽.

35) 上同, 92쪽.

연횡의 이러한 관심은 사실상 땅 잃은 유민의 정서를 넘어서, 세계 민족 자주 사조의 포부를 드러낸 것이다. 그래서 중국의 유신혁명에 깊은 관심을 보였고, 시종일관 조국(중국)이 부강해질 때 대만이 광복을 맞이할 것이라 믿었다. 그래서 앞서 인용한 『다시 이원(怡園)에 와서 임경상을 만나(重過怡園晤林景商)』의 경련(頸聯, 율시의 제5, 6구)과 미련(尾聯, 율시의 제7, 8구)에서는 이렇게 읊었다. "군웅들이 국력을 길러, 우리와 뜻을 같이하는 이들이 민권(民權)을 진작시키길 충심으로 기대한다. 서쪽에서 달이 비추고 바람이 하던 게 어제 일 같구나. 이제 천하의 흥망의 임무를 맡으려 하네.(眼看群雄張國力, 心期吾黨振民權. 西鄉月照風猶昨, 天下興亡任仔肩)" 1905년 연횡은 하문(廈門)에서 신문을 발행하고, 고랑서(鼓浪嶼)에서 살면서 예전에 정성공의 군대가 주둔한 곳을 매일 다녀갔다. 이듬 해, 청나라 정부가 조정을 비판하고 혁명을 고취시켰다는 죄명으로 연횡을 체포하려고 하자, 연횡은 이 소식을 접하곤 황급히 대만으로 돌아왔다[36]. 연횡이 떠날 때 지은 『임경상에게 남기는 이별시(留別林景商)』라는 칠언절구 네 수(首)가 있는데, 그 첫 수에는 "이 강산 어찌 이리도 원망스러울까, 차마 북녘의 아득했던 수많은 일들 돌이켜볼 수 없구나."라고 하였고, 세 번째 시에서는 "천하에 참혹한 불꽃이 타오르니 피비린내 나는 바람이 일고, 뜨거운 피가 줄줄 흘러내려 땅이 붉게 물들었다. 여기에 이르러 천지(天地)간에 오염되지 않은 깨끗한 곳이 없으니, 장검(長劍)을 쥐고 공동(崆峒)에 의지하련다."라고 하였다. 또 네 번째 시는 "종족(種族)을 보호하고 왕도(王道)를 부흥시켜 세상을 전쟁의 잿더미에서 일으키자. 내 평생 대의(大義)를 위해 목숨을 버리는 걸 조금도 아까워하지 않았으니, 함께 연마하고 열정적으로 일해서 유신(維新)을 이룩하리라."

36) 林文月, 『青山青史: 連雅堂傳』(台北, 近代中國出版社, 1977), 47-49쪽.

라고 하였다.[37)]

연횡 외에도 역사(櫟社)의 회원이라면 정성공 시대를 찬양하던 시가를 안 지어본 사람이 없을 정도였으며, 일제 강점기가 정성공의 치세를 노래한 서사시의 전성기였다는 점은 일제 강점기의 시사(詩社)의 성격이 정성공 정권이 무너진 후 남은 유민의 성격과 유사했기 때문이다. 또한, 정성공을 회상하면서 그의 반청(反淸)의지에 의탁하여 개인적으로 일본 식민 지배가 주는 울분을 해소하였다. 옛 일에 빗대어 현재를 풍자하는 것은 역사적 사실을 주제로 한 시를 읊어서 감정을 토로하는 수법으로, 전통적인 서사시나 옛 일을 회상하는 시가(詩歌)와 근본적인 차이가 없었다.

1907년 봄, 역사(櫟社)의 과제로 『철침산에서 옛 일을 생각하며(鐵砧山弔古)』가 있었는데, 철침산은 대갑계(大甲溪) 북쪽에 있다. 연횡의 『대만사적지(臺灣史跡志)』 중의 『철침산(鐵砧山)』에는 이렇게 기록되어 있다. "산 아래에 국성정(國姓井)이라는 우물이 있다. 담수청지(淡水廳志)의 기록에 따르면, 정성공이 대갑(大甲)에 병사를 주둔시켰는데 물에 독기가 가득 서려있자, 정성공이 검을 뽑아 땅을 베어 샘을 만드니 그 물 맛이 맑고 시원하다 하였다."[38)] 사실 정성공이 대만에 온 지 1년여 만에 사망한 터라 북상(北上)을 한 적이 없었다. 그럼에도 대만 북부에는 정성공의 북정(北征)에 관한 수많은 전설이 전승되고 있으며, 철침산에서 검을 뽑아 땅을 베어 샘을 만든 이야기는 그 중에 하나라 할 수 있겠다. 그리고 일제 강점기 시인들이 철침산과 국성

37) 『劍花室詩集』, 94쪽.

38) 連橫, 『雅堂文集』, 209쪽.

정을 주제로 지은 작품은 셀 수 없을 만큼 많다. 역사(櫟社) 시인들이 이 해 봄에 쓴 『철침산에서 옛 일을 생각하며(鐵砧山弔古)』에는 볼 만한 작품이 상당히 많은데, 진관(陳貫)이 쓴 『철침산에서 정성공을 생각하며(鐵砧山弔鄭延平)』의 내용은 다음과 같다.

> 지하에 묻은 영웅은 이미 뼈가 차갑지만, 남긴 유적은 여전히 구름 끝에 있구나.
> 외딴섬에서 명나라의 명맥을 이어가고, 한족의 제도를 실시하였다.
> 좌임(左衽)을 하는 것은 오랑캐에 복속되고자 함인가? 의복을 태우는 것은 큰 뜻을 품기 위한 것이다.
> 민둥산의 제사 자리는 지금 어디에 있는가? 말라버린 우물(국성정)과 묘비(墓碑) 사이에 석양이 비추는구나.[39]
> (地下英雄骨已寒, 尙留遺跡白雲端. 百年孤島延明祚, 一代頭銜署漢官. 左衽肯爲降虜計, 焚衣合作棄繻看. 荒山俎豆今安在, 井涸碑橫夕照殘.)

진관의 자(字)는 연옥(聯玉), 호(號)는 활헌(豁軒)이고 묘율(苗栗) 사람이며, 그의 형인 진호(陳瑚) 또한 역사(櫟社)의 회원이다. 여후암(呂厚菴)도 같은 작품을 썼는데, 구조가 고르고 정연하며 합당한 작품으로서 결말 부분은 위 시의 슬프고 처량한 상황과 비교했을 때 훨씬 웅장하고 씩씩한 느낌을 준다.

> 대갑(大甲)을 지나 대안(大安)에 이르고, 두 갈래 강줄기 사이에 우뚝 솟은 철침산(鐵砧山)이 있나니.
> 나라 망한 백년(百年)의 여한을 안고, 한 때 정성공(鄭成功)은 이곳

39) 『豁軒詩草』, 본 작품은 傅錫棋(1963)에 수록되어 있다.

에 군대를 주둔하였구나.

피난지에서 공(功)을 세우고 백성들을 경애(敬愛)하였으며. 어려운 형세를 되돌릴 수 없어 눈물을 흘리었다.

나는 유적을 찾아 국성정(國姓井)을 돌아보니 매서운 검(劍)의 기세가 하늘을 찌르는구나.[40]

(大甲行過又大安, 雙流中峙好岡巒. 百年遺恨傷亡國, 一代孤臣次駐鞍. 闢地有功民愛戴, 回天武力涕汍瀾. 我來訪古尋遺井, 萬丈沖霄劍氣寒.)

여후암(呂厚菴)의 이름(名)은 돈례(敦禮), 자는 이정(鯉庭), 후암(厚菴)은 그의 호(號)이며, 대중(臺中) 사람이다. 임치선과 교우가 깊어서 시사(詩詞)를 서로 주고받으며 지은 작품이 상당히 많았으며, 역사(櫟社)의 초창기 회원 중 하나였다.

정리하자면, 역사(櫟社) 창립 초기에는 시가(詩歌)를 주고받으며 화답하는 정도가 주된 활동이었다. 『역사연혁지략(櫟社沿革志略)』에는 역사(櫟社)의 "주지(主旨)는 풍아도의(風雅道義)를 서로 토론하고 연구하는 것"[41]이라고 언급되어 있고, 초기 활동들은 대체적으로 이 범위를 넘어서지 않았다. '풍아(風雅)'는 대부분이 부조리한 사회적 상황을 반영한 작품이며, 종종 시가의 형식에만 맞추고 내용은 빈약하였으며, '도의(道義)'는 이민족에게 불복하겠다는 유민의 의지를 반영하는 것이었다. 그래서 역사(櫟社) 문인들의 작품을 보면, 이들이 전통 유민 문학의 계승자이며, 청대(清代)를 넘어서 정성공 시대의 역사적 정서를 쫓고 있음이 명확히 드러난다. 역사(櫟社)가 창립한 십여

40) 『厚菴詩草』, 본 작품은 傅錫棋(1963)에 수록되어 있다.

41) 傅錫棋(1963), 1쪽.

년간 유민(遺民)의 틀에서 벗어나 시사(時事) 문제에 개입한 경우는 연횡이 유일하였으나, 연횡은 상당히 늦은 시기인 1909년에서야 역사(櫟社)에 가입하였고, 가입 이전 그는 이미 하문(廈門)에서 유명한 신문 발행인이었다.

4. 1911-1925 : 양계초(梁啓超)의 대만 방문부터 치경(治警) 사건까지

1911년은 역사(櫟社)의 발전 과정에서 전환점에 비유할 수 있을 때이다. 이 해에 양계초가 대만을 방문했고, 역사(櫟社)에 크나 큰 영향을 끼쳤다. 바로 역사(櫟社)의 핵심 인물들이 고심 어린 유민 정서에서 벗어나 문화 계몽과 정치적 민족 운동에 뛰어들게 되면서 현대적 세계관을 갖춘 지식인으로 탈바꿈한 것이다. 그리고 이들은 때때로 신사상과 새로운 상황을 시가(詩歌)에 투영시켜서 강유위, 양계초 그리고 황준헌(黃遵憲)이 고취한 「시계혁명(詩界革命)」을 완전하게 실현하였다.

양계초가 역사(櫟社)에 끼친 영향은 사실 임헌당(林獻堂, 1881-1956)을 통해 실현되었다. 임헌당은 일제시대 장위수(蔣渭水)와 어깨를 나란히 하는 저명한 민족운동 지도자로서, 임치선의 사촌 동생이고 1910년 역사(櫟社)에 가입하였다. 그가 가입하기 전에, 또 다른 민족운동 지도자인 채혜여(蔡惠如, 1881-1929)는 1906년에 이미 가입한 상태였다. 그래서 채혜여와 임헌당의 가입에서 양계초의 대만 방문에 이르기까지 역사(櫟社)는 이미 점차 변환의 씨앗을 품고 있었다. 섭영종은 이를 다음과 같이 묘사했다. "소중하다는 것은 역사(櫟社)가 유민(遺民)집단으로서 유민이라고 자포자기 하지 않고 부단히 옛 것을 보존하면서 기학(棄學)을 연구하였다. …… 선생(임헌당)이 1910년 역사(櫟社)에 가입하실 때는 마침 선생이 민족운동에 뛰어들어 열정적으로 왕성하게 활동한 시기라서, 이때부터 역사(櫟社)는 한층 더 짙은 정치적 색채가 띄었고, 사회운동도 이 때문에 홍성하게 되었다. 제명비(題名碑)의 '(사회운동 세력을) 양성하고 지원하는데 관원(灌園: 임헌당)의 힘이 가장 컸다'라는 기록은 이를 이르는 말이다. 따라서 이 무렵의 역사(櫟社)는 이미 보통의 시사(詩社)와 비할 수 없었다. 그렇기 때문에 총독부 경무국에서 역사(櫟社)를 눈 여겨 보고, 역사(櫟社)의 두 번째 문집 발행을 금지시키고 압수까지 했던 것은 전혀 이상할게 없는 일이었다."[42]

당시 대만 내외의 몇몇 정세 변화들은 역사(櫟社)가 성공적으로 전환하도록 하는 전기가 되었다. 1915년 여청방(余淸芳)의 항일 무장 투쟁은 완전히 섬멸 당했고, 일제는 무고한 사람들을 학살하기까지 하였다. 이 해 역사(櫟社)는 활동을 중단하였고, 임치선은 이로 인해 비분에 잠겨 죽음을 맞이했다. 이 해를 일반적으로 대만인의 반일 운동이 전환되는 시기로 보는데, 잔혹한 학살을 피하기 위해서 대만인들이 활동영역을 문화와 정치로 옮겨간 것이다. 이 시기 서양에서는 사회주의 및 민족자결주의 등 현대 사조가 성행하였고, 대만인들은 중국과 일본을 통해서 적지 않은 서양 사상을 수용하여 문화계몽과

42) 葉榮鐘, 『林獻堂先生年譜』. 그 내용은 다음에 수록되었다. 『台灣人物群像』 (台北, 時報出版社,1995), 79-80쪽.

정치운동 이론적 기반으로 내세워졌다. 하지만 양계초의 영향이 없었다면 이 같은 환경적 요소가 역사(櫟社)의 전환을 앞당기는 요인이 되지는 못했을 것이다.

양계초가 대만의 근대 민족 운동에 끼친 영향은 섭영종의 『대만민족운동사(台灣民族運動史)』 서두의 첫 번째 단락에서 일목요연하게 정리되어 있다. "대만 민족운동과 지도자 임헌당 사이에는 밀접한 관계가 있다. 임헌당의 사상적 배경으로는 그의 성격과 학문 수양을 더불어 양계초의 영향을 들 수 있다. 그러므로 이 글은 가장 근본적인 부분을 연구하기 위해서 양계초와 임헌당의 관계부터 우선 서술하려 한다. 양계초의 대만 방문이 여러 방면에서 상당한 의의가 있었다. 임헌당 본인 및 역사(櫟社)의 원로(元老)들이 직접적으로 얻은 깨달음은 깊고 강하였을 뿐만 아니라, 일반 지식인들이 간접적으로 받은 영향 역시 결코 경미한 수준에 머물지 않았다. 대만 사회에서는 민족 감정의 열기가 확연히 결핍되어 있었다. 대만인들 특히, 원로 지식인들이 마음속에 담아둔 울분들로 응어리진 기류가 전체 대만 사회를 풍미라고 있었던 것이다."[43)]

1909년 임헌당과 양계초가 도쿄에서 처음 만났으나 두 사람은 말이 통하지 않아서 통역과 필담을 통해 대화를 나누었다. 당시 양계초가 이런 내용을 썼다. "본래 한 뿌리인데 오늘은 타국 사람이 되었으니 격세지감을 느껴지고 서로의 어려운 처지를 살피니 …… 오늘 밤의 만남은 실로 우연이 아니리라." 이에 임헌당 일행은 몇 번이고

43) 葉榮鐘, 『台灣民族運動史』, 1쪽.

눈물을 흘렸다고 한다.[44]

이듬 해 임헌당은 아들을 데리고 도쿄로 유학 보내는 길에 고베(神戶)에 머무를 때 다시 한 번 양계초를 찾아갔다. 당시 양계초는 장편의 칠언 고시『대만유민 임헌당과 그의 조카 유춘에게 주는 편지』를 지어 서로 글을 주고받았다. 당시 임유춘은 이미 시(詩)에 능하기로 이름이 널리 알려져 있었다. 그래서 이 시의 마지막 네 구절에서 양계초는 "듣자하니 조카의 문장이 빼어나고 문사(文史)에 대한 이해가 깊고 넓으며, 담소하며 술 마실 때 끝이 없다고 하더라. 빨리 만나서 회포를 나누고 싶구나."라고 하였다. 유춘은 임치선과 임헌당의 조카였기 때문에 일찍이 대완(大阮)과 소완(小阮)이라 불리었고,[45] 강유위는 이 칠언고시를 "두보와 한유의 골수로 소아(小雅)의 애원(哀怨)을 썼다."[46] 라고 평가하였다. 이 시의 문구에서 양계초가 임유춘과의 만남을 얼마나 학수고대하였는지 드러나는데, 그 다음해 두 사람은 만나서 시사(詩詞)를 서로 화답하며 지은 작품을 보면, 임유춘이 양계초를 실망시키지 않았음을 알 수 있다.

임유춘(林幼春, 1880-1939)의 이름은 자수(資修), 자는 남강(南强)이고, 유춘은 그의 호이었다. 만년에 이르러서는 호를 노추(老秋)라 하였다. 16세 때 이미 경(經), 사(史), 백가(百家) 사상에 통달하였고, 특히 그의 시는 무척 빼어나서 종종 어른들이 놀라워할 정도였다. 오늘날 무봉(霧峰) 내원(萊園)에 가면 경훈루(景薰樓) 문에 임유춘이 임헌당 대신 지은『자제택민경훈루』(自題宅門景薰樓) 칠언 율시가 아직도 있다. 임웅

---

44) 葉榮鐘,『台灣民族運動史』, 1쪽. 上同, 4쪽.

45) [역주] 중국 晉나라의 阮籍과 그의 조카 阮咸이 모두 문장으로 유명하여 세인은 '대완, 소완'으로 문인의 숙부와 조카를 칭한다.

46) 葉榮鐘,『台灣民族運動史』, 1쪽. 上同, 6쪽.

상(林熊祥, 전임 대만성 문헌회 주석)은 임유춘, 연횡, 호남명(胡南冥) 세 사람을 일제 강점기 대만의 삼대 시인으로 꼽은 바 있었다. 그리고 이어숙의 『삼대시전』은 임치선과 임유춘을 극진히 존숭하여 "두 사람은 동시대의 품행이 곧은 인재들로서 나라 잃은 아픔을 간직하고 있고, 재주가 출중하며, 지조와 절개가 강직하였다. 시경(詩經)의 도리에 따르면 시를 읽을 때 반드시 그 사람을 논해야 한다는데, 이 두 사람의 시사(詩詞)는 독자(讀者)를 한결 성장시켜준다."[47] 라고 하였다. 하지만 시의 예술성 측면에서 임유춘이 "숙부 임치선보다 훨씬 뛰어나다"[48]고 생각하면서 "여러 모로 모든 것을 다 갖추었다"고 평가하고, 언제나 "침울(沈鬱)의 소치"를 보여준다고 하였다.[49] 그의 칠언율시는 대체적으로 "전체가 고르고 정연하며 수미쌍관을 이루었고", 풍격 또한 "명쾌", "맑고 깊음이 요원하다"[50]라고 하였다. 칠언고시는 "호흡이 깊고 두터우며, 그의 재기는 선근(仙根, 대만 시인 구봉갑(丘逢甲, 1864-1912의 자)에 비견해도 결코 부족함이 없다."[51]

임유춘의 시는 생전에 출판되지 않았다가 1962년 그의 아들인 배영이 그의 시 400여 편을 엮어서 출판하였는데, 팽순사(彭醇士)가 전기(傳記)를 쓰고, 서복관(徐復觀)과 대군인(戴君仁)이 서문을 썼다. 세 학자 모두 임유춘의 시가(詩歌)가 민족적 절개를 드러내었음을 찬양하였다. 팽순사는 다음과 같이 논평했다. "그 번뇌와 슬픈 음조, 그리

47) 李漁叔, 앞의 책, 15쪽.

48) 李漁叔, 20쪽.

49) 李漁叔, 20쪽. [역주] 여기서 '沈鬱'이란 중국 남북조 시대 문학평론가 鍾嶸의 『詩品序』에서 제시한 개념으로. 시의 '깊이 있고 비장 강개한' 품격을 의미한다.

50) 李漁叔, 21쪽.

51) 李漁叔, 25쪽.

고 직설적이고 격렬한 표현은 사람을 깊은 감동에 빠지게 하여, 굳어 있는 사람을 흥겹게 하고, 원한에 사무친 이도 우러러 보게 한다." "사람들이 하는 말을 들어보니 임유춘 선생의 몸이 허약하여 입은 옷조차 못 이길 정도였지만, 천군만마 앞에서도 자신의 뜻을 펼칠 정도로 용기 있는 분이라 하였다. 이 분이야말로 맹자(孟子)가 말하는 호연지기(浩然之氣)를 기르는 이가 아니겠는가?"[52]

서복관은 임유춘의 시를 다음과 같이 평가하였다. "(선생의 시는) 풍경을 묘사하여 감정을 표현하였는데, 대부분은 매우 참신한 방식으로 감정을 표현하였다. 또한 부족함을 없애서 글이 맑고 고상하며 힘이 넘치었으니, 그 어느 곳에도 막힘이 없었다. …… 선생은 법도(法度) 안에서만 행동하니 법도로 인해 난처할 일도 없었다. 하지만 선생의 시는 이 같은 예속을 벗어나 있다. 선생은 을미년(1895년)에 (대만이 일본에 할양되어) 중화(中華)의 예법(禮法)을 갖춘 민족으로서 금수 같은 이역(異域)의 오랑캐에게 지배를 받는 액운(厄運)을 몸소 겪으셨다. …… 그리하여 이에 분발해서 일어나 기세를 날렸기에 거침이 없었다. 하지만 여러 어려움이 있어 그 기운은 시(詩)를 통해 발산하였다. 비록 침착하게 술잔을 들고 시를 읊었지만, 격앙된 마음까지 억누를 수는 없어서 글에는 비장함과 애절함이 투영되어 있다. 중원(中原)의 아름다운 풍경과 찬란한 문화가 그의 붓끝에서 더욱 풍성해지고 견실(堅實)해져서 쉽게 사그라지지 않았다. 그러므로 그의 시에 담긴 정취는 깊고 넓으며, 기개 또한 비범하였다. 이 확고한 의지는 대만 안에서만 머물 수 없었고, 한날 평범한 재주의 선비와 시인

---

52) 林資修, 『南强詩集』(台北, 龍門出版社, 1992), 2쪽.

으로 폄하 할 수도 없다."[53] 이는 임유춘의 시적 예술성과 절개에 대한 감회였다. 대군인(戴君仁)은 『서』(序)에서 임유춘의 시가(詩歌)가 종족의 존망과 밀접한 관계가 있었음을 지목하며 다음과 같이 언급하였다. "선생은 민중과 함께 하시면서, 일을 추진하고 바르게 행동하셨고, 순리대로 움직이셔서 사사롭지 않으셨으니, 그 분은 겨레에 대한 사랑을 행하시고 고향과 고국을 그리워하였다. 굴원(屈原) 이래, 애국시인의 면모는 끊임없이 계승되어 왔다. 앞 사람이 시작하면 뒤따르는 사람도 시작했던 것이다. 마치 횃불이 이어지듯 시시각각 꺼지지 않고 이어졌다. 국가가 망하고 다시 일어서거나 종족의 명맥이 끊기다가 다시 이어진 데에는 시(詩)의 공로가 있다 하겠다."[54] 즉, 역사(櫟社)의 정신과 전통 유민 문학의 계승적 맥락을 제대로 짚은 것이다.

대군인은 더 나아가 임유춘의 시심(詩心)을 명확하게 설명하며 이같이 썼다. "일제 강점기 시사(詩社)가 우후죽순처럼 늘어났고, 이러한 활동은 중국 본토와 바다를 사이에 두고 어울리면서 빛이 났다. 수많은 시사(詩社) 중에서 역사(櫟社)가 가장 두드러졌고, 역사(櫟社)의 회원들은 임유춘 선생을 최고의 시인으로 모셨다. 조국과 분열된 이래, 이산의 아픔과 고향에 대한 그리움을 느끼며 오랑캐의 풍속을 따라야 하는 고초를 겪었다. 이러한 정서를 시를 통해서 드러내어 짐작하기 어렵지 아니하다. 오호! 정사초(鄭思肖), 사고(謝翺)의 송(宋)에 대한 그리움, 고정림(顧亭林), 굴옹산(屈翁山) 의 명(明)에 대한 그리움, 임유춘 선생의 고국에 대한 그리움을 어찌 같지 않다 하겠는가." 그

53) 위의 책, 3쪽.

54) 위의 책, 5쪽.

련 후 시의 예술성에 대해서는 "고금(古今)을 막론하고 각 시체(詩體)마다 아름다움을 갖추었고, 자신의 생각을 글 안에 투영하였으며, 어두운 곳에서 홀로 시를 지었으니, 가히 송대의 문인과 견줄 만하다."라고 평가했다.[55)]

신해년(1911) 3월, 양계초는 시모노세키를 경유하여 기륭(基隆)에 도착하였다. 당시 그는 "이 곳에 아픔이 서려있는 걸 알면서도 배를 타고 돌아왔다. (대만이 일본에 할양된 후) 17년간 적지 않은 일이 있었나니, 춘범루(春帆樓) 아래 해질녘 물결이 슬프구나.(明知此是傷心地, 亦到維舟首重回. 十七年中多少事, 春帆樓下晚濤哀)"[56)]라는 칠언절구를 썼다. 일제강점기 신문학자 황득시(黃得時)는 일찍이 "양계초 선생이 지은 이 시는 특히 유명한데, 내가 일본 유학시절에 수많은 대만 유학생들이 이 시를 접이식 부채에 써서 다니는 걸 보았다."[57)]라고 언급하였다. 여기서 알 수 있듯이, 당시 양계초가 대만 청년들에게 경배의 대상이었다. 당시 연횡과 섭영종은 양계초를 영접해서 대북(臺北)으로 돌아온 후, 역사(櫟社)의 회원들과 회방루(薈芳樓)에서 모임을 가졌는데, 이 모임은 일본의 관심을 일으켜서 요원을 파견하여 감시하였다. 이에 분개한 양계초는 즉석에서 칠언율시 네 수를 지어 자리에 붙였는데, 그 중 두 수는 아래와 같다.

세상 어디 내 몸 둘 곳 없고, 왕찬(王粲)의 생애는 지는 해와 같다.

---

55) 위의 책, 5-6쪽.

56) 이 시 및 이하 기타 양계초와 임유춘이 주고 받은 시에 관한 분석은 다음을 참조하기 바람. 陳昭瑛, 『台灣詩選注』, 梁啓超·林幼春 부분.

57) 黃得時, 「台灣文學中的民族意識」, 이 글은 다음 책에 수록되었음. 陳奇祿, 『中國的台灣』(台北, 中央文物供應社, 1980), 230쪽.

화조(花鳥)는 사람들에게 표현하고 싶지만, 바다 위 구름은 항상 혼자 떠다니는 구나.
술잔 앞에서 만나도 어찌 할 바 모르겠고, 화표(華表, 옛날 궁전과 능 앞에 세워진 돌기둥)로 돌아와도 시비가 이는구나.
만 번 죽더라도 한 번 부로들에게 묻고 싶네. 무슨 연고로 한절(漢節, 사신의 징표)을 보고 눈물이 옷을 적시나이까.
側身天地遠無歸, 王粲生涯似落暉. 花鳥向人成脈脈, 海雲終古自飛飛. 樽前相見難啼笑, 華表歸來有是非. 萬死一詢諸父老. 豈緣漢節始沾衣.)
난세 속에 눈은 침침해지고, 백발은 나날이 느는구나.
분열된 나라의 미래를 누가 알겠는가, 난형난제끼리 저절로 친해지는구나.
여생 동안 눈물을 삼킴을 술잔을 기울이듯 하고, 서로 대면하여 시문(詩文)으로 고인을 위해 곡(哭)하노라.
과거의 남아있는 야사(野史)를 수집하고, 높은 누각에 올라 비바람 속에서 늦봄의 자취를 기록하련다.
(劫灰經眼塵塵改, 華髮侵顚日日新. 破碎山河誰料得, 艱難兄弟自相親. 余生飮淚嘗杯酒, 對面長歌哭古人. 留取他年搜野史, 高樓風雨紀殘春.)

이 칠언율시는 대만 원로 지식인들의 마음을 크게 위로해 주었고, 섭영종은 그 상황을 이렇게 논했다. "일반 어르신들은 울분에 쌓여 가슴 속에 비분강개함이 응어리져 있었는데, 양계초 선생이 따뜻하게 위로해 주니 그 응어리를 표출할 수 있었다. 동시에 그들은 고국을 그리워하고 민족을 사랑하는 충정을 받아줄 대상을 찾았던 것이다. 그들이 양계초 선생과 만났을 때의 심정은 역사속의 '신정(新亭)

의 (눈물 흘리는) 장면'과 비교할 수 있을 텐데, 아마도 더 절실하고 더 비통했을 것이다."[58] 특히, "만 번 죽더라도 한 번 부로들에게 묻고 싶네. 무슨 연고로 한절(漢節)을 보고 눈물이 옷을 적시나이까."라는 구절은 원로 지식인들을 가장 감동시켰다. 이 구절은 사실 육유(陸游)의 『밤에 범치능의 '람비록'을 읽다가 중원 노인들이 사신을 보고 눈물을 흘리는 대목을 보고 느낀 바 있어 절구로 지음(夜讀范至能攬轡錄, 言中原父老見使者多揮涕, 感其事作絶句)』라는 시에서 인용한 것이다. 북송(北宋)이 망한 후, 남송(南宋)의 사신이 북방의 점령지에 외교사절로 갔을 때 중원에 남아 있던 북송 유신들은 그 모습을 보고 눈물을 흘렸던 것이다. 하지만 양계초의 시에서 가장 사람의 마음을 감동시키는 부분은 원로 지식인들이 고국을 대표해서 온 그를 보고 눈물을 흘린 것이 아니라, 분명히 죽음을 무릅써야 하는 와중에도 원로 지식인들의 안부를 물었다는 점이다. 이는 양계초가 다년간의 망명 생활에 지금 일본인의 감시를 받고 있어 경계심과 두려움이 있음에도 대만인들의 성의를 중시하고 방문하여 대만 유민들에게 감격과 위안이 된 것이다. 얼마 지나지 않아 이 네 율시는 "순식간에 대만 전역으로 퍼져나갔다."[59]

대북(臺北)에서 잠시 머문 후, 양계초는 다시 대중(臺中) 서헌(瑞軒)으로 갔다. 역사(櫟社)에서 환영회를 열어주었고 무봉(霧峰) 임씨 가문의 내원(萊園) 오계루(五桂樓)에 숙박하였다. 이 기간 동안 양계초와 임유춘은 시를 주고받았으며 이 일은 시인들 사이의 흥미진진한 이야기거리가 되었다. 양계초의 『임유춘에게 드림(贈林幼春)』의 내용은 아래

58) 『台灣民族運動史』, 12쪽.

59) 『台灣民族運動史』, 13쪽.

와 같다.

> 남과 북에 인재가 많구나, 중용[仲容, 죽림칠현 완함(阮咸)의 자]의 재주가 특히 뛰어남을 알았다.
> 재주가 사막처럼 드넓다 하건만, 누가 이곳에 보내 아파하고 있단 말인가.
> 곡(哭)소리를 시(詩)로 풀어내려 고심하고 있구나, 한(恨)이 서린 강산도 새로이 변하는구나.
> 내가 상심할 때 가장 처량하거늘, 유신(庾信, 남북조시기 대문학가)을 만나니 눈물을 적신다.
> (南阮北阮多畸士,我識仲容殊絶倫.才氣猶堪絶大漠,生涯誰遣臥漳濱. 嘔心詞賦歌當哭,沉恨江山久更新.我本哀時最蕭瑟,亦逢庾信一沾巾.)

임유춘이 지은 『양계초 선생의 시에 화답하며(奉和任公先生原韻)』의 내용은 다음과 같다.

> 우환(대만 할양)을 겪고 살아남아 알게 된 이 분, 어찌 남방 중국의 이오(夷吾, 춘추시대 관중(管仲)의 자)에 비하지 못 할까.
> 십년 동안 제자가 되기를 꿈 꿔 왔던바, 두 현인(賢人)의 풍류가 해변가를 비추는구나.
> 농담 삼아 아직 세 집은 남았다 하였으나, 서로 마주보니 맑은 눈물이 흘러내리네.
> 역경 속에서도 죽음을 참는 것은 뜻이 없는 것은 아니나, 종국에는 은둔으로 다시 돌아갈 것이네.
> (憂患餘生識此人, 夷吾江左更無倫. 十年魂夢居門下, 二老風流照海濱. 一笑

戱言三戶*在, 相看淸淚兩行新. 楚囚忍死非無意, 終擬南冠對角巾.)

* '三戶'는 '楚雖三戶,亡秦必楚'에서 유래함. 즉, 초나라에 세 호만 있어도 진나라는 멸망시킨다는 뜻.

임유춘이 화답한 작품은 원작보다 좀 더 나았다 하겠는데, "어찌 남방 중국의 관중(管仲)에 비하지 못 할까", "십년 동안 제자가 되기를 꿈 꿔 왔던 바"라는 구절은 양계초에 대해 얼마나 경탄해 마지않았는지 잘 드러난다. 그리고 "농담 삼아 아직 세 집은 남았다 하였으나, 서로 마주보니 맑은 눈물이 흘러내리네."의 대목은 두 사람의 생각이 통하였으며 대만인의 항일의지를 드러낸 거라 하겠다. 시의 말미에서는 임유춘의 비장한 각오가 잘 함축되어 있다.

임유춘은 『역사이십년간제명비기(櫟社二十年題名碑記)』에서 다음과 같이 언급하였다. "1911년 3월 대만 전체의 문사(文士)들이 모여 서헌(瑞軒)에서 대회를 열었고, 내원(萊園)에서 다시 한 번 대회를 열었다. 때마침 양계초 선생과 탕명수(湯明水) 선생 두 분이 당도한 때였다. 술잔을 기울이며 시를 읊는 즐거움을 누리며 서로 시를 지어 화답하였다."[60] 이 해는 역사(櫟社)의 기세가 가장 드높은 한 해였다. 당시 대회의 과제는 『유장숙을 추모한다(追懷劉壯肅)』이었으며, 양계초의 빼어난 시 외에도 역사(櫟社) 회원인 시가본(施家本)의 작품이 곱고 낭랑하며 힘이 있어서 씩씩한 기세가 있었다. 그 시의 한 부분 이러했다. " …… 나라가 어려움에 처한 날 은거한 사대부들은 부끄러움을 느꼈다. 웃으면서 산 아래 구름과 인사하고, 깃발은 해남(海南)을 가리키니, 기륭(基隆)에서의 일대 분전(奮戰)은 오랑캐의 야심을 꺾어버렸다. 먼 변방에 퍼졌든 요사스러운 기운은, 홀연히 사라져 버

60) 傅錫棋(1963), 21쪽.

렸구나. …… 큰 나무는 바람이 불어오는 걸 느끼고, 강산은 예전 같지 않으니, 오늘 대만의 정치를 새롭게 하는 것은 공(公, 유장숙)의 뒤를 따르는 것에 불과하다. 중원(中原)이 곤경에 처해 있으니 국가의 명운은 이치에 따라야 할진저. 백 사람의 유공(劉公) 같은 이를 기용하여 나라의 기둥으로 삼아야 하리라. 공(公)을 흠모하며 공을 위해 시를 지어 드리는 것은 우리 속에는 인재가 없고 텅 비어있기 때문이다."[61]

당시 양계초는 임헌당과 임유춘에게 '문인(文人)으로 생을 마감'하지 말고, 정치, 경제, 사회 등 현대 사조를 열심히 연구하라고 권하였다.[62] 이 말은 이후 임헌당과 임유춘이 1920년대 적극적인 문화, 정치 운동을 전개하게 되는 계기의 하나가 되었다. 민국 초기 임헌당과 채혜여(蔡惠如)는 자주 일본에 있는 대만 청년들과 연락을 할 수 있는 조직들을 만들었는데, 그 중 비교적 유명한 신민회(新民會)는 1920년에 성립되었다. 회장은 임헌당, 부회장은 채혜여, 명예회원은 진회징(陳懷澄)과 연횡인데 이들 모두 역사(櫟社)의 회원이었다. 신민회의 중요성은 『대만청년』이라는 잡지를 발표한데 있는데, 이 잡지는 대만 반일 운동의 전환에서 기념비적 위치를 차지하였다.

1921년 역사(櫟社) 회원들과 장위수(蔣渭水) 등은 중국 신문화 운동에 자극을 받아 '대만문화협회'를 창립하였는데, 일반 민중의 문화 계몽을 통해서 반일(反日)의 실력을 키우고 합리적인 대만사회 건설을 추구하였다. 1924년 간부 명단을 보면, 최고 지도층인 총리(總理)

---

61) 『肖峰詩草』, 165-166쪽.

62) 葉榮鐘, 『台灣民族運動史』, 10쪽.

와 협리(協理)는 임헌당과 임유춘이 각각 맡았고, 또 다른 역사(櫟社) 회원 출신인 채혜여와 임계당(林階堂, 임헌당의 동생)도 간부 명단에 들어갔다. 일반 회원들 중에서도 역사(櫟社) 회원들이 상당수를 차지하는데, 여기서 역사(櫟社)와 대만문화협회의 관계가 밀접함을 알 수 있다. 대만문화협회는 회보(會報)를 발행하는 것 외에도 독보사(讀報社)를 설치하고 강습회(講習會)를 열었으며, 임유춘과 연횡 모두 중국문화를 강의했던 강사였다.[63]

1923년 말 치경(治警) 사건이 발생하여 임유춘과 채혜여가 투옥되었다. 치경 사건은 '치안경찰법 위반 사건(治安警察法違反事件)'의 약칭으로, 사건은 당시 대만의회 설립 운동을 하던 반일(反日) 인사가 결사(結社) 조직을 확대하려 했던 게 일본인들의 공포심을 유발하면서 발생하였다. 이 사건에 연루된 인사들 수가 상당히 많았다. 구금, 수사, 소환된 이가 총 99명이나 되었으며, 그 중 다수가 역사(櫟社) 회원들이었다. 그 결과 13명 유죄 판결을 받게 되었는데, 이 때 임유춘은 3개월 형을 언도 받았고 채혜여에게는 4개월 형을 선고 되었다. 두 사람은 옥중에서 훌륭한 시를 남겼는데, 먼저 임유춘의 『재문화미(再聞畫眉)』의 내용은 다음과 같다.

> 모처럼 분분히 찾아와 자유를 노래하니, 그 목소리 주옥(珠玉) 같이 아름다워 동쪽 끝에 머무르네.
> 생황(笙簧, 고대 아악에 쓰이는 관악기)을 불어 소사(蕭史)를 영접하지 아니하고 남쪽의 음악으로 남쪽 초(楚)나라의 죄수를 유혹하는구나.

63) 역사 멤버들의 문협 내 활동에 관해서는 앞의 책, 제6장을 참조할 것.

시홍(詩興)은 밤을 새우며 미리 키워야 하고, 새 소리는 3월이 되니 부드럽구나.
어찌 하면 공야장(公冶長, 공자의 제자, 새와 말이 통한다고 함)에게 배울 수 있을까? 봄의 새와 함께 오랜 근심을 풀 수 있게.[64]
(特地頻來唱自由, 珠喉玉舌屋東頭. 不吹鳳管迎蕭史, 卻奏南音媚楚囚. 詩興隔宵先醞釀, 鳥聲三月故溫柔. 何當更與師公冶, 得共春禽愬積愁.)

이것은 자연 동물을 묘사 대상으로 한 시로서, 풍부한 정취와 깊은 뜻을 내포하고 있다. 여기서 새장 속에 있음에도 소리 높여 자유를 부르짖는 새의 모습이 드러나는데, 옥중에서도 여유롭게 시를 쓰는 임유춘의 화신(化身)이라 하겠다. 요컨대 이 작품은 옥중의 임유춘이 "어려움 속에서도 얼굴색 하나 변하지 않고 늠름히 눈부신 모습을 보여준다."[65]

임유춘이 투옥되기 전에 쓴 『나는 행동하리라(吾將行)』는 어조가 상당히 격앙되어 있었으며, 그는 폐결핵에 걸려 몸이 허약했고 투옥된 후 치료를 중단해야 했기 때문에 이번에 투옥되면 자기가 죽게 되리라 예감했다. 이 시의 일부 내용은 이렇다. " …… 나는 행동하리라! 재물을 탐하는 자는 재물을 위해 목숨을 바치고 선비는 명예를 위해 목숨을 바친다. 지금 베개를 쓰다듬고 앉아서 탄식하는데, 죽음이 좀 늦게 찾아올 수 있지만 근심은 오히려 배로 는다. 내 검을 뽑아 내 술잔을 내려치니 곧 떨어질 듯한 동방의 별이 황량한 들판

64) 陳昭瑛, 『台灣詩選注』, 204-206쪽.
65) 李漁叔(1976), 24쪽.

에 누워 닭 울음소리를 듣는다."[66] 『옥중십율(獄中十律)』 중 『사람을 그리워하며(懷人)』에서는 또 이렇게 썼다. "격앙되어 시국을 논함은 멀게는 세상을 위함인데, 하루아침에 투옥되어 죄인의 신분이 되어 버렸다. …… "[67] 이 시구에서 임유춘의 지조와 절개가 잘 드러나는데, "격앙되어 시국을 논함"이라는 구절에서 이때의 임유춘은 과거의 땅 잃은 유민과 확실히 다른 모습인 것을 알 수 있다.

서복관은 다음과 같은 이유로 『나는 행동하리라(吾將行)』을 높게 평가하였다. "구차하게 목숨을 부지하는 것을 엄중히 경계하였고, 순국하기로 맹세하였다. 생사존망의 위기에서 결심 어린 선택을 하여 병약한 몸으로 감옥에서 죽음을 맞이함도 사양하지 아니 하였다. 오히려 선생은 살아있는 사람들의 절개를 격려해주고, 선생 본인의 성격 역시 국가 흥망의 운수와 기회에 대해 남모르게 통달하였다. 여기에 영감을 얻어 시를 지으니, 실로 영원토록 사라지질 않을 민족 영혼의 희망이다."[68]

채혜여는 자는 철생(鐵生)이고, 대중(臺中)청수(淸水) 사람으로서, 옥중에서 쓴 『기개를 잊지 않으리(意難忘)』은 애절하기 이를 데 없다. 1925년 채혜여가 투옥 될 때, 당시 그는 청수(淸水)에서 기차를 타고 대중(臺中)에 도착하여 수감되었다. 그 때 청수 뿐만 아니라 오처(梧棲), 사록(沙鹿) 등지에서 수많은 민중들이 소식을 듣고 기차역에서 호송되는 그를 보러 운집하였으며, 대중(臺中)까지 따라온 사람은 백

66) 『南强詩集』, 42쪽.
67) 『南强詩集』, 44쪽.
68) 『南强詩集』, 4쪽.

여 명이 넘었다. 채혜여가 대중역에서 내린 후 대중병원에 입원중인 임유춘에게 병문안 가려고 도보로 이동할 때 길을 따라 수백 명의 시민들이 모여 들었다. 대중 경찰서장은 급히 달려와 현장에 모인 사람을 해산시켰으나, 민중들이 흩어졌다 다시 모이기를 수차례 반복하여, 병원 입구에까지 따라 왔다. 수감된 그날 밤, 채혜여는 시 한 수를 단숨에 써내려 갔다. 그는 당시 민간에서 명망이 있었는데, 이 일만 바도 능히 짐작할 수 있겠다. 채혜여가 그날 밤에 쓴 사(詞)는 바로 『기개를 잊지 않으리(意難忘)』이다.

기개를 잊지 않으리

[수감되는 날 청수(清水)와 대중(臺中)의 인사들이 전송해주어 길이 막힐 지경이었으니, 이에 감사의 뜻 표한다.]군자의 미덕이 하늘까지 닿아 얽기 설기 엉켜있고, 수양버들이 늘어진 길을 따라 가슴 아린 수심을 짊어지며 고향을 떠나니, 열사의 기개(氣概)는 이제 영어(囹圄)의 몸이 되었구나. 청수역(清水驛)에 도착하니 전송하러 온 이들로 가득하구나, 일일이 악수하며 대중(臺中)에서 이별을 고하였네. 어르신들과 청년들 모두 나와 전송해주니 마음에 깊이 사무치는 느낌이 그지없다. 산은 높고 강물은 멀리까지 뻗어 나가듯 이 정(情) 또한 오래가리라. 민심이 각성하고 있는데 어찌 기쁘지 않으리. 투옥되는 고통을 겪은들 무슨 상관이 있으리오. 소나무와 대나무와 같은 굳은 절개와 지조가 있고, 강철과 바윗돌처럼 단단한 심장이 있기에, 호랑이 동굴에 살더라도 스스로 여유를 갖추고 잠과 식사도 예전처럼 할 것이리라. 남송(南宋) 때 문천상(文天祥)이 절개를 꺾지 않음을 기억하며 천고에

이름을 남기리라.[69]

위 글에서 채혜여 역시 순국하기로 결심했음이 잘 드러나는데, 임유춘의 『나는 행동하리라(吾將行)』의 한 구절에 이런 내용이 있다. "채혜여가 원(院) 문 밖에서 나와 작별하니 형가(荊軻)처럼 분노가 끝까지 치밀어 머리카락이 모두 일어섰다." 시에서 말하는 「원(院)」은 대중(臺中) 병원을 지칭하는 것이고, 이 시는 병원 안에서 쓴 것이다. 시에서는 채혜여의 열사 다운 목소리와 자태를 잘 드러내고 있다. 하지만 채혜여가 옥중에서 쓴 시는 오히려 은근할 뿐만 아니라 청아하고 수려하며, 이별의 아쉬운 감정을 헤아리기 어렵다. 작품 중 "민심이 각성하고 있는데 어찌 기쁘지 않으리오."라는 구절에서 채혜여의 근대 민권(民權) 및 민족운동에 대한 흠모가 드러나며, 이는 땅 잃은 유민의 심리 상태와 확실히 비교가 된다.

역사(櫟社)의 또 다른 대시인은 장태악(莊太岳)으로서, 비록 직접 운동에 참여한 적은 없지만 장위수와 교류가 깊었다. 장태악(1880-1938)의 이름은 숭(嵩)이고, 자는 이약(伊若), 태악(太岳)은 그의 호(號)이고, 녹항(鹿港) 사람이다. 그의 동생 수승(垂勝) 역시 문장이 뛰어나기로 유명하였는데, 서복관과 친밀한 사이였다. 장태악은 시에 능할 뿐만 아니라 서예에도 능하였는데, 비평가들은 그의 서예에 진(晉)의 유민의식 깊숙하게 박혀 있다고 평하였다. 이어숙은 그의 시집 서문을 쓰면서, 그의 시에 "정정하면서도 침울함이 가득하여 남송(南宋)사람의 풍격이 있다"[70]라고 평하였다. 장위수는 1930년 사망하였는데,

69) 陳昭瑛, 『台灣詩選注』, 227쪽.

70) 莊嵩, 『太岳詩草』 (台北, 龍文出版社, 1992), 6쪽.

대만 민족운동에 공헌이 있어서 죽은 후에도 지극히 영예로웠다. 그래서 '대만 공전(空前)의 장례식'이라고 불릴 정도로 5천여 명이 넘는 사람이 참석하였다. 3개월 후 그의 유작(遺作)이 출간되었으나 즉시 일본한테 몰수당했고, 장태악이 장위수의 유집(遺集)에 시문『장위수의 유집에 붙어(題蔣君渭水遺集)』를 썼는데 그 내용은 아래와 같다.

> 심혈을 기울여 아낌없이 민중을 사랑하였고, 쉴 세 없이 흘러내린 뜨거운 눈물이 문장이 되었다.
> 피를 흘린 건가 아니면 눈물을 흘린 건가? 모호하여 구분하기 어렵구나.[71]
> (心血抛餘爲愛群, 紛紛熱血灑成文. 那知是血還是淚, 一片糢糊辨不分.)

이 시는 장위수가 했던 뜻 깊은 일에 대한 지지를 표명하고, 자신의 애통한 마음을 강조하면서 흐르는 눈물이 글이 되었다고 하였다. 그리고 장위수의 피와 자신의 눈물이 뒤엉켜있다고 말하면서 비탄에 젖어 있는 시로써 읽는 이의 눈물샘을 자극한다. 장태악의 시에는 자주 반일(反日)의 정서가 투영되어 있는데,『을묘년(1915년) 단오에 임치선과 함께 지은 작품(乙卯重午與痴仙同作)』을 보면, 단오를 주제로 하고 마지막 련(聯)에서 구관조를 묘사 대상으로 하였으나, 오히려 자연물을 묘사하는 형식을 초월하여 다음과 같이 썼다. "누가 말하는 구관조를 불쌍히 여겨주나? 새장 속에서 혀가 잘린 원통한 마음을 오랫동안 품고 있나니. (誰憐鴝鵒能言鳥,籔裡長銜剪舌冤)"[72] 이 시는 일제 강점기 대만인이 언론의 자유가 없던 슬픔을 암시적으로 비유

71) 莊嵩,『太岳詩草』, 163쪽.; 또는『台灣詩選注』, 234-236쪽.
72) 莊嵩,『太岳詩草』, 68쪽.;『台灣詩選注』, 231-234쪽.

하였다. 『슬(蝨, 이)』 역시 자연사물을 묘사 대상으로 삼은 시(詩)이나, 서구 열강을 이에 비유하며 중원(中原)에 대한 끊임없는 근심을 드러내었다. 그래서 경련(頸聯, 율시의 제5구와 제6구)과 마지막 련(聯)에서 이렇게 표현하였다. "약육강식(弱肉强食)을 가르치면서부터 누가 인간이 자유를 얻으리라 믿겠는가. 오래 묵은 솜처럼 산산이 조각난 중원의 정세는 곤경에 묻혀 사는 나까지도 근심하게 한다.(從教弱肉宜强食, 誰信依人獲自由, 破碎中原如敗絮, 處褌苦我爲擔憂)」[73]

위의 논의를 정리하자면, 역사(櫟社)는 환경적 요인과 양계초의 격려로 유민 시사에서 근대적인 민족운동의 보루로 거듭났으며, 문인들은 이 같은 운동 속에서 시를 논하고 그 감상을 시대적인 환경, 자유, 민주, 민권의 추구에 적용, 시로서 승화시켰으며, 현대적 세계관과 시적 전통의 형식 간의 교량을 만들어나갔다.

이 글은 1995년 12월 국립대만대학교 중문학과 학술강연에서 발표되었던 논문임.

---

73) 莊嵩, 『太岳詩草』, 63쪽.

제7장

계몽, 해방 및 전통: 1920년대 대만 지식인들의 문화성찰

1. 머리말

대만의 역사를 시간 순으로 나누는 문제에 관해서는 인류가 대만에 거주한 시기를 기점으로 하는 6,000년의 역사라는 주장과 한편으로 문헌에 기록된 것으로 부터를 기준으로 하는 300년의 역사라는 주장이 있다. 그러나 6,000년이든 300년이든, 대만 역사에 천지가 뒤흔들릴 정도로 커다란 영향을 끼친 시기는 단연 1920년대이다. 대만인들의 끈질긴 노력 하에서, 1920년대 대만은 새롭게 변모하였고, 기존의 '전근대(premodern)'사회에서 '근대(modern)'사회로 진입하였다. 대만인들의 마음속에서 대만은 더 이상 중국의 변방에 떨어진 작은 섬이 아니었으며, 더욱이 일본 제국의 남진 기지 또한 아니었다. 식민지 대만은 일본 당국과의 대항을 통해 점차 세계 진보운동의 대열에 다가갔으며, 반(反)식민주의, 반(反)제국주의의 세계사적 대열의 일원으로 자리매김하였다. 이 시대의 대만인들은 식민과 압박 속에서 자신의 환경에 굴복하지 않고 용감하게 저항의 길로 나아가서 과감히 도전하였으며, 자신감과 자부심 또한 가득 찼다.

이처럼 자신감이 넘치던 시대정신 하에서, 대만의 지식인들은 1920년대에 접어들면서 굳건한 결심으로 빠르게 계몽운동을 추진해 나갔다. 1920년대 중엽의 계몽운동은 해방을 목표로 했으며, 1920년대 후기에 접어들면서 세계 좌익운동의 대열에 직접 뛰어들었다. '계몽'에서 '해방'으로의 전환을 알려면 반드시 계몽과 해방에 상대되는 개념을 정확하게 정립할 필요가 있다. 계몽과 상대되는 어휘는 몽매(蒙昧)이며, 해방의 상대되는 말은 압박(壓迫)이다. 사상의 내재적 논리로 분석한다면, 계몽은 반드시 해방보다 앞에 놓여야 한다. 그 이유는 계몽이 인류를 몽매무지의 상태에서 깨어나게 하고, 이를 인지하고, 자신이 압제와 약탈의 지경에 놓여있다는 것을 체감한 후, 한 발 더 나가 해방을 요구할 수 있기 때문이다. 사상사의 흐름에서 볼 때, 세계 좌익사조의 흐름과 중국공산당, 일본공산당의 창립은 모두 대만의 해방운동에 큰 자극을 주었다. 또한 대만사회의 현실적 측면에서 볼 때, 일본 당국은 설탕 생산정책으로 수많은 농민들을 도탄에 빠뜨렸으며, 이 같은 현실로 인해 지식인들은 해방운동의 정면에 나서게 되었다.

계몽과 해방운동은 대만을 부패 속에 놓여있던 구 사회에서 현대사회로 이끌었다. 봉건시대의 독소였던 예교와 사상을 타파하였으며, 또한 기존의 구(舊) 학문을 공부하던 지식인들은 예리하게 구 학문에 남아있는 여열(餘熱) 속에 놓인 빛나는 보석을 찾아냈다. 계몽에서 해방으로 전환되는 이 시점에서, 한족 지식인들은 기존 문화 속에서 전통문화를 통해 새로운 문화의 측면을 열었다. 또한 현실과의 긴밀한 접촉을 통해 현대적 의미가 담긴 새로운 생명의 원천을 찾아내었다.

이 글의 목적은 1920년대 대만 신문화 운동이 계몽에서 해방으로 전환되는 과정과 더불어 이 과정에서 전통이 어떻게 비판되고 반성과 재현을 거치는 지를 탐구하고자 한다. 1920년대 대만 지식인들의 문화적 성찰은 두 가지 측면을 담고 있다. 하나는 세계를 향하여 전면적인 개방을 추구하는 위대한 영혼이고, 또 하나는 전통에 대한 성찰의 태도라고 할 수 있다. 이러한 것은 유년시절부터 받은 한학(漢學)교육에서 배양되어 나온 전통에 대한 온정과 경의에서 비롯된 것이다. 이 두 가지 특징은 21세기를 눈앞에 둔 오늘날, 대만문화의 미래를 고민하는 데 귀감이 될 것이다.

2. 1921년의 대만: 계몽

1921년 대만문화협회(臺灣文化協會)의 설립은 계몽운동의 첫 걸음이었으나, '계몽'이 이 시기 대만 지식인들의 주요 관심사로 자리 잡은 것은 오랜 시간의 태동과 대만 대내외적으로 급변하는 정세로 인해 점차적으로 형성된 것이다. 1915년의 마지막 무장 항일운동이었던 '초파년 사건(噍吧年事件)'은 참혹하게 진압되었다. 지식인 계층은 이 같은 상황에서 비교적 위험이 적은 투쟁 방식을 선택했고, 이것이 문화, 정치적 항일운동이 점차 지식인들 속에서 자리 잡게 된 이유라고 할 수 있다. 또한, 국제적인 측면에서 볼 때, 1911년 신해혁명이 성공했고, 1918년 제1차 세계대전 후 민족자결, 사회주의 사조의 영향과 더불어 1919년 조선 독립운동의[1] 영향으로 대만 지식인들은 스스로의 역할과 더불어 정치운동의 방향을 모색하기 시작했다.

대다수 식민지의 계몽운동은 해외에서 시작하며, 대만 또한 예외가 아니었다. 일본 정부의 기록에 따르면, 1901년부터 대만인이 일본에서 유학했으며, 이후 매년 증가세에 접어들었고 1915년까지 일본 내 대만유학생은 300여 명이었고, 1922년에는 2,400명에 달하였다. 이 같은 증가세를 볼 때 '초파년사건'을 기점으로 대만 계몽운동 시기의 일본 내 대만유학생은 7~8배나 증가했다.[2] 1919년부터 1920년까지 일본 내 대만 유학생 사이에는 '성응사(聲應社)', '계발회(啓發會)', '신민회(新民會)' 등 3개의 단체가 있었다. '성응사'는 1919년 대만 유학생과 중국대륙의 유학생들이 '같은 목소리로 서로 호응한다.'라는 뜻으로 공동으로 결성되었다. '계발회' 역시 1919년에 결성되었으며, 대만 유학생들이 설립하였으며 대다수 성원들은 이후 1920년대부터 광복 이전 각종 항일투쟁에 참여하였다. 중요한 인물로는 임헌당(林獻堂), 채혜여(蔡惠如), 채식곡(蔡式穀), 임정록(林呈祿), 왕민천(王敏川), 황정총(黃呈聰), 장수승(莊垂勝) 등이 있다. 그러나 이 두 단체의 구성은 매우 느슨했으며, 금방 흩어져버리고 말았다. 1920년대에 들

1) '3·1운동'이라고 불리는 이 운동은 당시 조선 천도교 교주 손병희(孫秉熙)가 주도하였으며, 그는 1918-1919년 뜻을 같이 하는 사람들을 규합해 독립선언문을 만들었으며, 또한 미국의 윌슨 대통령에게도 청원서를 보냈다. 1919년 3월 1일 독립선언문 서명자 29인이 모여서 '대한독립만세'를 외쳤고 이에 전국의 학생, 민중들이 이에 호응하였다. 일본 군대와 무장 충돌이 벌어졌다. 당시 조선 총독부의 보고에 따르면 일본군에게 살해된 사람은 7,909명에 달하며, 체포된 사람도 2만여 명에 달하였다. (다음을 참조함. 葉榮鐘, 『臺灣民族運動史』(臺北, 自立晩報, 1971), 77-80쪽.) 3·1운동과 대만의 전통적인 무장투쟁은 그 형태가 다르며, 예를 들어 독립선언문을 만들고 대규모 시위를 조직하며 국제사회에 대한 지원 호소 등은 대만의 지식인들에게 새로운 투쟁방식이라는 점에서 많은 시사점을 주었다.

2) 葉榮鐘(1971), 75쪽.

어 채혜여가 학생들을 규합하여 '신민회(新民會)'를 설립했다. 조직의 명칭은 『대학(大學)』의 '작신민(作新民)'에서 따온 것이다. 이처럼 조직의 이름을 심사숙고하여 명명했을 뿐만 아니라 상세한 강령까지 만들어냈다. 그리고 채여혜는 1,500원의 잡지 창간비용을 기증했으며, 이는 『대만청년(臺灣青年)』의 창간 자금으로 활용되었다. '신민회' 강령 제2조에 따르면, "대만에 필요한 혁신에 관해서 논의하고, 문화의 발전을 도모함을 목적으로 한다."라고 명기했다. 이 같은 모호한 목표에 대해서, 일본 정부는 이상한 낌새를 발견했으며, 『대만총독부경찰연혁지(臺灣總督府警察沿革誌)』에는 '신민회'가 "사실상 민족자결주의의 입장에 서서 대만 주민을 상대로 계몽운동을 펼치고, 동시에 합법적으로 민권신장을 도모하고 있다."[3]라고 기록하고 있다. 이는 신민회가 계몽운동의 '성격'을 띄고 있음을 명확하게 지적한 것이다.

1920년 정월 채혜여와 임정록이 신민회 창립을 결정하였고, 같은 해 11월 창립대회를 열었다. 같은 해 3월 채혜여는 1,500원을 잡지 창간비로 기증하여 7월 16일 『대만청년』의 창간호가 발행되었다. 반년이라는 짧은 시간동안, 해외 계몽운동은 그 토대를 구축하였으며, 서서히 대만으로 진입할 준비를 시작했다. 『대만청년』은 대만 뿐 아니라 중국 및 동남아시아 각지로 퍼져나갔다.[4]

대만 내 계몽운동은 1921년 '대만문화협회(臺灣文化協會)'의 창립을

---

3) 葉榮鐘(1971), 80-86쪽.

4) 북경에 머물던 대북(臺北) 반교(板橋)의 청년 장아군(張我軍)은 일찍이 『대만청년』 잡지를 들고 노신(魯迅)을 방문했으며, 노신은 『대만청년』을 읽은 후, 자신의 일기에서 당시 장아군이 "중국인은 마치 대만을 잊은 듯하다."라는 질의에 대해, 내심 "마음 속 깊이 상처받아 괴로웠다."는 감회를 기록하였다. 당시 노신은 "오늘날 중국은 내우외환을 겪고 있으며 급한 일이 너무도 많아서 이를 감내하기 어렵다."라고 답했다. 葉石濤, 「張我軍與魯迅」, 『走向臺灣文學』 (臺北, 自立晩報, 1990).

기점으로 본격적인 활동을 시작했지만, 계몽사상의 맹아는 신해혁명 전후로 거슬러 올라가야 할 것이다. 1911년 양계초는 대만을 방문하면서 임헌당, 임유춘 등 역사(櫟社)의 회원들과 교분을 나누었다. 당시 양계초의 명성은 천하를 뒤흔들 정도로 높았고, 그는 이민족 통치 속에 놓인 대만인들에 대해 깊은 동정심을 표하였다. 양계초의 2주 동안의 짧은 대만 방문은 대만 지식인들의 문화적 성찰에 큰 전환을 가져왔다. 역사(櫟社)의 제2세대 시인인 섭영종(葉榮鐘)은 양계초의 방문은 "대만 지식인들에게 사서오경 이외의 다른 학문도 있다는 것을 알려준 것."이라고 평가하였다.[5] 이는 양계초가 대만의 전통 문인들을 과거의 문화에서 벗어나 새로운 시대의 지식인으로 변모하도록 도왔음을 보여준다. 또한 대만의 반일운동이 기존 중화문화 속의 중국과 이민족 간의 구별(華夷之辯)에서 비롯된 항일투쟁에서 현대적인 반(反) 제국주의, 반(反) 식민주의 해방운동으로 전환시켜 대만 사회를 새롭게 만들었다는 점을 보여주었다.

양계초가 대만을 유람한 지 10년이 지난 후, 1921년 대만문화협회(이하 '문협(文協)')가 설립되었으며, '문협'의 구성원은 '역사'와 '신민회'의 구성원들과 대부분 중첩되었다. '문협'과 전통 시사(詩社)의 성격은 매우 다르다. 전통 시사는 주로 "전통 문화의 명맥을 유지한다"는 일념으로 모여진 시인들이 서로 시문을 주고받으며 위안을 삼는 곳인 반면, 문협은 시작부터 문화운동을 목표로 하였으며, 전통문인들의 비탄한 감상을 접어두고 사회의 사상적 개조를 목표로 하였던 것이다. 이 점에서 볼 때 문협은 대만 역사상 최초의 현대적 의미를 갖는 지식인 단체이다.

---

5) 葉榮鐘(1971), 13쪽.

문협 창립 시 밝혔던 「설립취지(旨趣書)」에는 당시 지식인들의 세계사적 발전에 참여하고자 하는 욕구와 대만 사회 전반의 '무지 몽매함'을 해소하겠다는 열정이 적혀 있으며, '신문화운동'의 기치를 높게 들고 동시에 유가적 전통에 대한 경의도 표시하였다. (제 5절 참조)[6] 이는 당시 중국대륙의 신문화운동과 구별되는 점이다. 1921년 문협 강령에 "대만문화의 발전을 돕는 것을 목적으로 한다."라고[7] 명기되었다. 1923년 문협은 제3차 정기총회를 개최하여 6개의 결의안을 통과시켰으며, 제6항에는 "시대적 흐름에 부응하여 …… 동포문화의 향상을 돕기 위해" 6개 사업을 추진한다고 하였다. 이 6개 사업이란 '로마자 보급', '로마자 도서 편집 및 발행', '여름학교 개설', '체육 장려', '여성인격 존중' 및 '폐습 혁신과 고상한 취미 배양을 위해 영화, 음악 및 문화연극회를 개설' 등 이었다.[8] 제1, 제2의 사업인 로마자 제창은 주로 문협 이사였던 채배화(蔡培火)의 주장이다. 채배화는 일찍이 1914년 '대만 로마 백화자(白話字)'를 주장했으며, 즉 로마자로 대만어(즉 민남어)의 음을 표기하는 것이다. 그러나 대다수 문인들은 이에 반대했다. 문협 설립 시 채배화는 다시금 로마자를 제창했으나 어떠한 호응도 얻지 못했고, 대다수 문인들은 한문 보급을 주장했다. 그러나 문협의 1923년 결의에서 로마자 보급이 통과되었으며, 이후 신설 사업 중 하나로 자리 잡았다. 채배화의 주장은 다음과 같다. 로마자는 신사상, 신문화를 흡수하게 하는데 편리하며, 이것이 바로 계몽의 목적이었다. 그러나 문협은 이후 로마자 보급에 심혈을 기울이지 않았으며, 로마자 운동 역시 큰 성과를 낳지 못했다.[9]

6) 「文協旨趣書」는 다음에 수록되었음. 葉榮鐘(1971), 286쪽.

7) 葉榮鐘(1971), 287쪽.

8) 葉榮鐘(1971), 294쪽.

9) 채배화가 로마자를 제창한 과정과 논의에 관해서는 다음을 참조하기 바람. 廖毓文, 「臺

위에서 제6의 사업 중에서 얘기한 '폐습'은 사실 민간에서 유행하던 희곡을 지칭하는 것이다. 문협의 대다수 인사들은 영화, 음악, 신극('문화연극')으로 민간사회의 예술적 취향을 바꾸어보려 했고, 심지어 1927년 『대만민보(臺灣民報)』에는 "가자희는 왜 금지되어야 하는가(歌仔戲怎樣要禁)"와 "가자희의 폐해(歌仔戲的流弊)" 등 두 편의 가자희(歌仔戲)를 비판하는 글이 실렸다. 이 두 글은 가자희 극은 '하류 사회'에서 기인했으며, 여러 가지 폐해가 있기 때문에 반드시 금지되어야 한다고 주장했다.[10] 이는 당시 문협 회원들이 전통 사대부 계급의 한계를 넘어서지 못했음을 보여주며, 또한 그토록 다가가고자 했던 '민간 사회'에 여전히 다가가지 못했음을 보여준다.

위에서 논한 6개의 사업 중에서 가장 주목할 만한 것은 바로 '여성의 인격존중'과 '여름학교 개설'이며, 계몽적인 측면을 잘 담고 있다. 문협은 1924년부터 3년간 무봉(霧峰) 임씨(林氏)가문의 집에서 여름학교를 개설했으며, 남녀학생을 모두 받아들여서 명실상부 '여성인격 존중'의 주장을 실천하였다. 3년 동안 개설했던 강의는 매우 다양했으며, 연횡(連橫)의 '대만통사'와 임유춘(林幼春)의 '중국고대문명사(中國古代文明史)', '중국학술개론(中國學術概論)' 및 진만영(陳滿盈, 즉 진허곡[陳虛谷])의 '효(孝)' 등 강의가 있었다. 그 외의 강의는 주로 세계 사조를 소개하는 것인데, 대표적으로는 임무생(林茂生)의 '서양문명사(西洋文明史)', 채식곡(蔡式穀)의 '헌법대의(憲法大意)', 진봉원(陳逢源)의 '경제사상사(經濟思想史)', 채배화의 '과학개론(科學概論)', 임이신(林履信)의 '사

灣文字改革運動史略」, 『臺北文物』 3卷3期, 4卷1期 (1954年 12月 10日, 1955年 5月 5日).

10) 이 두 편의 글은 다음의 잡지에 실렸음. 『臺灣民報』139號(1927年 1月) : 165號(1927年 7月). 『臺灣民報』(臺北 : 東方文化書局複刊本, 1972)을 볼 것.

회학(社會學)', 사춘목(謝春木)의 '신문학(新聞學)' 등이 있었다.[11] 이 같은 수업들은 "다루는 지역은 대만, 중국, 세계를 포함하고, 역사적 발전의 측면에서 논하자면 전통문화와 근대문명을 아우르고 있다."[12] 여름학교는 계몽을 목적으로 했다. 동시에 항일의 색채가 농후하였고, 섭영종은 이를 두고 "이는 일종의 상징성을 띤 민족 교육으로, 대만총독부의 교육정책에 대한 일종의 항의의 뜻을 담고 있다."라고 평가했다.[13] 계몽의 측면에서 볼 때, '외국 사정' 과정을 개설한 독일 유학파인 의사 왕수록(王受祿)의 "우리는 '대만은 세계의 대만'이라는 개념을 머리에 담아놓을 필요가 있다."[14]라는 말은 여름학교 과정의 성격을 잘 시사하고 있다.

여름학교 외에도 더욱 중요한 것이 바로 '문화강습회'이며, 섭영종은 "문화강습회는 문화협회가 추진한 계몽운동의 핵심"이라고 평가했다. 또한 『경찰연혁지』는 비록 일본 정부의 입장에서 서술했지만, 문화강습회의 의의, 기원, 발전현황 및 영향에 관해서 자세히 기록하였다. "강습회는 문화협회의 활동 중 가장 중시되는 것이다. …… 다이쇼(大正) 12년(1923) 5월 황정총(黃呈聰), 왕민천(王敏川)은 대만민보(臺灣民報)의 기자 신분으로 대만으로 돌아왔으며, …… 겸사겸사 각지에서 강연을 열었다. 강의의 주제는 민족주의와 일본의 대만통치에 대한 비난이며, 이는 지방 민중들에게 깊은 반응을 환기시키며, 큰 환영을 받았다. 문화협회의 강습회에 대한 인식이 깊어지면서 강습

11) 위에서 소개한 과정에 관해서는 다음을 참조할 것. 葉榮鐘(1971), 298-301쪽.

12) 陳昭瑛:「光復初期'臺灣文化'的概念」,『臺灣文學與本土化運動』(臺北, 正中書局, 1998), 221쪽.

13) 葉榮鐘(1971), 301-302쪽.

14) 葉榮鐘(1971), 302쪽.

회의 열기 또한 더해갔다." 이 같은 기록은 강습회의 창시자가 황정총과 왕민천임을 보여주며, 강연의 주 내용이 반일 민족주의였음을 또한 보여준다. 『경찰연혁지』에 따르면 1925년은 강습회의 열기가 최고에 이르렀던 시기였으며, 강습회는 "대만의 농민운동과 노동운동의 효시였다."[15] 이를 볼 때,『연혁지』또한 강습회가 '계몽'에서 '해방'으로 향해가는 좌익적 경향을 잘 파악하고 있음을 알 수 있다.

강습회의 성황에 관해서는 『연혁지』의 통계표를 살펴보면 잘 알 수 있다. 통계표의 '연사 총인원수' 항목을 보면, 전 대만(대북, 신죽, 대중, 대남, 고웅 포함)의 현황을 알 수 있는데, 1923년 연사는 214명/회이며, 1924년 4,321명/회, 1925년 1,651명/회, 1926년에는 180명/회였다. 또 '청중 총인원수' 항목을 보면, 1923년 3,086명, 1924년 44,050명, 1925년 117,880명, 1926년 112,965명에 달하며, 평균 매회 강연시 청중수는 3백에서 1,000명에 달했다. 경찰은 감시와 단속이 주요 목적이었기 때문에 이 수치는 다소 적게 표기되었을 것으로 보인다. 그러나 이 같은 통계를 볼 때 적어도 강습회를 듣고자 하는 사람들의 열기가 엄청났음을 알 수 있으며, 섭영종의 기록에도 이 같은 열기는 잘 드러난다. "문협의 연사들에 대한 열기는 특히 낙후된 지역에서 더욱 뜨거웠다. 교통이 불편한 산지에서는 가마를 보내서 모셔갔으며, 큰 북을 울리며 알리는 모양새는 마치 마조(媽祖)상이 마을을 순회하는 것에 비할 만하다." 강연장은 항상 "빈 자리가 없을 정도"였으며, 또한 "박수소리는 장내를 진동시켰으며", 민중들은 "자기도 모르게 홍분되어 춤추듯이 들썩거렸다."[16]

---

15) 다음을 참조하기 바람. 葉榮鐘(1971), 303쪽.

16) 이에 관해서는 다음을 참조하기 바람. 葉榮鐘(1971), 303-308쪽.

문협이 추진했던 문화계몽운동은 당시 세간을 뒤흔들었다. 그 영향 또한 심원했고, 이후의 학생운동, 농민운동, 노동운동 및 여성운동 등은 모두 문협의 영향을 받았다. 섭영종은 일찍이 문협의 영향에 관해서 평하기를, 문협은 대만을 "현대화의 길로 들어서게 했으며", "대만 근대화의 씨앗을 뿌렸다."[17]라고 평가하였다. 그가 얘기한 소위 '현대화'나 '근대화'는 포괄적으로 '위생관념의 보급', '미신과 누습의 타파', '축첩과 같은 구습 반대', '신문학운동의 제창' 등이었다.[18] 섭영종은 좌익사상에 대해 호감을 가지고 있지 않았기 때문에, 문협이 뿌린 근대화의 씨앗은 바로 계급의식의 각성과 농민, 노동자, 여성의 해방운동으로 이어져 간다는 것을 인지하지 못했다. 다시 말하자면, '계몽'에서 '해방'으로 가는 과정은 일단 발동하면 피할 수 없고 멈출 수 없는 것이다.

문협 이외에도, 『대만청년』, 『대만』, 『대만민보』 등 신민회, 문협 회원들이 발행한 잡지 및 신문들의 공헌 또한 매우 크다. 이들 언론 매체들은 신문화 시대의 지식인들에게 토론의 장을 제공했을 뿐 아니라, 문협의 '독보사(讀報社)'가 대만 전역에 설립됨에 따라 이 매체들은 또한 지식인들이 '백성들을 일깨우는' 역할을 담당하였으며, 백성들은 이를 통해 새로운 사조를 익혔다.[19] 『대만민보』는 '계몽'에 관해서 더욱 광범위하고도 명확한 의견을 제시했다. 1920년 7월 16일 『대만청년』 창간사는 1차 대전 이후 인류가 새로 깨우친 것은 "민

17) 葉榮鐘(1971), 325, 335쪽.

18) 葉榮鐘(1971), 324-333쪽.

19) '독보사'는 1921년부터 1926년에 설립, 운영되었으며 『대만민보』의 강독을 돕고, 중국의 신문, 잡지를 구독, 사람들에게 읽혔다. 이에 관해서는 다음을 참조할 것. 葉榮鐘(1971), 295-296쪽. '백성들을 일깨우다(啓發民智)'는 섭영종의 해석임.

족자결의 존중, 남녀 권리평등의 실현, 노동자와 자본가의 화합"[20] 등 이라고 강조했다. 이 같은 주장은 '계몽'과 '해방' 운동 중 가장 기본적인 3대 영역과 연관이 있으며, 바로 '민족', '성별', '계급'이다. 「창간사」는 대만이 '세계 문화의 대세'라는 대오에서 이탈해서는 안 된다고 강조했다. 『대만청년』은 1920년 7월 16일의 제1회부터 1922년 2월 15일 까지 총 18회가 발행되었으며, 이후 『대만 臺灣』으로 이름을 바꾸었다. 18회의 「권두사」에는 전통사상과 새로운 사상이 잘 대비되었다. 새로운 사상에 대해서는 대다수 교화적 측면의 인식이 가득했으나 대만의 현실에 관한 분석은 부족했으며, 여전히 「계몽」적 측면의 성격이 농후했다. 위에서 말한 '민족', '계급', '성별' 등 3대 영역에 대해 『대만청년』의 총18회의 사설은 일본으로부터 더 많은 자치를 쟁취하는 데에 더 많은 중점을 두었으며, 이 같은 민족 사상은 '민본사상'과 결합되어 있다. 『대만청년』제1권 제2호의 사설 「자치능력의 양성(自治能力的養成)」은 '민본사상'을 내세우며 "과거 25년간의 대만은 독단정치, 경찰행정의 전횡으로 가득 찼던 시대"라고 비판했으며, 동시에 '민중의 정치적 자각'과 '완전한 자치 시행'을 제창하였다. 『대만청년』의 사설에서 '계급'과 '성별' 문제는 논의의 핵심이 아니었다.

『대만청년』은 1922년 4월 10일을 기하여 『대만』으로 이름을 바꾸고 1924년 5월까지 총 17회의 잡지를 발행했다. 이 17회의 사설은 '계몽'에 관해 더욱 명확하게 논하였으고 또 읽은 이들에게 감동을 주었다. 『대만』으로 이름을 바꾼 1922년 4월 10일 「대만의 새로운 사명(臺灣的新使命)」이라는 사설은 세계 정세에 관해 다음과 같이 논

20) 『臺灣靑年』創刊號(1920年 7月 16日)(臺北, 東方文化書局複刊本, 1972).

하였다. “세계의 각 선진 강대국은 인도주의, 정의, 자유의 관념에서 나오는 그들이 책임지어야 할 신성한 사명을 잘 인식하고 있다. 반면 후진 약소국은 압제, 침략, 전제로부터의 해방을 부르짖고 있다.”[21] 여기서 ‘압제’와 상대되는 ‘해방’이라는 개념을 같이 제시하였다. 그러나 열강에 대한 평가는 과도할 정도로 낙관적이며, ‘해방’에 대한 심도 깊은 인식은 아직 도달하지 못했다. 하지만 이 사설은 세계 속에서의 대만인의 위치를 설명할 때 매우 확신에 찬 논조였다. “대만은 지구의 일부이며, 이곳의 사람들은 인류의 일부이다. 어떻게 세계와 격리되고 현대로부터 떨어져 있을 수 있는가?” 따라서 사설은 대만인들에게 “세계를 개조하는데 공헌하도록” 격려하고, 또 『대만』 잡지가 제시한 “세계에 대한 사명”을 다할 수 있도록 도와달라고 호소한다. 이 같은 논설은 앞에서 말한 섭영종의 “문협은 대만 근대화, 현대화의 파종자”라는 생각과 유사했다. 둘 다 1920년대 초 대만인의 ‘세계’의 각종 이슈와 ‘현대’라는 시대에 참여하고 싶은 열망을 표출하는 것이다. ‘세계’와 ‘현대’에 대한 이해는 여전히 동화를 경계하고, 자치적 민족주의와 민본주의를 요구하는 것을 기본으로 하고, 계급과 성별 해방에 대한 고민은 아직 성숙한 단계에 접어들지 못하였다.

1923년 4월 15일 『대만』 잡지는 『대만민보』 반(半)월간을 발행했으며, 다음 해에 접어들어 『대만』의 일본어판은 『대만민보』와 합병하여 발행되었으며, 더 이상 따로 발행하지 않았다. 『민보』 창간사의 기조는 여전히 ‘계몽’이었고, 대만의 기원과 세계사에서의 지위에 대해서는 넓은 시야를 가지고 있었다. 기원에 관해서는 대만인은 ‘황제

21) 『臺灣』創刊號(1922年 4月 10日)(臺北, 東方文化書局複刊本, 1972).

(黃帝)의 자손', "우리의 선조는 중국에서 건너왔다."라고 특히 강조하였다. 대만의 지리적 위치에 관해서는 "서쪽으로는 바다 건너 복건, 광동의 닭 울음소리를 들을 수 있다."라고 강조했다. 대만의 "동쪽으로는 망망대해가 펼쳐져 있고, 멀리 미국을 바라보고 있다", "남쪽으로는 미국령 필리핀과 서로 마주 본다", "동북쪽으로는 류구(琉球)가 있으며, …… 서남방으로는 영국령 홍콩이 있다."라고 기술하였다. 이 같은 설명은 더 이상 중원의 시각에서 비롯된 것이 아니고, 해외의 외로운 섬으로부터 출발한 시각으로 진일보한 측면이 있으며, 여기에는 새로운 자기발견에서 시작하여 세계사적 여정에 참여하고자 하는 열망이 있다고 할 수 있다. 임정록이 집필한 사설의 마지막 단락은 다음과 같다. "본 신문은 쉬운 한문을 사용하여 민중의 지식을 넓히고자 하며, 대만의 문화를 발전시키고자 하는 것이 본 신문의 취지이다."[22] 분명한 것은, 『민보』의 창간은 문협과 마찬가지로 '계몽'을 목표로 시작하였다.

1920년대 초 2~3년 동안 계몽운동은 놀라울 정도로 급속하게 퍼져나갔으며, 많은 성과를 얻었다. 위에서 말한 문협의 문화강습회의 성황 뿐 아니라, 1923-25년 '치경사건(治警事件)' 및 그 이후의 좌익 농민, 노동자 운동 속에서 보여준 대만인의 열기는 1921년 전후의 계몽운동 속에서 비롯된 것이라고 말할 수 있다. '치경사건'으로 본다면, 민중들의 이에 대한 지지는 한 폭의 감동적인 그림으로 시문(詩文) 작품을 통해 묘사되었다. '치경사건'의 정식 명칭은 '치안경찰법위반사건(治安警察法違反事件)'이며, 사건 개요는 다음과 같다.

22) 『臺灣民報』創刊號 (1923年 4月 15日) (臺北, 東方文化書局複刊本, 1972).

1923년 대만의회 청원운동자들이 조직을 확대하고자 하였을 때, 일본 당국은 이를 우려하여 관련 인사 99명을 체포, 수색하였고, 이 중 13명이 유죄 판결을 받았다. 1924년 당시 판결은 많은 사람들의 주목을 끌었으며, 1925년 민중들은 반일(反日)인사들의 하옥과 출옥을 환영하며 일본인들을 향해 시위를 벌였다. 대북 민중들은 당시 감옥에 들어가는 장위수(蔣渭水)를 위한 성대한 행렬을 벌이고자 했으나 일본 경찰이 이를 알아채고 장위수를 판결 당일 몰래 감옥으로 호송했다. 그러나 중부지역에서 채혜여가 대중(臺中)감옥으로 입감될 때의 행렬은 순조로웠다. 당시 채혜여는 고향인 청수(淸水)를 출발할 당시 군중들이 함께 하였고, 일부는 함께 차에 올라 대중으로 향했다. 채혜여는 대중 기차역에 도착해서 대중의원(臺中醫院)의 임유춘을 만나러 갔다. 군중들의 규모는 점차 커져갔으며, 길가에는 폭죽이 터지기도 했다. 대중 경철서장은 직접 말을 타고 와서 사람들의 해산을 유도하였으나 사람들은 잠시 흩어졌다가 다시 모이곤 했으며, 감옥 주변에는 수백 명의 사람들이 몰렸다. 이날 밤 채혜여는 「기개를 잊지 않으리(意難忘)」를 남겼다. "청수역(淸水驛)에 도착하니 전송하러 온 이들로 가득하구나, 일일이 악수하며 대중(臺中)에서 이별을 고하였네. 어르신들과 청년들 모두 나와 전송해주니 마음에 깊이 사무치는 느낌이 그지없다. 산은 높고 강물은 멀리까지 뻗어 나가듯 이 정(情) 또한 오래가리라. 민심이 각성하고 있는데 어찌 기쁘지 않으리오. 투옥되는 고통을 겪은들 무슨 상관이 있으리오."[23] "민심이 각성한다"라는 이 말은 바로 계몽운동의 성과를 정확히 반영한 표현이다. 일본 당국은 민중들이 이들 인사의 출옥을 환영하

23) 채혜여의 「意難忘」에 관해서는 다음을 참조할 것. 陳昭瑛, 『臺灣詩選注』(臺北, 正中書局, 1996), 226-229쪽.

는 계획을 수립하는 것에 대비하여 몰래 장위수, 채혜여, 임유춘을 출옥시키려 했으나 백방이 무효였다. 채배화, 진봉원이 인력거에 태워 출옥했을 때, 곧바로 주변 사람들이 이를 알아보았고, 오히려 "길가에는 천지가 떠나갈 정도로 폭죽이 울리는" 광경이 연출되었다. 진봉원은 시 「채배화와 함께 출옥하였을 때 대남 시민들로부터 환호를 받았을 때의 감회(刑滿與峰山出獄備受臺南市民歡呼有感)」에서 이 같이 표현하였다. "길거리에 폭죽 소리가 가득 울려 퍼졌고, 나는 민중을 고통에서 해방시키지 못해 죄송스러운 마음이 가득했다."[24] 이 같은 정경을 통해서 볼 때, 우리는 계몽운동의 세례를 받은 대만 사람들이 해방운동을 할 준비가 되었음을 알 수 있다.

3. 1924 - 1925년의 신문학운동: '계몽'에서 '해방'으로 이행하는 과도기

요한신(廖漢臣)은 대만의 신문학 운동을 회고하면서 당시 신문학 운동의 발생과 발전 과정에서 직면한 어려움을 간단명료하게 지적했다. "중국의 신문학운동은 민국 6년(1917)에 일어났고, 대만의 신문학운동은 민국 13년(1924)에 일어났으며, 양자 간에는 8년의 시간적 간격이 있다. 중국의 신문학운동은 '문자의 개혁'에서 시작하여 '문학의 개혁'으로 끝났으며, 대만의 신문학운동 또한 이 같은 흐름을 따랐다. 시작은 황정총(黃呈聰), 황조금(黃朝琴)이 백화문 사용을 제창하였고, 장아군이 시학(詩學)의 개혁을 제창한 후로부터 점차 발전

24) 민중들이 계몽운동 참여인사들의 입감과 출옥을 환영하는 정경에 관해서는 다음을 참조할 것. 葉榮鐘(1971), 275-279쪽.

의 길로 나아갔다. 이들은 중국의 신문학운동이 일어난 후, 조국으로 건너가 신문학운동의 생생한 광경을 목도하고 큰 자극을 받았으며, 이후 대만으로 돌아와 백화문 또는 문학 개혁을 주장했다. …… 두 운동의 차이점은 바로 처한 환경과 발전 현황이라고 할 수 있다." 요한신은 이어 발전의 차이에 관해서 중국 신문학운동은 "제창하니 전국으로 퍼져 나갔으나, 대만의 경우 그 발전이 쉽지 않았다"라고 했다. 그 이유에 대해 요한신은 양운평(楊雲萍)의 말을 인용하여 "중국 신문학운동은 정부의 지지를 얻었으며, 민국 9년 교육부는 전국의 초등학교 1, 2학년의 국어 과목을 백화문으로 개편했으나, 대만은 '일본정부의 압박'과 '전통 문인들의 반대'에 놓였다"라고 했다.[25]

요한신의 글은 대만 신문학운동과 중국 신문학운동의 연원과 차이점을 잘 드러내고 있다. 대만 '전통 문인들의 반대'는 단순한 보수, 반동적인 행태로 보기 어려우며, 연횡과 같은 전통문인들의 전통 수호는 사실상 계몽운동의 동기와 같다. 전통 문인들에게 전통문화는 일본 당국이 적극적으로 제거하고자 하는 대만의 고유문화이며, 오늘날 대만인들이 스스로 이를 버리고자 하는 것은 오히려 일본인을 돕는 꼴이 된다는 것이다. 또 일본 당국이 보기에는, 백화문 또한 중국의 것이며 일본어 보급에 방해가 되기 때문에, 일본 당국은 온갖 노력을 다해 백화문을 막았다. 일본 당국의 정치, 경제적 압력으로 대만의 신문학운동은 빠르게 '계몽'에서 '해방'으로 향해갔다. 또한 전통 문인들의 소극적인 저항은 신문학운동에서 시가 문학을 개조하는 과정에서 기존의 전통문화의 측면을 고려치 않을 수 없었으며,

25) 위의 내용에 관해서는 다음을 참조할 것. 廖漢臣, 「新舊文學之爭」, 『臺北文物』3卷2, 3期(1954年 8月 20日, 12月 10日).

신문학운동은 기존 전통문화의 정수 또한 흡수하였다. (자세한 내용은 제5절을 참조할 것)

백화문의 고취는 계몽의 목적을 위함이며, 대만의 백화문운동에서 두 편의 글이 계몽의 고취를 표현하고 있으니, 바로 황정총의 「백화문 보급의 새로운 사명을 논함(論普及白話文的新使命)」과 황조금의 「한문개혁론(漢文改革論)」이며, 1923년 『대만』에 각각 실렸다. 이 두 편의 문장의 논조는 비교적 다양한 의미를 내포하며 잘 다듬어져 있고, 많은 사람들의 호응을 받았다. 사실, 1921년 진단명(陳端明)이 발표한 「일상생활 언어 확대론(日用文鼓吹論)」[26]은 선구자적 위치에 놓을 수 있는 글이다. 소위 '일상언어'는 백화문을 말하며, 진단명의 주장 또한 계몽을 목적으로 하며, 그는 다음과 같이 논했다. "오늘의 중국은 스스로 떨쳐 일어나 백화문을 사용하여 서면어와 구어의 일치를 기한다. 우리 대만의 문인들은 어찌 이를 수수방관하고 대중들을 일깨우지 않는가? 과감하게 백화문 사용을 제창하고, 문학을 개혁하여 폐해를 바로잡고 사람들을 일깨워야 한다." 이는 백화문 개혁을 통해 문학 개혁을 추진하고자 함이며, 동시에 이 같은 개혁이 '사람들을 깨우치는' 목표에 부합한다고 강조한다. 신문학운동의 특징 중 하나는 단순한 문학운동이 아니라 계몽운동의 일부이다. 신문학운동의 목표와 발전과정, 문제의식 또한 계몽운동을 벗어나기 어려우며, 계몽운동이 해방운동으로 발전해나가면서 이 또한 해방운동의 일부로 자리 잡았다.

황정총과 황조금의 문장은 몇 가지 공통점이 있다. (1)두 사람은 모

26) 이 글은 다음에 실렸다. 『臺灣青年』3卷6號 (1921年 12月 15日), 그러나 해당 호는 판금되었으며 이하 호에 다시 실렸음. 4卷1期 (1922年 1月 20日).

두 중국의 백화문운동이 반드시 글과 뿌리가 같은 대만의 백화문운동을 이끌어야 한다고 강조하였다. (2)두 사람은 모두 문화, 교육, 정치, 사회개혁의 측면에서 백화문운동의 평민주의적 측면을 논하였으며 백화문운동이 단순한 언어의 문제가 아니라 대만사회의 전환의 문제라고 파악했다. 바로 대만사회가 기존의 사대부 계급 중심의 '전근대적(premodern)' 사회에서 대중, 평민 중심의 근대사회로 전환될 수 있을지의 문제로 보았다. (3)백화문운동에 대한 이런 거시적 관점은 두 사람이 대만을 중국과 세계라는 거대한 시각에서 놓고 보았다. 이 같은 구도가 대만의 문화적 자원을 더욱 풍부하게 만드는 것이라고 보았 던 것에서 온 것이다.

황정총의 「백화문 보급의 새로운 사명을 논함」은 "민중들이 쉽게 책, 신문을 읽고 편지, 글을 쓰도록 하고", "세계의 사정에 익숙하도록" 돕고자 함을 목적으로 하고 있었다. 기존의 "우매함"에서 벗어나고 "국민교육의 보급을 통해 민중의 이해를 돕는 것", "사회의 각 분야를 개조하며", 이를 통해 사회 전반의 생활이 "시대적 혁신에 순응하고, 근대 문명시대로 나아가는 것"이다. 또한 정치를 "봉건시대에서 현대의 민중적인 정치"로 발전시킬 수 있다. "우리의 대만은 비록 외딴 섬이지만 대륙의 기개 또한 있다", "그러므로 세계 속의 대만이라고 말할 수 있다."[27] 이 같은 백화문운동의 '계몽' 논조와 거시적인 세계관 또한 황조금의 「한문개혁론」에 잘 드러나 있다. 이 글은 유머와 풍자로서 대만의 고문전통을 비평했으며, 민국 초기 시기의 중국 내 일부 지식인들과 마찬가지로 환원주의(reductionism)의 입장에서 한족의 쇠락원인을 한자에서 찾고자 하였다. 대만에 관해

27) 『臺灣』 4卷1號 (1923年 1月 1日).

풍자할 때도, 저자는 "중국이 백화문 운동 이후 폐기한 한학(漢學)은 대만으로 보내 대만인들보고 관리하도록 하면 되겠다", "마치 본가(本家)와 같은 중국이 이미 백화문을 사용하지만, 멀리 떨어진 대만은 여전히 고문을 고집하고 있으니, 진정한 한(漢) 문화를 수호하는 정통파가 아니겠는가?" 이는 대만을 풍자하는 동시에 기대를 하는 것이며, 또 간접적으로 대만은 동시대의 중국대륙보다 더욱 굳건한 '수구파(守舊派)'가 존재했다는 것을 반영한 것이다. 이 글은 총 18절(節)로 이루어져 있으며, 각 장(章)과 절(節)의 제목에는 주장하고자 하는 내용이 잘 드러나 있다. 예를 들면 다음과 같다. '1, 내가 가장 비관하는 것은 한자이다', '3, 교육을 보급하지 않고는 인류가 행복할 수 없다', '4, 학문은 소수의 전유물이 아니다', '5. 중국은 왜 발전하지 못하는가?', '6, 한족의 문화운동', '8, 사회의 흥망은 일개 필부에게도 그 책임 있다', '9, 학문은 평민주의를 지향해야 한다', '10, 잠자는 돼지도 깨우쳐야 한다(당시 서양인들을 우리 중국인을 잠자는 돼지라고 불렀다)', '11, 향후 중국문화의 미래에는 희망이 있다', '12, 대만의 문화는 실제로 비관적인 측면이 있다', '14, 대만은 사회 개조를 반드시 하지 않으면 안 된다.'[28] 황조금 또한 황정총과 견해가 일치했다. 문화운동, 교육개혁, 사회개조 및 민족 부흥 등은 그 시작점을 백화문 운동에 두었으며, 매우 전형적인 전체론(holism)적 사고방식을 잘 표현하였다.

1924년 반교(板橋) 출신으로 북경에서 유학했던 장아군이 신구(新舊)문학논쟁을 이끌었다. 이는 1923년 백화문 운동의 흐름에서 지속된 것으로 1920-30년대 신문학 창작이라는 거대한 수확을 만들

28) 이 글은 다음에 실렸음. 『臺灣』4年1號, 2號(1923年 1月 1日, 2月 1日).

어냈다. 백화문 개혁을 부르짖는 목소리는 한결같이 '계몽'의 기조가 가득 차 있었다. 그러나 신문학운동은 '계몽'에서 '해방'으로 전환되는 과도기에 시작했다. 더욱 흥미로운 점은 본질적으로 더욱 급진적인 '해방'시기에 '전통'이 오히려 더 많은 보호, 보존을 받았고, 종종 새로운 표현방식으로 그 모습을 드러냈다.(자세한 사항은 제5절을 참조할 것)

장아군은 1924-1925년 『대만민보』에 여섯 편의 글을 발표했으며, 주로 구 문학에 대한 맹렬한 비판이었다. 비록 여전히 '계몽'의 색채가 농후한 주장이지만, 더욱 결렬한 언사와 비타협적인 태도는 온건한 「계몽」노선에 대한 불만을 잘 드러내고 있다. 「대만 청년들에게 보내는 편지(致臺灣青年的一封信)」에서 그는 다음과 같이 말하였다. "여러분은 극소수의 몇 명만 의회 설립 청원운동에 참여하고 있을 뿐, 나머지는 사회 개조는커녕 그림자조차 보이지 않는데, 자기 개인의 길도 잘못된 길로 가고 있는 것이다. …… 청년 제군들은 왜 유용한 책을 읽어 사회에 공헌하지 않고, 매일 구름 잡는 시나 읊고, 시의 운이나 풀거나 팔고문(八股文)이나 논하며 과거의 추악한 냄새가 풍기고 있는가?"[29] 이는 문협 성원들이 주도하던 의회 설립운동과 같은 온건노선에 대한 강한 불만을 드러내고 있으나, 정작 이 글이 발표된 곳은 문협 구성원들이 창간한 『대만민보』이며, 이를 통해 당시 지식인들의 품격을 알 수 있다. 이 글은 구(舊) 문학이 사회개혁에 도움이 되지 않는 다는 명제를 은연중에 드러내고 있으나 이 같은 명제는 이후 여러 편의 글에서 좀 더 발전된 모습을 드러내었다.

---

29) 『臺灣民報』 2卷7號 (1924年 4月 21日).

장아군은 「난맥 속의 대만 문학계(糟糕的臺灣文學界)」에서 서구 문학사는 고전주의에서 낭만주의로, 다시 낭만주의에서 자연주의, 현실주의로 발전했음을 설명하며, 대만 문학 또한 중국 신문학의 길을 따라 '세계문학계'로 진입해야 한다고 주장했다. 그는 또한 "대만의 일반 문인들은 모두 무덤 속의 해골을 그리워하며, 묘를 지키는 개처럼 수백년 전의 고전주의의 무덤을 지키고 있다."라고 했다.[30] 장아군의 서구 문학에 대한 이해의 깊이가 어느 정도인지는 일단 논외로 하더라도, 이 글에는 문학 서구화론의 관점이 잘 드러내고 있다. 「대만의 문학계를 위해 울다(爲臺灣的文學界一哭)」는 연횡의 문장에 대해 직접적인 비판을 가하고 있다. 「힘을 합쳐 이 쓰러져가는 궁전을 철거하자(請合力拆下這座草叢中的破舊殿堂)」[31]와 「신문학 운동의 의의(新文學運動的意義)」[32] 두 글에서는 호적(胡適)의 8불주의(八不主義)[33]를 인용하여 백화문 사용을 제창하였다. 이 두 편의 글은 중국 신문학운동의 대만에 대한 영향을 더욱 강화하였다고 할 수 있다. 「아무 의미 없는 격발금의 의의 絕無僅有的擊缽吟的意義, 격발금: 고시(古詩)의 일종」[34]에서, 장아군은 비록 구 문학에 대해 격렬하게 비판했으나, 이 또한 비판의 대상을 축소한 것에 불과했다. 상기 네 편의 글은 전통적 측면과 가까운 분야의 세력에 관해서 잘 드러냈다. (자세한 내용은 제 5장을 참조할 것)

---

30) 『臺灣民報』2卷24號 (1924年 11月 21日).

31) 『臺灣民報』3卷1號 (1925年 1月 1日).

32) 『臺灣民報』67號 (1925年 8月 26日).

33) [역주] 호적의 8불주의: 1.不做言之無物的文字, 2.不做無病呻吟的文字, 3.不做不合法的文字, 4.不摹倣古人, 5.不用爛調套語, 6.不用典, 7.不講對仗, 8.不避俗字俗語. (내용 없는 말을 쓰지 않음, 표현을 위한 표현을 쓰지 않음, 문법에 맞지 않는 말을 쓰지 않음, 고문을 모방하지 않음, 상투적 표현을 쓰지 않음, 전고를 인용하지 않음, 글자의 대구를 따지지 않음, 속자 속어를 기피하지 않음.)

34) 『臺灣民報』3卷2號 (1925年 1月 11日).

장아군의 「계몽」주의 노선에 대한 불만은 단지 개인적인 불만이 아니었다. 1924-1925년 동안, 좌익 사상의 씨앗은 이미 대만의 척박한 환경 속에서 그 싹을 틔우기 시작했다. 신문학 운동의 시각에서 논하자면, 장아군의 의견에 찬동하던 채효건(蔡孝乾)은 「대만의 문학계를 위해 계속 울다(爲臺灣的文學界續哭)」를 발표한 후[35], 다시 「중국 신문학 개관(中國新文學概觀)」[36]을 발표했는데, 이 글의 중국 신문학에 대한 이해는 이미 장아군의 경지를 넘어섰다. 채효건은 세계 문예사조는 이미 '예술을 위한 예술'에서 '삶을 위한 예술'로 바뀌어가고 있으며, 또한 '신 사회를 위한 예술'로 나아가고 있음을 제시하고 있으며, 중국 신문학 또한 이 같은 추세에 부응하여 나가고 있고, 묘사 수법 및 대상 모두 변화에 접어들었으며, 점차 농민, 노동자, 인력거꾼 등 평민 사회를 다루고 있다고 논하였다.[37] 장아군이 불러일으킨 문학혁명의 조류가 끝나기 전에 채효건이 다시 좌익 문학의 싹을 대만으로 들여온 것이다.

신문학 운동에서 '계몽'에서 '해방'으로 나아가는 과도기적 측면은 1925년 『대만민보』에서 찾아볼 수 있다. 1925년 사설 「공감대 형성 뿐 아니라 협력 또한 중요하다.(不但共鳴更要合作纔是)」는 '해방의 시대'가 도래했음을 매우 정확히 제시하고 있다.

> 20세기는 바로 해방의 시대다. 정치적 측면에서 오랫동안 강한 민족의 핍박과 수모 속에서 놓여있던 약소민족 또한 자유와 평

35) 『臺灣民報』3卷5號 (1925年 2月 11日).

36) 『臺灣民報』3卷12號 (1925年 4月 21日).

37) 위의 주장에 관해서는 요한신(廖漢臣)의 앞의 글을 참조할 것(각주 25).

> 화를 추구해야 하며, 민족의 해방 운동을 소리 높여 제창해야 한다. 경제적으로 압박 속에 놓여있던 노동자, 농민 계층 또한 자유와 평등의 해방을 추구하고, 단결하여 자본가에게 자신의 요구를 제시해야 한다. 또한 가정에서 남성 중심의 독재와 차별에 놓였던 '약자'인 여성 또한 한 걸음씩 나아가 해방을 요구해야 한다.[38]

상기의 글은 '해방'의 함의를 거시적이고도 미시적으로 논하고 있고, '민족', '계급'에서 '성별'로 나아가고 있다. 더 나아가 20세기 대만이 직면한 사회적 현실을 잘 다루고 있고, 「해방」의 시대를 제시하면서 '압제/해방'이라는 대립적인 개념으로 '해방'을 정의하고 있다. 또한 압제자와 피 압제자(해방을 추구하는 자)의 대립적 관계를 명확히 드러내고 있다. 민족적으로 '강대 민족'은 '약소 민족'과 대립된다. 계급적으로 '자본가'는 '노동자, 농민계급'과 대립된다. 또한 성별로 볼 때, '남자'는 '여자'와 대립적 관계에 있다. 이 사설은 『대만민보』가 기존 '계몽'에서 '해방'으로 나아가고 있음을 선언하는 글이라고 해도 과언이 아니며, 매우 상징성을 띈 글이자 1925년 대만 지식인들의 문화적 심령의 대 전환을 잘 반영하고 있다.

현실적 측면에서 볼 때, 1925년은 대만 농민운동의 시발점이 되는 해이다. 1925년은 제당회사에 대한 투쟁을 벌였던 이림 사탕수수 농민운동(二林蔗農運動)이 일어났던 해이며, 또한 봉산(鳳山) 농민조합, 대갑(大甲) 농민조합이 창립된 시기다. 이 시기에 일본 당국과 어용자본 계급은 농민, 노동자 계급에 대한 경제적 착취를 강화하였으며, 이

38) 『臺灣民報』5卷9號 (1925年 3月 21日).

는 해방에 대한 강한 요구로 이어졌다. 문협의 계몽운동은 이 같은 농민들을 일깨웠으며, 이는 다시 지식인들을 '해방'에 대한 고민으로 이끌었다.

4. 1927년의 대만 : 해방

대만 계몽운동에서 핵심적인 역할을 하던 대만문화협회는 1927년 좌우분열에 직면했다. 그 이후 문협을 이끈 연온경(連溫卿)은 한 편의 강령성 논문을 발표했으며, 바로 「1927년의 대만(1927年的臺灣)」이다. 1927년은 대만 문화사 발전에서 전환점이 되는 시기이며, '해방'의 기치가 모든 민간 항일단체의 머리 위에서 휘날렸다. 이것는 '계몽'의 위대한 성과이지만, '계몽' 자체는 역사 속으로 사라지게 되었고 과거의 문협은 마치 자신의 단계적인 임무를 다한 듯 보였다.

1926년부터 문협 내에서 이미 좌우분열의 씨앗이 서서히 싹트기 시작했다. 당시 문협 내에는 이미 '무산청년(無産青年)'이라는 파벌이 있었으며, 6월 17일 소위 '시정(始政) 기념일'에 총독부에 반하는 의견을 발표했으며, 경찰에 의해 수색을 당했다. 경찰은 이들의 집에서 선전문을 찾았으며, 내용은 다음과 같다. "19세기 이래 자본주의 제도는 기계가 발전한 결과, 단지 소수의 자본가들이 국가의 경제 권력을 장악하고, 다른 한편으로는 자유경쟁과 생산의 무정부 상태가 만들어져 …… 이는 과잉생산을 초래하여, 어쩔 수 없이 해외로 판로를 모색하게 되어, 이것이 바로 식민지 침략으로 이어진 것이다. …… 이는 오늘날 대만과 같은 슬픈 운명을 가진 곳을 만들어 내며, …… 우리는 반드시 제국주의가 강도의 선봉대이고, 자본가는 바로 우리의 고혈을 짜내는 강도의 두목이라는 점을 알아야 한다. 적이 누구인지를 알았으니, 제군은 속히 자리를 박차고 일어나 이를 공격해야 한다."[39] 이 같은 사상적 경향은 당시 대만 청년의 세계적인 좌익 사조에 대한 민감한 반응과 더불어 대만사회의 현실에 대한 강렬한 비판의식을 드러냈다. 그러나 이 같은 사상적 경향은 문협의 발기인 중 지주계급 출신의 사람들이 받아들일 수 없는 것이다.[40] 이에 관해서 의약업에 종사하면서 손문을 숭배하던 장위수(蔣渭水)는 '용공(容共)'의 정신으로 무산청년파를 포용하려고 했고, 또한 문협이 분열한 후 결성된 '대만민중당(臺灣民衆黨)'에 좌익 사상을 전파하였다.

1927년 1월 3일, 문협은 협회 강령 개정을 위한 임시회의를 개최했으며, 총 출석자는 133명이었다. 연온경, 왕민천이 이끄는 좌익계 청년들이 다수를 이루었고, 이들은 중앙위원회 선거에서도 다수 당선되었다. 임헌당, 채배화, 장위수는 대세가 기울었음을 실감하고 중앙위원직을 사직했고, 문협은 좌익계열이 장악한 조직으로 변모했다. 이 같은 좌우익의 분열에 대해, 연온경은 「1927년의 대만」에서 당시 대만사회의 계급적 대립 현상이 문협에도 반영이 되었다고 지적하고, 다음과 같이 논했다. "소위 무산계급, 농민 및 도시 노동자의 이해관계가 소수파의 지주, 자본가와 일치할 수 없다."[41]

구(舊) 문협 간부들은 탈퇴 후 정치 결사를 조직하려 했다. 이는 문협의 문화운동이 정치 운동으로 승화되었음을 보여준다. 1927년 5

39) 葉榮鐘(1971), 338쪽.

40) 섭영종은 『臺灣民族運動史』에서 재차 좌익 계열에 대해 비판을 가했으며, 심지어 이들의 주장을 '사설(邪說)'이라고까지 폄하했다. 葉榮鐘(1971), 337쪽.

41) 葉榮鐘(1971), 350쪽.

월 모임에서 장위수는 문협을 '해방협회(解放協會)'로 개명하려 했으며, 강령은 '대만인 모두의 정치적, 경제적, 사회적 해방 추진'이며, 정책 강령에서 기존 문협의 '대만 자치촉진'이라는 표현이 삭제되었다. 이 같은 움직임은 좌익 사상은 이미 당시의 거스를 수 없는 시대적 조류였음을 보여준다. 이 당시 섭영종은 '대만정치혁신회(臺政革新會)'로 명칭을 바꾸자고 주장했다. 채식곡은 '해방(解放)'이라는 문구를 '자유평등(自由平等)'으로 바꾸자고 주장했으나 대다수의 지지를 얻지 못했다. 의견의 차이로 인해 결국 '대만민당(臺灣民黨)'으로 개명했으나, 민족주의적 색채가 드러나면서 일본 측에 의해 금지되었다. 동년 6월, 장위수, 채배화, 사춘목(謝春木) 등은 다시 일본 당국의 허가를 받을 수 있는 조직을 결성하고자 논의했다. 이 신 조직이 바로 '대만민중당(臺灣民衆黨)'이다. 비록 강령에 '민족 해방(民族解放)'과 같은 표현을 찾아볼 수 없다. 그러나 여성해방, 노동자 및 농민해방의 입장을 담고 있다. 구 문협 시대보다 더욱 그 입장이 명확했다.[42] 구 문협 간부들의 '해방'이라는 어휘에 대한 주저와 망설임을 보면, 지주계급에 속한 지식인 엘리트의 다가오는 새 시대에 대한 불안과 저항을 발견할 수 있다. 그러나, '대만민중당'의 실천과 『대만민보』의 논조를 보면, 이들 지식인들은 결코 농민, 노동자계급의 생생한 고통을 무시하지 않았음을 알 수 있다. 이들 지식인들은 '계몽'의 입장에서 계몽의 대상인 농민과 노동자가 '해방'의 단계로 넘어간 것을 보고 허전함을 면치 못했다. 하지만 결국 해방의 대결에 가담함으로 이들이 시대적 대세를 이해한 위대하고도 진정한 선구자라는 점을 잘

42) 예를 들어 "남녀평등 원칙을 확인하고 여성권리신장 운동을 돕는다.", "전민운동과 계급운동을 병행하며, 농민 및 노동자 계급을 옹호하여 사실상 계급운동을 추진한다." 등의 표현이 강령에 포함되어 있다. 여기에 관해서는 다음을 참조할 것. 葉榮鐘(1971), 368-369쪽.

알 수 있다.

1927년 이후 대만은 민족운동, 계급운동을 막론하고 모두 두드러진 성과를 내었으며, 오직 여권신장 운동만이 느린 발전을 보였다. 그러나 농민 및 노동자 운동에서 다수의 뛰어난 여성이 나왔으며, 이는 매우 주목할 만한 점이다. 『대만민보』가 각지에서 발생하는 농민 및 노동자 운동에 대해 사설로서 지지를 표현했으며 여권의 제창에도 힘을 아끼지 않았다. 민족해방과 계급해방 주장자 간의 노선 논쟁에서는 격렬한 토론이 공개적으로 이루어졌다. 1927년 6월 19일 사설 「힘을 합해 계속 투쟁하자(合作繼續抗爭)」에는 다음과 같이 나와 있다. "계몽의 목소리에서 성장해 온 각성운동은 또한 근거가 없는 망동이 아니다. 그러므로 농민, 노동자와 힘을 합쳐해야 한다. 농민의 소작투쟁, 노동자의 파업이 도처에서 일어나고 있다. 이는 시대적 조류를 이해하지 못한 자본계급과 지배계급은 불합리한 방법으로 이것을 해결하고자 하며 압제적인 방법으로 이를 억누르려 하고 있다. 이는 점점 대만 전역의 계급투쟁으로 변해간다."[43] 12월 11일 사설 「대만의 사회운동(臺灣的社會運動)」은 대만에서 계몽운동이 시작된 이래 각종 정치운동, 농민 및 노동자 운동의 싹이 틔었다고 보았다. 문협은 '좌우 분화'의 문제에 직면하고, "여러 방면에서의 실질적인 활동이 하루가 다르게 심각해지고, 3~5년 전의 사회와 비할 때 격세지감을 느끼게 한다."라고 지적하였다.[44] 이 같은 설명은 1927년 대만이 거친 변화의 물결 속에 있음을 보여주며, 그 변화의 폭은 사람들에게 '격세지감'이 들게 했다. 그 변화의 중심은 계몽운

43) 『臺灣民報』 第162號(1927年 6月 19日).

44) 『臺灣民報』 第186號(1927年 12月 11日).

동이 환기한 농민, 노동자 운동이었고, 그 중 특히 농민운동의 영향력은 엄청났다. 『대만민보』는 비록 자주 사설의 형식으로 노동자, 농민운동을 지원했지만, 이들과의 노선투쟁도 회피하지 않았다. 1927년 5월 1일 사설 「농민, 노동자 계급 중심의 민족운동(以農工階級爲基礎的民族運動)」은 레닌의 이론과 대만의 현실을 결합한 방식으로 논의를 전개하여, 노선에 대한 논쟁은 인민 내부의 모순으로 표현했는데, 그 내용은 다음과 같다. "제국주의 국가의 식민지 내의 핍박받는 계급의 해방운동은 반드시 계급투쟁을 통해 추진되어야 한다. 제국주의 국가의 식민지의 핍박받는 민족의 해방운동은 반드시 민족운동, 특히 농민, 노동자 계급이 중심이 되는 운동으로 추진되어야 하며, 이는 세계 해방운동의 원칙이다. 오늘날 중국은 농민, 노동자 계급이 중심이 되는 방식으로 민족운동을 추진하고 있으며, 최근 대만 내에서 혹자는 계급투쟁을 제창하고 있으나 이는 잘못된 생각이다."[45] 대만민보의 입장에서 볼 때, 농민, 노동자 계급 중심의 민족운동을 주장하는 것은 민족해방으로 계급해방을 포섭하려는 생각에서 나온 것이다. 1928년 2월 12일 사설 「공동전선의 문제(共同戰線的問題)」는 역량이 분산되는 것에 대한 우려를 표명하고 있다. "작년 봄 초부터 문협이 분열을 겪기 시작한 이후, 대만 사회운동 내에는 계급투쟁과 민족운동 두 가지 노선간의 논쟁이 끊이지 않고 있으며, …… 이는 사회운동 전체의 역량을 크게 분산시키고 있다." 사설은 '계급을 초월한 민족적 저항'을 강조하고 있다. 또한 세계 조류의 흐름은 "압제에 놓인 민족의 계급 대립은 매우 쉽게 민족적 저항에 의해 포용된다."라는 경향이 강하다고 지적했다. 그러므로 대만의 농민, 노동자 계급은 우선 힘을 모아 민족 압제를 무너뜨려야 하고, 이

45) 『臺灣民報』第155號(1925年 5月 1日).

것은 일본의 같은 계급과의 연대보다 우선이다.[46] 이상의 사설 내용으로 보아, 『민보』는 여전히 자신의 입장을 '민족운동'으로 설정하고 있다. 하지만 '계급해방'의 격류를 직면했을 때, 한편으로는 대항의 수위를 높이면서 노선 비판을 하고, 다른 한편으로는 또 농민, 노동자 계급이 기초라는 것을 강조하여 지주, 사대부 계급의 색채에서 벗어나려 애쓰고 있었다.

『민보』는 비록 시종 민족운동의 입장에 서 있었지만, 문협이 좌우로 분열된 1927년을 기점에서 볼 때, 1927년 이전의 『민보』의 논조는 비교적 일본 당국이 받아들일 수 있는 수준이지만, 이후의 논조는 늘 당국의 단속을 받았다. 이는 1927년 이후 『민보』의 격렬한 논조는 좌익의 농민, 노동자 운동과 비슷했음을 보여준다. 『민보』계열의 매체(『대만청년』, 『대만』 및 이후에 간행된 『대만신민보(臺灣新民報)』)는 1920년 7월 16일부터 1932년 4월 9일(주간지로서의 마지막 호)까지 총 444편의 사설을 발표했다. 1927년 1월 이전에 발표된 173편의 사설 중 제목과 내용 때문에 일본당국에 의해 금지된 것은 1편에 불과했다. 그 1편도 1926년 2월 7일의 사설로, 1927년과 가까운 시기였다. 1927년 이후의 사설은 총 271편이며, 이 중 발표가 금지된 사설은 20편이었으며, 어떤 경우는 2회 연속 발표금지 당했다. 일부 내용이 검열에 의해 삭제된 사설은 14편이었다. 단일 의제를 놓고 볼 때, 우리는 또한 1927년 전후로 비판의 강도가 달라졌음을 발견할 수 있다. 대만대학(臺灣大學) 설립 문제를 예로 들어 본다면, 1924년 9월 21일 사설 「대만대학 설립을 반대한다(反對建設臺灣大學)」는 장위수가 쓴 글이며, 여기에는 세 가지 이유를 들어 '극력(極力) 반대'를 하였다. 첫 번째는

46) 『臺灣民報』第195號(1928年 2月 12日).

대만인을 위해 설립한 공립학교는 여전히 부족하고, 대만 내 아동의 취학률은 33%에 그치며, 일본의 99.07%에 크게 못 미치고 있다. 장위수는 대만대학 설립은 "민중의 기초교육을 고려치 않고 단지 일부 소수계급만 이용하는 대학을 건설하고자 한다."라고 비판했다. 두 번째 이유는 공립학교 교원수급 부족이며, 이를 해결하기 위해서는 우선 사범학교를 설립해야 한다. 세 번째 이유는 중학교의 부족이며, 우선 중학교의 설립을 늘려야 한다.[47] 1926년의 사설 「표리부동한 정치(表裡兩樣的政治)」는 대만대학 설립은 당국의 "표리부동한 행태이자 대학 설립은 본말이 경도된 행위"라고 비판했다. "초등학교, 중학교 설립을 통해 10만 명의 아동, 청소년 교육을 하지 않고", "수백만 엔의 돈을 써서 대학 설립을 서두르는 것은 일본인을 교육시키고자 함이지 대만인을 교육하고자 함이 아니다."라고 비판하였다.[48] 이 두 편의 사설은 전문이 개제되었고, 이것은 이 사설들이 아직 일본 당국이 용인할 수 있는 정도 내에 있다는 것을 의미한다. 1927년 사설 「사립학교 설립을 제창한다(提倡創辦私立中學)」는 다음과 같이 대만대학 설립을 비판하고 있다. "대만대학이 곧 설립될 것이다. 일본 내지에서 학생을 데리고 올 것이니, 이 같은 대학 설립은 유명무실한 것이다."[49] 이 글도 금지 당하지 않았으나, 1929년의 사설 「돈 낭비하는 대만대학(濫費的臺灣大學)」은 부제(副題) 및 일부 내용이 검열로 삭제되었으며, 남아있는 내용을 볼 때, 그 비판의 수위는 이미 이전 사설의 수준을 넘어섰다. 그 사설의 내용을 보면, 대만대학은 "형식적인 시설을 중요시하는 당국"의 "꾸미기 식의 문화정책에 잘 들어

47) 『臺灣民報』 2卷18號 (1924年 9月 21日).

48) 『臺灣民報』 第97號 (1926年 3月 21日).

49) 『臺灣民報』 第165號 (1927年 7月 10日).

맞는 기관"이며, 대만대학은 "직원 58명, 학생 총 60명이나, 그 경비는 1,107,000여엔에 달한다."라고 지적했다. 사설은 또 다음과 같이 풍자하였다. "세상 사람들을 기만하기 위해 신학기 학생을 모집할 때, 무수한 방법을 동원해 대만인 학생들을 좀 모집해야 겠네요!"[50)] 이후 황민화 운동(皇民化運動) 시기 대만 대학은 어용학자들이 우글거리는 '늑대와 이리의 집합소(豺狼大本營)'[51)] 라고 불렸으며, 또한 일본 군국주의가 추진하던 남진(南進)정책의 문화기지로 인식된 것을 본다면, 『민보』의 이 같은 비판은 선견지명이 있다고 하겠다.

민족운동 진영이 농민, 노동자 운동을 흡수하려고 할 때, 좌익 운동 또한 민족정신을 잊지 않았다. 1929년 도쿄(東京)의 대만 공산당 당원 소신(蘇新), 소래복(蘇來福)은 대만으로 돌아오기 전에 이 같은 말을 남겼다. "보통 마르크스주의자, 레닌주의자라고 자임하는 동지들은, …… 반드시 과감하게 일어나 고국으로 돌아가야 한다! 공장으로 가라! 농촌으로 가라! 그대들이 실천하지 않는다면 그동안 한 말은 모두 허언에 불과하고 공상에 불과하며, …… 만약 고국의 전선에 있다면, 그대야 말로 진정한 마르크스주의자, 레닌주의자이다."[52)] 좌우익 인사들의 행동을 살펴볼 때, 1927년의 분열은 '민족' 또는 '계급' 노선 사이에 넘을 수 없는 장벽을 만든 것이 아니라 오히려 두 노선의 결합을 촉진했으며, 이는 지식인들의 '해방'에 대한 이해를 더욱 풍부하게 하였다. 1930년 후반기에 발생한 무사사건(霧社

50) 『臺灣民報』 第252號 (1929年 3月 17日).

51) 다음을 참조할 것. 吳濁流, 『亞細亞的孤兒』의 「豺狼大本營」부분. (臺北, 遠景出版社, 1993).

52) 王詩琅譯, 『臺灣社會運動史: 文化運動』(譯自『臺灣總督府警察沿革志』) (臺北, 稻鄉出版社, 1988), 86-87쪽.

事件)을 예로 들자면, 두 노선은 힘을 합해 일본 당국을 비난했으며, 일치된 반(反)제국주의, 반(反)식민주의의 입장을 표방했다. 1930년 10월 27일 무사사건이 발생한 후, 당시 대만민중당은 즉시 일본 당국에게 전문을 발송하여, "즉시 원주민들의 생활을 보장하고 이들의 자유를 승인해야 하며, 원주민의 발전을 가로막는 정책을 추진해서는 아니 된다."[53]라고 요구했다. 11월 1일 발간된 『대만신민보(臺灣新民報)』 제337호는 이를 즉시 보도했으며, 이후 매 회마다 원주민에 관한 보도가 실렸으며, 심지어 검열에 의해 기사가 실리지 않아 빈칸이 남아있을 때도 있었다. 당시 언론의 원주민에 대한 지지 입장을 알 수 있다.

1931년 초 『신민보』에는 무사사건에 관한 두 편의 시(詩)가 실렸으며, 한 수는 진허곡(陳虛谷)의 「시(詩)」(이후 『허곡시집 虛谷詩集』에 수록되어 「적(敵人)」으로 제목을 바꾸었음)이며, 이는 무사사건을 다룬 첫 번째 문학 작품이다. 또 한 수는 뢰하(賴和)의 「남국의 슬픈 노래(南國哀歌)」로, 두 편 모두 원주민의 입장에서 쓴 작품이다.[54] 1931년 1월 10일, 『신민보』의 사설 「무사사건 청산(霧社事件淸算)」은, 아마 검열을 당할 것을 염려한 듯 그 논조는 매우 신중했으나 그 입장은 확고했다. 내용은 다음과 같다. "자고로 사람에 관한 일의 변화는 본래 발생한 원인이 있음에 나타난 것이고, 그러므로 우리는 더욱 무사사건을 지난 10년 동안의 원주민 정책의 실패로 단정할 수 있고, 또한 일본의 이민족 통치의 실패 사례로 보아야 한다."[55] 좌익 계열은 더욱 격

---

53) 葉榮鐘(1971), 431쪽.

54) 두 편의 작품에 관해서는 다음을 참조하기 바람. 陳昭瑛, 「文學的原住民與原住民的文學: 從'異己'到'主體'」, 『臺灣文學與本土化運動』(臺北, 正中書局, 1998).

55) 『臺灣新民報』 第346號 (1931年 1月 10日).

렬하게 표현했으며, 일례로 대중(臺中)에서 나타난 농민조합의 표어는 다음과 같다. "우리는 일본 제국의 압제에 놓인 사람들이다. 일본제국의 무사 원주민 형제에 대한 진압을 반대한다. 일본제국의 우리 원주민 형제에 대한 멸족 행위를 반대한다."[56] 1930년 12월에 창간된 좌익 계열의 신문인 『신대만 대중시보(新臺灣大衆時報)』는 연달아 평론을 발표하여 무사사건을 '민족혁명'으로 규정했으며, 원주민을 '약소민족'으로 규정하고 동시에 좌익 스스로에 대한 비판 또한 곁들였다. "우리 좌익단체들은 기회주의적인 잘못을 범했다." "과거 우리는 원주민 문제를 뒤로 미루었으며, 사건이 발생했을 때도 우리는 관심을 기울이지 않았다. 앞으로 이 10만여 명의 소수민족에 대해 관심을 더욱 기울어야 한다."[57]

무사사건이 한족 엘리트들에게 끼친 영향은 '계몽'이라는 표현으로 묘사할 수 있을 것이다. 1920년대 이래 계몽의 선도자로 자임했던 지식인들은 이 시점에 들어 지난 수천 년간 대만에서 삶을 지탱해 온 다른 민족의 세계가 얼마나 낯선지를 발견했으며, 이 같은 무지함은 몽매함과 다를 바가 없다. 1920년대 이래 대만 내 한족이 마지막으로 깨달은 점은 바로 원주민에 대한 인지라고 할 수 있다. 무사사건은 이미 계몽에서 해방의 시대로 접어드는 시점에 일어났으며, 그러므로 이 시기의 원주민에 대한 논조는 민족 해방의 목소리로 바뀌어갔다. 무사사건의 반응에서 볼 때, 소위 문협의 분열 후의 좌우익은 민족해방의 문제에서는 언제나 같은 길로 접어들었다.

---

56) 雪嶺,「霧社番人興起的眞相與我們左翼團體的態度」,『新臺灣大衆時報』第2卷第1號, 南天書局複印本. 藍博洲,「臺灣原住民運動的歷史起點: 1930年霧社抗日蜂起的啓迪」,『尋訪被湮滅的臺灣史與臺灣人』(臺北, 時報出版社, 1994), 48쪽.

57) 위와 같은 雪嶺의 글 및 藍博州, 49-52쪽.

5. '전통'의 재현

1920년대 대만은 전근대 사회에서 근대사회로 접어들었으며, 이 시기 동안 대만의 지식인들은 '계몽'에서 '해방'으로 향해가는 개혁의 여정을 완수했다. 따라서 1920년대는 바로 지식인들이 전통에 대해 반성과 비판을 하고, 또 새롭게 받아들이고 다시 개조하는 시대이다. '전통'은 위에서 논한 계몽, 계몽에서 해방으로의 과도기, 해방 등 3단계에서 어떻게 평가되고 또 어떤 새로운 의미가 부여되었는가? 이 점이 본 절에서 다룰 문제이다.

계몽운동의 조타수는 전통 한학 교육을 받지 않은 사람은 한 명도 없을 것이며, 심지어 계몽운동 이전에 이들 대다수는 유민(遺民)의 심정을 가지고 있었다. 그러나 양계초의 대만 방문 후(제2절 참조), 점차 사서오경 외에도 다른 학문이 있다는 것을 깨달아 스스로의 개조를 통해 계몽운동으로 나아갔다. 대표적인 인물로 임헌당과 임유춘을 들 수 있다. 또 일부 사람은 비로 신식 학교를 졸업했으나 청소년 시기에 한학의 세례를 받아서 중국 고전에 친숙하고 고문에 능한 사람들이며, 일례로 장위수는 대만의학교(臺灣醫校)를 졸업했으나 한학 공부가 깊으며 옥중에서도 도연명(陶淵明)의 「귀거래사(歸去來辭)」, 유우석(劉禹錫)의 「누실명(陋室銘)」과 같은 풍의 고문을 쓰기도 했다. 진봉원(陳逢源)은 대만국어학교(臺灣國語學校)를 졸업했으며 서구 경제사상사에 능통했으나 고시(古詩)를 즐겨 쓰기도 했다. 뢰화(賴和)는 대만의학교(臺灣醫校)를 졸업했으며 대만 신문학의 아버지로 불리지만, 시도 즐겨 썼다. 왕민천(王敏川)은 와세다 대학 정치경제학과를 졸업했지만 고시에 능했다. 계몽과 해방운동 진영에서 가장 유학에 정통했던 인물이다.(다음 절에서 자세히 논할 것임.) 진만영(陳滿盈, 즉 진허곡)은 게이오대학을 졸업했으며 신문학운동에서 주요한 소설가, 시인, 평론가이지만 고시와 서예에도 정통했다. 장수승(莊垂勝) 또한 게이오 대학을 졸업했으며 임헌당, 임유춘, 채혜여와 같이 당시 저명한 시사인 역사(櫟社)의 시인이었다. 1920년대 서구 사조를 배우고 또한 구학문의 교육을 받은 이 지식인들은 계몽에서 해방으로 향해가는 여정에서 정치 운동과 이론 논쟁의 자극을 경험하였다. 동시에 민간사회의 세례를 받아 전통을 현대사회에 적응시키는 길을 열었으며, 동시에 자신이 몸담고 있는 세계사와 현대사적 의의가 있는 정치운동에서 전통이 나갈 방향을 찾았다. 같은 시기의 중국대륙의 서구파와 좌익운동가들과 비교할 때 대만 지식인들의 전통과 현대를 융합하는 지혜를 보여주었다. 필자는 이하 몇 가지 내용을 중심으로 대만 지식인들의 전통에 대한 전환을 설명하고자 한다.

(1) 기본입장: 문화조화론

1922년 1월 1일 대만 백화문운동의 첫 발을 내딛은 황정총(黃呈聰)은 1925년 발표한 글에서 '문화조화'에 관한 견해를 밝혔다. 이는 1920년대 대만 지식인의 신구(新舊)사상 문제 처리에 관한 대표적 모델이다. "대만 특수성을 지닌 문화를 만들어야만 한다"라는 제목의 황정총의 글은 '대만 고유문화의 연원', '일본점령이후의 문화', '일본과 대만문화의 조화', '특수성을 지닌 문화 발전 노력의 필요성'[58] 등 네 부분으로 구성되어 있다. 표제를 보면 이 글이 식민지 대만의 고유문화와 식민모국 문화의 조화를 다루고 있음을 알 수 있다. 그

58) 이 글은 다음의 잡지에 실렸음. 『臺灣民報』 3卷1號 (1925年 1月 1日).

러나 실질적으로 당시 일본문화가 메이지유신 이후의 현대 문화임을 감안하면 조화설은 주로 전통과 현대의 조화를 말하는 것이다. 황정총은 대만의 역사는 300년 박에 안 되지만 그 문화는 중화 오천년 문화에 뿌리를 두고 있다고 보았다. 그러나 "제국의 대만 직할로 일본의 물질문화가 많이 유입되었다. …… 교통 정비, 보건 시설, 산업 개발 등은 민중 생활에 유익한 것으로 나 역시 이를 긍정적으로 평가한다. 그러나 일본식 지명 변경, 일본어 강제, 일본식 복식 및 음식의 장려, 한문의 제한, 학술연구에 대한 구속 등은 민중의 생활에 도움이 되지 않을 뿐 아니라 문화발전을 저해한다."고 하였다. 또한 '동화정책'은 "민중에게 유익하지 않고 오히려 개성의 발전을 억압한다."고 말한다. 이처럼 황정총은 물질적 생활 개선만 받아들이고, 정신적 측면에서는 전통문화를 수호하고자 했다. 그러나 이것은 일본의 동화정책에 국한된 것이고 국제문제에는 상당히 개방적인 태도를 취했다. "우리의 문화는 수천 년 창조물의 결정(結晶)이지만, 오늘날 국제사회에서 불가피하게 시대에 뒤처진 구문화도 존재한다. 사회생활에 무익한 구문화는 없애거나 바꾸고, 생활에 유익한 문화만을 보존하고 발전시켜야 한다."고 하였다. 또한 논어 술이편(述而篇)의 '택기선자이종지(擇其善者而從之) 기불선자이개지(其不善者而改之)'를 인용하며 '선(善) 문화 선택', '우수한 문화', '외래문화와 고유문화의 조화', '대만 특유문화의 조성'을 강조하였다. 그렇다면 '조화'의 원칙은 무엇인가? 황정총은 "특수성을 지닌 문화는 대만의 자연환경 즉 지리, 기후, 풍토, 인구, 산업, 사회제도, 세시풍속에 적합한 것이어야지 맹목적으로 고급문화를 모방해서는 안 된다. 동서양의 각종 문화를 뒤적이거나 친일본 또는 친서양이 되어서는 안 되며 대만 특성을 발휘하도록 해야 한다"고 주장했다. 계몽운동이 해방운동으로 옮겨가던 1925년, 식민지의 지식인으로서 황정총은 제국주의가 '문화'를 '동화'와 연계시킨 것과는 정반대로 '문화'는 곧 '특성'에 관한 개념이라고 파악했다. 대만 고유문화에 기반을 두고 우수한 외래문화를 받아들여야 한다는 조화론은 '계몽적 논조'[59]가 강하고 체계적이지 못하지만 그 속에는 근본을 잃지 않고, 뿌리를 잊지 않는 본토 성격과 신문화를 받아들이는 개방성이 내포되어 있어 1920년대 대만문화의 정신을 충분히 구현해내고 있다.

1920년대 지식인은 상술한 문화조화의 전제하에 봉건적 구 예법과 거짓유학을 비판하고, 전통 중 계몽 및 해방운동에 도움이 되는 요소를 밝히고자 최선을 다하였다.

당시 지식인들은 『대만민보(臺灣民報)』라는 새로운 여론형식을 통해 구 예법과 거짓유학을 비난하였다. 민보(民報) 사설을 통해 비판한 구사상은 다음과 같이 요약된다.

1) 전통적 존비관념에 근거해 약자를 억압하는 사회현상

「약자의 특권」(1924)은 "장유유서, 남녀유별의 원칙 하에서 나이가 많은 남자는 성인(聖人) 가르침의 비호를 받아 지배자 즉 강자의 지위를 가지고, 어린 여자는 피지배자 즉 약자의 처지를 면할 수 없어 시비곡직 관계없이 강자의 명령에 복종해야만 한다."[60]고 전통 삼강오륜의 예법을 비판하였다.

---

59) 황정총의 문장은 "동포들아, 형제들아! 이에 대해 연구하고, 노력하자!"의 호소로 끝을 맺었으며, 이는 이 시대의 문장이 자주 "동포들아, 속히 깨어나라!", "청년 여러분, 노력하자!" 등으로 끝맺는 것과 비슷하여 '계몽의 논조'라고 할 수 있다.

60) 『臺灣民報』 2卷8號 (1924年 5月 11日).

2) 공교(孔教)의 이름으로 식민당국의 계몽운동 억압 정책에 영합한 어용단체

「유교 수호자의 애명(哀鳴)」(1926)은 고현영(辜顯榮)의 공익회(公益會) 산하 숭성회(崇聖會)의 주도로 설립되어 공교(孔教) 선양의 미명 아래 자유평등을 반대하는 성도선강단(聖道宣講團)을 비판하였다. 본 사설에서 "그들은 사서오경 몇 권을 읽고 신도로 자부하며 말을 할 때마다 구도덕, 구 예법을 논하지만 행동은 말과 상반 된다"[61]라고 비판하였다. 비판은 사서오경, 구 예법에 대한 것이 아니라 그들의 '언행불일치'와 공교 선양 및 사상지도를 제대로 하지 못함을 향한 것이다. 이 사설의 신랄한 풍자 어조는 노신(魯迅)에 비견할 만하다. "죽음을 앞둔 이 중독자의 애명과 구 예법의 조종(弔鐘)을 들어라! 그들이 내뱉는 소리가 얼마나 비참한가!"

3) 민간미신

「시급한 미신 타파」(1925)는 민간미신의 겉치레 낭비와 민도의 향상이 없음을 크게 우려하며 매년 낭비되는 수천만 원의 비용으로 대중문화를 보급하고, '선각자'는 '과학사상의 빠른 보급'[62]에 힘쓸 것을 호소하였다. 여기에서 다루는 것은 도교계통 민간신앙에서 복을 기원하고 재앙을 쫓는 굿이나 제사 같은 종교행사들이다.

그리고 전통 중에서 계몽과 해방에 유익한 요소를 찾기 위해 당시 지식인들은 부단히 노력했는데, 주요 사상적 자원을 제공해준 전통은 유가, 특히 선진(先秦)유가였다.

---

61) 『臺灣民報』第109號 (1926年 6月 13日).

62) 『臺灣民報』3卷17號 (1925年 6月 11日).

대만문화협회(臺灣文化協會) 「창립지취서(旨趣書)」는 논어 술이편의 "덕지불수(德之不修), 학지부강(學之不講), 문의부능사(聞義不能徙), 부선부능개(不善不能改)"를 인용하며 문협(文協)의 비전이 '강학(講學)'임을 밝히고 있을 뿐만 아니라 "강학(講學), 수덕(修德), 문의능사(聞義能徙), 불선능개(不善能改)가 국가와 사회에 없어서는 안 될 중요한 요소임을 확신하기에 이렇게 제창하는 것이다."[63]고 말하고 있다. '강학'은 「지취서」에서 말하는 '온건한 선전'에 해당하는 것으로 이후 문협의 하계학교와 문화강연회 등 활동에서 실현되었다.

『민보』는 더 자주 유가사상을 언급하며 사대부(士)에 대한 반성과 민본사상을 다루지만 이곳에서는 간략하게 서술하도록 하겠다. 세계 사조의 충격에도 대만인은 충만한 자신감을 보였는데, 이는 수천 년 역사와 문화에 대한 자긍심이 있었기 때문이다. 주도원(周桃源)은 문협 창립 강연에서 "중국은 수천 년 역사를 가지고 있으나 스스로 분발하지 못하고 열등한 국가로 전락했다. 대만이 일본의 점령을 당한 것도 이 때문이다. 세계대전 종식 후 자유평등, 민족자결의 분위기가 고조될 때 우리 동포들은 함께 떨쳐 일어나야 한다."[64]고 하였다. 「대만민보 창간 축사」에서 채혜여(蔡惠如, 필명 蔡鐵生으로 발표)는 창간의 첫 번째 목적이 백화문 전용을 통해 한문을 보급하는 것임을 강조하며 "우리 대만인은 사천년 이어온 황제의 자손이 아니란 말입니까? 당당한 한족의 자손으로 어떻게 자신의 문자를 모를 수 있습니까"[65]라고 하였다. 『민보』 제4호의 사설 「사회개조와 우리의 사

63) 葉榮鐘(1971), 286쪽.

64) 葉榮鐘(1971), 287쪽.

65) 『臺灣民報』 第1號 (1923年 4月 15日).

명」은 "대만이 비록 외로운 섬이지만 수천 년의 역사를 가진 우리 민족이 세계의 여 명기에 조금의 자극도 받지 않았겠습니까?"[66]라며 수천 년 역사를 바탕으로 세계의 여 명을 받아들였음을 강조하였다. 일본은 대만인이 수천 년 역사에 자부심을 느끼는 것에 주목하고 있었다. 치경사건의 법정변론 중 검찰관이 『대만청년』 시기의 신민회를 고발하자 대만 엘리트들은 다음과 같이 과격주의를 선전하기 시작했다. "여러분! 기회가 왔습니다! 불의를 보면서 이를 막지 못함은 용기가 없는 것입니다! 우리는 위대한 역사를 가진 청년이며, 큰 책임을 지고 있는 청년입니다. 일어나 일본의 동화주의를 반대하고, 일본 인민에 저항합시다." [67]총독부의 『경찰연혁지』에도 "대만인 민족의식의 근본적 문제는 그들이 한족 계통이기 때문이다. 한족은 원래 그들의 오천년 전통의 민족문화를 과시해왔으므로 이러한 견고한 민족의식을 없애기는 힘들다"[68]라고 적고 있다. 상술한 내용으로 볼 때 '세계의 여 명'과 '청년'은 모두 참신한 이미지로, 엽영종(葉榮鐘)은 '청년' 두 글자에 '무한한 느낌'[69]이 있다고 말하기도 했다. 『대만청년』 권두사(1921)에서도 "청년의 모습은 박력 있고 쾌활하며, 그 이상은 진취적, 혁신적, 창조적, 자율적이다"[70]라고 강조한바 있다. 즉 세계의 여 명을 접한 청년들이 수천 년 역사를 짐으로 여기지 않고 오히려 소중한 자산으로 인식한 것이다.

---

66) 『臺灣民報』 第4號 (1923年 7月 15日).
67) 葉榮鐘(1971), 219쪽에서 인용.
68) 王詩瑯譯(주52), 2쪽에서 인용.
69) 葉榮鐘(1971), 548쪽.
70) 『臺灣青年』 2卷 5號 (1921年 6月 15日).

그래서 최초의 계몽단체 신민회는 『대학(大學)』의 '작신민(作新民)'[71]에서 이름을 따왔고, 문협 창립 「지취서」는 공자의 말을 인용하고 있으며, 문협의 하계학교에는 「중국고대문명사」, 「중국학술개론」(이상 강연자 임유춘) 및 「대만통사」(강연자 연횡) 등 고전강의를 개설하였다. 『민보』 사설을 다시 살펴보면 유가경전을 인용하여 새로운 관념을 설명하고 지지하는 것을 많이 볼 수 있다. 세계문명을 논할 때 공자와 그리스도, 석가모니를 나란히 하는 것이 그 사례이다. "억조의 사람이 석가모니로 인해 일체의 해탈을 얻고 자유로운 세상에 살 수 있게 되었다. 공자를 본받아 충서의 덕을 빛내 생활을 아름답게 할 수 있었으며, 그리스도의 구원에 의탁한 이들은 육신의 죽음을 벗어난 부활을 얻을 수 있었다."[72] 『대만청년』은 "공자는 인의 도리를 천하에 알리기 위해 열국을 떠돌다 끝내 생전에 소망을 이루지 못하였다. 그리스도는 박애정신을 키우기 위해 분투하였으나 삼년도 되지 못해 십자가에 못 박히지 않았는가? 선각자들은 시기를 받아 희생되기 마련이다."[73]라고 말하며 용기 있는 희생을 강조하였다. 여기에서 유교가 인류에게 꼭 필요한 '생활의 미학'으로 해석 되었을 뿐만 아니라 불교와 기독교와 더불어 삼대 종교가 될 수 있었음을 볼 수 있다. 그리고 공자의 정신이 계몽가들의 투지를 길러주었음을 알 수 있다. 여기에는 서양을 우러러 보고 스스로를 원망하고 한탄하는 서화파(西化派)의 터무니없는 말은 찾아 볼 수 없고, 또 전통을 고수하며 서학을 배척하는 보수파의 비정함도 없다. 『대만청년』은 외래

71) 여기서 양계초의 영향을 소홀히 해서는 안 된다. 그가 창간한 『新民叢報』는 많은 대만의 계몽 인사들에게 영향을 미쳤기에 신민회나 신민회가 발행한 「新民文存」에서 어느 정도 그의 영향을 찾을 수 있다.

72) 『臺灣青年』 2卷 3號(1921年 3月 26日).

73) 『臺灣青年』 3卷 1號(1921年 7月 15日).

문명을 평온하고 온화한 태도로 평등하게 대하며, 고유의 유학을 세계사의 안목으로 응당한 지위를 인정해야 한다는 온건한 태도는 계몽가들이 공자의 충서지덕(忠恕之德)이 생활의 미학을 위한 영감을 제공한다는 견해를 갖도록 했다.

1923년~1925년에 발생한 치경사건은 대만 전역을 공포에 휩싸이게 했다. 체포와 고발되어 형을 선고받은 계몽가들은 감옥에서 시(詩)사(詞)를 통해 뜻을 굽히지 않겠다는 것을 보여줬다.[74] 고개를 들고 세계사의 행로에 발을 들인 지식인들의 마음속에서 전통이 생생하게 재현된 것이다. 고전 시와 사는 감정을 표현하는 최고의 형식이며, 유가의 인품은 절개를 연마하는 최상의 본보기였기에 계몽가들의 시·사 작품의 사상의 원천이 되었다. 진봉원(陳逢源)의 「구금대남영고금성(囚禁臺南永固金城)」라는 작품에 "강호에는 남관을 쓴 자가 많고, 영고성은 밤새 풍랑이 거칠다, 다행히 험준한 산속에 기개는 남아 있어, 서생은 쉽게 말로 화를 얻는구나.(江湖滿地南冠子, 風浪連宵永固城, 猶喜崢嶸留正氣, 讜言容易罪書生)"라는 구절이 있다. 시 구절 중 '남관(南冠)을 쓴 자'는 진나라에 갇힌 초수(楚囚)를 말하는 것으로 자신이 한족으로서 일본인의 감옥에 갇힌 것을 표현한 것이고, '험준한 산속에 지닌 기개'는 문천상(文天祥)의 전형을 보여주고 있다. 또 다른 시 「을축춘이금대북감옥(乙丑春移禁臺北監獄)」에 「낙도를 할 줄 알면 누실에 살아도 무방하고, 처신할 때 탐욕이 생길까봐 두렵네(樂道豈妨居陋室，處身唯恐酌貪泉)」라는 구절이 있는데, 여기의 '낙도(樂道)'는 앞의 시의 '유희(猶喜)'와 마찬가지로 '혹형도 달갑게 감수한다(鼎鑊甘如飴)'는 정신을 보여준다. 「증동옥임남강(贈同獄林南强)」에서 진봉원은 "협

74) 아래의 시문은 전부 다음 자료를 인용한 것이다. 葉榮鐘(1971), 277-280쪽.

객의 유생의 품격이 늠름하니, 누가 그를 따르지 않을 수 있는가(稜稜俠骨與儒香, 後起誰能抗雁行)" 구절에서 그를 '유협(儒俠)'이라고 직접적으로 칭송한다. 임유춘(남강)의 옥중 시 역시 지조와 절개를 노래하고 있다. 「옥중기내(獄中寄內)」 중 "스스로 목이 딱딱한 사나이라고 자처하니, 머리가 잘려도 무방하다(到底自稱强項漢, 不妨斷送老頭皮)"와 「옥중문화미성(獄中聞畵眉聲)」의 "몸은 새장에 있어도 감히 소리내어 울겠다.(身處籠中敢浪鳴)"은 모두 불굴의 지조를 노래하고 있다. 임유춘의 시는 아름답고 강렬하며, 채혜여의 옥중 시는 가볍고 호방하며 활력과 생기가 넘친다. 2절에서 다루었던 「의난망(意難忘)」의 "절개는 송죽 같고, 마음은 철석과 같다. 호랑이 굴에 있어도 태연하게 먹고 잔다. 왕년에 신국공 문천상은 그 이름이 천고에 남겼다.(松筠堅節操, 鐵石鑄心腸, 居虎口, 自雍容, 眠食亦如常, 記得當年文信國, 千古名揚)" 구절은 역시 문천상을 통해 자신을 독려하고 있음을 알 수 있다. 「금루곡(金縷曲)」 또한 시종 용맹한 기개를 노래하고 있다.

> 자네가 왔다고 들었네, 동풍처럼 호랑이의 포효처럼 갑자기 왔네. 몸에 병이 있다고 하던데 추운 날씨에 종이장과 같은 옷을 입어야 하니 어찌하나? 가슴에 충만한 뜨거운 피로 이겨 내야지. 정신을 차리고, 같이 감옥에 있어 슬프지만, 우리보고 와신상담하라 것 아니겠는가? … 느긋하게 천추의 계획을 정리하자. 누가 영웅의 뜻을 알겠는가.
>
> 聞道君來矣, 甚東風, 咆哮似虎, 驟吹車至, 爲想文園多病容, 怎耐嚴寒天氣, 又要著赭衣如紙, 熱血滿腔堪抵抗, 斷煙霞, 振作精神起, 同縲絏, 可能記, 雖云此是傷心地, 著吾儕臥薪嘗膽, 嘯吟風雨. …… 且安閒料理千秋計, 誰會得, 英雄志.

시구 중 '류설(縲絏)'은 논어 공야장(公冶長)의 "공자께서 공야장을 평하시길, 사위로 삼을만하다, 비록 그가 포승에 묶여 감옥에 있으나 그것은 그의 죄가 아니다(子謂公冶長可妻也, 雖在縲絏之中, 非其罪也)"에서 유래되었다. 1924년 『민보』 사설 또한 「포승에 묶여 있으나 그들의 죄가 아니다(雖在縲絏之中非其罪也)」는 제목으로 이 시기 빈번하게 감옥에 간힌 계몽가들을 격려하였다.[75] 문천상, 공야장의 상황과 동일시 한 것 이외에도, 동림당(東林黨)에 견주기도 한 것을 채혜여의 「동풍제저력(東風齊著力)」[76] 중 "동림당의 옥사를 기억하라. 천추가 자나도 역사를 빛내리.(可憶東林黨獄, 千秋青史始名香)" 구절을 통하여 확인할 수 있다.

상술한 내용을 종합해 볼 때, 1920년대 지식인들의 기본 입장은 동서양의 우월한 문화를 취하여 융합하는 문화조화론이다. 조화 과정에서 고유문화를 기초로 '특수성'을 창조하는 것을 목표로 삼았다. 그리고 식민지 고유문화를 말살하는 제국주의에 저항하고, 식민지 문화를 식민모국 문화에 동화시키는 정책에 강하게 반발하였다. 이처럼 1920년대 대만 지식인들이 전통과 현대 사이를 넘나들며 융합의 지혜를 발휘할 수 있었던 것은 그들이 처한 시민지 사회 성격과 관련 있다는 것을 알 수 있다. 전통적 유, 불, 도의 주류 사상 중 유가를 근본으로 선택한 것은 유가의 사회정치 관심이 그들의 포부와 강렬함 공감을 불러 일으켰기 때문이다. 뜻을 펼쳐 보이는 형식 측면에서도 지식인들에게 전통적 시사(詩詞)가 가장 편한 도구였다.

75) 『臺灣民報』 2卷5號 (1924年 3月 21日).

76) 이 시의 부제목은 '送獻堂總理東上'이다. 그 당시 임헌당은 문협의 '총리'직을 맡고 있었다.

전통 유학자의 전형인 공야장, 문천상에서 동림당에 이르기까지 모두 감옥에 갇혀 '유학의 위로'를 받아왔다. 그들은 시·사로 유학의 기묘한 대목을 설명하고, 유학이 세계 다른 주요종교에 버금가는 놀라운 감성적 위로의 힘을 가지고 있음을 보여주었다. 종교를 믿어야 그 종교에서 위로를 받을 수 있는 것처럼 그들에게 유학이 일종의 위로가 될 수 있었던 것은 그들이 전통에 깊이 젖어 있었기 때문이다.

(2) 자아 설정: '사대부(士)'에서 '지식계급'으로 전환

1920년대 지식인들은 스스로의 역할 기능을 정의 내릴 때 줄곧 선진유가에서 말하는 '사대부'를 중요한 참조 개념으로 삼았다. 그들은 '사대부'에서 현대적인 지식계급으로 전환하는 과정 중 전통 중의 귀속지를 찾고, 전통적 '사대부'에 현대적 의미의 새로운 정신을 주입하였다. 이 전환은 아래의 세 가지 측면에서 살펴볼 수 있다.

1) 주체의 자각: 사대부의 수양은 자신의 의지와 재주를 높이려고 하는데 있다(士尙志)

문협 「지취서」는 "청년들이 눈앞에 보이는 작은 일의 안위만을 생각하고, 의지가 약할 뿐만 아니라 확호불발의 큰 뜻도 품지 못하고 있다"라고 의지가 없는 당시 대만 청년들의 현상을 비판한 바 있다. 또한 「사대부의 품격이 없고(無國士之風)」, 「나라, 국민을 위해 적극적으로 노력하지 않는다」라고 비판을 했다. 이 글귀에 '사상지(士尙志)의 목표가 담겨있다. 임정록(林呈祿)이 쓴 민보 사설 「수많은 사대부(濟濟之士)」(1932)[77]에서 "사대부는 무엇하는 사람인가?"라는 질문에

77) 『臺灣民報』 第2號(1923年 5月 1日).

맹자는 "상지(尙志)이다"고 대답한 『맹자(孟子) 진심상(盡心上)』을 인용하며, "사대부는 위풍당당한 용모가 아니라 뜻을 어떻게 세우는가에 달려있다. …… 지사(志士)의 열성은 삼군(三軍)의 장수를 사로잡을 수 있으며, 의사(義士)의 의기는 천하를 살 수 있다"고 주석을 달았다. 또한 '사대부'라고 불리기 위해서는 불요불굴의 정신을 가져야 한다고 주장하며, "대중을 등에 지고 백리를 가는 것과 같으나 중도에 쉬지 않고, 굶주림과 추위에도 그 뜻을 꺾을 수 없으며 어려움에도 멈추지 않고 나아가 수백, 수천의 좌절을 극복하여 뜻한 바를 이루는 것"이라 하였다. 이는 『논어 태백(泰伯)편』의 "증자(曾子)가 말씀하시길 사대부는 마음이 넓고 뜻이 굳세지 않으면 안 된다. 책임이 무겁고 길이 멀기 때문이다. 인(仁)을 자기의 임무로 삼으니 어찌 무겁지 아니한가? 죽은 후에야 끝나니 또한 멀지 아니한가?(曾子曰, 士不可以不弘毅, 任重而道遠, 仁以爲己任, 不亦重乎, 死而後已, 不亦遠乎)"라는 말과 매우 유사하다. 또한 맹자 양혜왕상(梁惠王上)편의 "일정한 생업이 없으면서도 일정한 마음을 지니는 것은 사대부만이 가능하다.(無恒産而有恒心者, 惟士爲能)" 맹자 등문공하(滕文公下)의 "부귀도 그 마음을 유혹하지 못하고, 빈천도 그의 지조를 바꾸지 못하고, 위엄과 무력도 그의 뜻을 꺾지 못하는 것, 이것을 일러 대장부라 한다.(富貴不能淫, 貧賤不能移, 威武不能屈, 此之謂大丈夫)"와도 매우 비슷하다. 임정록은 비록 일본 메이지대학을 졸업했으나 전통학문에 대한 조예가 깊은 것을 알 수 있다. 또한 현대사회에 학사, 의사, 변호사 등 많은 사(士)가 있으나 중요한 것은 '상지(尙志)'로 이는 민중의 행복을 위하는 것이며, 말한 바를 행하는 것이라고 썼다. "관료를 모시고, 권세를 좇으며, 나아가고자 하나 막히고, 하고 싶은 말도 우물거기는 …… 이런 이들을 어찌 사대부라 하겠나?"는 말에서 볼 수 있는 사대부(士)의 뜻(志)은 인민의 입장에서 발언하고 행동하는 것이다.

뜻(志)은 주체성의 표현이다. 논어 자한(子罕)편에 "삼군(三軍)의 장수는 사로잡을 수 있어도, 일개 평범한 필부의 뜻은 빼앗을 수 없다(三軍可奪帥也, 匹夫不可奪志也)"라고 하였다. 주자의 주석(朱注)에 "삼군의 용맹은 남에게 달려 있는 것이고, 필부의 뜻은 자신에게 있는 것이다. 그러므로 장수는 뺏을 수 있어도 뜻은 뺏을 수 없다. 만약 뺏을 수 있는 것이라면 뜻이라고 할 수 없다.(三軍之勇在人, 匹夫之志在己, 故帥可奪而志不可奪, 如可奪, 則亦不足謂之志矣)"라고 하였으니 자신에게 뜻이 있다는 것은 뜻의 주체성을 드러내 보여준다. 임정록이 증자와 맹자의 말을 인용하여 1920년대 계몽 운동가를 정의한 것이다. 실질적으로 '사상지(士尙志)'는 당시 지식인들의 교육 목표였다. 앞서 언급한 문협「지취서」는 대만 청년들이 큰 뜻을 품지 못하고, 뛰어난 국사(國士)의 풍모가 없음을 여러 차례 한탄하였다. 이는 문협의 문화계몽 목적이 큰 뜻을 품은 국사를 길러내는 것임을 간접적으로 보여준다. 1925년 민보는 사설「우민정책의 배척과 인격교육을 원한다」를 통해 "정치, 사상, 사회 및 문예 분야의 발전을 억압하는 교육법은 노예교육이다"라며 언어와 직업 교육에만 치중한 일본 당국을 비판하였다. 또한 진정한 교육은 '인격을 근본으로 하는 교육'[78]임을 주장했다. 1927년 사설「교육의 가치를 공리로만 계산할 수 없다」를 통해서는 "현대인이 교육을 받아야 하는 것은 미래의 이익뿐 아니라 인격의 창조라는 측면에서 무한한 가치를 지니고 있기 때문이다"[79]고 밝혔다. 1926년 사설「교육보급 운동」에서 "옛 말에 사람이 교육을 받지

---

78) 『臺灣民報』 第80號 (1925年 11月 22日).

79) 『臺灣民報』 第353號 (1927年 2月 28日).

않으면 금수와 같다고 하였으니 선조 역시 교육을 인격 완성의 요소로 여겼음을 알 수 있다"[80]고 강조하였다. '인격이 있다(有人格)'는 것은 '뜻을 지녔다(有志)'는 것으로, 즉 독립적 인격과 지기(志氣)를 길러내는 것이 교육 목표이다. 그래서 대만의 민남어 방언에 유지(有志, 명사)와 인격자(人格者)는 교육을 받는 지식인을 의미하는 것이다.[81]

2) 좌파의 입장

임정록의 「수많은 사대부」에는 '지식계급'이란 단어가 나오지 않는다. 1926년 사설 「혁신가의 태도」에서 '지식계급'이란 표현을 사용하였으나 '사대부(士)'는 등장하지 않았다. 사설의 핵심은 혁신운동 중 지식계급과 농공계급의 관계로 저자는 "지식계급은 혁신운동의 지도자이지만, 그 일체의 기반은 무산계급의 농민과 상공인 위에 세워진 것이다"[82]말하고 있다. 1926년 대만 전역에는 해방의 분위기가 무르익고 있었다. 이 사설에서도 이러한 분위기를 읽을 수 있다. 해방운동이 불길처럼 거세게 몰아치던 시기가 지난 후, 1930년과 1932년 『대만신민보(臺灣新民報)』에는 두 편의 사설이 발표되었는데 사대부(士)의 지식계급 전환을 시도하며 지식계급이 현대사회의 곤경에서 가능한 선택임을 주장하였다. 「지식계급이 가야할 길」에서 "과거 봉건제도하에서 지식계급은 곧 사대부로 농민과 상공인 계급의 위에 자리했고, 국가의 정치를 장악하고 사회제도 제재를 설계하고 운영하였다. 생사를 결정하는 권력을 가진 군주에게도 대립각을 세우며 사대부의 면목을 유지하였다"라고 쓰고 있다. 사설 저자는 더 나아

---

80) 『臺灣民報』 第327號 (1926年 8月 23日).

81) 1920년대 대만 각지에 소위 「유지사(有志社)」라는 조직이 활동했다. '有志'는 지식인을 가리키는 것으로 민남어에서 명사로 사용된다.

82) 『臺灣民報』 第107號 (1926年 5月 30日).

가 산업혁명 이후 "유산계급과 무산계급의 대립은 양대 계급을 형성하였다. 여기에서 사대부는 지식계급으로 이미 서서히 독립적 계급성을 상실하고 있었다. 이후로 지식계급은 유산계급의 주구가 되고 싶지 않다면 무산대중 진영에 합류하는 것 외에 발붙일 곳이 없었다."고 지적한다. 필자는 '봉건' 고대시대 사대부는 '왕족·귀족의 대변인'으로 보았는데 이는 부정적인 견해로 유가의 진의에 맞지 않다. 그러나 저자는 현실에서 사대부는 왕족·귀족에 가까운 계급으로 현대사회에 왕족·귀족이 사라지면서 사대부의 계급성 또한 의탁할 곳이 없어져 '유산과 무산'계급 중 선택을 할 수 밖에 없었다고 보았다.[83] 1932년 사설 「정치의 은혜는 하층까지 미치지 못한다」 역시 다음과 같이 언급하고 있다. "예로부터 사대부는 평민 신분이라도 왕을 꺾을 수 있고 부자들을 낮추어 볼 수 있었다. 이러한 사람들은 과거 빈부간의 완충지대 역할을 해왔는데 현재는 지식계급이라 불린다. 그러나 자본주의 발달의 황금기인 현재, 지식계급은 유산계급 쪽으로 기울지 않고 무산계급에 편입되어 이미 독자적인 계급으로 존재할 가능성은 사라졌다."[84] 이 사설 또한 앞서 언급한 사설과 마찬가지로 사회발전에 따라 사대부가 지식계급으로 전환되었다고 말하고 있다. 자본주의 사회에서 지식계급은 독립된 계급성을 상실하고 무산계급에 동화될 수밖에 없었다고 하지만 두 필자 모두 지식인이 무산계급에서 어떤 역할을 했는가는 설명하지 못하고 있다.

임정록의 사설 「수많은 사대부」에서 맹자의 사상지(士尙志) 전통까지 거슬러 올라가 보았다. 1926년 사설 「혁신가의 태도」는 농공(農

83) 『臺灣民報』 第309號 (1930年 4月 19日).
84) 『臺灣民報』 第406號 (1932年 3月 12日).

工)운동에서 지식인의 지도자 역할을 강조하고 있다. 상술한 1930년과 1932년 발표된 두 편의 사설은 사대부가 지식계급으로 전환된 것은 사회변혁에서 그들이 친(親)무산계급적 좌파 입장을 취했기 때문이라고 강조한다. 우리는 전통적인 사대부는 1920년대 지식인이 자아정의를 내릴 때 참고한 중요한 개념이었음을 알 수 있다. 또한 고대의 사대부와 현대의 지식계급이 어떤 다른 속성을 가지고 있는가는 차치하고 다음과 같은 공통점이 있음을 확인할 수 있다. ①사대부(士)와 지식계급은 모두 주체성, 독립인격을 추구한다. ②모두 자아반성에 능하며, 자의식이 가장 강한 '계급'이다. ③유가 본래 의미의 사대부(士)와 계몽·해방운동 중 지식계급은 모두 인민들의 인정을 받은 대상이다.

3) 총체적 사유와 세계사적 시야

지식인의 입장에서 총체적 사유는 다음의 두 가지 뜻을 내포한다. 첫째, 한 측면 또는 일부분에 고립된 것이 아닌 다양한 분야의 생활을 총체적으로 보살핀다. 둘째, 객관적 세계(이행측면에서 지식인이 속한 사회)에 대하여 '참여', '개입'의 태도를 가져야 한다. 다시 말해 참여자의 역할로 사회발전의 과정에 개입하여 주객합일의 총체성을 실현하는 것이다. 이러한 총체적 사유는 광의의 좌파 입장의 구현이다. 이러한 입장에서 보면 1927년 문협 좌우분열 이전의 계몽운동가들 또한 좌파이다. 총체적 사유는 전통사상 중 논어 위정(爲政)편의 "군자불기(君子不器)"에서 그 뿌리를 찾을 수 있는데, 이처럼 지식인이 하나에만 관심을 갖는 전문가가 되는 것에 반대하였다. 공자 스스로도 생활의 모든 분야에 의견을 제시하고, 그 후학들은 모든 학문 분야를 섭렵했다. 이렇게 사회에 대해 총체적 관심을 갖는 것은 맹자와 순자에 의해 계승되었다. 이는 선진유가의 기본 성격일 뿐만 아니라 역대 지식인의 마음을 단련하였다. 1920년대 대만 지식인은 신사상의 세례를 받기는 하였으나 전통 지식인과 사회에 대한 관심과 실천에서 일맥상통하고, 사대부의 형상을 구체화하였다.

1925년 민보 사설이 밝힌 문화운동의 목표는 문화문제의 총체적 사유를 잘 보여준다. 서두에 유럽근대사는 '나'의 자각사로 '나'의 자각이란 '명확한 자기 인격 위에 세워지는 것'이라고 쓰고 있다. 저자는 이어서 문화운동의 목적은 민중인격의 자각을 불러 일깨우는데 있으므로 사회운동의 전제는 "문화운동은 모든 운동의 기초이다. …… 사회운동에서 정치운동에 이르기까지 가장 효과적인 실현을 위해서는 반드시 문화운동의 힘으로 민중을 깨워야 하며 문화운동의 목표는 바로 민중을 완전하게 각성시키는 것이다"[85]라고 말한다. 여기에서 문화는 정치사회에 연결되는 거대한 네트워크의 일부분이고, 문화의 진정한 의의와 가치 및 기능은 독립적으로 인정할 수 없다는 것을 알 수 있다. 채혜여는 「대만민보 창간 축사」(1923년)에서 '한족의 부흥'[86]을 백화문 신문 창간 목표의 하나로 설정하고, 신문 창간을 독립적 문화 사업으로 여기지 않았다. 총체적사유와 상반된 것은 '일편지사(一偏之士, 임정록의 앞 사설에서 나옴)'의 사유이다. 다른 한편으로 문학실천에 총체적 사유가 뒤덮고 있는 상황에서 황득시(黃得時)는 시대의 문학을 되돌아보고 "당시 평론이나 소설을 쓰는 사람은 모두 사회운동가 또는 항일 혁명지사로 아직 문학전문가는 나타나지 않았다. 따라서 당시의 작품 열에 아홉은 정치적 주장 또는

85) 『臺灣民報』第79號 (1925年 11月 15日).

86) 『臺灣民報』創刊號 (1923年 4月 15日).

사회개혁을 주제로 하였으면 예술적 색채가 짙은 작품은 나오지 않았다"[87]라고 말하였다. 황득시는 문학의 사회성과 예술성의 상호관계를 이해하지 못하여 양자가 서로 대립된다고 오해했으나, 그의 관찰은 지식(문학 내 사상과 문학가의 지식인 역할을 포함)과 현실간의 밀접하게 연계되어 있다는 그 시대 문학실천의 특색을 잘 보여 주었다.

이러한 총체적 사유는 당시 지식인이 대만의 위치를 정립하는 과정에서 세계사적 시야를 갖는데 영향을 주었다. 양계초의 시구 「세계는 무궁하여도 다함이 없기를 바라고, 바다와 하늘은 막막하게 넓어 영원히 변함이 없다(世界無窮願無極, 海天遼闊立多時)」는 당시 지식인 고민을 가장 잘 드러내준다. 대만을 해외 작은 변방의 지위에서 세계사 발전에 적극적으로 참여하는 구성원이 되도록 하느냐는 당시 지식인의 목표였다. 계몽과 해방은 여전히 민중을 계몽하고 사회를 개조하는 본토 운동이었지만, 대만을 세계사에서 그 자리를 잃어버리지 않도록 하는 것 역시 그들의 또 다른 사명이었다. 1920년대 대만에서 '세계'는 '중국'과 마찬가지로 중요한 개념이었던 것을 많은 사료에서 확인할 수 있다. 1921년 『대만청년』 서문에서 "새로운 시대를 살아가는 대만인은 세계 개조를 위한 투쟁에서 주어진 사명을 해야 하는 책임을 각성해야 한다"[88]고 지적하고 있다. 1922년 『대만』 사설 「대만의 신(新)사명」에서 대만인이 "세계 개조를 위해 공헌 할 것"과 『대만』 잡지와 함께 "세계적 사명"을 완성하자고 촉구했으며,[89] 1923년 사설 「세계 개조와 대만인의 자각」에서 "인류

87) 黃得時, 「臺灣新文學運動概況」, 『臺北文物』3卷2期, 3期, 4卷2期(1954年 8月 20日, 12月 10日, 1955年 8月 20日).

88) 『臺灣青年』 3卷3號 (1921年 9月 15日).

89) 『臺灣』 第3年第1號 (1922年 4月 10日).

의 일원으로 세계 개조의 대업에 대한 협력의 신념을 강화해 나가야 한다"[90]고 강조하고 있다. 이러한 신념은 광복 초기까지 이어지며,[91] 신문학 실천에 영향을 주었다. 1934년 창간된 『대만문예』의 창간호는 노자의 "선한 자는 변론하지 않고, 변론하는 자는 선하지 않다(善者不辯, 辯者不善)" 는 구절을 인용해 창작의 우선성을 밝히고 있다. 이어서 게재한 「열어(熱語)」를 통해 다음과 같은 전통 구호를 호소한다. "대만에는 춘추가 없어 애석하다. 절망보다 더 큰 슬픔은 없다. 하늘이 내린 재앙은 피할 수 있으나, 스스로 만든 재앙은 살아날 수 없다고 하였으니 우리의 목탁을 지키자!" 그리고 다음의 훌륭한 선언을 덧붙인다.

> 대만의 모든 노선은 전 세계의 사장으로 가자!
> 우리의 예술 꽃이 세계 심장에서 꽃피우도록 하자![92]

이 구절에서 선양하는 드넓은 기백은 그 어떤 다른 말로 전할 수 없을 것이다. 식민지의 지식인들이 조금도 스스로를 가련하게 여기거나 한탄하지 않고 "도덕적으로 스스로를 포기하지 않으며 세계평화를 위한 신시대를 살고 있음을 의식하고 반세기 이후 자손들의 발전을 위해 노력할 각오를 다지고 있다."[93] 이러한 위대한 기개와 전통 중국 지식인의 사회관심은 시대는 달라도 그 정신은 서로 통한다.

---

90) 『臺灣』 第4年第1號 (1923年 1月).

91) 陳昭瑛의 다음 글을 참조. 「光復初期臺灣文化的概念」, 『臺灣文學與本土化運動』 (臺北, 正中, 1988).

92) 황득시의 위 글에서 인용.

93) 『臺灣』 第3年第9號 社論 「和平的建設」 (1922年 12月).

(3) 유교 시학으로 회귀

제2절 「1924년~1925년 신문학원동: '계몽'에서 '해방'으로의 과도기」에서는 장아군(張我軍)의 구문학에 대한 비판을 논하고 있다. 당시 구문인의 수많은 반격 중에서 연횡의 의견을 주목해볼만하다. 그는 자기가 편집장으로 있던 「대만시회」 제10호 임소미(林小眉)의 「대만영사(臺灣詠史)」의 발문에서 다음과 같이 말한다. "오늘날의 학자들은 육경을 읽지도 않고 제자백가를 접해보지도 않았으며 이소, 악부의 소리도 들어보지 못하고서 한문은 폐지해도 된다고 시끄럽게 굴며 심지어 신문학, 신체시를 부추기고 고서는 쓸모없고 스스로를 최첨단이라고 여긴다. …… "[94]

장아군은 이러한 비판을 반박하는 「대만 문학계를 위한 눈물」을 통해 신문학과 전통문학의 관계를 분명히 하지 않을 수 없었다. 장아군은 반박 글에서 "가장 불만인 점은 그가 '한문의 폐지'와 '신문학 제창'을 혼동하고 있다는 점이다. …… 우리의 대시인(연횡)께서는 무슨 근거로 신문학을 제창하고 신체시를 고취하는 이들이 모두 한문은 폐지되어야 한다고 말하고, 육경을 읽지도 제자백가를 논하지도 않으며 이소악부의 소리도 모른다고 하는 것인지 모르겠다."[95]고 밝히고 있다. 이를 통해 간접적으로 한문을 폐지해서는 안되며, 전통문학이 신문학에 영향을 주었음을 드러내고 있다. 「시들어 말라버린 낡은 전당을 힘을 합쳐 무너뜨리자」라는 문장에서는 다음과 같이 신문학과 전통문학의 연원을 강조하고 있다. "국풍과

94) 『臺灣詩薈』 第10號(1924年 11月),『連雅堂先生文集』(臺灣省文獻會, 1992)에 수록.

95) 『臺灣民報』 2卷26號(1924年 12月 11日)에 게재.

초사는 고문 대가들이 하나같이 칭송하지만 천하고 상스러운 말이나 방언을 많이 사용하고 있다. 가장 전해지기 쉬운 운문 역시 대다수는 백화시이다. 소설 역시 홍루몽, 수호전 등과 같이 후세로 전해질 가치를 지닌 것은 백화문으로 쓰인 것들이다."[96] 이 말에서 보여준 중국문학사에 대한 이해가 타당한지 여부를 논외로 하더라도, 적어도 신문학 운동가들이 전통에 대하여 결렬적 태도를 취하지 않고 오히려 전통에서 신문학 발전의 거름이 될 요소들을 찾고 있음을 알 수 있다.

「유일무이한 격발음(擊鉢吟)의 의의」에서 장아군은 구문학에 대한 공격면을 축소하여 당시 대만에 유행하던 '격발음'을 비판 대상으로 삼으면서 자신도 모르게 연횡과의 거리를 좁혔다. '격발음'의 놀이적, 접대적 성질은 줄곧 연횡과 다른 엄숙한 시인들의 비난을 받아왔기 때문이다. 장아군은 이 글에서 이전과는 다른 논변을 펼치고 있다. 문학 창작의 원리, 시작(詩作)의 목적부터 논하며 '격발음'의 성질을 묘사하고 문학원리에 근거하여 비판하고 있다. 심지어 마지막에는 '격발음' 역시 문학에 대한 흥미를 유발한다는 장점을 가지고 있음을 인정하고 있다. 치밀한 논증과 관용적인 태도를 보이며 특히 문학은 '인생관과 진정한 감정'을 중시해야 함을 강조하면서 괴테와 「시대서(詩大序)」 및 주희의 『시작전(詩集傳)·서(序)』를 같이 논하고 「시대서」의 작가와 주희를 '중국의 성인'이라고 칭하였다. 장아군은 「시대서」 중 문학 발생과 관련된 '정(情)' 부분을 다음과 같이 인용했다. "말로는 부족한지라 고로 탄식하고, 탄식해도 부족한지라 고로 길게 노래하며, 노래해도 부족한지라 나도 모르게 손으로 춤추고 발

96) 『臺灣民報』 3卷1號(1925年 1月 1日)에 게재.

로 뛰게 된다(言之不足, 故嗟歎之, 嗟歎之不足, 故詠歌之, 詠歌之不足, 不知手之舞之, 足之蹈之也)". 또한 주희를 인용한 부분은 다음과 같다. "사람이 태어나서 고요함은 하늘이 부여한 성품이다, 성품이 사물에 느끼어 움직이는 것은 성품의 욕망이다. 대개 성품에서 욕망이 일어나면 생각이 없을 수 없게 된다. 생각이 있게 되면 말이 없을 수 없다. 말이 있은 뒤 다하지 못한 것이 있어 한숨짓거나 탄식의 결과물로 나타나게 되니, 거기에는 자연히 음향과 절주(리듬)가 생기어 억제할 수 없게 된다. 이것이 시가 지어지는 까닭이다.(人生而靜, 天之性也. 感於物而動, 性之欲也. 夫旣有欲矣, 則不能無思. 旣有思矣, 則不能無言. 旣有言矣, 則言之所不能盡, 而發於咨嗟歎之餘者, 必有自然音響節奏而不能已焉. 此詩之所以作也)" 그리고 "시가 내게로 왔지, 내가 가서 시를 지은 것이 아니다"라는 괴테의 말도 인용하고 있다.

장아균은 동서양의 성인의 말하는 문학의 원리와 같이 시는 "시인 자신이 아니라 마음에서 우러나 자연스럽게 써내려 간 것이지 절대 고의적으로 시를 만들어 내는 것이 아니다"[97]라고 여겼다. 여기서 우리는 신구 문학의 논쟁은 문학 원리 측면에서의 논쟁은 아니라는 것을 알 수 있다. 장아균은 연횡과의 논변 후 전통시학으로의 회귀를 표명했을 뿐 아니라 동서비교문학의 입장에서 중국시학의 가치를 다시 인정하였다. 다른 한편, 논쟁이 신구 문학에서 '문학의 진짜, 가짜'로 옮겨가게 된다. 장아균이 '진정한 문학'을 강조할 때, 그는 이미 구문학에도 진정한 문학이 있으므로 반대할 필요가 없고, 심지어 전통 시학에서 '진정한 문학'인 유가 시가는 신문학의 이론적 기초가 될 것이라 주장하였다.

97) 『臺灣民報』 3卷2號 (1925年 1月 11日).

1925년 『민보』의 사설 「시학의 유행 가치는 무엇인가」은 장아군의 주장을 거듭하는 듯하다. 이 글은 '격발음'을 반대하며 "진정한 시는 …… '심화심성(心畵心聲)'의 표현이다"[98]라고 지적하고 있다. 이 말 역시 전통 시학의 견해로서 '심화심성'은 양웅(揚雄)의 『법언(法言)』 문신(問神)편에서 인용한 것이다. "말이라는 것은 마음의 소리이고, 글이라는 것은 마음의 그림이다. 소리와 그림이 밖으로 나타나면, 군자와 소인이 보인다.(故言, 心聲也. 書, 心畵也. 聲畵形, 君子小人見矣)". 유협(劉勰)의 『문심조룡(文心調龍)』 과식(夸飾)편에는 "수식의 궁극적 요체를 얻으려면 곧 마음의 소리가 있어야 하지만 수식이 지나치게 되면 그 명과 실이 어그러는 양상을 보일 것이다(然飾窮其要, 則心聲鋒起, 夸過其理, 則名實兩乖)"라 하였으니 '심성(心聲)'이 문학의 영역에 사용된 것을 더 명확히 알 수 있다.

1932년 진봉원은 「대만 구시단(舊詩壇)에 폭탄을 떨어뜨리다」에서 당시 많은 시사(詩社)들은 '아편굴'이 되었으며, "심화심성의 시는 절대 쓸 수 없다"고 비판하였다. '시는 무엇인가?'라는 절의 도입 부분에서 「시대서」 중 장아군이 인용한 구절을 다시 인용하며 "시란 뜻이 이르는 곳이다(詩者, 志之所之也)"를 덧붙였다. 그리고 "진정한 시란 무엇인가? …… 시경의 대서(大序)로 대신 대답할 수 있다"[99]라고 하였다. 1932년은 해방운동이 상당한 진전을 이루었으며, 신문학이 성과를 거둔 해이다. 황득시는 1927년에서 1932년까지 『민보』에 발표

---

98) 『臺灣民報』 第73號 (1925年 10月 4日).

99) 『南音』 1卷2號, 3號(1932年 1月 17日, 2月 1日)에 게재. 다음에 수록됨. 李南衡, 『日據下臺灣新文學 : 文獻資料選集』 (臺北, 明潭, 1979).

한 소설을 정리하며 이 작품들의 "내용과 주제는 일본 경찰의 흉포함과 민중 억압의 상황, 지주와 자본가가 소작농과 노동자를 착취하는 상황, 농민, 노동자, 소시민의 곤궁한 생활 형편, 구 예법 속박하의 가정 내 고통스런 상황, 대도시의 어두운 뒷모습 등에서 벗어나지 않는다"[100]고 하였다. 신문학 운동 중 창작의 성과가 가장 풍성한 것은 소설분야로 황득시의 관찰에 따르면 1927년에서 1932년 소설의 창작의 방향과 기본 관심은 해방운동의 추진을 옹호하는 것에 있다. 진봉원과 같은 계몽가가 전통 시학으로 회귀해 문학 비평의 사상적 자원을 구한 것, 역시 1932년으로 이는 대만 문화 중 '현대성'에 정통한 지혜를 보여주며 동시에 전통이 현대에 끝임 없이 영감을 불어 넣을 가능성을 예고하고 있다.

(4) 유가 민본사상의 흡수

1920년대 계몽에서 해방 사상의 발전 중, 운동 내부의 지식인들은 노선 논쟁에 따라 많은 갈등이 있었음에도 불구하고 그들이 마음으로 인정하고 논쟁의 여지가 없으며 신성한 불가침의 영역이 있었는데 바로 '인민'이다. 자유주의자(계몽 경향)와 마르크스주의자(해방 경향)를 불문하고, '인민 내부의 모순'에 대한 인식의 차이가 있었음에도, 대만 인민의 최대 복지가 필생의 분투 목표인 것은 동일하였다. 1920년 이후 '신민회'와 그 후 『대만민보』와 『대만신민보』의 기치는 분명하게 '인민'을 내걸고 있다. 다른 조직, 간행물, 활동 또한 '민' 혹은 '인민'의 단어를 사용하지 않더라도 '인민을 위한' 정신을 호소하고 있다. 문학을 예를 들면 앞서 인용한 황득시의 연구는 신문학이

100) 황득시, 앞의 인용문(주87).

인민생활을 묘사하는 것을 주요 내용으로 한다는 것을 알 수 있다. 『민보』계열의 사설을 보면 교육, 정치, 경제, 문화 등 주제와 상관없이 '인민'은 작가들 마음 속 유일하며 대체할 수 없는 척도임을 알 수 있다. 우리는 이미 '전통과 현대'라는 과제를 직면한 1920년대 대만 지식인들이 고유한 '선(善)문화'와 서양 관련 분야의 조화를 꾀하는 '문화조화'의 입장을 취하고 있음을 알고 있다. 따라서 서양의 현대 민주 사상을 소개할 때 유가의 민본사상을 고유한 선(善)문화의 대표로 선택한 것은 매우 당연한 일이다.

1920년대 초 계몽가들이 많이 사용한 '민본'은 '민주'를 일컫는다. 1920년 『대만청년』의 사설 「자치 능력의 양성」에서는 '민본사상'을 언급하며 '민중 스스로 주장하고 스스로 관리하는 민중복지'의 사상[101]이라 정의 내리고 있다. 1921년 『대만청년』 서문은 1차 대전 종전 후 '민본논조(民本論潮)'가 대만에 점차 확산되고 있음을 언급하고 있다.[102] 1922년 『대만』 사설 「민중의 정치 자각을 부르짖다」에서 "오늘날 세계는 이미 전제정치 시대를 넘어서 민본주의가 최고조에 이르렀다"[103]고 밝히고 있다. 또한 1921년 『대만청년』 서문은 "현대는 '민주(democracy)'의 신시대"[104]라고 언급하고 있다. 당시 계몽가들이 '민본'과 '민주'를 혼용하고 있으나, 서양 민주 사상을 받아들일 때 전통 민본사상을 중요한 참고 개념으로 삼고 있음을 보여준다.

『민보』계열을 예로 들면 가장 자주 인용하여 민주와 자치의 주장

101) 『臺灣青年』 1卷2號(1920年 8月 15日).
102) 『臺灣青年』 3卷3號(1921年 9月 15日).
103) 『臺灣』 第3年第5號 (1922年 8月 8日).
104) 『臺灣青年』 3卷2號 (1921年 8月 15日).

을 뒷받침하는 것은 『상서』, 『논어』, 『맹자』, 『순자』, 『중용』 등 선진(先秦) 유가 경전이다. 1922년 사설 「진화해야 하는 대만법치」에서는 "법은 스스로 실행하지 못한다. 순자의 '다스리는 사람은 있지만, 다스리는 법은 없다(有治人無治法)'는 말처럼 위정은 사람에 있지 법에 있지 않다"고 쓰고 있다. 법전이 아무리 정연하여도 법의 운용함에 있어 그 취지를 다하지 못하면 효과가 없을 것이라 강조하며 "법치국가는 법에 의거하지 아니하고 인민의 권리를 침해하지 않는 것이 법치주의의 취지이다. …… 민의에 의하지 않은 법치는 민중의 이해가 결핍된 전제법치이지 현대 정치의 정수인 민의에 기반을 둔 입헌법치가 아니다"[105]고 밝히고 있다. 이 사설은 시행 준비를 마친 대만사법을 겨냥한 것으로 일본인의 입법 취지에 대해 의구심을 품은 『대만』이 선제적으로 경고를 한 것이다. 순자의 법치사상은 비판의 접속점을 제공했다. 이 사설 중 언급한 '민의에 근거한 법치'는 이후의 사설에서 '민의'의 중요성을 분명히 하면서 계속해서 인용된다. 1923년 사설 「관권과 민의」에서 "정치는 민의의 표현이고 민의는 정치의 원천이다. 이것이 현대 정치의 정신이다"라고 말하며 이를 『상서(尙書)』의 "백성이 바라는 바는 하늘도 반드시 따른다(民之所欲, 天必從之)"를 연계시켜 고전을 통해 "민중의 요구를 막고 강제로 억압하면 일시적으로 굴복할 수 있으나 결국은 크게 신장하여 최종적인 승리는 민의에 있다"[106]라고 강조하고 있다. 이 글은 고전의 융통성 있는 운용을 보여줌과 동시에 고전이 항쟁의 힘과 믿음을 제공하며, 논어와 맹자 특히 그중에서도 맹자가 가장 많은 사상적 자원을 제공하는 것을 알 수 있다.

---

105) 『臺灣』 第3年第7號 (1922年 10月).

106) 『臺灣』 第4年第2號 (1923年 2月).

1924년 새해인사 사설에서 맹자의 "힘으로 인을 가장하는 것은 패도(覇道)요, 패도는 반드시 대국이어야 하고, 덕으로 인을 실천하는 것은 왕도(王道)이니, 왕도는 큰 나라를 필요로 하지 않는다. 힘에 의해 타인이 복종하는 것은 마음으로 복종하는 것이 아니라, 힘이 부족하기 때문이요, 덕에 의해 타인이 복종하는 것은, 마음으로 기뻐서 진정으로 복종하는 것이다.(以力假仁者覇, 覇必有大國, 以德行仁者王, 王不待大. 以力服人者, 非心服也, 力不贍也. 以德服人者, 中心悅而誠服也)"라는 말을 인용하고 이것은 치국의 교훈이 될 만하다고 설명하고 있다.[107] 전체 글의 맥락상 일본 당국에 대한 비판이 드러나 있지는 않지만 이 대목이 1차 세계대전 전의 군국주의 침략주의 비판에 인용되면서 일본에 대판 비영토 내포되어 있다. 맹자의 '왕패지변(王霸之辨)', '인덕지치(仁德之治)'는 이후 사설에서도 반복적으로 나타난다. 1925년 사설 「대만인의 생존권」을 보면 "생존권은 무엇인가, 바로 이 세상에 태어나면 무릇 생존의 권리를 가지고 국가, 사회로부터 이 권리를 보호 받는 것으로 이것이 가장 중요하다. 맹자 또한 백성이 굶주리지 않고 추위에 떨지 않게 하면 왕 노릇하지 못하는 사람이 없을 것이다(黎民不飢不寒, 然而不王者未之有也)라고 하였으며 산 사람을 부양하고 죽은 이를 장사 지내는데 유감없게 함이 왕도정치의 시작이다(養生送死無憾, 王度之始也)라고 하였다. 맹자는 백성의 생존권을 존중하고 있으며, '왕도'가 그 첫째 방법이다! 따라서 대만인이 대만에서 특별이 가지고 있는 생존권의 근거가 바로 여기에 있다. ①대만인은 대만의 개척자(pioneer)이다. ②황제의 통치도 왕도를 벗어나지 않았다. 그러므로 대만 통치 정책이 대만인들의 생존권을 위협한다면 어

107) 『臺灣民報』 2卷1號 (1924年 1月 1日).

떤 정책이던 이 두 가지의 근거로 반대할 것이다."[108]라고 주장하고 있다. 이 사설은 처음부터 끝까지 맹자의 왕도사상을 강조했다. 왕도의 내용이 인민의 생존권의 보호하는 것이라는 해석 외에도 왕도사상이 대만인이 일본의 억압을 반대하는 근거임을 명확히 하고 있다. 이처럼 맹자사상이 제공하는 자원이 매우 풍부하다.[109]

왕도의 근거는 '민'에 있다. 이후 사설에서도 거듭 '민'의 입장을 강조한다. 1925년 사설 「토지문제와 무산자」에서 "백성을 하찮은 풀처럼 여기고, 인격을 상품처럼 대하는"[110] 잘못된 농업정책과 제도를 비판하였다. 맹자의 민본론과 마르크스주의의 상품 물신숭배에 대한 비판이 결합된 것을 알 수 있다. 1925년 사설 「최대다수의 최대비극」은 "예로부터 국가의 근본은 백성이고, 기초가 튼튼해야 국가가 평안하다고 여겨 정치에서 백성을 보호하고(保民), 양육하며(養民), 가르치는(教民) 것을 중요시 하였다면, 현대의 정치는 입헌의 원칙하에 민의를 참작하고, 민치를 시행하며 민복을 모색해야 한다"[111]고 주장했다. 이는 민본사상과 서양 민주정치를 결합한 것이며, 일본 당국의 '파초 생산자'에 대한 착취를 비판한 것이다. 1927년 사설 「민의를 더욱 존중해야 한다」에서는 다음의 『논어 위정편』의 공자의 말을 인용하고 있다. "정치를 덕으로 한다는 것은, 마치 북극성이 제자리에 가만히 있어도 모든 별들이 그것을 중심으로 도는 것과 같다.(爲政以德, 譬如北辰, 居其所而衆星拱之)" 이어서 『맹자·공순추하』의

---

108) 『臺灣民報』 第69號 (1925年 9月 6日).

109) 맹자의 왕도 사상에 관하여 다음 자료 참조. 黃俊傑, 「孟子的王道政治論及其方法論預設」, 『孟子學思想史論』卷1 (臺北, 東大, 1991), 161-180.

110) 『臺灣民報』 第72號 (1925年 9月 27日).

111) 『臺灣民報』 第78號 (1925年 11月 8日).

다음 구절도 인용하고 있다. “시기가 좋아도 지세보다 못하고, 지세가 좋아도 사람의 화합만 못하다.(天時不如地利, 地利不如人和)” 이와 함께 이 구절은 시대를 초월한 진리로 어느 시대의 위정자이든 모두 인심을 얻는 것을 가장 절박한 일이었다. 인심을 얻기 위해서는 덕치를 행해야 하고 덕치를 행하면 인심은 자연히 얻게 되는 것이라고 덧붙였다.[112] 이어서 ‘일본제국’의 대만 민의에 대한 경시를 비판하였다. 1929년 사설 「민심을 반영하지 않은 타이중 도로건설 문제」에서 “백성들에게 일을 시키는 것은 때를 가려서 해야 한다.(使民以時)”는 『논어 이학편』의 구절을 인용하여 당국이 “농사일을 해야 할 농민들을 차출하여 부역을 시키는 것”[113]을 강하게 비판하였다.

1920년대 계몽과 해방의 단계를 논할 필요 없이 전반적으로 유가의 민본사상을 항쟁의 역량이자 이론의 기초가 되는 전통 자원으로 인식하였다. 1930년대 역시 여전하여 1931년 사설 「무사사건(霧社事件)의 청산」에서는 이 사건이 일본민족의 이민족 통치 실패를 가장 잘 증명해주는 사건이라고 강하게 비판하였다. 또한 일본당국이 원주민에게 ‘인정(仁政)’을 시행했다면 이와 같은 사건을 발생하지 않았을 것이라고 지적하였다.[114] 1932년 사설 「중정의 언론: 본 신문의 주장, 민의의 대표」에서 “일찍이 중국 정치가들 백성의 입을 막는 것은 하천을 막는 것 보다 위험하다는 것을 알았는데 민권이 신장하고 민도가 발전한 오늘날 어떻게 위정자들이 전제 사상을 고집하고 민중의 언론을 막을 수 있겠는가?”[115]라고 말하고 있다. 이 역시 언론 자

112) 『臺灣民報』 第151號 (1927年 4月 3日).
113) 『臺灣民報』 第291號 (1929年 12月 15日).
114) 『臺灣新民報』 第346號 (1931年 1月 10日).
115) 『臺灣新民報』 第398號 (1932年 1月 16日).

유의 쟁취를 전통에 바탕을 두고 있음을 알 수 있다. 1932년 사설 「정치적 은혜가 하층까지 미치지 못한다」에서는 도입부터 "나라는 백성을 근본으로 삼는다(國以民爲本)"를 인용한다.[116] 이 사설은 『대만신민보』 제406호에 게제된 것으로 얼마 지나지 않아 410호를 마지막으로 폐간된다. 『대만청년』과 『민보』계열 발행된 12년간 지식인들은 유가의 민본사상을 조금이라도 멀리한 적이 없다. 『민보』의 '민'은 전통과의 연원을 더욱더 잘 드러내 보여준다.

유가 경전을 인용한 많은 사설 중에서 가장 주목할 만한 것은 1923년의 「진실하게 천성을 드러내야 한다」로 『중용』의 인성론에서 출발하여 민주정치의 자유평등 이념을 설명하고 있다. 이 사설은 1920년대 대만인들이 유가사상과 서양의 민주이론을 결합한 가장 중요한 문건으로 평가받고 있다. 전체 네 단락으로 구성되어 있으며 첫 단락은 배경 설명으로 1차 대전 후 전 세계에 자유를 추구하는 풍조가 일고 있음을 지적한다. 두 번째 단락에서는 '하늘이 명한 것을 본성이라 한다(天命之謂性)'를 인용하며 『중용』의 사람들의 인생은 평등하다는 사상을 명백히 밝히고 있다. "인류는 태어나 지구상에서 함께 살아가니 평등하게 서로 아끼며 공존공영의 길을 가야한다. 전 인류가 한 가족처럼 지낸다면 인종차별, 민족우열, 계급의 귀천이나 강자와 약자의 구분이 있을 수 있겠는가? …… '하늘이 명한 것을 본성이라 한다.(天命之謂性)'이 바로 모든 사람들이 천명으로 태어났으니 본성 또한 모두 같은 것을 말해주고 있다." 여기에서 사람의 본성은 천명에 의한 것이고 모든 인생은 평등하다는 것을 분명히 하고 있다. 세 번째 단락에서는 『중용』을 인용한 부분이 더 많은데 다

116) 『臺灣新民報』 第406號 (1932年 3月 12日).

음과 같다. “우선 선현의 말씀을 보자. ‘오직 천하의 지극한 정성이라야 능히 그 본성을 다할 수 있다(唯天下至誠, 爲能盡其性), 그 본성을 다할 수 있어야 능히 사람의 본성을 다할 수 있다(能盡其性, 則能盡人之性), 사물의 본성을 다할 수 있어야 천지의 화육을 도울 수 있다(能盡物之性, 則可以贊天地之化育), 천지의 화육을 도울 수 있어야 천지와 함께 참여할 수 있다(可以贊天地之化育, 則可以與天地參矣)’ 이처럼 숭고한 교훈은 유교를 통해 오늘날까지 전해지지 않을 수 있겠는가?” 그리고 일부 대만인이 가짜 공익에 영합하여 양민을 속이고 개인의 영달을 꾀하는 것을 비판하였다. 마지막 단락에서는 다음과 같이 유가사상이 대만인을 자극하였음을 거듭 밝혔다. “그래서 우리는 낮밤으로 자신의 행동을 반성하고(三省吾身), 지성의 천성을 드러내야 한다. 인류를 위해 헌신하고, 나(小我)를 버리고 대의(大我)를 추구해야 한다. 살신성인 해야만 천지화육(天地化育)을 돕고 국가와 사회의 행복을 증진할 수 있다!”[117] 여기에서 대만인 스스로를 바꾸고 사회를 개조하는 일을 ‘천지화육’의 수준으로 높이고 있음을 알 수 있다. 필자는 유가 인성론과 유가 정치론 간의 밀접한 관계를 깊이 있게 이해하고 있을 뿐만 아니라 『민보』의 많은 독자들이 이와 같은 유학 전통에 익숙했음을 보여준다. 이 사설의 필자는 아마도 창화(彰化)현 사람인 왕민천일 가능성이 크다. 왕민천은 대만 계몽사상가들 중에서도 깊고 풍부한 유가사상의 소양과 경험을 가진 인물이다.

상술한 내용을 종합해보면 유가 민본사상이 이론적인 측면뿐만이 아니라 1920년대 대만인에게 전통의 원천을 어떻게 제공해주었는지 확인할 수 있었다. 더욱 중요한 것은 사회 실천에서도 최전선에서 용감하게 투쟁하여다는 점이다. 제국주의, 식민주의에 끊임없이

117) 『臺灣民報』 第6號(1923年 8月 15日).

대항하는 지식인들을 무장시키면서 유가는 대만 사회에서 가장 설득력 있고 변화를 이끌어 낼 수 있는 사상이 되었다. 현대 대만인들에게도 영향력 있는 전통이다. 따라서 전통의 생생한 재현은 1920년대 지식인들이 대만 현지에 남긴 아름다운 흔적인 것이다.

6. 대표적 인물: 왕민천(王敏川)

앞서 살펴보았듯이 계몽운동에서 해방운동에 이르기까지 1920년대 대만 지식인들이 신학문의 흡수와 전통의 재현을 병행해도 상충되지 않고 서로의 장점을 더 돋보이게 해주었음을 알 수 있다. 이 시기 독보적인 대표 인물은 바로 왕민천이다. '계발회', '신민회' 시대 계몽운동에 참여하였으며 계몽가 중에서 유학 전통에 대한 이해가 가장 깊었던 인물이다. 해방시기에 접어들어 좌경 노선을 강하게 드러냈으며, 이 시대에 보기 드문 여성주의자이기도 했다. 그의 유학적 소양은 집안 대대로 내려온 것으로 끊임없이 분투하는 정신의 원천이었고 심신의 고초를 겪을 때는 정신적 지주의 역할을 해주었다. 그의 좌경화는 일본 유학 중 영향을 받은 사상과 '사대부(士)'로서 양심의 자각에 기인한 것이다. 그의 여성주의 사상은 유가와 마르크스주의의 평등개념을 기초로 심화 발전시켰다. 다음은 3가지 면에서 왕민천의 지업(志業)과 사상을 소개하겠다.

(1) 계몽가에서 좌익운동의 지도자로

왕민천의 호는 석주(錫舟)로 대만 창화현 사람이다. 1889년 3월 22

일 태어나 1942년 9월 2일에 세상을 떠났다. 학자집안 출신으로 부친 왕정령(王廷齡)은 가르치는 일을 했기에 그는 일찍부터 집에서 한학을 배우기 시작했다. 1909년 국어학교(대북사범의 전신)를 졸업하고 창화 제1공학교로 발령을 받았다. 10년 후인 1919년 서른의 나이에 동경유학을 떠나 와세다대학 정치경제학과에 입학하여 1923년에 졸업하였다.[118] 그가 일본으로 떠난 1919년 해외 계몽운동이 태동되고 있었다. 1920년 '신민회'가 유학생을 중심으로 설립되었고, 회원 명단에 왕민천은 와세다대학 여덟 명의 유학생 중 첫 번째로 이름을 올렸다.[119] 와세다대학은 사회주의의 본산이었으므로 왕민천의 좌경 사상은 이시기에 싹텄을 것이다. 신민회 성립 후 첫 번째로 한 일은 『대만청년』을 발행이었다. 『대만청년』은 이후 『대만』, 『대만민보』로 이름을 바꾸었고, 왕민천은 계속해서 편집자, 기자 그리고 주필로 적극 참여하였다.[120] 신민회 동인들의 첫 정치운동은 '대만의회 설립 청원 운동'이었다. 1921년 1월 30일, 임헌당 등 대만 측 인사 10인과 동경의 대만 유학생이 참여하여 1차 청원을 펼쳤고, 청원서에 서명한 사람은 178명에 달했다.[121] 1921년 '대만문화협회'가 설립되어 신민회와 바다를 두고 서로 호응하였다. 2절에서 언급한바와 같이 문협의 강연회는 선풍적인 인기를 끌었고, 깊은 영향을 미친 운동이다. 이러한 운동의 형태는 왕민천과 앞서 밝힌 바 있는 백화문운동의 발기인인 황정총에 의해 시작되었다. 『총독부경찰연혁지』에는 "대정12년(1923년) 5월 회원인 황정총과 왕민천이 『대만민보』 기

---

118) 왕민천의 생애에 대해 다음 참조. 莊永明, 「更留癡態在, 書卷當良儔——王敏川傳略」, 『王敏川選集』(臺北, 臺灣史研究會, 1987).

119) 葉榮鐘(1971), 85쪽.

120) 葉榮鐘(1971), 第十章 「臺灣人的唯一喉舌—臺灣民報」.

121) 葉榮鐘(1971), 119-120쪽.

자의 신분으로 대만으로 돌아와 대만 각지를 다니며 『대만민보』 독자들을 격려하면서 순회강연을 하고 있다. 강연은 민족주의와 대만통치를 비난하는 내용으로, 지방 민중의 깊은 호응과 열렬한 환영을 받고 있다. 따라서 문화협회는 강연회를 더욱 중시하여 빈번하게 강연을 개최하고 있다"[122]라고 당시의 상황을 보고하고 있다. 왕민천과 황정총이 강연의 영향력은 매우 컸는데, "지사라고 자처하며 모든 것을 멸시하고 공연히 민족 반항심을 부추기는 일을 하며 모국(일본)에 반하는 분위기를 조성하고 있다."[123] 1923년 졸업 후 왕민천은 대만으로 돌아와 문협이사로 선출된다.[124] 그 후 왕민천은 계속해 강연자로 활약하고 『대만민보』의 열성적인 건필로 활동한다. 왕민천은 그해 말 치경사건이 발생 후 구금 조사를 받은 41인 중 한명이며, 이듬해 10월 최종판결 전까지 구속되어 있던 18인 중 한명이었다. 무죄판결을 받았으나 일년이 넘도록 수감되어 있었다.

『총독부경찰연혁지』의 「대만의회 설립 청원 운동의 진상」은 운동에 참여한 주요 인사를 두 파벌로 분류하고 있다. 장위수, 채혜여, 왕민천 등 3인이 한 파벌로 그 특징을 다음과 같이 언급하고 있다. "중국의 미래에 많은 희망을 품고 있는 계파로서 중국이 정상화 되어 세계에 세력을 떨치기 시작하면 대만 역시 자연스럽게 광복을 맞을 것으로 여겨 민족의 특성을 지키고 실력을 함양하며 시기를 기다려야 한다고 생각한다. 따라서 민족의식이 중국을 향해 있고 입만 열면 중국 4천년 문화를 강조하며 민족의 자신감을 북돋우고 반일의

122) 葉榮鐘(1971), 303쪽.

123) 다음에서 다시 인용. 葉榮鐘(1971), 303쪽.

124) 이사 명단에 관해 다음 참조. 葉榮鐘(1971), 293쪽.

과격한 언행을 일삼는다."[125] 일본당국의 판단이 호의에 근거한 것은 아니나 여기에서 왕민천 등 인물이 계몽 운동 중 전통에 대해 어떤 믿음을 가지고 있었나를 정확하게 설명해주고 있다.

4절에서 언급한 바와 같이 1927년 문협의 좌우분열이 일어났다. 분열 후 문협은 좌파가 주도하면서 '신민회'시대의 계몽인사 중 왕민천만이 지도자로 신(新)문협에 계속 남았고 나머지는 모두 문협을 떠났다. 따라서 1927년 왕민천과 과거 전우는 각자의 길을 가게 된다. 상해대학 유학생으로 구성된 '상해파'의 지지를 받으면서 왕민천의 지위는 '비상해파' 지도자인 연온경(連溫卿)을 능가하여 중앙위원에서 재정부장, 교육부장을 거쳐 중앙위원장을 맡게 된다. 신문협과 농민조직이 협력한 항쟁이 나날이 격렬해지자 왕민천의 수감 횟수도 증가한다. 신문협이 빠르게 좌경화하는 과정에서 자주 문협을 해산하고, 좌익정당으로 재편하며 조합으로 만들자는 목소리가 있었으나 왕민천은 신 문협 중 남아있는 몇 안 되는 계몽가 거두로 문화개조의 사명을 버릴 수 없어 문협 해산을 반대하고, 『대만청년』을 나와 뢰화(賴和) 등과 좌익신문인 『대만대중시보』를 창간한다. 왕민천을 편집주임으로 하여 1928년 5월 7일 창간된 이 신문은 대만총독부 금지와 왕민천의 구금으로 10호까지 발행하고 7월 9일 발행이 중단된다.

왕민천은 1931년 말 마지막으로 다시 수감되는데, 이 해에 일본 당국의 대대적이 좌파 체포가 벌어졌으며 비교적 온건한 대만민중당 역시 당원대회 현장에서 결사 금지의 명령을 받는다. 1931년 12월

125) 다음에서 다시 인용. 葉榮鐘(1971), 161쪽.

왕민천은 문협 중앙위원장의 신분으로 대중을 이끌고 농민조합 지도자 간길(簡吉)이 대중(臺中)에 개최한 '대만적색구원회' 준비회에 참가하였다가 십여 명의 문협 중앙위원과 함께 체포된다. 이 사건으로 4년 형을 선고 받아 판결 전 구금 시간까지 합쳐 6년간 옥살이를 한다. 그가 출옥 했을 때는 노구교(盧溝橋)사건이 발생하고 2년이 지난 1938년으로 당시 대만에서는 황민화운동이 활발하게 일고 있었고 외부 환경 또한 어떠한 행동도 용납하지 않았다. 그리고 옥중에 받은 고문으로 건강이 악화되어 출옥 후 얼마 지나지 않아 세상을 떠나게 된다. 현존하는 문헌으로 왕민천이 마르크스주의로 변화된 과정을 상세하게 고증할 수 없지만 확실한 것은 그가 마르크스주의를 위해 죽음을 맞이하였으나, 유가사상으로 살았다고 할 수 있다. 노년에 써진 그의 시구를 보면 그가 유학을 통해 삶의 즐거움을 누리고 평온한 마음의 안정을 누린 것을 알 수 있다.

(2) 유가사상의 실천자

왕민천의 유학 수양은 어린 시절 서당(書房, 개인서원)에서 받은 교육에 기초하고 있다. 이 시절 학습과 경험은 뼛속깊이 새겨져 평생을 유학과 조금도 떨어지지 않도록 해주었다. 그런데 그는 1920년대 초반에는 장위수, 채혜여와 함께 적극적인 계몽운동가로 활약했고, 1920년대 후반에는 연온경, 간길과 함께 급진적 좌익운동가로 활동했다. 그렇기에 그가 어떻게 유학 신앙을 계몽과 해방 사업에 적절히 반영했는가는 깊이 새겨볼만한 문제이다. 아래의 몇 가지 관점에서 살펴보도록 하자.

1) 유학의 현대적 의의

계몽인사가 가장 주목한 것은 전체 대만 사회를 어떻게 현대화 하는가 하는 문제였다. 왕민천에게 유학의 현대적 의의를 찾는 것은 유학을 계속해서 현대 세계에 살아남게 하는 문제일 뿐만 아니라 용감하게 맞서 철저히 해결해야 할 개인의 신앙 문제이기도 했다.

일본당국은 대만 할양 후 민간 서당을 제한하는 여러 가지 조치를 취하였다. 이에 왕민천은 1922년 『대만청년』에 「서당교육 혁신론」을 발표하여 유학을 현대학문으로 재조정 하려는 시도를 하였다.

> 지금까지 전해오는 공자의 도리를 오늘날에 적용하면 다음의 세 가지로 분류할 수 있으며 모두가 반드시 배울 필요가 있다. 첫째, 하늘과 사람이 교감하는 도리, 즉 성(性)과 천도(天道)를 논하는 것인데, 이것은 송대와 명대의 유학자들이 연구하는 것으로 현대의 철학의 범위에 들어간다. 둘째는 치국평천하의 방법인데, 이것은 광범위한 원리 뿐 아니라 상세한 예의범절을 포괄하고 있어 정치학, 사회학의 범위에 포함된다. 셋째는 입신처세 하고 사람을 사람답게, 그리고 사람을 대할 줄 알게 가르치는 도리인데, 윤리학, 도덕학, 교육학의 범위에 속한다.[126]

1921년 발표한 「대만 교육 문제에 관한 소견」에서는 "유교의 치국평천하의 의의는 정치교육의 취지와 같다. 『대학』의 법제, 경제를 논한 부분은 정치·법률학 의의를 가져 국민에게 많은 이득을 줄 수 있다."라고 밝히기도 했다.[127] 이 글에서 왕민천은 법률, 정치, 문학, 상

126) 『臺灣青年』 4卷1號 (1922年 1月 20日). 이 후 『王敏川選集』에 수록.

127) 『臺灣青年』 3卷4號, 5號 (1921年 10月 15日, 11月 15日). 이 후 『王敏川選集』에 수록.

업 등 4개의 전공을 개설한 학교를 설립할 것을 제안한다. 왕민천의 이해에 따르면 『대학』은 앞의 두 학문으로 분류할 수 있다. 왕민천이 인식한 공자 교육은 이처럼 송대 성리학자들이 중시한 것 보다 더 광범위 한 것을 볼 수 있다. 다만 앞서 분류한 세 가지 학문에 실질적으로 통하는 상세한 설명이 없고 유학의 사학, 시학 및 미학을 간과한 측면이 있다. 그러나 계몽운동 초기 이처럼 거시적, 비교적 시각으로 공자의 학문을 재인식 하는 것은 확실히 쉬운 일은 아니다. 왕민천은 유학의 현대적 의의를 우선 현대 서양 학문과 상호 연구 토론해야 발굴해 낼 수 있는 것으로 인식했다. 두 번째 현대적 의의는 유학 자체가 가진 '시대 적응'의 잠재력으로 이것이 공자학의 기본 성격이라고 생각했다. 이점에 대하여 왕민천은 「서당교육 혁신론」을 통해 다음과 같이 유학을 적극적으로 변호하고 있다. "공자 학문의 자신의 의견만을 고집하지 않고 결함 없이 이상적이었기에 오늘날까지 전해내려 올 수 있었다. 사회 진보에 따라 적용할 수 없는 부분도 있을 것이고, 오늘날 사람들이 받아들이기 힘든 부분이 있겠으나 이는 공자가 부족해서가 아니다. 공자는 이미 젊은 후학들을 두려워 할만하다(後生可畏)고 하였으며, 도의에서 벗어나는 것(德之不修)과 학문을 게을리 하는 것을 것(學之不講)을 걱정하였으니 이미 학문이 나날이 새로워짐을 이해한 것을 증명해 보여준다." 이 말은 공자의 학문에 대한 태도가 자기 의견만을 고집하지 않고 학문이 새롭게 변하는 이치를 자각한 것이라고 밝히고 있다. 유학은 시대에 따라 혁신한다는 것이 유학의 교리 중에 포함하고 있다. 그는 이어서 유학을 옛것이라 하여 폐지해야 한다는 선입견을 깰 것을 다음과 같이 주장한다.

> 새로운 것과 옛것은 시대에 따라 구별되는가? 오래된 것은 옛것이고 오늘날의 것은 새로운 것인가? 현재의 사람이 옛사람보다 반드시 우월하지는 않다. 주는 옛 나라이나 쇄신을 거듭하였다. 공맹의 도 또한 오래되었으나 여전히 새롭다. 교재의 차이로 나누기도 하는데, 그렇다면 경사자서(經史子書)는 옛것이고 과학은 새로운 것인가? 과학이 반드시 경서(經書)와 사서(史書)를 이기는 것은 아니다. 물리, 화학, 수학 공식을 좀 외우고 다양한 동식물의 이름을 하는 것이 경사자서를 아는 것 보다 더 가치 있는가? 이런 구별법은 완벽하지 않다. 개인적 소견은 시대 적응성 여부로 판단해야 한다고 생각한다. 시대가 따라 교재를 선택하는 것은 의문의 여지가 없다. 만약 시대에 맞는다면 옛것이라도 지장이 없고, 시대에 맞지 않는다면 새것이라도 유익하지 않을 것이다. 만약 맞지 않는 것이 있다면 새롭게 바꾸면 될 것이다.

그래서 왕민천은 유학의 '시대 적응' 부분을 밝히는 데에 힘을 썼고, '시대 부적응' 부분에 대해서는 많은 혁신 방법을 제시하였다. 아래 2), 3)은 각각 이 점을 논하고 있다.

2) 인격수양과 사회개조

왕민천은 유학이 당대에서 가장 유용하게 이용될 수 있는 곳은 인격수양이라고 여겼다. 사회는 개인으로 구성되어 있으므로 흠잡을 때 없는 개인의 인격은 완벽한 사회의 기초라 할 수 있다. 『서당교육혁신론』에서 그는 서당의 고유한 목적은 공자의 도로 인격을 양성하는 것이라 밝히고 있다. "공자의 도가 어떻게 인격을 양성하는 것인가? 공자의 교리는 대만 사회에 크게 도움이 된다. 어찌 대만 사회에만 도움이 되겠는가, 동양문화의 뿌리로 수천 년간 이어져 내려왔으니 그 가치는 점점 더 커지고 있다. 유학의 인격은 동양문명을 대표하며, 유학의 교화는 동양 사회 교육의 근간이다." 이 말을 통해 인격교육을 사회교육의 초석으로 활용 하려는 목적을 파악할 수 있다. 이어서 '개인과 사회'에 집중하여 다음과 같이 언급하고 있다. "공자가 성인으로 추앙받는 것은 종합적이고 대중적인 선을 행하며 겸손하고 솔직하였기 때문이다. 공자의 교리를 따르면 고귀한 인격을 기를 수 있다. 사회는 개인의 집합으로 개인이 선하면 사회가 선하지 않을 수 없다. 서당 교육은 공자의 도를 발양하는 것을 핵심으로 해야 하고, 공자의 도는 사회와 서로 호응해야 한다. 유학이 사회의 선량함과 아름다움의 기초를 길러내는 것이기 때문에 나는 서당교육이 절실히 필요하다고 하는 것이다."

유가의 인격 양성은 다음의 두 방법으로 사회 개조에 기여할 수 있다. 하나는 신식 교육 체제를 통해 한문, 수신 과목을 통해 국민의 도덕적 인격을 양성해 내는 것이고, 다른 하나는 지식계급의 자각을 통한 스스로의 개조가 사회개조로 이어지는 것이다. 이 점에서 왕민천은 유가의 인격이 곧 개혁가가 가져야 할 인격으로 여겼다.

우선 신식 교육과의 관계에서 살펴보면, 1921년 발표한 「대만교육문제에 대한 소견」에서 다음과 같이 명백한 의견을 밝히고 있다. "선현께서 교육의 목적은 자치의 발달을 꾀하는 것이고 도덕적으로 자유롭게 원하는 바를 하여도 불가한 것이 없는 인격을 키우는데 있다고 하셨다. 칸트(I. Kant)는 교육이 합리적인 완전을 목표로 한다고 말하였다. 많은 선현들 또한 교육이 개인의 인격을 발전시키는 목적에 기반을 둔다는 측면에서 공자와 뜻을 같이 한다.” 왕민천은 ‘도덕적으로 원하는 바를 하여도 불가한 것이 없는 인격을 양성한다’는 점에서 공자와 칸트의 의견이 동일하다고 보았다. 이와 같은 교육을 왕민천은 ‘인격교육’, ‘민본교육’(앞서 이 시기 지식인들이 ‘민본’과 ‘민주’를 혼용하여 사용하는 상황은 언급한바 있다.) 또는 ‘입헌교육’으로 불렀다. 왕민천이 1924년 발표한「입헌교육을 논하다」[128]는 수준 높은 철학 논문으로 칸트나 공자를 전혀 언급하고 있지 않지만 앞서 발표한 글 속의 ‘인격교육’의 관점을 발전시킨 것이다. 그가 초기에 밝힌 입헌교육의 첫 번째 목표는 교육을 받아 인격이 있음을 자각하고, 인격을 가진 사회의 구성원임을 자각하는 것이라고 밝히고 있다. “도덕적으로 지배 받지 않고 자율적으로 판단하고 행위의 선악과 옳고 그름을 분별할 수 있어야 한다”고 말하였다. 그는 더 나아가 입헌교육과 입헌정치의 관계도 다음과 같이 명확히 하고 있다. “교육의 목적은 자주독립적인 사람을 길러내는 것이고, 입헌정치의 목적 역시 자치민을 양성하는 것으로 서로 일맥상통한다. …… 도덕의 자주와 정치의 자치는 그 이치가 같은 것이 아닌가?” 그는 이어서 다음과 같이 ‘도덕자주’를 설명한다.

> 자주적인 사람은 맹목적으로 행동하는 것이 아니라 경솔한 행동을 자제하며 이치에 맞게 행동하는 사람으로 스스로를 자제할 능력을 지닌 치자(治者)이자 피치자(被治者)이다. …… 자주적인 사람은 스스로를 도덕상의 입법자, 도덕상의 행정자 그리고 도덕상의 판결자로 여기며 자신의 품성과 행위에 대해 타인의 어

128) 『臺灣民報』 2卷14號 (1924年 8月 1日). 『王敏川選集』에도 수록.

떤 관리 단속도 받지 않는다. 이러한 인격을 길러내는 것이 교육의 목적이다. 이를 정치에 적용한다면 바로 입헌 정치, 공공 이성, 사회 양심이다.

왕민천은 모종삼(牟宗三) 보다 40년이나 빨리 칸트와 유학의 융합 가능성을 발견했다. 다만 그의 운동가로서의 역할과 식민지 대만이 일본에 자치를 요구하는 운동이 거세게 일어나던 시대적 환경으로 인해 형이상학이 아니라 정치학적으로 접근했을 뿐이다. 왕민천은 인격교육을 통해 대만 인민의 도덕상 자주적인 인격을 양성해야만 정치적 자치를 추구할 수 있는 충분한 실력을 가질 수 있다고 판단했다.

왕민천은 일반 국민의 12년 의무교육을 주장했는데 이는 경제적인 요인을 고려한 것이다. 「대만교육 문제에 대한 소견」 중 그는 『맹자』 「양혜왕 상편」을 인용하며 "경제적 궁핍이 극심하여 다른 일을 돌볼 겨를이 없는데 어찌 예의를 행할 수 있겠는가?"라며 무상의 의무교육 시행만이 교육을 보급할 수 있고 이로서 문명국을 이루고 왕도를 받들 것이라 강조했다. "교육 보급은 정치적 자치에 도움이 될 뿐만 아니라, 권력을 숭상하고 지능을 뽐내며 재물을 다투고 인의를 고루하다 여기는 사회의 나쁜 풍속을 바로잡고, 고상한 취미를 배양하고 주색이나 사치를 뿌리 뽑는데 도움이 된다."

다음으로 유가의 인격교육은 사회 개조를 위한 지식인들의 필수과목이 되었다. 1923년 발표한 「우리의 미래를 위한 노력」[129]은 다섯 절로 '사회개조'를 논하고 있다. 유학 입장에서 1절은 '사회개조와 독립적 인생관'을, 2절에서는 '사회개조와 선각자'를 다루고 있다. 왕민

129) 『臺灣民報』 第4年1號 (1923年 1月). 『王敏川選集』에도 수록.

천은 "사회를 바꾸기 위해서는 숭고한 신념을 반드시 길러야 한다. 숭고한 신념이 있어야만 뜻밖의 일에도 고난과 고생을 두려워하지 않는다. 역경에도 뜻이 꺾이지 않으면 자신을 희생할 수 있으며 사회의 행복을 실현할 수 있다"고 쓰고 있다. 이어서 그는 다음과 같이 공맹이 사회개조가의 본보기라며 추앙한다.

> 공자는 일생에 수많은 고난을 겪었으나 그 뜻을 꺾지 않았으니 사회개조가의 모범이라 할 수 있다. 맹자께서 말씀하시길 하늘이 사람에게 큰 임무를 맡기고자 할 때는(天將降大任於斯人也) 반드시 그 마음과 뜻을 힘들게 하고(必先苦其心志), 뼈마디가 꺾어지는 고난을 당하게 하며(勞其筋骨), 그 몸을 굶주리게 하여(餓其體膚) 지금까지 할 수 없었던 일도 할 수 있게 한다(增益其所不能)고 하셨다. 또한 비천하게 되더라고 의지가 약해지지 않고(貧賤不能移) 부귀하게 되더라도 마음이 흔들리지 않고(富貴不能淫) 권력과 무력의 압박을 받아도 지조를 굽히지 않는(威武不能屈) 이를 대장부라 한다고 했다. 이러한 이를 사회개조가라 부르지 않을 수 있겠는가. 강한 신념은 한 번에 이루는 것이 아니라 그 품성을 수양하여 자신과 사회의 관계를 인식하게 된다. …… 사리사욕이 없고, 세상을 위해 희생할 수 있다면 삼군에서 장수를 빼앗을 수 있지만 필부에게서는 그 뜻을 빼앗을 수 없는 것이 아닌가. 정의롭다 생각되면 머뭇거리지도 계산하지도 않는 것이다. …… 선현들이 그와 같은 덕업을 쌓을 수 있었던 것은 독립적인 인생관을 가지고 굳세게 홀로 서서 권세에 영합하지 않았기 때문이다.

1925년 발표된 「헌일언(獻一言)」[130]에서 왕민천은 정치운동을 하는 사람은 장애에 가로막혀 뜻을 거두지 않기 위해서는 매우 용감해야 하며 앞을 향해 매진하여 목적을 이룰 수 있어야 한다고 강조하였다. '사대부'의 소양은 사회개조가, 정치운동가 뿐만 아니라 한학, 일본학, 서양학 구분 없이 모든 학자들이 필요한 것이다. 왕민천은 1924년 「진정한 학자상은 무엇인가?」[131]를 통해 학자는 시대 비판의 정신이 필요하다고 밝히고 있다. "「부귀하다고 음란하지 말것이며, 가난하다고해서 마음을 마음대로 움직여서는 안되며, 권세와 무력에 굴복해서는 안된다.(富貴不能淫, 貧賤不能移, 威武不能屈)」의 정신이 있어야 하며, 사회를 떠나 자기 수양을 할 수 없다. 학자들의 관점은 한쪽에 치우치지 않고 전체를 볼 수 있어야 하며 그 연구 범위 또한 넓어 과거와 현재 그리고 미래의 문제도 연구해야 한다." 여기에서 진정한 학자는 인격적으로는 권력으로부터 독립되어 있으며 사회와 융합하고, 통치학 방법상 공자의 정체론(整體論)을 취하여 사물과 시간 과정을 전체적으로 살피는 것을 알 수 있다. 왕민천은 일생 동안 사대부의 형상을 구현해냈다. 왕민천의 견해에 따르면 유가사상은 그와 같은 지식인 양성을 통해 사회 개조에 공헌할 수 있는 것이다.

3) 전통교육의 개혁

왕민천은 감정적으로 전통교육에 긍정적 태도를 취했지만 이성적으로 서당교육을 개혁하지 않고는 신식교육과 경쟁할 수 없다는 사실을 인지하고 있었다. 앞서 인용한바와 같이 『경찰연혁지』는 왕민

---

130) 『臺灣民報』 第67號. 『王敏川選集』에도 수록.

131) 『臺灣民報』 2卷18號 (1924年 9月 21日). 『王敏川選集』에도 수록.

천을 “입만 열면 중국 사천년 문화를 강조하며 민족의 자신감을 북돋는다.”라고 묘사하였는데, 일본당국의 사상검찰관은 왕민천의 글들을 세세하게 읽고 있었기 때문이다. 1924년 「이성을 중시해야 한다(宜重理智論)」[132]에서 그는 “우리 대만 한족은 …… 4천년이 넘은 고유문화를 가지고 있다”고 언급하면서 “대만청년은 한족의 고유정신을 발양하고 세계 각 민족과 분투하여 한족의 훌륭한 명성을 되찾아야 한다”고 강조하였다. 「서당교육 혁신론」에서는 고유문화와 서당교육은 밀접한 관계를 가지고 있음을 다음과 같이 지적하였다. “수천 년의 고유문화는 사회 행복을 증진시키며 사회의 존중을 받아 버리지도 버릴 수도 없다. 오늘날의 서당 교육은 바로 이 교유문화를 전해주는 기관이다.” 왕민천의 논리에 따르면 한족과 세계 각 민족이 함께 분투하면 고유문화를 발양할 수 있는데, 이 고유문화의 발전은 서당교육에 의존해야 한다. 서당교육이 완전하다면 쓸모없다는 말을 듣지는 않을 것이다. 앞서 이미 살펴보았듯이 왕민천은 공자 교리에 관해 긍정적으로 인식하고 있었다. 따라서 그는 공자의 학문을 전수하는 서당을 폐지하여 유학을 버리고 가르치지 않아서는 안 된다고 강조하였다. 뿐만 아니라 「대만교육 문제에 대한 소견」에서는 왕양명이 말한 산림천석(山林泉石) 어디서든 강학을 할 수 있다는 말을 인용하여 독립적이고 강건한 인물을 양성해 내는 데에 서당의 자연환경의 장점을 언급하기도 했다. 서당은 인격을 양성할 뿐 아니라 한문을 전수하는 가장 좋은 장소이기도 하다. 왕민천은 유학 못지않게 한문에 대한 열정을 보이기도 했다. 그는 이렇게 말했다. “한문은 이치를 담은 문자로 세계 각국의 문자 중에서도 필적할 만한 것이 없이 뛰어나 대대손손 전해 내려가야 한다. 더구나 대대

132) 『臺灣民報』 2卷20號 (1924年 10月 11日). 『王敏川選集』에도 수록.

손손 전하는 문자를 통해 사상이 고상해지는데 어찌 쇠퇴하도록 내버려두는가?"

따라서 왕민천은 세 가지의 서당 개혁 방안을 제시하고 있다.

① 교사의 인격 수양 : 왕민천은 서당 교사들이 다음과 같아야 한다고 여겼다. "공자와 같은 온화하되 엄숙하고, 위엄 있으나 사납지 않고, 정중하면서도 편안한(溫而不厲, 威而不猛, 恭而安) 경지에 이를 수 없어도 그 소양을 배우고 나쁜 행동을 해서는 안 된다. …… …스스로 바르지 않으면서 어찌 사람이 올바르기를 바라는가? 현재의 대만 사회는 아직 질서정연하지 못하고 교만과 사치가 만연해 있으며 덕으로 교정할 수 없으니 이는 교사가 마땅히 책임져야 할 것이다." (「서당교육 혁신론」) 사실 이는 스승은 경서만을 가르치는 것이 아니라 사람 됨됨이를 가르치는 것이라는 매우 전통적인 견해이다. 혁신의 방법으로 제시된 것에서 당시 대만 서당 교사들의 품격이 나날이 낮아지는 것에 대한 우려를 확인할 수 있다. 또한 공자를 스승의 모범으로 인식한다는 점을 알 수 있다.

② 교사의 학식 양성 : 이 부분에서 왕민천은 교사의 서학 교양을 중시하였다. 그는 동양의 유학을 날실로, 서양의 과학을 씨실로 엮어 고유문화의 빛을 더욱 발하게 해야 한다고 생각했다. 그는 신구학문의 다른 발표 방식에서도 다음과 같은 견해를 피력하고 있다. "학자들은 항상 명저(名著)가 아니면 발표를 꺼리고 연구가 심도 깊어지고 문장을 갈고 다듬고서야 명산에 보관하여 후세에 전하려고 하였다. 이것은 고상한 견식이고 옳은 태도이지만 전문가를 위한 것

이다. 민중에게 사상을 전해주고 지식을 보급하기 위해서는 이와 같이 구애를 받아서는 안 된다. 연구를 발표하여 자신이 잘못된 점을 발견하고 학식을 증진하는 것 역시 사회에 대한 공헌이다." 따라서 그는 서당 교사들이 신학의 발표 방식을 취하여 직접 지식을 키우고, 연구 결과를 발표할 것을 격려하였다.

③ 교사의 교육법 연구 : 왕민천은 원칙적으로 다음과 같이 공자의 교육법을 취할 것을 주장하고 있다. "공자는 학생의 자질에 따라 교육하였다. 인(仁)과 효(孝)를 묻는 제자들에게 각기 다른 대답을 들려주었다. 그 개성을 연구하여 대답하였기에 같지 않았던 것이다." 이처럼 '피교육자가 주체'가 되도록 해야지 '교육자가 주체'가 되는 것을 피해야 배우는 사람이 흥미를 느낄 수 있다. 그는 우선 전통적인 기계적 암기를 개선하자고 제안했다. 전체를 읽으면서 익히는 것이 아니라 부분을 읽으며 익히도록 하며 구절마다 해설을 하여 아동의 이해를 도와야 한다고 주장했다. 둘째 서양 교육학 방법을 도입하여 학생들의 연설 및 변론 능력을 훈련하고 도서, 표본, 모형 등을 이용하여 아이들의 창의력과 상상력을 개발할 것을 주장했다. 셋째 전통 교사들이 아이들의 질문을 반가워하지 않는 태도를 고쳐 학생들이 질문하도록 격려하여 사고능력을 배양해야 한다고 생각했다. 마지막으로 교재에 있어 전통적인 경사자집(經史子集) 이외에 이제껏 배제해온 소설도 경서와 사서를 보조해줄 교재로 사용할 것을 주장했다. 또한 잡지와 강남해(康南海, 강유위), 양임공(梁任公, 양계초), 엄기도(嚴幾道, 엄복), 장태염(章太炎) 등 근대 문인들의 글도 읽을 것을 주장했다.

상술한 혁신의 방법은 대부분 서당 교사의 학식에 대한 것으로 동양의 유학과 서양의 과학을 겸비하기를 요구하고 있다.

4) 생명의 학문

왕민천는 전문 학자가 아니었다. 계몽인사는 원래 전문 학자를 바람직하지 않게 보았다. 왕민천의 입장에서는 신문, 잡지를 통해 유학의 혁신을 널리 알리는 것도 중요했지만, 그의 개인적 생명, 그의 사회적 실천을 통해 유학의 교리를 체현하는 것이 더 중요하였다. 앞서 언급한 바 있듯이 문협의 각종 활동 중에서 문화강연회가 선풍적 반향을 일으키고 영향력 또한 가장 컸다. 이러한 강연회의 창시자가 왕민천이다. 1924년 고현영(辜顯榮) 일파의 '유력자(有力者) 대회'에 반격하기 위해 개최한 '무력자(無力者) 대회'에서 왕민천은 '자신이 하기 싫은 일은 남에게도 하게 해서는 안된다(己所不欲, 勿施於人).'를 주제로 강연을 하였다. 더욱 흥미로운 것은 1925년 겨울 왕민천은 한 달이 넘도록 매일 저녁 논어를 강연하여 일본 경찰과 대립하였다. 섭영종은 일본 경찰이 문화강연회 현장에서 이유도 없이 자주 해산 명령을 내렸으나 개최 측과 청중들은 저항의 수단으로 계속 강연회를 하는 것이다. 오늘밤 해산시키더라도 내일 밤 다시 모여 의지를 보였다. 일본 경찰을 괴롭히던 이 같은 상황은 특히 대북(臺北)에서 많이 발생하였다. 섭영종은 민국 14년 겨울 대북경찰서의 강연 금지가 너무 심하여 크게 화가 난 사회자 장위수는 왕민천에게 매일 밤 논어를 강연하도록 했는데 한 달이 넘도록 지속되었다고 회고하였다. 청중들 또한 이것이 일본 경찰에 대한 저항이란 점을 알았기에 찬바람이 매서운 한겨울밤에 시간을 지켜 찾아와 성원을 아끼지 않았다.[133] 『경

133) 葉榮鐘(1971), 305쪽.

찰연혁지』는 1925년 대북주(臺北州)의 문화강연 평균 참가자는 282명[134]으로 밝히고, 있는데 강연활동에 호의적이지 않았던 일본 경찰의 통계임을 감안하면 그 수는 훨씬 많을 것이다. 주최 측 관련 사람과 감시하던 일본 경찰을 포함하면 300명이 넘는 사람들이 1925년 겨울 한 달이 넘도록 매일 왕민천의 논어강연을 들었는데 이는 20세기 대만에서 한 논어 강연 중 가장 청중이 많은 강연이었을 것이다. 그리고 논어가 식민지 인민들에게 식민 당국에 저항하는 자원이 되었다는 점이 더욱 의미 깊다. 당시 왕민천의 강연 원고가 남겨지지 않은 것이 아쉽지만 상술한 왕민천의 유학사상 소개로 볼 때 강연 내용 또한 매우 창의적이며, 전통 서당 교사들의 강의 방식과는 달리 흥미로웠을 것이다. 그리고 그는 '대만어(민남어)'로 논어를 강연하여 한어 방언으로 일본어에 대항하는 의미 또한 가졌다. 어찌되었든 1925년의 겨울 대북(臺北)에서 왕민천이 매일 밤 300명의 청중 앞에서 논어를 강연하여 제국주의에 저항한 것은 대만 유학 역사상 가장 감동적인 장면임이 틀림없다.

왕민천은 여러 차례 투옥되었는데, 문천상에서 동림당, 반청복명 열사에 이르기까지 옥중에서 고초를 겪는 전통 지식인에게 위로가 된 것은 유학이었다. 왕민천은 1923년에서 1924년까지 치경사건으로 투옥되었을 때 옥중에서 「옥중잡영(獄中雜詠)」[135] 열 수와 두 수의 증답시(贈答詩)[136]를 섰다. 「옥중잡영」의 일부 구절은 다음과 같다

134) 통계표는 다음 참조. 葉榮鐘(1971), 307쪽.

135) 「獄中雜詠」은 『臺灣民報』 2卷6號(1924年 4月 11日)에 게재되고, 『王敏川選集』에도 수록 됨.

136) 이 두 수의 시는 『臺灣民報』 2卷8號(1924年 5月 11日)에 발표되고, 『王敏川選集』에도 수록 됨.

제2수: 이 땅에 온 수십 인이 모두 계략과 유신을 가슴에 품고 있다.
제3수: 스스로 감옥 문을 살피니 열기 쉽지 않고
독서하려고 정좌하며 의시(疑猜)를 함께 한다.
분명히 모든 현인들의 말씀은 황홀하지만
천추에 준재가 있음에 감탄한다네.
제4수: 친구와 벗이 하는 말에 추창하지 말라
옥중에도 좋은 게 있어 신년을 맞이한다.
제5수: 평생 많은 광달(曠達)을 즐기려고 하면
득실에서 비환(悲歡)하지 않아야 하리라.
제6수: 옥중에서도 책을 보고 밤에 그림을 그리니
춘색을 잊지 않으니 우스꽝스러운 내 어리석음이여!
제7수: 선비는 궁할 때가 되면 마음이 더욱 적정해지고
곤고(困苦)로 인하여 근심을 만들지 않는다.
제9수: 편지가 자주 오니 감정이 깊어지고
의리가 소연하면 고금을 증거한다.
속세를 탄식하지 말라 모두가 차갑고 뜨거운 것과 같으며
세상 가는 것을 즐기면서 지음을 하여라.
제10수: 반평생 행위가 기이하진 않지만
누가 감동이 아미(蛾眉)에 이른 줄 알았으리.
인생 배워서 결국 어디에 쓰고자 했더니
종지는 수신과 세상 구제하는 때에 있었네.

第二首: 此地同來數十人, 俱懷才略計維新

第三首: 自料監門不易開, 讀書靜坐屛疑猜 , 分明恍共諸賢語, 拜服千秋有俊才

第四首: 爲語親朋莫惆悵, 獄中儘好度新年

第五首: 且喜平生多曠達, 不將得失作悲歡

第六首: 獄裡觀書宵繼晝, 莫忘春色笑予痴

第七首: 士到窮時心愈定, 不因困苦把愁生

第九首: 雁書頻到感情深, 義理昭然證古今. 俗態莫嗟多冷暖, 卻欣世上有知音.

第十首: 半世行爲不自奇, 誰知感動到蛾眉. 人生求學終何用, 旨在修身與濟時.

세 번째 시에서는 "중국철학사를 읽고"라는 주석을 달았는데, 여기에서 그가 옥중에서 사색, 독서 그리고 선현과의 대화를 통해 즐거움을 누리고 있으며 지은 시들은 이러한 마음을 표현한 것을 알 수 있다.

아홉 번째와 열 번째 시는 조금 특별한데, 옥중의 그에게 편지와 물건을 보낸 오쇄운(吳瑣雲)이란 여성에게 보낸 답시이다. 열 번째 시에서는 유학에 대한 포부를 거듭 밝히고 있으며 다른 한편으로 오여사를 통해 당시 여성의 자각을 엿볼 수 있다.

나머지 두 수 답시에서도 유학이 주요 사상 내용임 확인할 수 있다.

[시지선(施至善)형과 이산화(李山火君)군에게 보내며]

전패한 옥중에서 오로지 책을 읽으며,

우(虞)가 아끼지 않음을 걱정하며 걱정하기를 삼 여년. 스스로 공자와 안자의 즐거움을 이해하고 알면서부터, 어찌 구구히 만종(萬鐘)의 책을 차망(羡望)하지 않으리. 그대는 아는가! 고금(古今)에 무수히 시대를 구제한 인재들이 어렵게 고생하면서 마음이 재가 되었음을

[양종성(楊宗城君)에게 보내며]

깨달은 모든 현인의 보는 진리는 심오하지만, 모르는 세인들은 모두가 그릇이 작다고 하네.

「寄施至善兄及李山火君」: 巓沛獄中猶讀書, 憂虞不惜惜三餘. 自從解識孔顔樂, 何羨區區萬鐘祿. 君不見, 古今無數濟時才, 歷盡艱辛心靡灰.

「寄楊宗城君」: 一覺諸賢見理深, 無奈世人多器小

1931년 투옥되어서는 6년간 옥살이를 했지만 남긴 시는 몇 수 되지 않는다. 이는 옥중 여건이 예전만하지 못했기 때문인데, 일본당국은 계몽운동을 하던 자유주의자보다 마르크스주의자에게 더욱 가혹하게 대하였다. 더 많은 마르크스주의자를 찾기 위해 왕민천에게 고문을 가했는데, 72세의 그의 딸이 당시 아버지의 상황을 회고하며 떨림과 눈물이 멈추지 못할 정도였다.[137] 그러나 수감된 지 5년째 쓴 아래의 시에서는 그 어떤 고통의 흔적도 찾을 수 없다.

[기쁘게 아들을 만나고 나서]

5년 동안 이별의 의미를 마음에 새기고,

차가운 아침 홀로 찾아왔으니 미소 짓지만 나는 모두가 백발이라 웃음 짓는 너는 바로 청춘이구나, 만권의 책은 정독하면서 촌음을 아껴야만 저절로 진귀해지고 말에 기탁하는 모든 벗들은 물리치고 옥중에 애비도 생각하지 마라.

「喜兒子會面」: 五載懷離意, 寒朝獨訪親. 笑余多白髮, 喜汝正青春. 萬卷須精讀, 寸陰好自珍, 寄言謝諸友, 莫念獄中人.

---

137) 다음 참조. 李篤恭의 「憶敏川叔」, 『王敏川選集』.

출옥 후 지은 아래의 두 수의 시에서도 태연한 마음을 표현하고 있다.

> 6년 옥살이에 센 머리카락과 귀밑털 상봉(相逢)하자 미우(眉宇)가 열리더니 친척과 붕우들은 늙고 여윈 것을 놀라지만 처자는 돌아온 것을 즐거워하는구나.
> 높이 세 수의 시를 읊고는 다정히 대화하며 한 잔의 차를 마시네. 배반한 선비들을 말하지 않으려니 학문 연구하여 따라와 주었으면…
> 「回家偶感」: 六載皤雙鬢, 相逢眉宇開. 親朋驚老瘦, 妻子喜歸來. 高興詩三首, 淸談茶一杯. 莫言是迂士, 硏學可追陪.

> 바둑을 두면서 승리할 국면을 연구하고 물소리 들으며 청류를 사랑하네.
> 부인은 본래 편안한 것을 구함에 익숙하였고 아이들은 배움을 향하여 치달으니
> 다시 어리석을 상태에 머물러 있게 되니 서책만이 좋은 벗 일래라!
> 「偶感」: 圍碁硏勝局, 玩水愛淸流. 婦本安貪慣, 兒猶向學修. 更留癡態在, 書卷當良儔[138]

왕민천의 한결같은 소양과 인정이 드러나는 시를 통해 그가 유학을 위안삼아 가혹한 형벌도 달콤하게 느끼며 힘든 옥중 생활을 견디고, 경전을 읽고 연구하며 책과 함께 늙어가는 후회 없는 노년을 보낸 것을 알 수 있다. 이처럼 유유자적한 이미지 뒤에는 왕민천의

138) 위의 삼 수의 시는 『瀛海詩集』(1940年 10月30日)과 『王敏川選集』에 수록 됨.

강건하고 강직한 생명이 있었다. 이 같은 경지에 도달할 수 있었던 것은 공자의 가르침 때문이라는 것을 왕민천도 인정할 것이다. 그가 마르크스주의로 전향하게 된 심리 변화의 과정을 알 수 있는 자료는 충분하지 않지만, 노년의 시구들로 볼 때 그가 마르크스주의 노선을 걷게 된 것도 유학 전통의 '사대부'를 실천하기 위해서임을 알 수 있다. 그의 묘비명에는 아래의 그의 말을 새겨야 할 것이다.

> 관료로부터 칭찬을 받는 것보다 백성에게 욕을 듣지 말아야 한다. 재산이 많기보다는 마음에 거리낌이 없는 것이 낫다. 나라의 녹을 먹지 않고, 주색잡기에를 멀리하는 것이 백성을 위한 대장부의 행동이다.[139)]

(3) 여성주의자

앞서 2절에서 1924년~1925년 계몽에서 해방으로의 전환을 다룰 때 언급했듯이 해방 사상에는 민족, 계급, 성별의 3대 영역이 포함된다. 1924년부터 『대만민보』는 여성의 자각 촉구, 부권사회의 비판 및 전통 결혼의 반성에 대한 사설을 여러 차례 게재한 것으로 보아 여성주의가 1920년대를 대표는 새로운 사조임을 알 수 있다. 이 시기를 보면 왕민천 만큼 여성주의를 가장 빠르게 발굴하고, 가장 심도 깊게 사고한 사람은 없었다. 계몽운동이 막 시작된 1920년 왕민천은 『대만민보』에 「여성교육론」을 발표[140)]한 후 1923년에서 1925년

---

139) 莊永明의 윗 글에서 인용.

140) 『臺灣青年』 1卷3號 (1920年 9月 15日).

까지 「결혼 문제의 발단」,[141] 「여성의 자각」,[142] 「여성교육의 보급」,[143] 「일본 여성의 활발한 정치 참여」,[144] 「공창폐지 문제에 대한 소견」[145] 및 「지식계급 여성의 분기 촉구」[146] 등 글을 연이어 발표하였다. 발표한 글들의 핵심은 다음과 같다. ①여성의 인격과 능력은 남성과 같으니 육성하여 사회개조의 실력을 키워야 한다. 따라서 여성해방은 국가, 사회 진보의 일환이라 할 수 있다. ②남성은 반드시 여성의 인격을 존중해야 하며, 이를 통해 남성의 인격은 완성될 수 있다. ③여성의 자각은 자신의 개성을 인식하는 것도 포함된다. 이는 여성 스스로 내부의 직관과 경험으로 얻는 것으로 남성이 규정할 수 없다. ④연애는 남녀평등의 이상을 실현하는데 최고의 전형이다. 이 네 가지 핵심 논점을 아래에서 좀 더 상세하게 논해보자.

1) 여성운동과 사회운동

왕민천은 세상에 태어나는 남녀의 수가 비슷하듯 남녀의 인격 또한 차별이 있을 이유가 없다고 여겼다. 「여성교육의 보급」을 통해 '차별'은 남성의 편견임을 다음과 같이 지적한다. "여성이 교육에서 남성에 뒤처지기 때문에 독립의 필요가 없다고 말하는 사람이 있는데 이는 여성을 무시한 것이다. 남성은 심리적으로 고루한 사상을 버리지 않으려고 하며 차별적 사고방식을 가지고 있다. 그러나 일본처럼 격려하고 제한을 두지 않는다면 몇 해 지나지 않아 남성에 못지않은

141) 『臺灣民報』 第2號(1923年 5月 1日).
142) 『臺灣民報』 2卷11號(1924年 6月 21日).
143) 『臺灣民報』 2卷19號(1924年 10月 11日).
144) 『臺灣民報』 2卷13號(1924年 7月 21日).
145) 『臺灣民報』 3卷3號(1925年 1月 21日).
146) 『臺灣民報』 3卷8號(1925年 3月 11日). 위의 일곱 편 글은 『王敏川選集』에도 수록 됨.

성적을 낼 것이다.”「여성의 자각」에서는 교육을 통해서만 여성들은 자신의 숭고한 인격을 인식할 수 있다고 말한다. 이러한 여성의 자각은 완전한 한 인간으로 거듭나는 것으로 지식을 쌓고, 남성의 멸시와 변덕을 이겨내고 반드시 이뤄내야 하는 것이라 강조하였다. 왕민천은 여성운동을 사회운동의 일환으로 파악하고「지식계급 여성의 분기 촉구」에서 다음과 같이 주장한다. “우리 대만의 360만 인구 중 절반인 180만 명은 여성이다. 이를 등한시한다면 사회에는 절반의 활동력만 남게 된다. 만약 나머지 절반의 활동력을 해방할 수 있다면 사회 진보에 큰 도움을 줄 수 있을 것이다.”

2) 여성의 자각과 남성의 자각

왕민천은 여성의 각성은 여성을 해방시켜 줄 수 있을 뿐만 아니라 남성도 해방할 수 있고, 여성인격을 양성할 뿐만 아니라 남성인격 또한 제고 할 수 있다고 인식했다. 왕민천은「여성의 자각」에서 지금도 남성들이 지식과 경제력이 여성보다 우월하기에 축첩하고 기생집에 드나들어도 된다고 생각하지만 이런 남성들의 행동은 여성들을 업신여기는 것이라고 비판하였다.「일본 여성의 활발한 정치 참여」에서는 남성들이 여성이 참정권을 쟁취하는데 힘을 보태야 한다고 주장하였다. 반박하는 의견에 대해서는 “여자는 능력이 없다고 치부하는 남자들이 있다. …… 남자들의 왜 여자들이 능력이 없다하여 하찮게만 보는 것인가. 여자가 능력이 없다는 것을 알았다면 오히려 어떻게 그들의 능력을 채워줄 것인가 고민해야 하지 않는가? 어찌해서 여성들이 존경 받을 자격을 주려하지 않고, 남자들과 동등한 교육의 권리 및 정치적 권리를 부여하지 않으려고 하는가?”라고 비난하였다. 왕민천의 유학적 견해에 따르면 타인을 무시하는 사람은 인격수양이 필요한 사람이다. 왕민천은 "이제껏 남자는 여자를 낮은 계급으로 보는 편견을 가지고 있지만 남자는 여성의 권리를 보장해 주어야 한다. 전혀 반성 없는 스스로의 품행을 자각하고 여성들의 지위가 향상되도록 해야만 남자의 품격도 완성될 수 있다"고 「결혼 문제의 발단」에서 언급하고 있다. 이 말에서 여성자각과 남성자각은 상호 보완, 의존적이란 성별문제의 정수이다. 따라서 여성 지식계급의 목표는 여성 해방 뿐만 아니라 남성 해방도 포함된다. 왕민천은 여성이 운동에 참여하여 남성을 고무시키고 그들의 정치적 양심을 자극하기를 기대한다고 「공창폐지 문제에 대한 소견」에서 밝히고 있다. 왕민천의 이와 같은 견해는 여성인 여성주의자들도 놀라게 하였다. 그의 견해에 따르면 여성운동 이전의 여성은 억압 받았지만, 남성 또한 자기의 주체성을 각성하지 못한 것이다. 이는 헤겔 철학에서 노예주가 노예를 억압함으로 스스로 자유롭지 못하게 된다는 변증법적 사상을 보여준다. 이처럼 왕민천은 여성주의 운동을 보편가치를 지닌 해방 운동으로 승화하고 남성의 합류를 촉구하였다. 신여성의 출현 뿐 아니라 신남성의 출현도 이 운동의 목표인 것이다.

3) 여성의 개성 발견

왕민천은 여성의 자각은 반드시 필요한 부분으로 개성의 인식이라고 여겼다. 「여성의 자각」을 보면 그는 남녀의 개성이 서로 다르며 각자 '절대적 가치'를 지녀 남녀가 각자 그 개성을 발휘하면 '공동의 행복'을 얻을 수 있다는 견해를 밝히고 있다. 그러나 예로부터 남자는 '여성의 개성을 속박'해 왔으며 '임신과 육아를 천직으로 하는 것을 여성 전체의 개성'으로 여겼다고 언급하고 있다. 왕민천은 여성의 개성을 인식하여 여자 스스로 내부의 직관과 경험을 통해 자아를 찾아야지 남성에 의해 국한되어져서는 안 된다고 주장했다, 시대에 부합하는 신도덕으로 여성의 개성에 대한 해석과 활동은 모두 여성에게 일임하고 그들 스스로 찾으며 남자들의 정의는 단지 참고만 해야 한다고 주장했다. 상술한 1), 2)가 여성의 보편적 인격 존중을 강조한 것이라면 이는 여성의 특수성에 대한 존중의 표현이라고 하겠다. 왕민천의 여성문제에 관한 사유는 이처럼 세밀하고 심도 깊다.

4) 사랑의 지업(志業)

1923년 왕민천은 앞서 밝힌 여성에 대한 존중을 기반으로 대만 유학 전통에 상당한 공헌을 하게 될 견해를 제시하였다. 이는 당군의(唐君毅) 『사랑의 복음』의 선구로 간주된다.[147] 왕민천은 「결혼문제의 발단」에서 남녀가 함께 만들 수 있는 이상을 다음과 같이 묘사하였다. "연애는 최상의 모델이다. 완전한 도덕과 평등한 지식 위에 독립된 인격의 두 사람이 성에 관하여 추구하고 이상화된 화합을 이루는 것이다. 결혼 또한 성욕을 만족하거나 혈통을 이어가기 위한 것이 아니라 남녀의 화합으로 사회, 인류에 대한 위대한 공헌이자 공동의 목표를 품는 것이다." 그는 또한 "배우자의 조건에 상관없이 정신적으로 사랑하고 이상을 같이해야 한다."고 강조했다. 왕민천이 이 말은 왕선산(王船山)이 「선산기(船山記)」에서 말한 "즐거울 때 동반자가 있고, 뜻을 읊을 때 알아주는 이가 있다. 이상을 추구할 때 같이 계획하는 이가 있고, 굳건한 마음을 품을 때 도와주는 이가 있

147) 여기에서는 왕민천과 당군의 두 사람이 사랑을 유학자가 필히 엄격히 대해야 할 과제로 삼있음에 대한 논의이다. 두 사람의 사상의 차이는 여기에서 논의하지 않겠다.

다.(賞心有侶, 詠志有知, 望道而有與謀, 懷貞而有與輔)"148)와도 통한다. 물론 여기에서 왕선산이 말한 '동반자'는 당연히 동성 간을 말하는 것이다. 시대적 한계로 전통 유학에서 여성에 대한 존중이 부족했으므로 동반자, 동지의 감정을 이성간에 부여할 수 없었을 것이다. 왕민천의 주장은 왕선산의 이상을 남녀 간에 실현시킨 것이다. 또한 사랑의 최고 전형을 통해 남녀의 인격을 제고하여 사회인류에 공헌할 수 있다고 인식했다. 이러한 인식은 사랑을 지업(志業)으로 여기고, '입공(立功), 입덕(立德), 입언(立言)'의 삼불후(三不朽)에 '입정(立情)'을 추가한 것이다. 서복관(徐復觀)은 삼대지치(三代之治)는 유학 정치의 영원한 향수(鄕愁)라고 하였는데, 20세기 초 왕민천은 유학을 위해 또 하나의 향수, 즉 애정의 향수를 만들어 냈다.

왕민천은 유가의 근본적인 교리 논리에 따라 먼저 여성이 차별받지 않아야 할 뿐 아니라 인격적으로 남성과 평등하다는 것을 명확히 했다. 그리고 일생을 통해 유학의 위안이 20세기에도 여전히 존재함을 증명해냈다. 마지막으로 왕민천 평생의 생각과 행동에서 유학과 마르크스주의와 여성주의의 융합 가능성을 발견할 수 있었다.

본문의 1~5절은 1998년 10월 22일에서 24일까지 대만대학 주최로 열린 대만대학 개교 70주년 기념 국제세미나 「세기를 초월한 대만 문화의 발전」에서 발표하였으며 회의 논문집에 게재되었다. 6절은 1998년 10월 19일 「하버드 유학 심포지엄」에서 발표한 내용이다.

---

148) 王船山, 『王船山文集』(臺北, 河洛圖書出版社, 1975), 40쪽.

제8장

금비녀(金花): 뢰화의 단편소설 「저울(一根稱仔)」 중의 전통문화

1. 머리말

뢰화(賴和, 1894~1943)는 대만 창화(彰化) 사람으로 일본 식민지 시대에 전통문학의 세례를 받았으며 신문학 창작에 힘쓴 저명 작가로 '대만 신문학의 아버지', '대만의 노신'으로 불린다. 그가 신문학에서 이룬 성과는 끊임없이 회자되고 있다. 사실 그는 한시, 서예와 같은 구학문의 조예도 깊었다. 그와 동향인 진허곡(陳虛谷), 양수우(楊守愚) 등 신문학가들과 함께 시인 문학단체를 결성하기도 했다. 1994년 창화현 문화센터가 임단명(林端明) 편저로 출판한 『뢰화한시초편(初編)』에는 뢰화의 5백여 수의 한시가 수록되어 있다. 왕시랑(王詩琅)의 말처럼 서양의 분위기가 전혀 없었던 그의 '대만 전통복(唐裝)'은 '한족 유민'[1]의 상징이자, 그의 일생의 특징이다.[2] 뢰화의 직업이 서양의사

1) 뢰화는 소설 『棋盤邊』에서 '한족의 유민(遺民)'이라는 표현을 썼다. 『賴和集』(臺灣作家全集) (臺北, 前衛, 1991)에 수록됨.

2) 王詩琅, 「閒談懶雲」 『陋巷淸士: 王詩琅選集』 (臺北, 弘文館, 1986), 165-166쪽.

였고 사회주의와 민족주의 등 현대 사조를 위해 싸우다 투옥이 되기도 했지만, 그의 정신세계의 일부는 여전히 고전의 중국에 속해 있었으며, 이 부분은 그의 신문학 창작에 무시할 수 없는 영향을 끼쳤다.

본문은 뢰화의 대표적 단편소설 「저울(一根稱仔)」을 통해 뢰화가 대만 고전 세계를 어떻게 형상화 했는지 분석해보고자 한다. 1926년 『대만민보』에 이 소설이 발표되었을 때 뢰화는 '저울' 두 글자에 인용부호 표시를 하였다. 당시 그가 사용한 것은 '칭(秤)'자로 '칭(稱)'의 속자이다. 소설 내용에서도 저울은 이야기의 큰 전환을 가져오는 중요한 역할을 한다. 따라서 많은 평론가들이 저울이 내포한 상징적 의미를 통해 소설이 잔혹한 일본 식민 통치를 반영하고 있다고 분석한다. 임단명은 일본 경찰에 의해 부서진 저울은 '공정하고 엄준한 법'을 상징한다고 여겼으며,[3] 시숙(施淑)은 저울이 관청대리인에 의해 부서진 것은 '법의 존엄'[4]을 근본적으로 부정한 것으로 이 소설은 식민지 암흑기의 비극을 직접적으로 반영한 것이라고 분석했다.[5] 제목인 '저울'이 중시를 받으면서 저울과 함께 소설에서 풍부한 상징적 의미를 내포하였으며, 이야기 발전에 영향을 주는 중요한 물건이 간과되었는데, 바로 금비녀(金花)이다. 사실 '금비녀'와의 대조를 통해서만이 저울이 가지는 상징적 의미가 완전히 부각된다. 동시에 뢰화는 금비녀를 중심으로 긍정적 의미의 완벽한 고전 세계를 그려내고 있다. 이 글을 통해 「저울」 중 이 부분의 내포된 의미가 발굴되기를 기

3) 林端明, 『臺灣文學與時代精神: 賴和研究論文集』 (臺北, 允晨, 1992), 332쪽.

4) 施淑, 『稱子與稱錘: 論賴和小說的思想性』, 『賴和集』에 수록, 280쪽. 원래 『臺灣文藝』 80期 (1983.1.)에 게재.

5) 施淑, 279쪽.

대해 본다.

2. 1925년의 대만

「저울」은 1926년 2월 14일, 21일 발행된 『대만민보』의 92호, 93호에 발표되었다. 문장 말미에 '12월 4일 밤에 씀'이라 기록한 것으로 보아 1925년 세모, 즉 대만이 식민 지배를 받은 지 30년 되던 해 소설을 완성한 것으로 보인다. 소설은 바로 1925년 대만을 반영하고 있는데 소설 내용과 관련된 정치·경제 요인은 농민의 참상과 일본경찰의 잔혹한 행위이다.

일본의 식민지배 이전 '천하는 왕의 영토가 아닌 것이 없다(普天之下莫非王土)'라는 전통 사상에 기초하여 '업주권(業主權)'의 관념이 있었다. 개인주의 법제하의 사유재산 소유권과는 달리 토지 소유자를 '지주(地主)'라 부르지 않고 '업주(業主)'라 칭했다.[6] 「저울」의 시작 부분에 주인공 진득참(秦得參)의 부친은 '업주'로부터 몇 마지기의 전지를 빌려 농사를 짓는 소작농으로 나온다. 진득참이 태어나기도 전에 부친이 세상을 떠나자 업주는 소작료를 더 받기 위해 땅을 다른 사람에게 넘기는데 이때부터 그의 비극적인 일생이 시작된다.[7] 소설 중 진득참은 법관에게 곧 서른이 된다고 하였으니 소설이 완성된 1925년에서 거슬러 올라가 계산하면 업주가 진득참 모자로부터 전

6) 矢内原忠雄著, 周憲文譯, 『日本帝國主義下的臺灣』(臺北, 帕米爾, 1985), 15쪽.; 葉榮鐘, 『臺灣民族運動史』(臺北, 自立晚報, 1971), 493쪽.

7) 본문 중 소설 「저울」의 내용은 모두 『臺灣民報』(東方文化書局復刊本)에서 인용함.

답을 회수해 것은 대만이 식민지가 된 1895년 전후 일 것이다. 진득참이 16세가 되던 해 모친은 그가 머슴을 그만두고 집으로 돌아와 소작일을 하기를 바랐으나 그 시기 땅을 빌리는 것은 이미 쉬운 일이 아니었다. 제당회사가 업주들에게 높은 소작료를 제시하여 전답을 빌리던 때로 자신에게 이익이 되면 농민의 고통을 개의치 않던 업주로 인해 많은 전답이 제당회사로 넘어갔다. 당연히 득참은 땅을 빌릴 수 없었고 회사의 노동자로 일하고자 하였으나 소, 말과 같이 대접받는 일을 하는 것을 모친이 허락하지 않아 집에 머무르며 소일을 하였다. 이 시기 진득참이 16세가 넘은 때로 1911년 무렵인데 이 시기 대만 소작농의 처지에 변화가 있음을 알 수 있다. 1911년 일본제국의 제당업 확장이 대만 농민에 어떤 타격을 입혔는가? 경제학자들의 연구를 통해 좀 더 구체적인 분석을 할 수 있다.

1900년 일본이 대남현(臺南縣) 교자두(橋仔頭)에 최초의 신식기계 제당공장인 대만제당주식회사를 설립하였다.[8] 대만 당무국(糖務局)의 제당량은 1902년 설립시의 3천만 킬로그램에서 1910년에는 2억7천만 킬로그램으로 급증하였다.[9] 9년 만에 생산량이 9배 증가한 제당업의 놀라운 확장은 필연적으로 벼농사를 짓는 농민(稻農)의 생존공간을 축소시켰다. 땅을 빌리지 못한 일부 벼 농민은 사회 노동자로 전락하였는데, 진득참의 모친은 이런 일은 소나 말이 하는 것이라며 그가 하지 못하도록 하였다. 어머니에 의해 집에 머무르던 진득참이 할 수 있는 일은 땅을 빌린 소작농의 땅을 소작하는 것으로 결국 소작농보다 더 낮은 계급이 되었다. 이러한 계급의 속성은 스무 살에

---

8) 矢內原忠雄, 앞의 책, 200쪽.

9) 矢內原忠雄, 앞의 책, 205쪽.

그를 행상인으로 만들고 결국 비극적 운명으로 이끌 씨앗을 심은 것이다. 그가 죽던 1925년은 사탕수수 농민 운동이 거세게 일어나던 해이다. 제당주식회사는 진득참과 같은 벼 농민을 절망적인 상태로 몰아넣었을 뿐만 아니라 회사 관할 소작지에서 사탕수수를 짓는 농민을 끊임없이 수탈하였다. 사탕수수 농민 대부분은 강압적으로 사탕수수로 종자를 바꾸었으며, 자신이 재배한 사탕수수의 가격을 결정할 권리를 모두 제당회사에 빼앗겼다.[10] 대만 민간에는 "최고 바보짓이 사탕수수를 심어 회사 저울에 다는 것이다"라는 말이 나돌았다. 회사의 착취를 감당할 수 없게 되자 마침내 1925년 이림자농사건(二林蔗農事件)이 발생했다.[11] 이는 1925년 궁지에 내몰린 대만 사탕수수 재배 농민이 집단적 저항을 일으킨 사건이다. 사회 하층민으로 전락한 벼 농민 진득참은 고립무원의 상태에서 자신의 한 몸을 던져 일본 경찰과 함께 죽는 길을 선택한 것이다.

소설 중 중요하게 작용하는 중요한 요소는 일본경찰이다. 일본 학자 시오미 준지(鹽見俊二)는 일본의 대만에 대한 경제정책을 "경찰의 지원이 있어야만 추진할 수 있었다"고 밝히고 있다.[12] 또한 그는 대만의 일본 경찰의 특수한 '박력'을 언급했는데 전 세계 모든 국가의 식민지는 그 경찰력과 경제정책의 시행이 관계있지만 대만처럼 관계가 밀접하고 보편적이었던 사례는 세계 어떤 식민지에서도 좀처럼

---

10) 山川均, 「日本帝國主義鐵蹄下的臺灣」, 王曉波編, 『臺灣的植民地傷痕』 (臺北, 帕米爾, 1985), 52쪽.

11) 사건의 시말은 다음을 참조. 山川均, 위의 글, 52쪽. 이하; 또는 葉榮鐘, 앞의 책, 504쪽. 이후 부분.

12) 鹽見俊二, 「日據時代臺灣之警察與經濟」, 王曉波編, 『臺灣的植民地傷痕』, 85쪽.

찾기 힘들다고 말한다.[13] 이처럼 세계에서 보기 드문 강대한 경찰국가 체제[14]는 일본이 패망할 때까지 이어졌다.[15] 심지어 일본 점령 말기, 일본은 침략전쟁의 필요로 인해 대만에서 30만여 명의 청년을 강제징집하였는데 이와 같은 대규모 노동력 동원 또한 경찰에 의해 이루어졌다.[16] 이처럼 일본 경찰은 철저하게 식민정부의 포학한 정책을 시행하였다. 경제학 보고서의 추상적인 일본 경찰의 모습은 뢰화의 「저울」을 통해 생동감 있게 묘사되어 살아있는 형상을 얻게 되었다.

3. 진득참(秦得參)의 일생과 생의 마지막 날

「저울」의 이야기 전개는 진득참의 일생과 생애 마지막 날까지의 시간을 중심으로 진행된다. 앞에서 언급한바와 같이 서른의 진득참은 1925년 일본의 식민 지배 30년을 맞이한 대만과 나이가 같다. 뢰화는 진득참을 통해 대만 전체 운명을 보여주고 있는 것이다. 대만에서 진씨 성을 가진 인물이 적고, '진(秦)'은 일본인이 중국인을 비하하여 '지나인'이라고 부를 때의 어원(語源) 글자이기도 하다. 따라서 주인공의 성이 진씨인 것은 의미심장한 암시를 보여주는 것이라 하겠다. 소설의 클라이맥스는 진득참 일생의 마지막 날 발생하는데, 이 날은 그 해의 마지막 날인 섣달그믐이다. 섣달그믐은 중국인들에게 일 년 중 가장 중요한 날인데, 소설의 클라이맥스가 펼쳐지는 시

13) 鹽見俊二, 84쪽.
14) 鹽見俊二, 87쪽.
15) 鹽見俊二, 117쪽.
16) 鹽見俊二, 117쪽.

간을 이날로 선택한 것은 뢰화가 줄곧 생각하는 '한족 유민'이라는 대만인의 성격을 부각 시키는 것 이외에도 강한 대비의 문학적 효과를 주기 위해서였다. 선달그믐의 특징은 온 가족이 한데 모이는 것이다. 흩어졌던 가족들이 함께 모이는 날 진득참의 가정은 산산조각나고, 이 가정을 부순 것은 일본 식민정부를 대표하는 일본 경찰이다. 소설에서 계급충돌이외에도 한족유민과 일본민족의 민족갈등도 반영하고 있다. 따라서 '선달그믐'의 시간을 선택한 것은 진득참 이야기의 비극성을 극대화하고 있다. 아래에서는 선달그믐과 금비녀의 밀접한 관계를 살펴보고자 한다.

묘사의 차이로 보면 소설은 두 부분으로 나눠진다. 앞부분은 소설의 시작에서 진득참이 채소 장사를 결정하는 앞 단락 "득참이 병이 앓고 있을 때 …… "까지이다. 이 부분은 진득참의 최후 15일 이전의 일생을 서술하고 있는데, 대화나 생동감 있는 인물 묘사 없이 1천 7백자의 방백으로 진득참의 30년 생애의 대략적인 핵심을 전달하고 있어 전체 소설의 '설자(楔子)'로 볼 수 있다. 생동감을 찾아 볼 수 없는 묘사는 전체 소설에서 없어서는 안 되는 부분으로, 생동적이지 않는 것 역시 필요에 의한 것이었다. 소설의 중점 즉 저울과 관련된 부분이 뒤에 있기 때문에 배경을 설명해주는 첫 부분은 간단명료해야만 주객전도를 막을 수 있고 소설의 주요 짜임새에 영향을 주지 않는다.

소설의 뒷부분은 선달열엿새(尾牙)부터 선달그믐까지 15일의 시간으로 "연말까지 줄곧 득참은 가벼운 일만 할 수 있었다 …… "부터 마지막 문장인 "동시에 시장에는 한 야간 순찰 경사가 길에서 살해

되었다는 말이 퍼져나갔다"까지이다. 이 부분은 이야기의 핵심 부분으로 인물형상, 세부묘사, 대화, 동작 및 플롯 변화 등이 모두 살아있는 듯하고 강한 흡입력을 가지고 있다.

소설의 마지막 단락은 저자 스스로의 목소리로 소설 주인공에 대한 무한한 동정을 독백으로 표현하고 있지만 소설 본문에 포함되는 것으로 볼 수는 없다. 작품 발표 시 두 칸을 띄우고 배치된 것으로 소설 본문과는 분명히 구분되어 있었으나 이후 많은 판본이 마지막 단락에 배치하고 있어 마지막 장면인 일본 경찰의 죽음의 강도에 영향을 끼쳤을 뿐 아니라 저자 독백의 감동을 줄이고 있어 서로 상쇄되고 있다. 이 단락은 서양이론으로는 '부가텍스트(paratext)'로 볼 수 있는데 본문에 속하지는 않지만 저자의 입장을 서술하고 독자의 독서에 중대한 영향을 미치고 있다. 이로서 소설이 폐쇄적인 개체가 아닌 저자와 독자가 대화하는 개방적인 글이 되도록 한다.

먼저 소설 앞부분 이야기를 살펴보자. 소설은 "진남(鎭南) 위려촌(威麗村)에 사는 사람들은 대부분 근검하고, 인내심 강하고, 온순하고, 순종적인 농민들이었다."는 대목으로 시작한다. 진정상(陳正祥)의『대만지명사전』을 보면 진남은 고웅(高雄) 봉산(鳳山)에 위치한 마을이다.[17] 그러나 진(鎭)의 남쪽을 지칭할 수도 있다. 위려촌은 지명사전에도 없는 것으로 보아 뢰화가 만들어낸 가상의 마을일 것이다. 그러나 이 허구의 가난한 농촌은 대만의 그 어떤 지역도 될 수 있으니 더 넓은 보편성을 지녔다고 하겠다. 첫 문장은 소설의 초점인 전통적 성격의 농민을 소개한다. 이어서 "마을에서 관공서 일을 도맡

17) 陳正祥,『臺灣地名辭典』(臺北, 南天, 1993), 332쪽.

아서 하는 몇몇 유지와 공직에 종사하는 하급 관리 몇 사람을 제외하고 나머지 대다수는 궁핍한 사람들이었다."고 쓰고 있다. 이 짧은 문장으로 당시 현지의 피라미드 같은 계급 구조를 드러낸다. 빈부 격차가 심하였을 뿐 아니라 극소수인 부자와 대다수의 가난한 사람을 강렬하게 대비해 보여준다.

소설의 두 번째 단락은 범위를 줄여 진덕참 일가에 관해 쓰고 있다. 태어나기도 전에 이미 아버지는 세상을 떠난 덕참은 업주가 소작 부치던 땅을 되가져가 소작농이 될 기회조차 없었다. 세 번째 단락에서는 이웃들이 그들 모자를 설득해 그의 어머니가 데릴사위로 새 남편을 맞아들이도록 했으나 안타깝게도 계부와 모자의 사이가 화목하지 않았음을 알 수 있다. 이 단락은 전통 농촌 주민들의 상부상조하는 미덕과 계부가 가족과 화합하지 못하는 묵은 문제들을 보여주고 있다. 여기에서 생부가 죽은 후에도 가정형편이 계부를 맞이할 정도의 재산이 있었는데, 이는 일본 식민지배 이전의 소작농이 의식주를 해결하고 약간의 저축을 할 여유가 있었음을 보여준다. 네 번째 단락에서는 어머니가 짚신을 삼고 닭과 오리를 먹이고 돼지를 키우면서 '사람 비슷한 생활'을 꾸려 나갔고 계부는 집을 돌보지 않은 상황을 쓰고 있다. 진득참이 아홉 살 되던 해 어머니는 그를 남의 집에서 소를 키우는 머슴으로 보냈다. 득참은 교육을 받을 기회조차 없었던 것이다. 소를 키우는 것은 그래도 농가의 일에 속했다. 다섯 번째 단락에서는 득참이 열여섯이 되자 그의 어머니가 머슴을 그만두고 소작을 부칠 수 있도록 집으로 돌아오도록 하였다. 그러나 이 무렵에는 제당회사가 소작지 경쟁에 뛰어들면서 소작농(벼 농민)은 소작으로 사탕수수 농사를 짓거나 회사의 싼 일꾼이 될 수밖에 없었다. 득참이 아버지가 남긴 소작농의 신분을 회복할 수가 없게 된 것이다. 어머니 때문에 회사 노동자가 되지 못한 득참은 집에서 머무르며 다른 집 농사일을 거들 일이 생기기를 기다렸지만 여전히 농사일을 하였다. 득참이 열여덟 살이 되었을 때 그의 어머니는 그에게 아내를 찾아 주었는데 이로서 어머니가 유일하게 마음에 걸리던 일을 해결되었다. 그의 아내 역시 "농사짓는 집 처녀"였다. 여섯 번째 단락에서 손자를 얻은 어머니는 매우 흡족해 하며 세상을 떠난다. 이는 구사회의 남존여비 악습을 반영하고 있으며 구사회에서 부모는 자녀를 결혼시켜 독립하게 하는 것을 본인 삶의 궁극적 목표라고 여긴 가정윤리관을 보여준다. 어머니가 돌아가시고 딸 하나를 더 얻으면서 아내가 함께 밖에서 일할 수가 없게 되자 수입이 절반으로 줄어들었다. 이 때문에 더 고생을 하던 득참은 과로로 학질을 앓게 되었는데 양의에게 한번 검진 받고 2원을 썼다. 그러나 양의는 병을 낫도록 해주지도 않으면서 비용은 너무 비싸 사흘을 일해도 약 한 번 지어 먹기에도 부족했다. 병을 치료하지 않을 수도 없어 득참은 돈이 안 들어가는 약초나 비싸지 않은 한약을 달여 먹었더니 오한이 거듭되다가 몇 달이 지나자 괜찮아졌다. 여기에서 '한약(漢藥)'은 민남어 표현으로 즉 중국 의약(中藥)을 지칭하는 것으로 농민의 전통 의약에 대한 의존을 보여준다. 뢰화는 이처럼 섬세한 묘사를 통해 한족유민의 특성을 드러내려 하였다.

소설의 뒷부분은 병을 앓은 후 더 곤궁해진 상황을 배경으로 비극으로 치닫는 진득참 인생의 후반기를 집중적으로 묘사하고 있다. 이 부분은 득참이 섣달열엿새가 되어 일을 급하게 찾는 부분부터 시작된다. 새해가 되면 모든 일이 멈추어 일할 기회가 없으니 새해의 보름치 양식을 준비해 두어야 했다. 채소 파는 일을 해보기로 결정했지만 밑천이 없던 그는 처를 친정으로 보내 방도를 찾게 하였다. 처의 올케가 유일한 장신구인 금비녀를 빌려주어 전당포에 맡기고 몇 푼이라도 받아서 밑천을 삼도록 해주었다. 채소를 사고 나서야 저울이 없다는 것을 깨달았지만 득참은 저울은 관청의 전매품으로 싼 물건도 아니라 생각하여 사지 못하였지만 아내가 이웃에 가서 새 저울 하나를 빌려왔다. 여기에서는 구사회에서 이웃사촌 간에 상부상조하는 모습이 잘 드러난다.

채소 장사를 시작하고 며칠은 순조로워 득참은 새해를 나기 위해 집에 필요한 물건을 마련했다. 우선은 쌀을 좀 사서 새해 양식을 마련했고, 양식이 충분해지자 대청에 모신 관음보살 그림을 새 것으로 바꾸고 대련과 금은종이, 향초 등 제사용품을 샀다. 그는 또 떡을 해먹고, 아이들의 새 옷을 지어줄 수 있는 천을 몇 자 끊었다. 이 부분의 묘사에서 뢰화가 섣달 열엿새부터 그믐까지 보름의 시간에 소설의 클라이맥스를 배치한 창의성이 빛을 발한다. 이 기간의 민간생활에서 한족의 풍습 특색이 가장 두드러지기 때문이다. 소설의 절정은 득참이 집에 필요한 모든 물건을 장만한 후 벌어진다. 새해 이틀 전 득참은 채소를 팔다가 하급 순사를 만나게 되는데, 순사는 채소를 사러 왔다고 하나 사실은 공짜로 얻고자 한 것이었다. 이를 알지 못한 득참은 좀 깎아주는 것으로 이미 충분하다고 생각해 결국 순사의 미움을 사게 되고 화난 순사가 득참의 저울을 부러뜨리고 그의 이름과 주소를 적고 사라지는 일이 벌어진다. 옆에 있던 사람이 "몇 근이라면 몇 근이지, 그놈 돈 받으려고 했어?"라고 득참을 나무라자 그는 "내 물건을 그냥 주란 말입니까?"

라고 대답한다. 아내는 이 일을 듣고서 "올해 운이 너무 안 좋더니 운에 관재가 끼었기 때문인가 봐요. 이번 일로 내년 운은 좋아질지도 모르겠어요"라며 그를 위로했다. 이 말에서 '관재가 끼이다'는 것은 송사에 휘말려 감옥에 갇힐 수 있다는 것을 의미한다. 득참은 아내의 말을 듣고 이튿날 즉 섣달그믐 하루 전날은 쉬고 장사하러 가지 않았다.

섣달그믐은 장사가 가장 잘되는 날로 이날은 날 밝기 전 새벽 어스름 중에 시장은 사람들 소리로 시끌벅적해진다. 득참도 하루 남은 장사를 놓치지 않기 위해 일찍부터 일어나 채소를 메고 읍내로 나갔다. 날이 밝자 광주리에 닮긴 물건들이 바닥을 보이기 시작했고 어떤 사람들은 벌써 다 팔고 집으로 돌아가려 했다. 가족과 모여 그믐날을 보내면서 한해의 노고를 보상 받으며 가족과 즐겁게 보내려는 것이다. 그 때 순사가 나타나 득참에게 말했다. "이 짐승새끼! 어제 어디 갔었어?"라고 순사가 말했다. 전날도 순사는 시장에서 그를 찾았고 오늘도 일부러 그를 찾아와 행패를 부리려는 것이었다. "짐승새끼"라는 말에 화가 난 득참은 순사와 싸움을 벌이고 관아까지 끌려간다. 법관은 득참의 해명은 듣지도 않고 순사의 보고에 따라 도량형 위반 혐의로 벌금 3원을 부과한다. 득참이 돈이 없다고 하자 법관은 3일 구류를 판결한다. 새해에는 일이 없어 3일 구류는 괜찮지만 3원은 쓸 곳이 더 많다고 생각한 그는 기꺼이 구류를 살기로 한다. 3원이면 바로 금비녀를 되찾을 수 있는 돈이다. 득참의 처는 이 일을 듣고서 어찌할 바 몰라 울기만 했다. 그녀는 마침 전당포로 가서 금비녀를 찾아올 참이었다. 이 일로 인해 처는 금비녀를 찾아올 돈을 들고 관아로 찾아가 남편을 먼저 꺼내온다. 이날 밤 화롯가에 모였던 아이들은 이튿날 아침 일찍 일어나 새해맞이(開正)를 하기 위해 일찍 잠자리에 들어 행복한 꿈을 꾸고 있었다. 전통 농업사회에서는 아이들은 특히 장자가 새해 첫날을 열고 차례를 지내는 책임을 지닌 세시풍속이 있었다. 오늘날에는 없어진 풍속이지만, 30년의 일본 식민통치를 겪던 당시 사람들은 여전히 지키고 있었던 것을 알 수 있다. 뢰화의 섣달그믐 묘사는 이처럼 사소한데까지 세심하게 다루고 있다. 아이들이 잠든 후 득참은 최근 몇일 순경으로부터 '짐승새끼'라는 욕을 들은 것을 회상하며 탄식하였다. "사람 같지도 않은 짐승이라니. 누가 그러고 싶겠어. 세상이 어찌 이런지 사는 게 죽는 것보다 못 하구나." 탄식하던 중 어머니가 돌아가실 때 행복해하던 모습을 떠올리고 마지막 결심을 하게 된다. 바로 순사를 죽이고 자살을 하려는 결심으로 치욕을 참으며 구차하게 사는 것이 존엄하게 죽는 것보다 못하는 각성을 한 것이다. 소설은 새해 아침 득참의 집에서는 고함과 비통한 절규와 통곡이 이어지고 동시에 시장에는 야간 순찰을 돌던 경찰이 길에서 죽임을 당했다는 소문이 퍼져나가면서 마무리된다. 뢰화는 소설의 결말에서 득참이 경찰을 죽이고 자살하는 과정을 생략하고 두 사람이 같은 날 밤 죽었다는 간단한 서술만 하고 있다. 이 같은 담담한 필치는 놀라운 결말의 호소력을 배가시킨다. 득참의 짧은 30년의 생애는 천천히 고통을 마지막 섣달그믐까지 끌고와 새해아침 마침표를 찍고, 소설도 이와 함께 끝난다.

4. '저울'과 일본 경찰의 이미지

소설의 제목이기도 한 저울은 가장 풍부한 의미를 내포하고 있는 기능을 하고 있다. '저울'이 '법'을 상징하는 것은 소설을 통해 분명히 파악할 수 있다. 소설 속에서 그의 아내는 이웃에 가서 저울을 빌려 왔다. 왜냐하면 "경찰들은 하찮은 일들만 조사하여 실적을 올렸는데 범죄 사건이 많을수록 승진도 빨랐다. 그 때문에 무고한 사건이나 억울한 사람이 끊이지 않았는데 통행금지, 도로 법규, 식품 규정, 여행 법령, 도량형 법률 등 무릇 일상생활의 일거수일투족이 법의 간섭과 금지 범위 속에 포함되어 있었다. —만일을 걱정한 그의 처가 '저울'을 빌려온 것이다." 이 부분에서 '관청전매품'인 '저울'은 '법'을 상징하는 것을 쉽게 알 수 있다. 그러나 '법'은 그들의 생활과 권리를 지켜주기보다 '간섭'하고 '금지'하며, 경찰은 그들의 실적을 올리는 도구로 하찮은 일들을 조사할 때 사용하고 있다.

저울이 경찰에 의해 부러뜨려지는 것은 법의 공정성이 파괴되는 것을 상징할 뿐만 아니라 파괴자가 법을 만든 일본정부를 대표하고 있어 입법자가 그 법을 스스로 훼손하는 황당한 상황을 더욱 부각시킨다. 입법의 목적이 인민의 기본 권익을 보장하는 것이 아니라 불법통치를 공고히 하기 위함이기 때문이다. 저울의 파괴는 통치자들이 법의 그늘아래 무수한 불법과 악법을 자행하는 현실을 폭로하고 있다. 그러나 이 저울은 아내의 마음속에서는 또 다른 가치를 지니고 있음을 찾아볼 수 있다. 아내는 착한 이웃이 빌려준 저울이 망가지자 며칠간 번 걸로 새로 하나사서 돌려주면 된다고 남편을 위로하는데 여기에서 '저울'은 '법'의 상징을 넘어서 '금비녀'와 함께 전통사회에서 계약의 형식이 아닌 서로 돕고 사는 도덕을 나타낸다. 뢰화가 저울을 활용한 것은 신의 한 수라 말할 수 있다.

풍부한 상징성외에도 저울은 이야기 전환에 핵심적 역할을 하는데 순사가 거짓으로 채소를 살 때 참득은 원래 공짜로 주려고 했으나 순사는 여러 차례 사양하며 그에게 저울에 달아볼 것을 고집하였다. 속임수를 알지 못한 참득이 채소를 저울에 달자 다음과 같이 말한다.

"나리, 뭐 이런걸! 한 근 열네 냥밖에 안됩니다." 원래 저울에 다는 것은 사고파는 것으로 돈이 오간다는 것을 의미하니 공짜도 달라는 것도 아니고 무상으로 주는 것이라고 말할 수도 없는 것이다.

"틀림없겠지?" 순경이 말했다.

"틀림없습니다. 본래 두 근은 되지만 나리께서 달라고 하신다면…" 득참이 말했다. 이 말은 평소 팔 때의 말투로 공짜로 주겠다는 것은 아니었다.

"저울이 잘못되었네. 두 근이면 두 근이지 뭘 빼고 말고 해?" 순경의 낯빛이 바뀌었다.

"아닙니다. 완전 새것인데요." 득참이 태연하게 대답했다.

"가져와봐!" 순경이 화를 냈다.

"저울 눈금이 이렇게 멀쩡한데"라며 득참은 건네주면서 말했다. 순경이 손에 올려놓고 살펴보더니 말했다.

"못쓰겠군. 경찰서로 가져가야겠어!"

"왜요? 수리로 안 되나요?" 득참이 말했다.

"안가?" 순경이 호통 쳤다. "안가? 이 짐승새끼!" 딱 소리와 함께 순경이 저울을 부러뜨렸다. 그리고는 가슴팍의 수첩을 꺼내서는 득참의 이름과 주소도 적고 씩씩대며 경찰서로 돌아갔다.

위의 인용부분은 앞서 진참득의 처가 걱정한 순사들이 하찮은 일들을 조사하여 실적을 올리려는 일을 대화와 동작 그리고 구체적 인물로 생동감 있게 그려내고 있다. 저울이 부서지면서 일본이 '법'의 집행자 신분으로 마음대로 '법'을 파괴하는 황당함과 모순이 분명하게 드러난다. 이야기의 흐름 상 저울의 파손은 주요 전환점이 된다. 장사가 잘되어 즐겁게 새해를 준비하던 진참득 일가의 모습은 저울 파손과 함께 사라지고 참담하고 우울하게 바뀐다. 다음날 그 해의 마지막 날 순사는 다시 득참의 앞에 나타나 "짐승새끼"라고 욕하여 결국 그가 감옥에 갇히도록 한다. 이러한 과정에서 잔혹한 집행자인 일본 경찰 형상을 예리하게 그리고 있다. 뢰화는 일본 경찰의 모습을 직접적으로 그려내는 것 이외에도 피해자인 득참의 강렬한 반응을 통해 간접적으로 일본 경찰의 잔학함을 부각시키고 있다. 아무런 잘못도 없이 섣달그믐 감옥에 갇힌 득참은 함께 죽는 복수를 하는 것은 일본 경찰이 많은 사람들에게 입신 상처의 고통이 얼마나 크고 깊은지 증명해주고 있다.

5. '금비녀'의 상징과 여성의 역할

새해가 오기 전 채소장사를 하기로 결정한 후 밑천이 없던 득참은 처를 친정으로 보내 방도를 찾게 하였는데 처의 올케가 유일한 장신구인 금비녀를 빌려주어 전당포에 맡기고 밑천을 빌린다. 여기에서 소설 중 여성 인물의 중요성이 드러난다. 올케와 시누이 사이의 정이 인상 깊을 뿐 아니라 음성인 '금비녀'의 색채와 모양이 발하는 눈부신 빛의 기쁨과 온정 이미지는 양성인 '저울'의 엄격함과 차가움을 더욱 부각시킨다. 금비녀는 빌려왔지만 차용증은 없다. 구두로 빌려 주고 갚으며, 빚은 해를 넘기지 않는 것은 모두 구사회의 미풍양속이다. 뢰화는 금비녀를 사용하여 한족 유민의 미덕, 다시 말해 구사회의 '정의' 관념과 묵계를 하나하나 묘사하여 신사회의 '법'을 상징하는 '저울'이 구사회의 것과 전혀 맞지 않음을 두드러지게 한다.

우선 진득참이 새해맞이에 필요한 물건을 마련할 때 그의 처는 남은 돈을 저축하였다가 잡혀 놓은 금비녀를 찾아오는 것이 더 시급하다고 일깨운다. 아내에게 진득참은 "그래, 나도 잊은 건 아니야. 오늘이 겨우 스무닷새니 그 돈 못 벌겠어!"라고 대답한다. 섣달그믐 이틀 전, 순사가 저울을 부순 이날 처는 지난 며칠간 번 돈으로 새 저울을 사주고 남은 돈으로도 금비녀 되찾기에 충분하다고 위로한다. 여기에서 새해 전에 올케에게 금비녀를 돌려주고자 하는 처의 마음을 읽을 수 있다. 이 금비녀는 득참이 죽음을 생각할 때에도 연루된다. 그리고 이 부분은 구사회 부권의 강제성이 상류층 국한되어 있었을 뿐 하층민의 남녀지위는 비교적 평등하고 부부가 고난을 함께 이겨나가는 것을 보여준다. 섣달그믐 3원의 벌금을 받고서 득참은 새해는 한가하니 3일 구류를 사는 것쯤이야 별 상관없지만 3원을 써야 할 곳이 많다고 생각한다. 그래서 기꺼이 감옥에 있기로 결정하는데, 써야 할 곳이란 금비녀를 찾아오는 것을 말한다. 득참은 금비녀를 찾아오기 위해 기꺼이 감옥에 있으려는 모습에서 부부가 서로 마음이 통하는 것을 알 수 있다. 뢰화는 이어서 득참의 처는 원래 빨래를 다 하고서 전당포로 가 금비녀를 찾아올 생각이었으나 집을 나서기 전에 이 불운한 소식을 들었고 이웃의 위로와 조언을 받아 금비녀 찾을 돈까지 모두 들고 소식을 알아보기 위해 관아로 갔다고 쓰고 있다. 금비녀를 찾아올 돈은 바로 3원으로 득참이 저울 때문에 도량형 위반으로 내야할 벌금 3원과 같다. 벌금이 금비녀 찾을 돈과 같은 금액인 것은 저울과 금비녀의 대조를 더욱 강조하기 위한 것이다.

결국 진득참의 처는 금비녀를 찾아올 돈으로 우선 남편을 일본인 감옥에서 꺼낸다. 그들이 거리로 나왔을 때 장은 이미 끝났고 곳곳에서 송년 폭죽 소리가 들려온다. 이때 두 사람은 다음과 같은 대화를 나눈다.

"금비녀는 찾아왔어?" 득참이 처에게 물었다.

"문을 나서기 전에 이 일을 듣고 관아로 와서 3원을 냈으니 이젠 돈이 모자라네요." 처가 그의 물음에 대답했다.

"아!" 득참은 갑자기 생각났다는 듯이 소리를 내뱉더니 아침에 벌었던 3원을 처에게 건넸다.

"나는 광주리를 챙겨 갈 테니 전당포 문이 닫기 전에 빨리 가서 도로 찾아와."

뢰화는 일부러 득참이 죽기 전 부부의 마지막 대화를 들려주는데 바로 금비녀를 찾아오는 내용에 관한 것이다. 득참은 감옥에서 나오자말자 금비녀를 찾아왔는지 물었고, 찾아오지 못한 것을 알자 바로 아까워 벌금으로도 내려하지 않은 3원을 아내에게 건네 빨리 찾아오도록 했다. 해가 바뀌기 전에 빌렸던 물건을 돌려주기 위해서이다. 이 금비녀는 분명 다시 찾아왔겠지만 득참은 감옥에서 나오지 못했다. 관아 감옥에서는 나왔지만 그는 더 큰 감옥인 '세상'에 갇혀 있다는 것을 깨달은 것이다. 그는 "사람이 사람 답지 않게 …… 어찌 세상이 이런가?"라고 탄식한다. 결국 어머니가 돌아가실 때 보았던 행복해하던 모습은 그를 이 세상이라는 감옥에서 꺼내준다. 여성 인물이 이야기 전개에 다시 한 번 중요한 영향을 미치게 함으로서 주제를 드러낸다.

소설에서 가장 중요한 여성 인물은 어머니이고, 어머니는 득참이 태어났을 때부터 서로 의지하며 살아간다. 뢰화는 어머니의 죽음이 득참에게는 치명적 상처임을 "불쌍한 득참, 그의 행복은 자애로운 어머니와 함께 사라졌다"라고 표현하고 있다. 이는 득참이 마지막에 어머니의 마지막 행복해하던 모습을 떠올리고 죽음을 결정하는 복선이다. 그리고 득참의 아내는 비록 이름조차 나오지 않지만 역시 주요한 여성 인물이다. 그녀는 농사짓는 집 처녀로 남자 못지않게 밭에 나가 일을 하였다. 더 중요한 것은 득참과 한마음 한뜻으로 함께 노력한 점이다. 득참의 처가 빌려온 금비녀와 저울의 중요성은 이미 자세히 알아보았다. 금비녀를 빌려준 올케와 저울을 빌려준 이웃(여성임이 틀림없다)은 모두 정 많은 여성이다. 뢰화는 이 두 여성의 역할과 여성 장신구인 금비녀를 통해 전통사회에서 여성의 정을 묘사하고 농업시대 가정과 이웃이 개인의 성장에 미치는 영향을 중시한 윤리관을 보여준다.

금비녀는 뢰화가 '한족유민'의 민간 정의에 대한 관념을 드러낼 뿐 아니라 정의다. 도덕에 대한 자각을 보여준다. 이 소설은 우리에게 불쌍한 사람들이 갈구한 정의는 엄격한 법도, 학교 교육도 아닌 일상 인간관계에 있음을 보여준다. 윗사람과 친구에게 은연중에 받은 영향은 뼛속깊이 새겨진 신념과 자각이 되었다. 뢰화는 소설에서 반짝반짝 빛나는 금비녀와 기쁨 넘치는 섣달그믐 모습을 통해 매우 고전적인 대만의 모습을 성공적으로 그려내 보인다.

출처: 『중국현대문학이론계간(中國現代文學理論季刊)』, 1998년 봄호 9권, 23~36쪽

제9장

살아 있는 동포의 혼을 누가 불러 모으는가: 엽영종(葉榮鐘) 『조년문집(早年文集)』의 지업(志業)과 사상[1]

국가의 헌법과 공권력도 사라졌는데, 무슨 자유와 평등을 말하는가? 소사(蕭史)가 피리를 불렀던 것도 없어지고 숨어버렸거늘, 어느 누가 국민들의 사라져 버린 영혼을 불러오겠는가?

國憲公權已不存, 自由平等那堪論
吹蕭人逝鴟夷隱, 誰召同胞未死魂

葉榮鐘, 「時事感作」 其三, 《少奇吟草》

1) 이 글은 『葉榮鐘全集』 중 『早年文集』의 '導論'이다. (臺中, 晨星出版社, 2002).

1. 머리말

엽영종(葉榮鐘, 1900~1978)은 20세기 초에 태어나 대만의 민주화운동이 시작할 무렵 세상을 떠나 대만이 '전근대(premodern)'에서 '현대(modern)'로의 변천하는 역사를 목격하였다. 엽영종은 역사가의 다양한 경험 통합 능력, 언론인의 날카롭고 냉정한 관찰력, 운동가의 열정과 시인의 감동을 가지고 있었다. 그는 20세기 대만에서 생활하며 생각하고 느낀 점과 기록으로 남길 가치가 있는 경험을 일생동안 고전시가, 평론, 잡문, 일기, 역사저서 등으로 남겼다. 20세기 전반의 대만을 이해하는데 엽영종의 저서는 지울 수 없는 역사적 가치를 지녔다. 20세기 전반 신문학 평론과 창작에서 대만인의 성취를 이해하는데 엽영종의 저서는 대체할 수 없는 특별한 지위를 차지하고 있다. 『조년문집(早年文集)』은 『대만민보』 후기 엽영종의 건필로 지방자치 이념과 대만지방자치연맹의 각종 활동을 논한 다수의 평론은 이 시기 역사 연구의 1차 사료이다. 그는 상당히 숙련된 백화문으로 평론을 썼으며, 그 날카롭고 엄숙하면서도 조화로운 기풍은 노신 잡문의 영향을 받은 것을 알 수 있다. 많은 훌륭한 문장과 절묘한 구절은 신문학 잡문으로 볼 수 있다.

중국 신문학 비평과 계승을 가장 잘 보여주는 것은 당연히 이 책의 가장 긴 논문인 「중국신문학개론」이다. 『남음(南音)』의 창간과 '제3문학' 제안은 엽영종이 중국신문학의 창조적 계승을 추구했음을 보여준다. 그는 대만의 상황과 대만인의 입장에서 대만 신문학의 발전방향을 고민했다. 엽영종은 소설은 쓰지는 않았지만 많은 산문, 잡문을 남겼으며 유일한 현대시는 이 책에 수록되어 있다. 비록 신문학 창작활동에 뜻은 없었으나 대만인으로서 처음 출판한 중국신문학개론과 훌륭한 수준의 백화산문 및 잡문을 남겼다.[2] 그는 일본 식민통치 시대 몇 안 되는 신문학 이론가이자 창작자의 신분을 겸한 인물이었다. 여러 역할을 겸한 것은 엽영종의 특징으로 그가 계몽운동을 한 이력과 관련이 있다. 계몽가들은 세계에 폭넓게 관심을 가졌고 정치, 경제, 사회, 문화 등 다방면에 모두 관심을 갖는 열정을 보였다. 항상 실천을 통해 이론을 검증하였으며, 이론에 기초하여 행동하여 이론과 실천의 통합을 추구하였다. 엽영종의 이러한 성격은 「전후편(戰後篇)」에 남긴 문헌을 통해 찾아볼 수 있다. 광복에서 1960년까지의 기간 동안은 불안한 생활로 전쟁 전 글들과 1960년 이후 글(『반벽서재수필(半壁書齋隨筆)』에 수록)을 남기지 못했지만, 이 책에 수록된 「전후편」의 문장은 사료적 가치 뿐 아니라 줄곧 대만 사회 다방면의 발전에 관심을 둔 엽영종의 지식인 정신을 보여준다.

2. 계몽에서 자치까지

『조년문집』에 수록된 글 중에서 시기가 가장 빠른 것은 1921년 1월 15일자 『대만청년』 제2권 1호에 발표된 「자신한테 요구하라(求之於己)」이다. 엽영종이 21세가 되던 해로 그의 첫 발표 글이다. 그는 1918년 임헌당의 지원을 받아 일본 유학을 떠났고,[3] 이때부터 해외

---

2) 洪銘水, 「葉榮鐘論'五四'新文學與'第三文學'的提出」, 『葉榮鐘全集』에 수록. 대만인으로서 가장 먼저 民國의 신문학을 소개한 글은 蔡孝乾의 「中國新文學概觀」이다. 이 글은 『대만민보』 3권 12-16호에 연재했다. 하지만 내용과 분량으로 본다면, 영영종의 글이야 말로 대만인이 쓴 최초의 중국신문학에 관한 평론으로 봐야 할 것이다.

3) 葉榮鐘, 「臺灣民族詩人-林幼春」, 『臺灣人物群像』 (臺中, 晨星出版社, 2000), 238쪽.

대만인의 계몽운동에 참여하기 시작했다. 1920년 가을, 임헌당은 일본으로 건너가 직접 '육삼법안(六三法案, 일본인 대만통치의 식민법안)' 폐지를 추진했다. 당시 엽영종도 청원항쟁의 대열에 합류하였다.[4] 1920년 일본에서 유학중인 대만 청년들 사이 대만을 전면적으로 개조하자는 운동이 태동하고 있었고, 임헌당의 육삼법안 폐지 청원운동 역시 그 일환이었다. 1919년에서 1920년 사이 대만 일본유학생은 '성응회(聲應會)', '계발회(啓發會)', '신민회(新民會)' 등 세 단체를 조직했다. 그 중 1919년에 설립된 성응회는 "같은 목소리로 호응하자(同聲相應)"는 취지로 대만유학생과 중국대륙유학생이 함께 설립한 조직이다. 계발회 역시 1919년 대만유학생이 설립한 조직으로 임헌당(林獻堂), 채혜여(蔡惠如), 임정록(林呈祿), 왕민천(王敏川), 황정총(黃呈聰) 등 대부분의 회원이 1920년대부터 광복 전까지 다양한 대일항쟁에 참여하였다. 1920년 채혜여는 유학생회를 재편하여 '신민회'라 칭하였다.(이 명칭은 『대학』에서 따온 것이다. 제7장 참조.) 신민회는 상세한 정관을 만들었으며, 채혜여는 돈을 기부하여 『대만청년』을 창간하였다. 신민회 정관 제2조는 혁신이 필요한 대만의 모든 일을 연구하여 문화를 키우는 것을 목표로 한다고 밝히고 있다. 상당히 막연한 목표 같아 보이지만 정치적 후각이 예민한 일본 정부 문헌인 『대만총독부경찰연혁지』는 "민족 자결주의 입장에서 대만 주민의 계몽운동을 전개하고 동시에 합법적인 민권 신장을 도모한다."고 정확하게 분석하고 있다.[5] '계몽운동'이란 표현은 1920년대 일본에서 일어난 대만 유학생 운동의 이상과 정신을 가장 정확하게 파악한 것이다. 스무살의 엽영종은 이러한 새로운 사조에 빠져들었고, 계몽운동의 새로

4) 葉榮鐘, 「杖履追隨四十年」, 『臺灣人物群像』, 38-39쪽.

5) 葉榮鐘, 『日據下臺灣政治社會運動史』 (臺中, 晨星出版社, 2000), 105쪽.

운 활력을 불어넣었다.

식민지의 계몽운동은 대부분 해외에서 시작되어 본토로 흘러들어왔는데 대만도 다르지 않다. 대만 본토의 계몽운동은 1921년 '대만문화협회'가 설립되면서 시작되었다. 그러나 엽영종은 이 시기의 역사, 특히 1911년 양계초의 대만을 방문이 임헌당 등에게 끼친 자극과 계도를 대만 계몽운동의 서곡으로 볼 수 있다고 서술하는데 여기에서 그의 뛰어난 역사인식을 알 수 있다.

1921년 발표한 「자신한테 요구하라」는 엽영종이 여생을 대만 민족운동에 참여하겠다는 선언으로 볼 수 있다. 남의 인생의 지업과 사상은 이 짧은 글의 취지에 호응된다. 스물 한 살의 엽영종은 인격 사상을 완성하고 자신이 일생동안 가야 할 길을 정확하게 알고 있었던 것이다.

이 글의 중점은 다음의 몇 가지로 요약된다. 1) 대만 청년의 자각, 2) 민족입장의 견지, 3) 구(舊)사회 개혁, 4) 신(新)대만 건설을 통한 세계 공헌.

글의 서두에 엽영종은 당시 청년들이 쉽게 감정에 사로잡혀 자아를 잊는 경향이 있다고 쓰고 있는데, 이는 스물한 살 자신의 경험을 바탕으로 삼았을 가능성이 크다. 그는 지식인들이 인민을 이끌 수 없으며, 인민 스스로 각성해야 한다고 보았다. "재산을 위해 목숨도 내걸고, 권세를 위해 궁리하고, 불상에 가족의 안녕을 기원하는 것보다 관료나 권세가의 환심을 사기위해 모든 잘못된 시대적 비극을 연출해낸다. 관료의 환심을 사기 위해 꼴불견의 기모노를 입고 득의 양양해하고, 엉덩이가 아파도 다다미에 앉는 것을 참는가 하면, 사시미를 못 먹으면 시대에 뒤떨어진다고 생각한다."며 대만인들을 비난하고 있다.[6] 이 말에서 엽영종이 민족입장을 확고히 지켜나가고 있음을 확인 할 수 있다.

그리고 계몽가들은 대만사회가 부패한 봉건 전통에서 신시대로 나아가는 방법에 관해 고민했다. 스물한 살의 엽영종은 이에 대한 자신의 생각을 다음과 같이 말한다. "우리사회에 존재하는 낙후한 가족제도, 낮은 위생관념, 아편흡연의 악습, 타락한 신앙생활 등 수많은 문제의 개혁을 진지하게 추진해보았는가? 우리는 이 사회를 개혁하는 대업을 정부의 부차적 유화 수단이나 수단방법 가리지 않고 명예를 좇는 사람들의 놀음에 의존해서는 안 된다. 우리의 손으로 새로운 대만을 건설해야 한다." 그러나 새로운 대만 건설의 목적에는 그 어떠한 폐쇄적인 대만인 의식이 들어있지 않다. 1920년대 대만 계몽운동가들은 "세계는 끝이 없으니 희망도 한이 없어 광활한 바다 앞에 오랫동안 서있었다"는 양계초의 정신을 가지고 있었다. 제7장에서 분석한 바 있듯이 당시 지식인들은 줄곧 어떻게 세계와 함께 가고, 어떻게 세계에 참여하고 세계를 바꿀 수 있는가를 고민했다. 대만을 해외 변방의 보잘것없는 나라의 지위에서 세계사 발전에 적극적으로 동참하는 구성원이 되는 것은 그들의 이상이었다. 계몽과 해방 모두 국민의 지식을 계발하고 사회를 개조하는 현지운동이었지만 대만이 세계사에서 소외되지 않도록 하는 것 역시 그들의 또 따른 사명이었다. 많은 자료에서 1920년대 대만에서 '세계'는 '중국'과 동등하게 중요한 개념임이 드러난다. 1921년 『대만청년』 서

6) 이 글은 『早年文集』에 수록.

문은 신시대를 살아가는 대만 주민들은 세계 개조에 응분의 기여를 할 책임이 있음을 각성하고 노력해야한다고 밝히고 있다. 1922년 『대만』의 사설 「세계 개조와 대만인의 자각」은 대만인이 세계 개조의 대업에 인류의 한 구성원으로 협력해야 한다는 신념이 뿌리내리는 것을 기쁘게 생각한다고 쓰고 있다. 이와 같은 세계에 대한 관심은 광복초기까지 계속되며, 신문학의 실천에도 영향을 준다.[7)]

이 기간 계몽운동의 세계정신 세례를 받은 스물한 살의 엽영종의 글 속에는 세계에 대한 관심이 충만한 것을 확인할 수 있다.

> 대만은 변함없이 우리의 대만이고, 단점도 여전히 우리의 단점이다. 우리는 인류사회의 한 사람으로 생존할 것이고, 평등하게 문명의 혜택을 누리는 인류사회의 한 사람으로서 세계에 기여할 의무가 있다.

"대만은 변함없이 우리의 대만이다"는 말은 대만은 일본인의 대만이 아님을 강조하는 것이며 다른 한편으로는 본토의 입장을 거듭 표명한 것이다. 그러나 세계적 시각은 이러한 본토의식에 세계에 대한 개방적 성격을 더해주었다. 스물한 살의 엽영종은 이 짧은 문장을 통해 계몽가로의 시각과 남은 생애의 사명을 분명하게 드러내고 있다.

이 시기 다수의 글들은 엽영종이 '대만지방자치연맹'에서 개인명의, 대리인 또는 조직의 대표자로 쓴 글이다. 1920년 시작된 계몽운

7) 陳昭瑛, 「啓蒙, 解放與傳統: 論二十世紀二十年代臺灣知識分子的文化省思」, 본서 제7장.

동은 정세변화와 노선투쟁으로 분열되었고, 지방자치연맹의 창립은 계몽 운동가들이 실패를 딛고 찾아낸 돌파구였다.

중국 및 세계 각지의 개혁운동이 그랬듯이 문협 또한 성립 후 좌익사상의 타격을 받았고, 최후에는 좌우분열의 운명을 피할 수 없었다.

문협의 좌우분열은 1927년에 발생했지만, 1924년에 일어난 신구 문학논쟁에서 이미 좌익사상의 분위기를 읽을 수 있다. 1924년 신구 문학논쟁을 일으킨 장아군은 이미 글을 통해 온건한 '계몽' 노선에 대한 강한 불만을 드러냈으며, 「대만청년에게 고하는 편지」에서는 "일부 극소수의 사람들이 마지막 숨을 쏟아 의회설립 청원을 하고 있는 것 외에 사회개조 운동은 그림자조차 찾을 수가 없다 …… "라고 주장하고 있다.[8] 이는 의회설립 청원운동은 사회개조 운동이라 부를 수도 없다고 조롱한 것이다. 1925년 장아군을 지지하는 채효건(蔡孝乾)이 「대만 문학계를 위한 눈물」을 발표했으며,[9] 얼마 지나지 않아 『대만민보』는 연달아 「중국 신문학개론」을 발표하여 세계 문예사조의 좌경현상과 중국 신문학운동 중 문학혁명이 이미 혁명문학으로 바뀌고 있다고 지적하였다.[10] 이처럼 신구 문학논쟁이 일어난 이듬해(1925년)에 좌익문학의 싹이 이미 대만에 심어졌고, 이와 동시에 『대만민보』의 사설과 기타 기고 글 등에 '해방'의 목소리가 나타났음을 확인할 수 있다. 현실에서는 일본 당국의 당업(糖業)정책

8) 張我軍, 「致臺灣靑年的一封信」 『臺灣民報』 2卷7號 (1924年 4月 21日).

9) 「爲臺灣文學界續哭」, 『臺灣民報』 3卷5號 (1925年 2月 11日).

10) 「중국신문학개관」, 『臺灣民報』 3卷12-17期 (1925年 4月 21日-6月 11日).

을 통한 농민 및 노동자 계급 착취가 심해지고 있었으며, 계몽운동의 좌경화가 급속하게 진행되었다.[11)]

1927년 1월 3일, 문협이 정관 수정을 위해 개최한 임시 대회에는 총 133명의 회원이 참석했다. 연온경과 왕민천 등이 이끄는 좌익청년이 대다수를 차지했고, 중앙위원 선거에서는 연온경 일파가 다수 당선되었다. 임헌당, 채배화, 장위수 등은 대세를 따라 중앙위원직에서 물러났고, 문협은 좌익이 장악하였다. 문협을 떠난 간부들은 정치결사를 준비하여, 1927년 5월 집회에서 장위수의 발의를 토대로 '해방문협(解放文協)'이라 이름을 붙였다가 얼마 후 엽영종의 '대정혁신회(臺政革新會)'로의 개명 건의안을 통과하였다. 이는 엽영종의 신중하고 보수적인 일면을 드러낸 것이지만 또한 그의 선견지명을 보여주기도 한다. 며칠 지나지 않아 대북주(臺北州)는 채배화를 소환하여 대정혁신회의 강령에 식민지 자치를 선도하고 해방 등의 단어를 남용하고 있다고 질책하였다.[12)]

1927년 6월에 장위수, 채배화, 사춘목 등은 정치결사를 재조직하여 6월 17일 대중시(臺中市)에서 27세의 엽영종을 포함한 많은 사람들이 출석한 가운데 협상회의를 열었다.[13)] 7월에는 대만 지방자치제도의 개혁을 최우선 정책으로 한 대만민중당이 창당되었다.[14)] 대만민중당은 장위수의 지도하에 나날이 좌경화 되었고, 임헌당, 채배

11) 20년대 대만 지식인이 '계몽'에서 '해방'으로 전향한 것에 관해서는 본서 제7장 참조.

12) 이상 내용은 葉榮鐘, 『日據下臺灣政治社會運動史』, 385-392쪽. (좌우분열 부분); 415-416쪽.(대정혁신회 부분)을 참조.

13) 葉榮鐘, 『日據下臺灣政治社會運動史』, 417쪽.

14) 葉榮鐘, 『日據下臺灣政治社會運動史』, 419쪽.

화, 채식곡, 진봉원 등 민족주의 유력인사는 다른 길을 걷게 되면서[15] '대만지방자치연맹'의 창립이 추진되었다.[16]

'대만지방자치연맹'은 일본 식민지배 시대 엽영종의 주요 활동 무대였다. 문협시기 젊은 엽영종은 새 인물로 두각을 나타내었고, 서른 살에는 '대만지방자치연맹'을 추진하였다. 운동 중 주요 문헌들은 모두 그가 각종 주요 활동의 참여자이자 주도자임을 확인해주고 있다.

엽영종은 이번 운동이 심화된 계몽운동이라고 인식하였다. 배경을 분석하면서 그는 시대 진보는 평범한 계몽운동으로 호소할 수 있는 것이 아니라 새로운 운동 분야를 개척하여 민중의 열정을 유지하고, 실질적 정치 운영을 통해 민중을 교육해야 한다고 밝히고 있다.[17] 그리고 그는 지방자치제도는 민주정치의 기초이므로 앞으로 대만의회가 실현되면 지방자치 역시 반드시 이뤄내야 할 일이라고 주장했다.[18] 이를 통해 지방자치연맹이 문협 분열전의 '의회설립청원운동'을 이어가고 있다는 것을 알 수 있다. 요컨대 1920년 시작된 계몽운동은 1927년 갈등으로 '해방'과 '자치'의 두 노선, 다시 말해 좌경화된 계급투쟁 노선과 우파의 민족운동 노선으로 나눠졌다. 비록 체제 내에서 구체적인 성과를 얻기 위해 자치연맹은 일부 진보적이고 깨어있는 대만 거주 일본인을 받아들였지만, 엽영종은 이를 '반동'이라고 매도하는 것에 대해 강렬하게 반대하였다. 그는 연맹의 강연이 일본 경찰의 감시를 받았고 강연중 연사가 일본 경찰에 의해 발언이 중지 당하는 경우는 구문협과 민중당 못지않게 많았다고 강

15) 葉榮鐘, 『日據下臺灣政治社會運動史』, 471쪽.
16) 葉榮鐘, 『日據下臺灣政治社會運動史』, 501쪽.
17) 葉榮鐘, 『日據下臺灣政治社會運動史』, 501쪽.
18) 葉榮鐘, 『日據下臺灣政治社會運動史』, 502쪽.

조하였다.[19] 특히 1931년 민중당이 금지 당한 후 자치연맹은 유일한 합법적 정치결사단체가 되면서, '자치'라는 단일 목표에 국한되지 않고 간부들은 개인적으로 다양한 주요 문제의 항쟁 청원에 개입하였다.[20] 이처럼 자치연맹의 '온건적' 태도는 단지 전략이었고 목적은 장기적인 투쟁에 대응하는 것이었다. 이러한 특성은 엽영종이 일본인에 저항하고 국민당에 대응하는 태도에서는 잘 드러난다.

엽영종의 자치연맹 활동은 다음의 세 가지 분야에서 이루어졌다. 첫째, 1930년 5월 초 동경에서 양조가(楊肇嘉)는 엽영종을 먼저 대만으로 보내 준비 작업을 하도록 했다. 5월 10일 무봉(霧峰)으로 돌아온 엽영종은 대만 전역을 돌아다니며 여러 분야의 동지들을 만나 호응을 얻었으며, 6월 10일 양조가는 채배화와 함께 동경에서 귀국하여 대만지방자치연맹 조직 작업을 적극적으로 추진했다.[21] 8월 17일 창립대회가 개최되었고, 엽영종이 작성한 「대만지방자치연맹 취지서(趣旨書)」가 창립대회에서 발표되었다. 창립 이후 대만 24개 지역에서 개최한 순회강연의 주요 강연자 명단에는 엽영종의 이름이 올랐다.[22] 1933년 대중시에서 개최된 전도주민중부대회(全島住民中部大會)는 엽영종의 개회사로 시작되었으며, 그는 「비상시(非常時)와 대만 지방자치 개혁」을 주제로 당일 강연을 하였다.[23] 그해 엽영종은 양조가와 엽청요(葉淸耀)와 조선에 가서 지방자치제도를 시찰한 후, 대만으로 돌아와 장문의 「조선 지방제도 시찰 보고」를 『대만신민보』에

19) 葉榮鐘, 『日據下臺灣政治社會運動史』, 503쪽.
20) 葉榮鐘, 『日據下臺灣政治社會運動史』, 533쪽.
21) 葉榮鐘, 『日據下臺灣政治社會運動史』, 506쪽.
22) 葉榮鐘, 『日據下臺灣政治社會運動史』, 513쪽.
23) 葉榮鐘, 『日據下臺灣政治社會運動史』, 541쪽.

발표하여 일본당국을 향해 지방자치를 쟁취하는 중요한 근거로 삼고자 했다. 1930년에서 1934년까지 그는 자치운동을 위해 다수의 글을 발표하였는데 이는 지방자치연맹에서 그가 가장 중요한 이론가였음을 말해준다.

엽영종이 발표한 글들의 핵심은 다음과 같이 요약할 수 있다.

1) 자치연맹의 본질은 전통유가에서 말하는 "대도지행 천하위공(大道之行 天下爲公)"의 대동정신이다. (『조년문집』, 「자치운동의 진전」)
2) 법치정치가 확립되지 않은 식민지에서 정권의 남용 가능성이 크기에, 전제정치 이름의 파시즘이 출현하는 것을 경계하지 않을 수 없다. 따라서 입헌정치는 더욱 절실하다. (『조년문집』, 「지방자치 개혁 반대론 반박」)
3) 오늘날 대만의 빈곤을 구제하려면 정치해방 이외의 다른 방법이 없다. 정치적 해방운동은 먼저 입헌정치의 기초인 지방 자치권을 획득해야 한다. (『조년문집』, 「대만지방자치연맹 전도대표대회 대회 선언」)
4) 세칙 시행에서 지방자치를 전반적으로 논한다.
5) 반대의견에는 입장을 견지하며 예리하게 반박한다.

계몽에서 자치로의 변화는 '평범한' 운동에서 '단일목표'의 운동으로 심화된 것이라고 엽영종은 주장했다. 그러나 계몽가로서 엽영종은 다방면에서 지속적으로 대만이 어떻게 '전근대' 사회에서 '현대사회'로 진보할 수 있는가를 고민하였다. 정치운동 이외에도 『조년문집』에는 다음 세 분야에서 '계몽'에 대한 그의 견해가 드러나 있다. 첫째, 엽영종은 '미신'을 배척하였는데 이는 문협의 전통이다. 수리조합의 간부가 오랜 가뭄에 비가 내리도록 발원한 것을 확신이 부족해서이다. 당국과 마찬가지로 신비한 힘에 의지하려는 것은 "제정(祭政)일치"의 술수와 다를 바 없으며, 스스로 최면 상태에 빠지는 것이라 비판하였다. ((『조년문집』, 「잔천(殘喘)—기우제를 통해 제정일치를 논하다」) 그리고 나날이 극성스러운 대만의 영신제(迎神明)를 비판하며 합리적인 방법으로 지식과 이성에 근거해 종교의 불순요소를 제거해야 한다고 주장했다. (『조년문집』, 「문예시평: (3) 영신제」)

둘째, 그는 전통극을 싫어했는데 이 역시 문협이 신극을 제창하고 전통극을 반대한 것과 관련 있다. 조년문집에 수록된 「문예시평: (3) 저속극 금지」와 「문예시평: 인형극」에서 그의 생각을 확인해볼 수 있다. 오늘날 대만에서 본토문화와 민간문화를 중시하는 추세로 볼 때 엽영종의 견해는 극단적이라 할 수 있으나, (근래의) 본토문화에 대한 중시는 현대화를 이룬 후 세계적인 문화뿌리 찾기 조류에 근거하고 있음을 고려해야 하며, 엽영종의 견해는 1930년대 대만 사회가 현대화의 첫걸음을 시작한 시기 계몽운동가의 견해임을 알아야 한다.

셋째, 엽영종의 계몽에 대한 적극적 의견은 결혼에 대한 견해에서도 드러난다. 문협 창립 후 남녀평등은 대만 계몽운동의 주된 주장이었다. 『조년문집』에 수록된 「맞선결혼론」을 통해 그는 여성의 인격을 무시하는 전통 결혼제도를 비판하며 맞선 결혼에 반대하는 사람들에게는 "서로 선택해야 한다. 여성이 그 남성을 선택했는지는 묻지 않고 남성이 여성을 선택했다고만 말하는 것인가? 여성 인격의 존엄이 남자와 같이 논할 수 없다는 것은 터무니없이 여성을 멸시하고 천하게 보는 모순적 관념 때문이다."라고 말한다. 그는 청년들이 이러한 무거운 굴레를 벗어던지고 더 합리적이고 자연스러운 결합

방법을 찾아 남녀의 자유교제의 닫힌 문을 열 것을 장려하였다. 그는 구 예법에서 벗어나지 않고는 새로운 사회를 건설할 수 없다고 강조했다. 엽영종의 젊은 시절 일기를 통해 우리는 그가 여성을 존중하고, 자유연애 신봉하였으며 언행이 일치하는 계몽가임을 확인할 수 있다.

3. 중국 신문학에 대한 평론

1925년 채효건이 일찍이 「중국신문학개론」을 발표하여 중국신문학을 소개하였다. 엽영종의 동명저서는 대만에서 처음으로 출판된 중국신문학 평론집으로 일본유학을 마치고 귀국하기 직전인 1929년 11월 7일 완성하였으며, 1930년 6월 도쿄의 신민회가 「신민회 문존 제3집」으로 출판되었다. 1장 서설, 2장 문학혁명의 발전, 3장 신문학작품, 4장 문단 파벌, 5장 결론 등 5장으로 구성되어 있다. 그 중 제3장은 1. 현대시, 2. 소설, 3. 희곡, 4. 소품산문으로 나눠진다. 제4장은 창조사파(創造社派), 어사파(語絲派), 문학연구회파(文學研究會派), 신월파(新月派), 기타 작가 순으로 소개하고 있다.[24] 일반적인 '개관'이 아니라 작품의 분석과 각 파벌 이론 비평 등 중국신문학 초기 10년을 완전하게 소개하고 있다.

우선 서설과 결론을 통해 그의 중국신문학 10년의 성과에 대한 전체적 평가를 알 수 있다. 그는 '문학혁명'의 출현에 아낌없는 지지를 보내지만 신문학 창작에 관해서는 성공적이라는 평가를 내리지 않

24) 葉榮鐘, 「中國新文學概觀」, 『早年文集』에 수록.

았다. 그는 초기 10년간 작품의 수는 많았지만 수준이 높지 않고, 걸작은 많지 않다고 평가한다. 서설에서 그 원인으로 구문학 타성의 지배와 서양 문학사조를 추종하고 모방하던 분위기를 지적한다. 그러나 결론에서는 중국신문학의 미래에 대한 무한한 기대감을 드러내고 있다. 그는 초기 십년을 기틀을 마련했으나 위대한 걸작은 나오지 않았다. '형식'상 신문학은 혁신적이었으나 내용적으로는 아직 유치함을 벗어나지 못했다고 판단했다. 엽영종이 많은 장르 중에서 가장 성공적이었다는 평가를 내린 것은 소품산문이었다. 소품산문을 논하는 부분에서 그는 중국 고전문학의 유구하고 걸출한 고문(古文) 전통의 영향을 받은 소품산문이 신문학 장르 중 유일하게 독보적일 수 있었다고 원인을 분석하고 있다. 아마도 엽영종이 신문학의 다양한 장르 중 가장 애착을 가진 장르라는 점도 이러한 평가에 영향을 주었을 것이다. 엽영종은 첫 10년의 수확이 많지는 않지만 미래는 밝다고 인식했다.

장르별 자세한 분석 중 그가 가장 먼저 비판한 것은 호적(胡適)의 『상시집(嘗試集)』이었다. 그는 호적이 여전히 오언과 칠언의 격식을 버리지 못하고 백화의 장점을 최대화하지 못하여 백화시가 완벽하지 않다며 "때를 씻어낸 문언시에 불과하다"고 비평했다. 이처럼 엽영종은 문어체와 구어체가 뒤섞인 시가작품을 인정하지 않았으나, '유럽식 국어'는 배척하지 않았는데 이는 유럽문학을 중국어로 번역한 영향을 받은 것임을 이해했기 때문이다. 그는 현대시 운동은 유반농(劉半農)과 심윤묵(沈尹默)에 이르러서야 고전 시가의 영향과 병폐에서 벗어났다고 평가한다. 그는 이 시기 가장 뛰어난 시인으로 서지마(徐志摩)와 곽말약(郭沫若)을 꼽고 두 사람의 작품을 인용하는 것은 물론 개인 특징도 비교하고 있다. 서지마는 우아하고 인상 깊은 예술지상주의자이며, 곽말약은 위대하고 힘 있는 무산계급파 시인이라고 인식했다. 엽영종은 두 사람이 자유분방한 표현 기량을 통해 옛 시인들이 문학으로 인정하지도 않고 얕보던 백화시를 사용하여 심금을 울리는 분위기, 숨 막히는 매력 그리고 싱그럽고 건강하며 용감한 새로운 경지의 시를 창조해냈다고 평가하였다.

소설에서는 노신을 추앙하였다. 엽영종은 노신이 작품은 많지 않으나 그 중 좋지 않은 작품이 없다고 말한다. 『아Q정전』에 대하여 "저자는 표면적으로 보면 아Q에 관해 쓰고 있으나 그 내면에는 중국에 관해 쓰고 있다. 이것이 바로 『아Q정전』이 위대한 이유이다"라고 밝히고 있다. 그는 아Q라는 인물의 보편성을 강조하고 있는데, 아Q는 평범한 청년으로 그가 처한 환경은 많은 중국 청년이 처한 환경과 다르지 않다. 아Q는 빈부격차의 압박, 최악의 생활고, 계급차별, 최악의 멸시 그리고 봉건적 예법과 도덕의 속박을 받았다고 분석했다. 『아Q정전』은 내용과 형식 모두가 훌륭하고 아름다운 작품이라며 다음과 같은 최고의 찬사를 보낸다. "이처럼 인간사 고통과 위대한 시대성을 포착할 수 있었던 것만으로도 이미 충분히 불후의 명작이 되었다. …… 십여 년의 신문학 운동은 『아Q정전』 한 편으로도 이미 헛수고는 아니다."

엽영종은 노신 다음가는 소설가로 욱달부(郁達夫)를 꼽는다. 그는 욱달부 소설의 등장인물 특징을 정확하게 파악하고 있었다. 대부분 세기말의 변절자로 자아는 강하나 의지는 박약하고, 상상력은 풍부하나 실천력이 결핍되었으며, 비관적이고 의심이 많을 뿐 아니라 쉽게 웃고 울며 감격하는 성격적 특징을 가지고 있다고 분석하며 소위 말하는 "근심 걱정으로 병을 얻는" 정신 쇠약의 경향이 농후하다고 말한다. 엽영종은 욱달부의 소설은 자신의 경험을 기반으로 하고 있으며 규모가 작고 사회의식이 결핍되어 있으나 그의 세기말적 분위기는 일부 청년의 생활을 대변하고 있으며, 뛰어난 예술적 기량과 유려한 문체로 자신만의 스타일을 창조하였으니 전체적으로 좋은 작품이라 평가하고 있다. 노신의 투철한 사회의식을 추앙하면서도 세기말의 퇴폐 미학 또한 인정하는 것에서 엽영종이 폭넓은 시야로 문학작품을 감상하는 것을 확인할 수 있다.

1929년 이전의 노사(老舍) 작품에 대한 인상은 좋지 않았던 것 같다. 엽영종은 『장씨의 철학(老張的哲學)』, 『조자왈(趙子曰)』 등 작품이 시대성을 지니고 있으며 인물 묘사가 생동감 있다고 인정하면서도 작품속의 '장난스런 분위기'와 '고의적 조롱'을 좋아하지 않았다. 그러나 엽영종의 비평은 노사가 문단에서 지위를 인정받은 대표작 『낙타상자(駱駝祥子)』(1936년 완성)를 쓰기 전 두 편의 초기 작품에 대한 것이므로 그의 이러한 비평을 편파적이라 할 수는 없을 것이다.

엽영종이 소설장르에서 가장 부족하다고 느낀 것은 장편소설의 부재인데, 그러나 이것은 현대문학의 세계적 추세였다고 그는 생각한다. 그의 글에서 톨스토이와 같은 수천 쪽 분량의 장편을 고대하는 마음을 읽을 수 있었다. 그는 작가들의 생활이 곤란하여 소소한 작품밖에 쓸 수 없다고 말한 호적의 변명에 동의하지 않았다. 그는 『유림외사(儒林外史)』, 『홍루몽(紅樓夢)』과 같은 작품은 빈곤한 시대에 쓰인 것이 아니냐고 반박하였다. 그는 문제는 현대 중국의 사회사상

혼란이 최고조에 달하면서 작가들이 정신적 중심을 잃고 사상의 갈림길에서 방황하여 확고한 신앙과 일관된 정신이 부족한 상태에서 창작을 하기 때문이라고 지적한다. 1930년대 이후 장편소설과 삼부곡(三部曲) 소설이 쏟아져 나온 것이 작가의 확고한 신앙과 일관된 정신과 관련 있는 것을 감안하면 그의 이 말에는 탁월한 선견지명이 있다고 볼 수 있다. '문학혁명'에서 '혁명문학'으로 변화하며 나날이 무거워지는 사회 리얼리즘 사명감은 수많은 작가들이 장편소설 창작에 몰두하게 만들었던 것이다.

현대 희극 평론에서도 엽영종의 예리하고 날카로운 희극관을 보여준다. 그는 전통극은 내용이 공허하고 형식은 무미건조하다고 여겼다. 그는 관객들에게 위로를 주고 공명을 울릴 수 있는 동시에 관객의 생활의식을 키워주는 것이 현대 희극의 가장 이상적인 모습이라고 인식했다. 구체적으로는 형식상 오락의 목적을 이루고, 내용상 교화의 효과를 거두는 것이다.

마지막으로 소품산문을 논하였는데, 그 특징은 가벼운 필치로 심오한 의미를 간결하게 표현해 내는 것이라고 밝히고 있다. 이 멋진 표현은 바로 엽영종 본인의 소품산문의 특징이기도 하다.

다양한 문학 결사에 대한 평론에서도 뛰어난 통찰력을 보여주는데, 신월파는 예술지상주의에 동양 문화의 긍지를 더하였다고 분석하였고, 기타 작가 부분을 추가하여 결맹에 참여하지 않은 작가를 소홀히 하지 않았다.

엽영중 마음속의 최고의 신문학 작가는 노신으로 1933년 『남음(南音)』에서 발표한 「문예시평」의 「노신에 관한 소식」의 짧은 글에서도 잘 드러난다.

4. 대만 문학에 대한 견해

1932년 『남음(南音)』의 창간은 엽영종이 대만 신문학 대가로서 역사에 자리매김하도록 해주었다. 『남음』은 신문학에 작품 발표의 무대를 제공하기 위해 창간되었지만, '남음'이라는 이름은 굴원의 전통에 의미를 두고 지은 것이다. 남음은 곧 남방의 음악으로 초나라의 음률을 말한다. (『좌전(左傳)』 성공9년에 초나라의 포로가 남음을 노래하였다는 고사에서 유래되었다.) 일본 식민지 시대의 고전 시가에서 '초나라 포로(楚囚)'는 식민지 생활이 일본 감옥이 갇힌 것과 다름없다는 시인이 처한 상황을 비유하는데 자주 사용되었고, '남음' 또한 자신의 시 작품을 형용하는데 이용되었다. 간행물 이름을 '남음'이라 지은 것은 대만문학 나아가 중국문학 전통의 '남방' 지파를 의미하는 것이자, 대만문학의 정신과 굴원의 애국심과 망국의 슬픔에 호응하는 것임을 강조하기 위해서이다.

엽영종이 『남음』에 발표한 문장에서 문학에 관한 기본적 견해와 대만 문학 발전에 대한 고민을 엿볼 수 있다.

문학에 관한 기본적 견해는 『조년문집』에 수록된 「시를 짓는 태도」에서 확인할 수 있는데,[25] 그는 "시는 태어난 것으로 마음을 움직이는 내용이어야 한다"고 강조하였다. 이는 「시대서(詩大序)」에서부터 시작된 유가의 '시가발생학'의 전통을 계승하는 것이다. 엽영종이 구문학을 반대한 것은 한시가 진부한 이야기로 생명력을 잃었기 때문이다. 1928년 『조년문집』에 수록된 「시인의 타락」에서 한시가 '생명'이 없고 '개성'이 결핍되었다고 비평하며, 시는 진정한 영감 즉 '감정이 움직여 말로 나타나야 한다(情動於中, 而形於言)'는 것을 강조하고 있다.

그리고 그는 문학과 예술은 보편성을 띄고 대중에 가까워야 한다고 인식했는데, 이는 문예의 '계몽' 역할을 강조한 것이다. 따라서 '민간문학' 특히 대만이 개항 후 여러 사적(事跡)과 민간에 전해 오는 이야기를 수집하여 책으로 엮고 개작하는 일을 적극적으로 지지하였다.

그는 대만문학의 발전 방향에 관해서도 문학창작을 통한 대만어(즉 민남어) 수준 제고, 제3문학 이론 및 대만문학사의 기본구상 등과 같이 많은 깊이 있는 견해를 내놓았다.

1) 문예창작을 통한 대만어 수준제고 : 엽영종은 대만어로 시와 소설, 극본 등을 쓸 것을 주장하였다. 이를 통해 대만어는 확고한 언어로 자리 잡도록 하는 중요한 문제를 해결할 수 있다고 말한다. (『조

25) 엽영종도 일본 식민시대 '신구(新舊)시의 대화'의 대표인물 중의 한 사람이다. 이하의 평론은 다음을 참고함. 陳昭瑛, 「儒家詩學與日據時代的臺灣: 經典詮釋的脈絡」, 『臺灣儒學: 起源, 發展與轉化』(臺北, 正中書局, 2000), 251-287쪽.

년문집』, 「로마자 운동에 관하여」) 문학의 언어로 일상 언어의 수준을 높이는 것은 언어발전에 관하여 정확한 이해를 하고 있었음을 보여준다. 그리고 그는 대만 백화를 사용해야만 대만인의 풍속과 일상생활을 쓸 수 있다고 했는데 이 역시 정확한 분석이다. 북경파, 해외파 그리고 동북작가들은 그 지역의 특색 있는 방언을 사용하여 신문학의 대중정신과 지역정서를 깨우치고 신문학의 다양성을 증진하였는데 대만문학도 어찌 예외가 될 수 있겠는가.

2) 제3문학 이론 : 제3문학 이론은 앞서 다룬 대만 백화론이 한층 더 발전된 것이다. 엽영종은 귀족문학을 지지하지 않았으며 프롤레타리아 문학에도 동의하지 않았다. 그는 계급을 초월한 대만인의 특성을 가진 '제3문학'을 주장했다. 『조년문집』에 수록된 「제3문학 제창」과 「제3문학 재논의」에서 엽영종의 완성된 대만문학에 관한 견해를 읽을 수 있다. 그는 자신의 땅, 생활공간에서 시작해야만 모방하지도 유행을 좇지도 않는 생동적이고 구체적인 작품을 쓸 수 있다고 인식했고, 문학은 인상 깊은 특성이 있어야 세계적이 될 수 있다고 지적하였다. 이처럼 그는 문학의 기본원리에 대해서도 완전히 이해하고 있었다. 그는 세계문학은 조미료 미지소(味之素, 미원)처럼 사람들의 입맛을 통일시키는 것이 아니며 강렬하고 웅장한 북유럽문학이 있어도 애잔하고 슬픈 남유럽문학이 있어야 광채가 찬란하게 빛나는 오늘날의 세계문학을 이룰 수 있다고 말한다. 이처럼 대만작가들이 자신의 역사, 풍토, 감정을 기초로 귀족도 프롤레타리아도 아닌 제3문학을 쓰도록 권장했다. 4백만 명의 공통된 삶의 배경과 생활의식에 기반을 두도록 했다. 이러한 견해는 적극성이 있으면서도 보수적이다. 좌익문학에 대한 거리감과 좌익운동에 대한 경계는

상관관계가 있는 것으로 엽영종은 그의 일관된 입장을 지키고 있음을 확인할 수 있다.

3) 대만문학사의 기본구상 : 그는 과거 문학과 예술을 정리할 것을 주장했다. 이는 노시인에 대한 건의이지만 대만 시선(詩選)과 문선(文選)에 관한 구상이었다. 대만 개척 후의 시를 수집하는 것을 예로 들면 대만인과 외지인 구별 없이 대만의 향토색(인정, 풍속, 역사, 명승지 등) 쓴 것과 역사사실을 찾는 것이라 설명한다. 1922년 연횡이 『대만시승(臺灣詩乘)』을 편찬하였으나, 엽영종은 더욱 완전하고 전면적인 문학사 작업을 기대하고 있었다. 이는 제3문학의 제창과도 관련 있는데, 그는 과거는 미래의 귀감으로 대만문학사를 편찬은 대만특성을 강조한 제3문학의 기초 작업이라고 말하였다.

5. 광복초기의 사회참여

『조년문집』의 「전후편」에 수록된 글들은 엽문종이 타인 또는 조직을 대리하여 쓴 공식적 문건이 대다수이다. 엽문종의 광복에 대한 견해를 이해하기 위해서는 『대만인물군상(臺灣人物群像)』에 수록된 그의 「대만성 광복전후의 회고」를 꼭 읽어봐야 한다. 그러나 『조년문집』 중에서도 엽영종의 당시 활동과 관심사를 확인할 수 있는데, '회고'가 아닌 '즉각적 느낌'이 아주 분명하게 드러나 있다. 민생경제에 관련된 글들이 많은데 이는 광복초기 대만사회가 처한 어려운 상황에서 예술이론만을 쓸 수는 없다는 엽영종의 생각이 반영된 것이다. 이 글들을 통해 그의 사회참여를 다음과 같이 요약해볼 수 있다.

1) 광복 경축, 국민정부 환영 및 대만 광복 치경단(致敬團) 활동에 적극 참여하였다. 이를 통해 그의 대만 광복에 대한 기쁨과 광복 후 대만 발전에 기대를 확인할 수 있다.

2) 일본 통치시대에도 드러났던 교육에 대한 관심과 언론계에 대한 열정으로 대만기독교대학 대중(臺中) 설립활동과 『중보(中報)』창간에 참여하였다.

3) '천하위공(天下爲公)'의 정신으로 국민당에 정당 혁신을 건의하였다. 그 중 대만성 출신의 인사를 등용하여 민심을 얻도록 해야 한다(『조년문집』, 「정치개혁 소견」)는 주장은 40년 후의 '본토화' 현상을 예측하고 있었다. 이와 함께 그는 정당은 민심에 기반을 두어야 함을 강조하였는데 서복관(徐復觀)이 장개석의 참모로 일할 때 끊임없이 국민당은 사회 기반을 마련해야 한다고 건의 했던 내용과 매우 비슷하다.

4) 경제적으로는 민생주의 실천 중 자본을 절제하자는 주장을 펼쳤다. 상인의 이윤관념을 강하게 거부하고 회사의 이익분배도 주주보다 직원을 위주로 시행하여 '경자유기전, 노자유기업(耕者有其田, 勞者有其業)'을 이룰 수 있어야 한다고 말한다. (『조년문집』, 「대만경제건설의 원칙」) 그리고 쌀 부족 현상 해결 촉구하는 여러 편의 진정서를 통해 엽영종이 광복초기 민생 고통을 해결하기 위해 백방으로 노력하는 모습을 확인할 수 있다. 이러한 공식적인 글을 통해 국민을 대표하여 청원하는 계몽가의 살아있는 모습을 볼 수 있다. 또 다른 한편으로

는 이 글들은 그의 고정된 '우파인사'라는 이미지를 바꿔주었다. 모든 일에 열성을 보인 계몽가로서 고통 받는 대중 앞에서 '계몽'에서 '해방'의 대열로 옮겨가는 것은 자연스러운 일이었다. 이는 이데올로기적 입장변화가 아니며 마음속 스스로 용납할 수 없는 사회 양심의 목소리에 답한 것일 뿐이다.

6. 결론

서두에서 인용한 시는 엽영종의 1931년 작품 「시사감작(時事感作)」으로, 전체 네 편의 시중 세 번째 시를 인용하였다. 전체 시를 통해 엽영종은 당시 대만 대내외 시사의 깊을 관심을 드러낸다. 1931년은 바로 '대만지방자치연맹'이 운동을 펼치기 시작한 해이다. 앞서 살펴보았듯이 엽영종은 지방자치와 입헌정치의 틀을 제시하였고, 첫 구절 "국가의 헌법과 공권력도 사라졌는데(國憲公權已不存)"는 이 주장에 호응하는 것으로 일본이 지방자치에 반대함으로서 국가헌법과 공권력의 부재를 초래한 것을 비난하고 있다. "무슨 자유와 평등을 말하는가?(自由平等那堪論)"은 계몽가로서 자유평등을 견지해 나가고자 하는 의지를 표현이다. 뒤이은 두 구절에서는 엽영종의 자부심과 기개가 드러난다. "소가(蕭史)가 피리를 불었던 것도 없어지고 숨어버렸거늘(吹蕭人逝鴟夷隱)"은 오자서(伍子胥)와 범려(范蠡) 등 현인에 대한 추모와 동경을 보여준다. "어느 누가 국민들의 사라져 버린 영혼을 불러오겠는가?(誰召同胞未死魂)"은 내가 아니면 안 된다는 충만한 자신감을 드러내며 계몽을 통해 아직 살아 있는 동포의 혼을 일깨워 자유롭고 평등한 대만 사회를 건설하고자 하는 계몽운동의 목표를 구현하고 있다. 엽영종은 단 한 수의 현대시를 남겼고, 《소기음초(少奇吟草)》는 한시로 그는 깊은 감동을 한시로 표현한 것을 알 수 있다. 이 또한 한시 세계의 고전에 관심과 애착을 보이면서도 다른 한편으로는 신시대 사상의 감회가 충만한 신구교체 시기 계몽가의 특징이다. 『조년문집』에 비록 구문학에 대한 적지 않은 비판 글이 있지만, 이러한 비판은 구문학의 타락을 겨냥한 것이며 새로운 사회의 신문학에 대한 요구에 호응하기 위함이다. 《소기음초》에서는 전통문화에 대한 그리움과 전통에 대한 중시 그리고 전통의 현대화 전환 추진을 드러낸다. 이 역시 1920년대 대만 신문화운동의 주요 특색이다.

출처: 『葉榮鐘文集』 『早年文集』, 「導論」, 臺中: 晨星出版社, 2002년

부록

이교(李喬)선생의 중국문화론을 읽고

양유빈(楊儒賓)

고염무(顧炎武)의 "책을 짓는 것은 책을 베껴 쓰는 것보다 못하다."라는 명언은 물론 모든 분야에 해당되지는 않는다. 그러나 만약 좋은 글을 접하면 이를 베껴 쓰는 것은 큰 의미가 있다. 특히 연장자에 대한 존경을 표하고자 글을 베끼면서 읽으면 큰 얻음이 있는 것은 물론이며, 매우 즐거운 기연(奇緣)이 될 것이다. 필자는 최근 바로 그런 뜻 깊은 인연이 있어 아래의 문장들을 베껴 쓰게 되었다.

1. 태극권(太極拳)

중국인은 고대부터 권법에 심취하였으며, 특히 그 중 하나가 태극권이다. 태극권의 요점은 형상이 있는 권법이 아니며, 술(術)이다. '술'이란 고된 수련과 실력을 철저히 부정하며, 힘을 추구하는 것 역시 그 정수가 아니고, 사량발천근(四兩撥千斤, 넉냥의 힘으로 천근을 들어 올린다, 작은 힘으로 큰 힘의 공격을 막아 낸다)과 같은 권법이야 말로 최고의 경지에 이른 무술이라 하겠다.

2. 중용(中庸)

'중용'은 사실 애매 그 자체다. 물론 중국문화는 인간 세상과 사람의 본성이 애매하다는 사실을 잘 파악하였지만, 중국식 '인간 중심'의 사고방식은 자기도 모르게 '사람에만 국한시켜' 형이상학적 사고와 물질세계에 대해서는 깊은 탐구를 하지 않았다. 그 결과 중국 철학, 종교, 자연과학의 발전은 이 같은 인간중심 사고의 영향을 받았다. 또한 '사람이 만물의 척도'라는 잘못된 생각 때문에 인간 세상의 공평을 대표하는 전정한 법률개념은 줄곧 정립되기 어려웠으며, 민주정치 또한 유명무실하게 되었다. …… 공자의 사상 속에는 원죄(原罪) 또는 구원의 관념이 존재하지 않았다.

3. 도(道)

참 우스운 얘기지만, 중국의 수많은 소소한 것들이 자주 뭔가 대단한 것처럼 둔갑하여 외국인들을 어리벙벙하게 만든다. 예를 들어 '도(道)'의 원시적 의미는 우리가 생각하는 관념적인 것이 아니다. "도라고 말하는 것은 이미 도가 아니다.(道可道, 非常道)"라는 노자의 명언은 매년 범람하는 황하를 보며 나온 말로서, 지난 달 물길이 여기에 있었는데 이 달에는 저쪽 산 아래로 가버렸더라, 이런 것을 보고 하는 말이다. 그러므로 물길이라는 것은 고정된 것이 아니다. 중국의 통치자들은 이 이치를 통치술로 도입하였다. 정치를 할 때는 반드시 신비스럽고 갈피를 잡을 수 없어야 백성에게 경외감을 심어준다. 또한 사람을 쓸 때는 그 명단이 미리 알려지면 그것으로 그 일은 무산된다. 기막힌 것은 서양의 대 철학자 슈팽글러는 이 '도'를 중국 문명의 '기본상징(prime symbol)'으로 보고 '사람 중심의 정원 경관 구조'에 관해 떠들어 댔으나(물론 이런 정원도 통치자나 유한계급의 전유물이지만), '도'의 실체와 아무 상관이 없다.

이해를 돕기 위해, 필자는 매 단락마다 소제목을 붙였다. 필자는 본래 더 베껴 쓰고자 했으나, 위의 세 단락을 베껴 쓴 후, 내심 불안한 마음이 가득했다. 필자는 이러다가 일자리를 잃어버릴 수도 있다는 것을 걱정하기 시작했다. 책을 베껴 쓰다가 일자리를 잃을 수도 있다는 논리가 어떻게 나왔는지 궁금하시겠지만, 필자의 생각이 마냥 근거 없는 것은 아니다. 필자가 베껴 쓴 글의 내용이 필자의 직업과 직접 맞아 떨어지기 때문이다. (문장에 따르면) 필자같은 사람은 실력도 없는데 학술의 전당에서 교편을 잡고 남의 귀한 자제를 망치고 있다. (인용한 글의 문구에 의하면, 남의 자제를 망치는 것뿐만 아니라 '독이든 수박'을 먹이고 있다고 하니 이것은 아예 살인행위다.) 스스로 돌이켜 보는데, 필자는 학문이 깊지 않고, 입장 또한 명쾌하지 못하기 때문에, 수업 내용과 관련된 자료만 보면 항상 유심히 읽었다. 필자의 원래 이 같은 글을 읽음으로 해서 학생들의 머리가 더 명석해지고, 중국문화에 대해서도 더 깊게 이해할 수 있기를 바랐었다.

그러나 필자가 이 세 편의 글을 비교를 할수록, 뭔가 잘못되었다는 생각이 들었다. '태극권', '중용', '도'는 모두 낯선 용어가 아니고 예부터 오늘날까지 많은 사람이 다룬 주제들이다. 그러나 이 주제를 이런 식으로 논한 글은 찾아보기 힘들 것이다. 만약 필자가 인용한 글의 관점이 맞는 것이라면, 고대부터 오늘날까지 수많은 대 유학자, 보통 유학자, 국내 유학자, 해외 유학자들의 관점은 오직 깨끗하게 닦아서 휴지통에 버려야 하고, 도서관에 쌓여있는 중국 사상에 관한 서적은 '공비(共匪) 정황 참고자료실'에 갖다 놓아 비공개로 해야 사람들이 읽고 배워 세상을 오도하는 것을 막을 수 있다. 그러나 반대로, 만약 과거와 오늘날의 논점에 학술적 논리가 있다면, 필자가 인용한 글의 관점은 매우 특이하다는 비판을 피하기 어려울 것이다.

이상의 문제는 아마 고민할 필요가 없을 것이며, 오늘날은 이미 계엄을 해제한 시대로서 모두가 자유롭게 이야기할 수 있다. 다만, 비록 필자는 본 글을 베껴 쓰지만, 필자 또한 산야의 금수마냥 분별없이 글을 베껴 쓴 것도 아니다. 필자가 베껴 쓴 글은 오늘날 대만에서 가장 상징적인 지위를 가진 이교 선생의 글이 아닌가! 이 선생은 한편으로는 소설을 쓰고, 또 한편으로는 시사평론을 쓰는 등 문무(文武)를 겸한, 오늘날 대만에서 보기 드문 대학자라고 할 것이다. 이 선생과 오늘날 대만독립 운동을 주장하는 사람들과 다른 점을 따져본다면, 후자는 단지 정치만을 이야기하지만, 이 선생은 자신만의 견해를 가지고 있고, 정치는 단지 문화의 표상이라는 점을 간파한 것이다. 이선생의 말을 인용한다면, 그가 "대만의 앞날에 대하여 줄곧 입장을 굽히지 않은 것은 바로 문화적 사고에 바탕을 둔 결론을 실천하는 것"이다. (『대만문화조형(台灣文化造型)』, 347쪽.) 물론 이교 선생

또한 외롭게 이 같은 주장을 펼치는 것은 아니며, 대만독립운동의 선구자 황문웅(黃文雄) 선생은 이교선생에 대해서 "그는 마치 거대한 영혼처럼 내 머리 속에 자리 잡고 있다."라고 격찬을 아끼지 않았다. 심지어 대교회(臺教會, 대만교수협회)의 회장인 정흠인(鄭欽仁)교수도 이교 선생의 문화평론은 "철학과 문화심령의 결정체"이며, "선생의 끊임없는 연구와 박학함은 청년들에게 도움이 될 뿐 아니라, 우리 나이 또래의 장년층에게도 큰 가르침을 준다."라고 크게 호평하였다. 이처럼 이 선생에 대한 호평은 당연히 수 없이 많으나 지극한 우상화를 피하기 위해 여기에서는 그만 언급하고자 한다. 이 선생의 중요성은 말할 필요가 없으며, 대만독립 진영에서 그의 명성은 매우 높고, 선생의 문화평론 또한 호응하는 자가 많다. 하지만 공개적으로 선생의 의견을 반대하는 목소리가 지극히 드물어, 이는 사실 선생에 대한 예의가 아니라고 생각한다.

필자는 이 선생의 문화적 관점에 반대하며, 그의 대만문화의 해석에 반대하고, 그의 중국문화에 관한 논점에 특히 반대한다. 그러나 가장 반대하는 것은 선생의 대만문화와 중국문화간의 관계에 관한 주장이다.

차분히 이야기를 풀어 가자면, 필자가 앞에서 베껴 쓴 글은 1995년 6월 22일 자립만보(自立晚報) 문화면에 실린 「중국식 대만인의 인상(中國式台灣人的印象)」이라는 글이며, 부제는 「대만인의 관점(台灣人觀點)」이다. 이 글은 일본어 번역본이 있다. 필자 본인의 정의에 따르자면 필자는 억지로라도 대만인이라고 자칭할 자격이 있으니, 좀 다른 시각의 '대만인의 관점'을 쓰는 것도 의미가 있다고 하겠다.

이교선생의 글은 소위 학술 논문은 아니다. 그러므로 그의 글을 가지고 학술적인 토론을 하는 것은 온당치 않다. 하지만 대만에서 태극권을 수련하는 사람 수는 대만의 3대 정당의 당원 수보다는 적지 않을 것이며, 태극권이 "고된 수련과 실력을 철저히 부정"하는지 여부는 공원의 할아버지와 할머니에게 묻는다면 바로 그 답을 알 수 있을 것이다. 필자는 태극권에 대해 문외한이지만, 적어도 태극권의 이론이 서양의 일반적인 운동과 다르다는 점은 알고 있다. 태극권은 정(精), 기(氣), 신(神)을 단련하며, 권법은 생명의 기운과 신체의 리듬과 하나가 되어야 한다. 정(精), 기(氣), 신(神)이라는 단어는 정말 그렇게 실체가 없는 허황된 어휘인가? 중국의 경우, 순자(荀子), 장자(莊子)부터 '체지(體知, 체험한 지식)'라는 개념을 제시하였다. 이 이론에 따르면, 지식은 하나의 대상이 아니며, 또한 지식의 성립과정은 경험철학에서 말하는 주관과 객관으로 나누어져 성립하는 것이 아니다. 반대로 '지(知)'의 오묘함은 인간의 존재(정-기-신의 신체구조)와 관련이 있다. 이것이 매우 의미 있는 접근이 아니겠는가? 이 같은 동방의 전통은 후일 무술과 결합하였으며, 이는 신체와 마음, 도가 하나가 된 수련방식이다. 이 같은 '술(術)'의 전통에 따르면, '도'는 궁술, 검술, 태극권, 유도, 다도와 같은 '체지(體知)형' 지식과 결합할 수 있다. 스즈키 다이세쓰(鈴木大拙)는 선(禪)과 일본문화의 관계를 논할 때, 말하는 내용의 반은 중국의 '선험형지식(體知型知識)'과 선종(禪宗)의 관계이다. 문외한들이 이 같은 주장을 들었을 때 일본의 선승들과 서예, 병법, 검도, 유도의 관계가 매우 밀접하다고 믿게 된다. 게다가 미야모토 무사시(宮本武藏)와 같은 무사들이 불법(佛法)과 서화에 관해서 매우 정통한 것도 알 것이다. 근대 서구의 표상적 사고방식과 그 체현방식은 종종 병폐를 조성한다는 것은 이미 학계에서 익히 알려진 이야기다. 이교선생은 하이데거(Martin Heidegger)에 관심이 깊다고 하지만, 그는 왜 하이데거가 비판한 서양문화의 병폐에 관해서는 연구하지 않을까? 또한 하이데거가 노자와 선학에 관해서 어떻게 이해하고 있는지 읽어 보지 않는가? 자신의 잘못은 자신이 고쳐야 하고, 필자는 "서양문화가 문제가 있기 때문에 동양문화가 흥할 것이다."라는 주장에 찬동하고 싶지 않다. 또 '지식-기술-인격 존재'가 통합된 지식이 바로 만병통치약이라는 생각도 갖고 있지 않다. 그러나 문화를 비판하고 새 국가를 건립하는 것을 사명으로 생각하는 사람으로서, 그는 자신의 이론의 배경과 전제에 대해 더 잘 알고 있어야 하고, 자신의 '선입견'(해석학적 의미의 선입견, prejudice)의 적용범위 또한 잘 알아야 할 것이다. 이교 선생이 만약 중국문화를 하나의 '패권'이라고 주장한다면, 그가 사용한 상식적인 담론도 마찬가지로 '패권'적인 측면이 있다는 것을 알아야 할 것이다. 더구나 그가 말하는 상식적 담론이 약자와 이질적인 문화를 억압하는 정도는 그가 말하는 중국문화보다 훨씬 심하다.

가장 뚜렷한 패권적 경향은 이교선생의 종교관으로, 특히 이 선생의 대만 본토종교인 일관도(一貫道)에 대한 강렬한 차별의식을 들 수 있다. 이 선생은 대만의 한족들이 자신도 모르게 한족 문화의 해로운 면에 물들었다고 논할 때, 즐겨 쓰는 말이 "종교적 절개가 부족하며, 일관도를 신봉하는 것"이다.(『대만인의 추한 면모(台灣人的醜陋面)』, 182쪽.) 이선생의 이 같은 말은 아무렇게 하는 것이 아니며, 그는 다른 곳에서도 이 같은 견해를 제시했다. 학술적 환경에서 성장해온 사람의 눈에는 과격하다고 해도 과언이 아닌 이선생의 종교가치관은 실로 사람을 놀라게 할 따름이다. 오늘날의 학술 저서는 '고급', '저급'의 종교, 또는 종교진화론과 같은 개념을 사용할 때는 극도로 조심한다. 이 같은 조심스러운 태도는 시비가 두려워서 그런 것은 아니다. 각 종교의 가치관은 '비교불가능(incommensurability)'의 측면에 있기 때문에, 우리는 무신론의 종교(불교), 일신론의 종교(기독교), 다신교의 종교(인도의 종교 및 도교) 또는 신이 붙는 종교(샤먼교) 속에서 각 종교 간의 높고 낮음을 판별하는 기준을 찾기 어렵다. 개인 신앙의 관점에서 볼 때, 모든 사람은 자신의 종교를 선택할 권리가 있으며, 또한 모든 이는 자신의 판단기준을 가지고 있고, 헌법이 이 선생에게 부여한 이 권리는 반드시 보호 받아야 한다. 그러나 문화비평가로서 백만 명 이상이 신봉하는 종교에 대해 비평 할 때 반드시 신중을 기해야 한다. 일관도는 물론 종교로서 완벽하다 말하기 어렵지만, 그러나 왜 종교가 반드시 '로고스(지혜)' 중심이어야 하는가? 일관도는 얼핏 볼 때 세속성이 강한 종교이지만, 여기에도 신과 세계가 존재하며, 이 같은 종교는 초월성을 지니고 있다. 기독교의 초월성은 단지 '초월'의 한 형태일 뿐이다. 같은 기독교 계통에 속하는 브루노(Giordano Bruno), 에크하르트 (Meister Eckhart) 등 철학자도 신으로부터 단절되는 초월을 동의하지 않는다. 일관도는 대만에서 탄압을 받고 있으며, 저소득층은 이를 신봉하고 고위층은 이를 탄압한다. 시골의 아주머니와 아저씨들은 이를 구원의 유일한 문으로 보지만, 신문매체, 국민당, 불교계, 기독교계는 거침없이 이를 탄압한다. 과거 계엄시대에 공산당, 대만 독립분자, 도박, 음란서적을 제외하면, 일관도만큼 사회악으로 묘사된 것도 없었다. 이 같은 상황에서 무슨 정의를 논하는가?

이처럼 일관도는 끝없는 수난을 겪었다. 이는 꺾이지 않은 장미이자 밝히면 밝힐수록 피어나는 꽃이고, 사실 모든 종교는 이 같은 어려움 속에서 성장했으며, 기독교 또한 유사한 아픔의 길을 걸어오지 않았던가? 게다가 일관도 역시 오래전에 해금된 종교이며, 이 종교의 신도들은 당연히 자신들의 명예를 위해 반박할 것이니 내가 여기서 더 논할 필요도 없다. 다만, 이 선생의 논의 중 가장 대담한 점은 그의 유가, 불가, 도가에 대한 해석이다. 내가 서두에 베껴 놓은 내용의 세 번째 단락을 보면, 이 선생은 '도'는 단지 황하가 범람해 만든 길에 불과하며, 외국인이 멍청하게 똥과 된장을 구분 못하여 우스운 꼴이 되었다고 말한다. (똥과 된장의 표현은 이교선생께서 친숙한 일본 속담에서 빌려 왔음.) 슈팽글러(Oswald Spengler)는 물론 어리석은 사람일 수 있다. 그러나 문제는, 이처럼 어리석은 사람이 세상 천지에 널려있으며, 과거에도 있었고 앞으로도 있을 것이다. '도'는 중국 철학의 공동적인 개념으로 학파를 막론하고 모두 이 용어를 사용하고 있다. 하지만 '도'라는 용어가 형이상학적 함의를 갖게 된 것은 노자로부터 시작된 것이다. '도'가 매우 애매한 개념이라면, 노자 또한 멍청한 인물일수밖에 없다. 그렇다면 기존의 노자를 해석하고, 각주를 붙이고, 이를 연구한 사람들 역시 별로 똑똑하지 못한 사람들일 것이다. 이 선생이 자신의 말 한마디가 얼마나 많은 사람들을 멍청이로 만들었는지 관심이 있다면, 엄령봉(嚴靈峰)선생이 편찬한 『무구비제노자집성(無求備齋老子集成)』을 뒤져 노자에 대한 주해서가 얼마나 많은지 한번 확인 보기 바란다. 또한, 엄 선생이 편찬한 『노자서목(老子書目)』 속에 일본인과 한국인의 주해가 얼마나 많은지도 살펴보기 바란다. 유럽과 미국 각지의 서점에 『노자』가 없는 곳은 없을 것이다. 이 책이 아마 베스트셀러가 되지는 못하겠지만, 오늘날 대만 서점에서 『제인 에어(Jane Eyre)』나 『몬테크리스토 백작』같은 책의 판매량과 비슷할 것이다. 몇 년 전에 필자는 외국에서는 평균 3-4년 간격으로 『노자』 번역본이 출간된다고 들었다. 필자가 베껴 쓴 글귀를 통해 본다면, 유럽, 미국의 보통사람의 어리석음을 알 수 있으며, 노자의 유행 역시 임금님의 새 옷 같이 의미가 없는 것에 불과한 것이다. 그러나 만약 이 선생이 그토록 찬미하던 기독교에는 마틴 부버(Martin Buber)와 같은 대학자가, 실존주의자 중에는 야스퍼스(Karl Jaspers), 하이데거와 같은 대학자, 경험론자 중에는 루소(J. J. Rousseau) 같은 대학자들이 모두 노자에 대해 높이 평가했다면, 이것을 어떻게 봐야 하는가? 이들이야 말로 철학분야에서 진정한 대학자가 아닌가?

이 선생의 중국 불교에 대한 이해 역시 이처럼 조잡하기만 하고, 그 형태만 약간 다를 따름이다. 이 선생은 "한족(漢族) 혈통이 주체가 되어 형성된 '중국인'은 종교적 측면의 성과를 볼 때 매우 곤혹스럽기만 하다", "불교에 관해 이야기 할 때, 인도에서 전해진 후, 중국에서 인도보다 더 고명한 불교 선사들이 출현하였다. 그러나 몇몇 대선사들이 전부였다. 대선사들은 명산 고찰에 은거하여 깨달음을 즐기지만, 민간사회에서는 불교는 빠른 속도로 '전통 잡탕 종교'에 흡수되어 버렸으며, 원래의 순수한 모습과 역량은 사라져 버렸다. 일본의 경우, 불교가 일본에 전해진 후 일본화 되었으며, 오늘날까지 그 흐름이 이어지고, 사람들의 일상생활 속에서 불교의 모습이 살아 숨쉬고 있다. 대만의 경우는 어떤가?"(「대만인의 추한 모습」, 48쪽.) 이 선생이 말한 중국인의 추한 모습은 한족 문화를 계승하고 있는 대만인들의 추한 모습이기도 하다. 그러나 인도의 불교가 중국에 전파된 후 중국 각지의 명산고찰에 은거한 대선사들만 배출하였는가? 그렇다면 중국불교는 인도불교의 기형아인가? 이 문제에 대해 학계는 이미 많은 토론이 있었다. 어찌되었건 불교는 부부가 침대 위에서 싸우는 사소한 말다툼거리가 아니며, 중요한 문화현상이다. 여기에서 파생된 문제 또한 의미 있는 공론이니 이 같은 문제에 관한 논저도 매우 많다. 일본인들이 편찬한 불교대계(佛教大系), 불교총서는 얼마나 많은지 셀 수도 없다. 유럽과 미국 각지의 불교 연구서의 숫자 역시 전문가도 다 볼 수 없을 정도로 많으며, 이 같은 저작들을 살짝 뒤적거리기만 해도 이 선생의 관점이 옳은지 확인할 수 있을 것이다. 일본사회가 불교교리에 더 부합한가? 필자는 이 같은 문제에 감히 답하기 어려우며, 대만 국내에도 일본에서 유학한 스님들은 적지 않으니, 성엄(聖嚴)법사, 혜민(惠敏)법사 같은 분들이 이 문제에 대해 답해줄 것이다. 대만 불교의 병폐는 한족의 악습에서 나온 것인가? 아니면, 대만의 독특한 성격에서 기인한 것인가? 일본의 신도(神道)와 불교가 나누어지지 않은 불교조직 양식이 대만불교에 구조적인 영향을 주었는가? 이 문제에 대해서는 양혜남(楊惠南), 강찬등(江燦騰) 교수가 이 선생이나 나보다 대답할 자격이 있는 분들이다. 인순(印順)법사는 대만 불교에 대해 "신도와 불교가 뒤섞여있으며, 이는 일본불교의 잘못된 가르침을 받았기 때문이다."라고 평했었다. 필자의 기억에 의하면, 이선생의 중국과 일본 불교의 가치 비교는 어디에도 찾아 볼 수 없는 '독창적인 견해'라고 할 수 있을 것이다.

이 선생은 불교, 노자 사상에 대해 비평하였는데, 그 원인으로는 아마도 불교, 노자사상이 이 선생이 생각하는 '중국문화'에 속해 있기 때문으로 판단된다. '중국'과 '중국문화'라는 단어는 이 선생에게는 더럽기 짝이 없는 것들이며, '중국'과 '중국문화'에 대한 혐오 때문인지 대체로 '중(中)'자와 연관 된 어휘, 예를 들면 '중용(中庸)'도 비난의 대상이 되어버렸다. '중국' 이나 '중국문화'는 확실히 '중국'을 중심으로 하는 패권적 측면이 있다. 문제는, 이런 측면이 없는 강세 문화가 과연 존재하는가? 만약 미셸 푸코(Michel Foucault)의 패권이론을 빌려 논한다면, 일반적으로 구조가 있고 관계가 존재한다면 여기에서 패권의 문제는 피하기 어렵다. 이는 마치 장 폴 사르트르(Jean Paul Sartre)가 말 했듯이 나에 대한 타인의 응시조차도 일종의 억압과 통제다. 세상의 까마귀는 모두 검은색이니, 중국의 까마귀 또한 흰색일리가 없다. 하지만, 그 '검은색' 사이에도 등급이 있고, 각자의 차이가 존재하기 때문에 다 똑같다고 말할 수 없는 것이다. 20세기 초의 계몽시대에 접어들어, 수많은 문화론자들이 많은 문화현상들에 대해 의미 있는 의문을 제기했으며, 이들의 관찰은 오늘날까지도 참고할 가치가 있을 것이다. 양계초(梁啓超)와 임어당(林語堂) 등은 모두 다음과 같은 문제로 고민했다. 왜 서방의 종교와 이데올로기는 그렇게 '타인을 자기처럼 만들려고 할까?' 즉, 서방인은 다른 민족 혹은 문화에게 여호와, 알라, 공산주의의 구원을 받게 해주기 위해서 나라를 멸망시키고 문화를 파괴한 후, 그 폐허 위에서 새롭게 역사를 쓰고, 새로운 인류를 구축한 것이다. 중화인민공화국이 대만에 대한 태도는 '패권'적이라고 볼 수 있지만, 역사상의 '중국인'은 매우 '이기적'이어서 공맹과 노장을 전파하기 위해서 '한 손에 검을 쥐고, 또 한 손에 경전을 든 채로' 주변민족의 신앙을 바꾸려고 하지 않았다. 우리는 '중국'을 비난할 수 있고, '사방에 오랑캐가 있어 가운데 나라인 중국을 둘러싸고 있다.(四夷在外, 環繞中國)'라는 공간관념은 더욱 문제가 있지만, 비판의 기준은 공평해야 한다.

사실상, '가운데 중(中)'을 만약 상징적이고 정신적인 의미로 본다면, '중(中)'으로 나라 이름을 짓는 것이 무슨 문제가 있는가? 신화학자 미르체아 엘리아데(Mircea Eliade)는 일찍이 '중(中)'은 인류의 초기 역사에서 가장 중요한 종교이자 문화형상이라고 주장하였다. 어떤 민족도 초기에는 스스로를 '가운데 나라, 세상의 중심'이라고 생각했다. 기독교의 예루살렘, 불교의 수미산, 일본의 후지산, 중국의 태산과 곤륜산 및 세계 각 고대문명의 수도는 각기 그 민족에게 세상의 중심으로 인식되었다. 만약 '자아'를 중심으로 한 공간을 나누는 것은 문명 홍성과정에서 자주 볼 수 있는 현상이라면, 또 만약 신의 세계와 인간의 세계가 소통할 통로가 필요하다면, '중(中)'이란 개념은 일어나지 않을 수 없다. 인류의 초기 역사를 제쳐두고, 현재 각국의 평면지도를 보더라도 자기 나라를 중심에 두지 않는 곳이 어디 있는가? 유가는 원시종교, 신화적 측면의 '중'에서 출발하여 음양(陰陽)과 이기(二氣)가 서로 전환되고 균형을 이루는 '중'을 흡수했고, 다시금 형이상학적 의미를 갖는 '중체(中體)'의 '중'과 인간사에서 추구하는 '어느 쪽에도 치우치지 않는' '중'으로 관철시켰다. 이것이 그토록 놀라운 일인가? '중용'이 의미하는 것은 일종의 '평화(한쪽에 치우치지 않음)'와 '정당성(바꿀 수 없음)'인데, 이것이 어디가 저속하다는 말인가? 유가는 이후 '화하(華夏)'와 '중국'은 지리적 개념이 아니라 문화적 개념임을 강조했다. 이 같은 주장은 오늘날 보기에 여전히 부족하다. 그러나 각 역사 시기의 기타 문명과 비교한다면, 심지어 오늘날의 국내의 인종 혹은 종교문제로 곤욕을 치르고 있는 미국, 러시아, 영국과 비교한다면, 유가의 입장은 적어도 고려할 만한 가치는 있다고 본다.

이교 선생의 '중국문화'에 대한 이해는 대략 이 정도 수준이다. 그렇지만, 이 선생의 입장은 적어도 존중할 가치가 있다. 그는 그의 관점을 가식 없이 적나라하게 표시하였다. 그는 스스로 '문화적 대만독립논자'라고 자칭한다. 그는 미려도(美麗島)와 신조류(新潮流) 계파의 사람들보다 더 급진적이며, 그의 적들은 또한 더 까다롭다. 왜냐면 이 선생의 적들은 안팎으로 있다. "대외적으로는 소위 '중국문화'와 강력한 문화파괴력을 지닌 대만 독립을 반대하는 정권 및 그 집단들과 싸워야 하고, 대내적으로는 대만인과 대만사회 속에서 중국문화에서 비롯된 악질적인 '힘'과 싸워야 한다. 정치는 개조할 수 있고, 정권은 일시적인 존재다. 하지만, 문화개조는 천배 만배 더 어렵고, 또 그 힘은 수 백 세대에 영향을 미칠 만큼 강력하다."(『대만문화조형(台灣文化造型)』, 322쪽.) 중국문화는 이교선생처럼 강한 의지력을 갖춘 반대자를 모실 수 있게 되었으니 참 행복하기도 하다. 중국문화는 방대하고 복잡하며, 대만 신문화를 키우는 것은 또 그렇게 어려우니, 이 선생은 이 같은 유격 전술과 소요 전술 외에 더 좋은 공격방법을 찾을 수 있을까?

사실 '중국문화를 반대함으로써 대만을 구한다.'라는 것이야 말로 이 선생이 다년간 고심 끝에 만들어낸 구명의 묘약이니, 이 선생은 여기에 대해 많은 노력을 기울였을 것이다. 그의 문화이론 연구의 대표작인 「문화의 대만독립론(文化的台獨論)」에서, 이 선생은 이 같은 의견을 강하게 개진했다.

중국문화와 철학에 내포된 일련의 '설정'은 중국문화의 근본적인 난제를 조성하였다. 이 같은 '근본적인 난제'는 문화적으로 끝없는 재앙을 낳았다. 여기서 한 예만 들겠다. 인간의 위치 설정과 인간에 대한 평가라는 문제가 그것이다.

그 다음 이 선생은 중국문화의 인간 중심의 사고가 만든 문제를 설명하였다. 그는 거의 두 페이지에 걸쳐 공자의 한계점을 논하였는데, 그에 따르면 노자는 "살짝 벗어나는 듯 했으나 결국 거짓 동작에 불과했다", "묵가, 법가, 명가에서 송, 원 이학(성리학)에 이르기 까지 아무리 돌고 돌아도 결국 '사람을 중심으로 하면서 사람에 국한되는 길'로 돌아온다."라고 말하였다.

중국문화는 사람 중심으로 이루어진 문화라면, 이치상 인문주의가 매우 발달해야 하지 않을까? 하지만 이 선생은 아니라고 주장하며, 다음과 같이 말했다. "이는 사상 또는 철학 사전을 뒤져보면 바로 알 수 있으며, 양자는 아무런 관계가 없다." 필자는 이 선생의 생각을 공손히 받아들여 『철학백과사전(哲學百科全書)』, 『관념사 사전(觀念史辭典)』과 이와나미 서점(岩波書店)의 『철학사전(哲學事典)』에서 몇 가지 항목을 찾아보았지만, 여전히 잘 이해하지 못했다. 오히려 진영첩(陳榮捷) 선생의 *A Source Book in Chinese Philosophy*에서 얻은 바가 컸다. 진선생의 이 책은 해외에서 삼십여 년 간 교과서로 채택되었으며, 이 선생의 표준이 아니라 학계의 학술적인 격식에 따른 판단에 따르면 이 책의 학술적인 명성은 매우 높다. 이 책은 제1장의 첫줄에서 명쾌하게 다음과 같이 논하고 있다. "중국철학사의 특색을 한 마디로 표현하자면, 바로 인문주의이다. 그러나 이 같은 인문주의는 초월적 역량을 부정하거나 소홀히 여기지 않으며, 자연과 인간이 하나 될 수 있음을 주장하는 것이다. 이 같은 의미에서 볼 때, 중국사상이 형성되던 초기에 접어들어 인문주의는 이미 사상의 주류로 자리 잡았다." 미안하게도 필자가 찾은 자료는 이 선생이 독자들보고 찾아보라는 것이 아닌 것 같고, 더 미안한 것은, 진영첩 선생뿐 아니라 중국 국내, 국외, 신유가, 비(非) 신유가를 막론하고 이 같은 주장을 하는 학자가 수없이 많다는 점이다. 물론 진영첩 선생은 신유가로 볼 수 없으며, 장호(張灝), 임육생(林毓生), 여영시(余英時) 또한 신유가 학자는 아니지만, 이들이 이해하는 유가의 '인문주의'는 모두 초월적 성격을 가지고 있으며, 서로의 견해도 크게 다르지 않다.

필자가 특별히 신유가를 언급하는 것은 그들의 권위로 나의 생각을 지지하려는 것이 아니다. 그것은 이 선생이 먼저 신유가에 대해 다음과 같이 지적했기 때문이다. "신유가는 '내재적 초월(內在的超越)', '자연과 인간의 하나 됨(天人合一)'를 주장한다. 그들은 이렇게 주장함으로써 위기에 놓인 유가를 구할 수 있다고 생각하지만, 사실 그렇지 않다. 소는 북경으로 가도 소에 불과하고, 도살되어야 하는 것은 역시 도살당하게 된다." 이 선생은 신유가 학자가 "무슨 내재적 초월의 사고방식"을 주장한다고 비평하면서 다음과 같이 질문을하였다.

사람은 자연과 인간이 하나라고 말하지만, 정작 자연이 인간과 하나가 되고 싶어 하는지 여부에 관해서는 물어보지 않고, 또한 자연과 인간이 하나가 될 수 있는지 또한 묻지 않는다. 좀 더 명확하게 이야기하자면, 예를 들면 한 성인이 어느 날 나무 아래에 앉아있던 중, 문득 이런 생각이 떠올랐다. '나와 나무가 하나가 되었구나.' 그러나 이 같은 성인의 생각은 지나치게 자기중심 적이며, 나무에게 자신과 하나가 되고 싶은지 묻지도 않았다. 합일이란 고통스러울 수 있지 않는가? 또한 나무의 수많은 행복을 빼앗아가지는 않을까?

(『대만문화조형(台灣文化造型)』, 325쪽.)

이 선생이 나무의 행복에 관심을 기울인 것은 실로 따뜻한 마음을 보여준 것이라 하겠다. 하지만 필자가 이해하는 '천인합일'이란 여러 가지 종류가 있는데, 이 선생의 견해는 정말 찾아보기 어려울 정도로 드문 해석이라 하겠다. 본래 중국철학, 동양철학, 종교철학을 알고 있는 이들은 '천인합일'과 유사한 관념은 보편적인 것이며, '존재'와 '가치'의 뿌리는 같다고 주장하면 '천인합일'과 유사한 이론을 주장하게 될 것이다. 인도의 수많은 종교는 아마도 소아(小我, atman)와 대아(大我, Brahman)가 하나가 될 수 있을 것이라 주장할 것이다. 대승불교(大乘佛敎), 이슬람교의 수피즘, 기독교의 동방정교, 서양철학의 신플라톤 학파, 스피노자, 독일의 셸링 등은 모두 유사한 경향을 띄고 있다. 동서고금을 통틀어 이 같은 철학자들의 관점이 모두 틀렸다고 해도, 그 이유는 나무가 당신과 하나 되기를 원하느냐의 문제는 아닐 것이다!

이교 선생의 중국사상을 논한 글은 읽기 매우 힘들다. 이유인즉, 이 선생의 글에는 너무 많은 결론과 너무 많은 독창적인 의견이 실려 있고, 하필이면 이 같은 문장들은 논증형 문장도 아니다. 필자가 대만에서 너무 오래 살아서 너무 많은 중국문화의 '독이든 수박'을 먹은 탓인지를 몰라도 이 선생의 논리를 종종 따라잡지 못할 지경이다. 그렇지만 눈이 밝은 사람들은 이 선생의 문제는 비단 이것이 아니라는 것을 잘 알 것이다. 이 선생이 더 자세하게 글을 쓰고, 필자 또한 그의 글을 더 자세히 읽고 거기에 답을 한다고 해도 결과는 아마 크게 달라지지 않을 것이다. 이 선생은 자신만의 중국문화와 대만문화에 대한 독특한 견해가 있고, 필자 또한 그러하다. 필자와 이 선생은 모두 대만의 한족 문화가 중국문화의 깊은 영향을 받았다는 점에는 모두 동감한다. 그러나 필자는 중국 사상의 원류가 나쁘다는 점에는 찬성할 수 없으며, 또한 이로 인해 대만의 한족 문화가 '독이든 수박'을 먹어서 변질되었다는 점에도 동의하기 어렵다. 나는 이 선생의 '중국문화'에 대하여 좀 더 세심한 관찰을 해야 한다는 말에는 동의한다. 그러나 '중국문화'라는 일종의 정치적 함의(중화인민공화국을 대표하는 문화)와 문화적 의의[주로 한족이 수천 년간 집대성해왔으며, 화인(華人)]들과 동아시아 사람들에게 보편적으로 영향을 주는 '이해의 전 구조(fore-structure)') 모두 담겨있는 어휘를 단 칼에 잘라버리는 태도는 반대한다. 필자는 "사상문화적 문제가 해결되어야 건국의 문제가 근본적으로 해결된다"는 이 선생의 생각에 경의를 표한다. 그러나 이 (문화적) 문제가 대만 독립 여부 논의의 전제가 되어야 한다고 생각하지 않는다. 하나의 해결하기 어려운 의제로 더욱 어려운 문제를 해결하려 하면 더욱 어려워 질 따름이다. "사상적인 방식으로 현실의 정치문제를 해결하는 것", "통합적인 사고"는 근대 중국 사상의 대학자들의 사고방식이며, 이 같은 사고방식은 오랫동안 중국의 전통이었다. 이 선생은 사상적인 측면에서는 이 빌어먹을 중국을 그렇게 비판하지만, 정작 사고방식의 측면에서는 그 유령으로부터 벗어나지 못하고 있으며, 이것이야 말로 자기모순이라 하겠다.

심리학에는 '투사(投射)'라는 용어가 있다. '투사'의 개념을 좀 더 장엄하게 표현한다면, '소외(alienation)'의 개념이라 할 수 있다. 우리가 싫어하고, 만족하지 못하고, 두려워하고, 우습게 여기고, 또는 겁을 내는 정서는 쉽게 무의식적으로 밖으로 투사된다. 나치 시대의 유태인, 양산박(梁山泊)의 여인, 문화대혁명 시기의 자산계급, 십자군 전쟁의 이슬람교도, 대항해 시대 시기의 스페인 사람들은 모두 주류로부터 적대시 되었으며, 이들은 사탄의 무리로 취급받은 정도가 아니라 살아있는 사탄이라는 오명을 뒤집어썼다. 존경스러운 대만 독립을 주장하는 자들이 '중국문화'를 대하는 태도도 마찬가지다. 이들은 과거 '대만 독립'이라는 어휘가 악마로 취급 되고, "조상을 잊어버린 자들", "사람 입에도 오르지 못 한 것들"이라는 비난을 받았다는 사실을 벌써 잊은 것 같다. 오늘날 '대만 독립'은 우리사회 속에서 하나의 담론으로 자리 잡았으며, 소수의 우파 단체를 제외하고는 아마 '대만 독립'을 논의조차 못하도록 금지해야 한다고 주장하는 사람은 없을 것이다. '대만 독립'의 복잡하고도 풍부한 함의 또한 점차 사람들의 주목을 끌고 있다. 그러나 아이러니한 것은 며느리가 드디어 시어머니가 되더니 새로 들어온 며느리에게 더 많은 관용을 베풀지 않는 다는 점이다. 오늘날 일부 대만 독립을 주장하는 이들은 아마도 '대만공화국'이라는 천국도 지옥이 받쳐 줘야 더욱 돋보인다고 생각하는 듯하다. 따라서 그들은 상상속의 '중국문화'라는 악마를 구축하여 과거 '대만 독립'의 자리를 대신하는 것이다.

'투사' 행위가 사람에게 해를 끼치지 않는다면 별로 상관없다. 우리가 언제나 각종 기대와 이상을 여호와 혹은 천국으로 투사하고, 각종 비겁하고 어두운 생각을 지옥, 사탄, 악마로 투사한다. 이것은 별 문제될 것이 없다. 어차피 아무도 다치지 않으니까. 그러나 만약 실제 존재하는 대상으로 투사한다면, 우리는 좀 더 신중해야 할 것이다. 대만 주민의 대부분이 전통 중국문화의 영향을 받아들였다. 조상 숭배, 내재적 초월, 중용 개념, 태극권 등이 그들의 생명 구조

속의 떼놓을 수 없는 일부분이기 때문에('대만은 중국의 떼놓을 수 없는 일부분' 보다 더 '떼놓을 수 없을' 것이다.) 그러므로 대만 주민들은 이 같은 요소로 자신의 행위를 만들어 가고 있는 것이다. 이 같은 문화 속에서 살아온 사람들이 왜 정치운동 때문에 비난을 받아야 하는가? 이 선생과 같은 '사상문제를 해결함으로서 실제 문제를 해결하는 것'을 즐기는 사람들이 볼 때, 중국문화와 대만문화 간의 본체론적인 결별은 '모든 일 중에서도 가장 중요한 일'이고, 생사의 관건일지도 모른다. 그러나 말없이 생업에 종사하는 백성들에게는, 이런 인격구조와 밀접하게 관련이 있고 존재론적 의의를 가진 요소들은 아마도 지식적 측면의 '명제'가 아니며, 이성적인 분석을 통해 해체하고 조립할 수 없는 대상이다.(이는 마르셀의 이론이다.) 만약 대만 독립운동의 성공이 이 선생이 지적한 그 어려운 사업을 전제로 한다면, 필자는 대만공화국은 영원히 형이상학적 이름에 불과할 것이라고 본다. 대만의 백성들은 끝임없이 이 같은 질문을 할 것이다. '나는 왜 나의 생명의 근본이 되는 신앙과 행위를 버리고 내용도 없는 새 국가를 추구해야 하는가?'

이 선생은 객가인(客家人)이고, 객가어가 그의 모어이며, 복건어는 그리 유창하지 않다. 필자가 알기로는 이 선생은 일찍이 대만의 언어 전쟁 속에서 많은 상처를 받았다. 따라서 언어 문제에 대해서는 깊이 있으면서도 관용이 가득한 견해를 제시했다. 이 선생은 이 같은 언어에 대한 태도를 종교, 사상, 신앙에도 적용한다면 그의 주장이 한층 부드러워지지 않을까? 인도, 파키스탄, 북아일랜드, 중동, 유고슬라비아 등 지역은 오늘에 이르기까지 종교를 두고 다툼을 벌이고 있는 것을 보면, 대만사회가 '중국문화'의 종교전쟁과 사상재판을 반대하는 정신을 계승한 것이 얼마나 다행인지 모른다. 한 걸음 뒤로 물러서서 본다면, 이 선생이 한족의 과거 문화를 못마땅하게 생각하여도 그건 개인의 자유이기 때문에 상관없다. 그러나 이 선생이 만약 이 같은 개념으로 대만 독립운동의 영역을 확장시킬 수 있다고 생각한다면, 그는 좀 더 깊이 생각해볼 필요가 있다.

『대만문예(台灣文藝)』편집자 주: 이 글은 이교선생이 읽어본 뒤 게재하기로 결정하였다. 이 선생은 자신이 경영하는 잡지에 자신의 의견과 배치되는 글을 발표하는 것은 문인으로서 응당 갖추어야 할 아량이라고 밝혔다. 따라서 이 글은 한 글자도 고치지 않고 출판하였다. 다만, 이교 선생은 글 내용 중 일관도에 관한 부분에 대해 특별히 설명하였다. …… 이교 선생이 이미 발표한 문화론에 관한 글에서 '오직 문화만을 논하고', 종교와는 무관하며, 일관도와 관련된 부분도 대만의 종교 현상을 표현하기 위해 채택하였을 뿐, 일관도를 지칭하는 것이 아니라는 의견을 밝혔다.

이 글은 『台灣文藝』 新生版 제11기, 1995년 10월 20일에 실렸음.

저자 후기

『대만과 전통문화』는 1999년 처음 출판되었다. 당시 필자는 미국 하버드대학 옌칭연구소의 방문학자로 있었다. 그때는 이문화의 충격 속에서 대만 전통문화의 친근감과 귀중함을 특별하게 느끼고 있었다. 2005년 이 책을 증보하는 과정에서 4편의 논문을 보완하였고 대만대학출판센터에서 재판을 출판하였다. 이때 필자는 이미 대만 연구에서 손을 놓고 원래의 나의 연구 영역인 선진(先秦) 유학(儒學)으로 돌아와 있었다. 이 해에 대만 내부는 재야 정치세력 중 반중국과 반중국 문화에 대한 목소리가 날이 갈수록 커져가던 시기였다. 전체적으로 대만연구의 반중국 색채도 점차 농후해져 가고 있었다. 대만에서 이 책에서 논하고 있던 명청(明淸) 시기와 일본식민지 시기 대만 문화의 전통적 성격을 말하기는 매우 부적합한 시기였다. 이상하게도 이 책의 정신은 오히려 한국 독자들에게 그다지 생소한 주제라고 생각하지는 않는다. 한국의 주자(朱子)라고 부르는 이퇴계(李退溪)의 초상화가 일상생활에서 사용되는 한국의 천원 권 지폐에 대해 대만에서도 어느 정도 참고할 수 있는 문제였다. 그리하여 대만 조야에서는 대만에서 사용되는 지폐에 대만의 군왕 정성공(鄭成功) 혹은 대만의 최초 한문학자였던 심광문(沈光文)의 초상화를 집어넣자는 논쟁이 그치지 않았다. 최종적으로 지폐에 대만의 희귀 동물의 사진을 삽입하기로 결정했다. 역사적으로 자신들을 '소중화(小中華)'라고 생각하며 살았던 한국인들은 오늘날까지 중국의 전통문화를 귀하게 보고 있다. 그리하여 한국 내에 전통 서원을 보존하고 전통 명절을 보호하며 전통의 고적에 대한 편찬을 하는 등 전통문화와 관련된 모든 노력을 다하고 있음을 볼 수 있다. 이런 사실에 대해 대만인들에게는 부끄러움으로 얼굴이 화끈거린다.

대만의 민남어(閩南語)는 중국의 중세어에 속한다. 「퇴계」라는 두 글자는 민남어 발음으로 한국어의 발음과 똑같다. 이것은 우리들에게 한국어와 대만이 문화적 연원이 매우 유사하다는 점을 알려준다. 과거 10년 동안 한국의 현대 유행문화는 대만에서 크게 성행하였다. 특히 한국의 연속극 중의 인물들 줄거리와 이야기의 정신 속에는 늘 대만의 중년 이상의 관중들의 마음을 움직이게 하였다. 「겨울연가」에서 「대장금」에 이르기 까지 대만 사람들은 연속극 중에 은연중에 표현되는 중국문화의 정신에 대해 긍정하고 공명이 일어났다. 그래서 대만사람들은 한국의 연속극을 너무도 좋아하게 되었으며 충실한 관중들이 되었다. 이 시기 필자는 한국 유학에 대한 연구에 집중하였다. 특히 이퇴계의 유학적 소양과 시가들에 대한 조예에 대해 존경해 마지 않았다. 필자는 한국의 연속극을 감상하거나 혹은 퇴계의 저작을 숙독하면서 같은 나라 사람처럼 친숙함을 느낄 수 있었다.

끝으로 특별히 감사해야할 것은 역자 한인희, 김중섭, 박성림 선생께서 필자의 졸저를 한국어로 번역 작업을 하면서 애쓰신 점에 깊은 감사를 드리고자 한다. 한국의 연속극도 좋아하고 퇴계의 유학을 열렬히 사랑하는 필자가 한국의 독자들과 만날 수 있는 일은 너무도 행복한 일이다.

2015년 10월

진소영

역자 후기

이 책은 천자오잉(陳昭英)의 『대만과 전통문화(臺灣與傳統文化)』(臺灣大學出版中心, 2005)를 완역한 것이다. 이 책의 초판은 1999년에 출판된 이후 2005년에 증보판이 나왔다. 저자 천자오잉 교수는 1957년 타이완의 타이난(臺南) 시에서 태어났으며, 타이완대학에서 중문학을 공부하고, 같은 대학 대학원 철학연구소에서 석사학위를 받았으며, 외국어문학연구소에서 비교문학으로 박사학위를 받았다.

천자오잉 교수는 현재 타이완대학의 중문학과 교수로 재임 중이다. 일찍이 1998년부터 1999년까지 미국 하버드대 옌칭연구소의 방문학자를 역임하였고, 1999년에는 제2회 '5·4문학평론상'을 수상하였다. 천교수의 주요 저작으로는 소설집 『강산유대(江山有待)』(1980), 『대만시선주(臺灣詩選注)』(1996), 『대만문학과 본토화운동(臺灣文學與本土化運動)』(1998), 『대만과 전통문화(臺灣與傳統文化)』(1999), 『유가미학과 경전전석(儒家美學與經典詮釋)』(2005) 등이 있다.

대만은 역사적으로 특수한 지위에 있었다. 서구 열강들의 서세동

점으로 중국의 영토였던 대만은 네덜란드의 통치를 받게 되었다. 이후 한족 정권인 명조가 만주족인 청조로 대체되자 명말 정성공(鄭成功)이 명조의 부활을 위해 청조에 저항하면서 대만에 근거지를 마련하였다. 이렇게 하여 이른바 명정(明鄭) 통치 시기가 시작되었다. 중원을 석권한 만주족 청조 정권은 오매불망 대만을 청조의 영토로 편입하고자 갖은 노력을 다했다. 마침내 청조 강희제(康熙帝)에 의해 대만이 복속 당하였다. 이후 200여 년간의 청조의 통치시기를 거친다. 이후 1894년 청일전쟁에서 패배한 청조가 대만을 일본에게 할양하고 중국의 영토에서 제거해 버렸다. 1895년 일본의 통치시기를 거치면서 대만의 풍부한 자원이 일본을 살찌운다. 그러나 일본의 통치도 1945년 8월로 끝나고, 1949년 대만은 국공내전에서 패배한 뒤 대만으로 철수한 국민당의 철권통치시기로 진입하게 된다. 이렇듯 대만은 지속적으로 외부 세력에 의해 통치되는 운명을 맞이하게 되었다. 이렇게 형성된 이른바 '비정(悲情)'의 심리상태는 향후 대만의 핵심 정서가 되고 말았다.

그렇다면 대만의 전통문화는 어떤 의미가 있을까? 저자는 다음과 같이 주장한다.

> "대만의 가장 직접적인 역사인물은 정성공이다. 정성공은 대만에서 중국의 사상적 바탕인 공자를 대신하여 가장 영향력을 끼친 최초의 인물이다. 명정통치 20년간(1662-1683년) 유학이 전면적으로 대만에 이식되었다. 1666년 명정의 제2대 지도자 정경(鄭經)은 진영화(陳永華)의 주도하에 대만 최초의 공묘(孔廟)를 건설하고 대만 최초의 '유학(즉 학교)'을 성립시켰다. 이렇게 건설된 타이난(臺南)의 공묘는 '대만 최초의 학교'였다. 청대에 대만 전 지

역에 공묘는 13곳이 설립되었고 당시의 유학의 주류는 주자학이었다. 청대의 건가(乾嘉) 학풍이 독보적인 위치를 차지하고 있을 때였지만 대만은 중국의 변방에 위치하였기 때문에 건가학풍이 힘을 발휘하지 못하였고 오히려 1895년 대만이 일본에 할양되기 전까지 주자학이 일세를 풍미할 수 있었다."

이렇게 보면 대만에서 중국 전통문화는 특수한 면이 존재한다. 한편으로 중국의 주자학이 가장 주요한 학문으로 존재했던 한국과의 유사성을 다시 한 번 발견하게 된다. 저자는 대만에서 일제 강점기 중국 전통문화의 변화상을 다음과 같이 설명한다.

"일본 통치 시기, 대만의 지식인들은 두 가지 측면에서 도전에 직면한다. 하나는 일본의 가혹한 대만 식민지 정책과 또 다른 하나는 대륙으로부터의 신문화운동의 영향이다. 대만에서 유학은 본질적으로 강력한 단련을 통한 체질을 갖고 있었다. 비록 일본에서도 『논어』를 중시하지만 이 시기 일본은 유학이 대만에서 반일 정서를 부추기는 것으로 인식했다. 따라서 일본 식민지 정부는 대만 내의 민간 사숙(私塾)들을 탄압하였다. 1920년대 대만에서는 대륙의 영향으로 신문화운동이 흥기하였다. 일본 식민정부는 중국 전통문화를 탄압하자 대만인들은 오히려 중국 전통문화 보존에 초점을 맞추고 있었기 때문에 중국 대륙에서 불고 있던 '전반서화(全般西化)' 분위기는 나타나지 않았다. 심지어 공자는 반일 운동의 정신적인 상징으로 변했다. 예를 들면 1925년은 반일 단체인 '대만문화협회'가 자주 강연을 개최하던 시기였는데 대만 북부의 책임자였던 장웨이수이(蔣渭水)는 일본 경찰의 체포에 저항했다. '대만문화협회'의 간부였던 왕민추안(王敏川)은 매일 저녁『논어』강의를 한 달 이상 열기도 하였다. 이 강의에는 매일 저녁 3백 여 명의 청중이 강연장을 메우는 열기를 보여주었다. 일본 경찰도『논어』강의는 반일과는 관계가 없어 강제로 억압하지는 못하였다. 당시 강사와 청중들은 이러한 행위가 반일 운동으로 생각하였다."

이 시기 대만의 전통문화와 관련하여 가장 영향력이 있었던 인물은 량치차오(梁啓超)였다. 그의 방문은 대만 지식인들에게 깊은 영향을 끼쳤으며, 중국 전통문화에 대한 새로운 인식을 하는 계기가 되었다.

그렇다면 광복이 된 이후 대만에서의 전통문화는 어떠했는가?

"대만이 광복된 이후 유학은 점차 학원화되었다. 비록 학문적인 업적이 쌓이기는 하였지만 쉬푸꽌(徐復觀), 무쫑산(牟宗三), 첸무(錢穆) 등과 같은 유학자들은 대만에서 유학에 관한 강의를 하면서 중국 전통문화를 강조하였다. 그러나 유학은 더 이상 일제 강점기에 보여주었던 진보적인 사상의 지위를 갖지 못하였다. 따라서 유학은 국민당의 전유물이 되었고, 학자들은 어용화 되었으며 현실과 유리되어 갔다. 그러나 공자의 지위는 서민 대중에게는 조금도 약화되지는 않았다."

대만에서 공자의 지위는 이후 2000년 야당이었던 민진당(民進黨)이 정권을 장악한 이후 변화가 나타났다. 대만의 독립을 주장하는 민진당은 공자의 지위를 약화시켰다. 이른바 대만과 중국 대륙을 분리하기 위한 이른바 '거중국화(去中國化)' 정책을 추진했다. 대만독립을 주장하는 민진당은 학생과 대중들에게 '대만인식'을 강조하기 시작했다. 그러나 2008년 국민당의 마잉지우(馬英九)가 집권하면서부터 '공자'는 다시 부활하였고, 2009년에는 대만 최초의 공자탄신일에 '석전대제(釋奠大祭)'를 거행하였다. 마영구 총통이 직접 제관으로 참석하였다. 이른바 중국문화 부흥운동의 일환이었다.

현재 대만에서의 전통문화로서 유학은 모든 영역에서 영향을 미치고 있다. 대만의 가족기업의 발전, 가족 내에서의 윤리의 강조, 대만인의 근검절약의 습관, 교육의 중시 등은 유가사상으로부터 힘입은 바 크다. 그러나 대만의 정치 경제의 현대화 과정에서 나타난 각종 폐단, 이를테면 부패 등은 유학의 부정적인 측면이기도 하다. 미래에 중국 전통문화가 대만에서 어떠한 역할을 할 것인지는 계속 추적해 보아야할 것이다.

이 책의 번역과정은 세 사람의 공동 작업으로 이뤄졌다. 제1장부터 3장까지는 김중섭, 4장부터 6장까지 그리고 마지막 부록은 박성림, 7장부터 9장까지는 한인희가 각각 번역을 맡았다. 그리고 한인희가 다시 전체적으로 윤문을 담당했다. 윤문을 하는 과정에서 세 사람이 사용한 용어나 문체는 가능한 통일을 하려고 했다. 그러나 완벽하다고는 할 수 없다. 독자들의 질정을 바란다.

한국과 대만은 교류가 빈번해지고 있다. 정치적으로 과거 한국의 임시정부를 도와준 국민당이 있었다. 경제적인 측면에서 대만은 한국의 제6대 무역국으로 중요성이 있다. 또한 한국의 '한류'의 중간 기착지도 대만이다. 현재 양국 간의 방문자도 100만에 육박한다. 그럼에도 불구하고 한국 내 대만 관련된 저서와 자료의 출판은 매우 부족한 것이 현실이다. 한국과 대만은 매우 유사성이 많은 국가이다. 역사 경험도 그렇고, 정치와 경제, 문화적인 인식도 그렇다. 그러므로 상호 연구를 통해 윈윈의 전략들을 찾아낼 수 있으리라 기대한다.

번역을 마치고 출판까지 많은 시간이 흘렀음에도 불구하고 인내심을 발휘하신 한국외국어대학교 대만연구센터의 강준영 교수님, 한국외국어대학교 지식출판원의 신선호 팀장님을 비롯한 편집부 여러분께도 깊이 감사드린다.

2015년 11월

옮긴이를 대표하여 한인희

대만과 전통문화

초판 인쇄 2015년 11월 24일
초판 발행 2015년 11월 30일

지은이 천자오잉(陳昭瑛)
옮긴이 한인희 · 김중섭 · 박성림
발행인 김인철
기 획 권원순 Director, University Press
편집장 신선호 Executive Knowledge Contents Creator
도서편집 김민정 Contents Creator
도서·전자책편집 최인우 e-Contents Creator
마케팅 곽용창 Chief Marketing Creator
재무관리 권미경 Chief Managing Creator
발행처 한국외국어대학교 지식출판원
02450 서울특별시 동대문구 이문로 107
전화 02)2173-2493~7
팩스 02)2173-3363
홈페이지 http://press.hufs.ac.kr
전자우편 press@hufs.ac.kr
출판등록 제6-6호(1969. 4. 30)
디자인 · 편집 (주)이환디앤비 02)2254-4301
인쇄 · 제본 (주)에스제이씨성전 031)955-8800

ISBN 979-11-5901-033-0 93910 정가 23,000원
ISBN 978-89-7464-906-7 (세트)

*잘못된 책은 교환하여 드립니다.

HUINE은 한국외국어대학교출판부의 어학도서, 사회과학도서, 지역학 도서 Sub Brand이다. 한국외대의 영문명인 HUFS, 현명한 국제전문가 양성(International+Intelligent)의 의미를 담고 있으며, 휴인(携引)의 뜻인 '이끌다, 끌고 나가다'라는 의미처럼 출판계를 이끄는 리더로서, 혁신의 이미지를 담고 있다.